U0480607

“十四五”时期国家重点出版物出版专项规划项目

国家自然科学基金应急项目系列丛书

# 我国粮食产后前端环节损失调查评估及节粮减损政策研究

曹宝明 赵 霞／主编

科学出版社

北京

## 内 容 简 介

节粮减损是一项系统工程，涉及粮食产后系统的各个环节，基于大国小农的基本国情和技术滞后、意识淡薄、成本控制等因素，以农户为主体的粮食产后前端环节(收获、干燥、储藏)是节粮减损的重点所在。本书按照科学评估、综合研判、承前启后、措施可行的要求，对我国粮食产后前端环节损失现状进行调查评估，对损失成因和减损潜力开展分析与研判，研究建立国家层面的常态化调查评估制度，为节粮减损工作的顺利实施提供政策方案。

本书可供经济学、管理学、安全学、食品科学与工程、环境科学与工程等学科的教师和研究生，以及各级粮食、农业、食品、市场监管及环境管理等相关部门和行业的党政干部、企业负责人、科技工作者阅读参考。

**图书在版编目(CIP)数据**

我国粮食产后前端环节损失调查评估及节粮减损政策研究 / 曹宝明，赵霞主编. -- 北京 : 科学出版社, 2025. 4. -- (国家自然科学基金应急项目系列丛书). -- ISBN 978-7-03-081430-2

Ⅰ. F326.11

中国国家版本馆CIP数据核字第2025HD4389号

责任编辑：魏如萍 / 责任校对：贾娜娜
责任印制：张 伟 / 封面设计：有道设计

科学出版社 出版
北京东黄城根北街 16 号
邮政编码：100717
http://www.sciencep.com
北京建宏印刷有限公司印刷
科学出版社发行 各地新华书店经销
*
2025 年 4 月第 一 版 开本：720 × 1000 1/16
2025 年 4 月第一次印刷 印张：19 1/4
字数：385 000

**定价：220.00 元**

(如有印装质量问题，我社负责调换)

# 国家自然科学基金应急项目系列丛书编委会

# 本书课题组成员名单

**总课题：我国粮食产后前端环节损失调查评估及节粮减损的总体思路研究**

承担单位：南京财经大学

课题主持人：曹宝明(教授)

课题组成员：高杨、刘婷、黄昊舒、佴逸萧、胡迪、钱龙、李宁、李丰

**子课题一：粮食产后前端环节损失调查评估与政策保障的国际经验研究**

承担单位：中国科学院地理科学与资源研究所

课题主持人：吴良(副研究员)

课题组成员：牟若彤、薛莉、王灵恩、张丹、李云云、成升魁

**子课题二：粮食产后前端环节损失调查评估方法与指标体系研究**

承担单位：南京财经大学

课题主持人：赵霞(教授)

课题组成员：韩经纬、任思睿、陶梓秋、毛波、钱龙、王晨、王凌、王忠海

**子课题三：粮食收获环节损失评估与节粮减损政策研究**

承担单位：江南大学

课题主持人：王建华(教授)

课题组成员：华连连、王莉、岳文、邢新朋、蒋振宇、王彦芳、赵勐

**子课题四：干燥和农户储藏环节粮食损失评估与节粮减损对策研究**

承担单位：中国农业大学

课题主持人：李栋(教授)

课题组成员：汪立君、吴敏、吕为乔、尚楠、安楠楠、张潇、边钰航、李伟、朱延光、张崇霞

**子课题五：粮食产后前端环节损失的常态化调查评估制度和节粮减损政策支撑体系研究**

承担单位：武汉轻工大学

课题主持人：樊琦(教授)

课题组成员：祁华清、亢霞、邓义、王锐、陈倬、汪普庆

# 总　序

为了对当前人们所关注的经济、科技和社会发展中出现的一些重大管理问题快速做出反应，为党和政府高层科学决策及时提供政策建议，国家自然科学基金委员会于1997年特别设立了管理科学部主任基金应急研究专款，主要资助开展关于国家宏观管理及发展战略中急需解决的重要的综合性问题的研究，以及与之相关的经济、科技和社会发展中的“热点”与“难点”问题的研究。

应急管理项目设立的目的是为党和政府高层科学决策及时提供政策建议，但并不是代替政府进行决策。根据管理科学部对于应急管理项目的一贯指导思想，应急研究应该从“探讨理论基础、评介国外经验、完善总体框架、分析实施难点”四个主要方面为政府决策提供支持。每项研究的成果都要有针对性，且满足及时性和可行性要求，所提出的政策建议应当技术上可能、经济上合理、法律上允许、操作上可执行、进度上可实现和政治上能为有关各方所接受，以尽量减少实施过程中的阻力。在研究方法上要求尽量采用定性与定量相结合、案例研究与理论探讨相结合、系统科学与行为科学相结合的综合集成研究方法。应急管理项目的承担者应当是在相应领域中已经具有深厚的学术成果积累，能够在短时间内（通常是9～12个月）取得具有实际应用价值成果的专家。

作为国家自然科学基金专项项目，管理科学部的应急管理项目已经逐步成为一个为党和政府宏观决策提供科学、及时的政策建议的项目类型。与国家自然科学基金资助的绝大部分（占预算经费的97%以上）专注于对经济与管理活动中的基础科学问题开展理论方法研究的项目不同，应急管理项目面向国家重大战略需求中的科学问题，题目直接来源于实际需求并具有限定性，要求成果尽可能贴近实践应用。

应急管理项目要求承担课题的专家尽量采用定性与定量相结合的综合集成方法，为达到上述基本要求，保证能够在短时间内获得高水平的研究成果，项目的承担者在立项的研究领域应当具有较长期的学术积累和数据基础。

自1997年以来，管理科学部对经济、科技和社会发展中出现的一些重大管理问题做出了快速反应，至今已启动101个项目，共833个课题，出版相关专著57部。已经完成的项目取得了不少有影响力的成果，服务于国家宏观管理和决策。

应急管理项目的选题由管理科学部根据国家社会经济发展的战略指导思想和方针，在广泛征询国家宏观管理部门实际需求和专家学者建议及讨论结果的基础上，形成课题指南，公开发布，面向全国管理科学家受理申请；通过评审会议的形式对项目申请进行遴选；组织中标研究者举行开题研讨会议，进一步明确项目的研究目的、内容、成果形式、进程、时间节点控制和管理要求，协调项目内各课题的研究内容；对每一个应急管理项目建立基于定期沟通、学术网站、中期检查、结题报告会等措施的协调机制以及总体学术协调人制度，强化对于各部分研究成果的整合凝练；逐步建立和完善多元的成果信息报送常规渠道，进一步提高决策支持的时效性；继续加强应急研究成果的管理工作，扩大公众对管理科学研究及其成果的社会认知，提高公众的管理科学素养。这种立项和研究的程序是与应急管理项目针对性和时效性强、理论积累要求高、立足发展改革应用的特点相称的。

为保证项目研究目标的实现，应急管理项目申报指南具有明显的针对性，从研究内容到研究方法，再到研究的成果形式，都具有明确的规定。管理科学部将应急管理项目的成果分为四种形式，即专著、政策建议、研究报告和科普文章，本丛书即应急管理项目的成果之一。

希望此套丛书的出版能够对我国管理科学政策研究起到促进作用，对政府有关决策部门发挥借鉴咨询作用，同时也能对广大民众有所启迪。

国家自然科学基金委员会管理科学部

2020 年 9 月

# 前　言

习近平高度关注粮食安全问题，强调“粮食安全是‘国之大者’”[①]。2021年9月全球首届国际粮食减损大会在济南召开，习近平在贺信中强调“粮食安全是事关人类生存的根本性问题，减少粮食损耗是保障粮食安全的重要途径”[②]。2021年10月，中共中央办公厅、国务院办公厅印发《粮食节约行动方案》[③]，明确要求加强粮食全产业链各环节节约减损。2022年中央一号文件进一步指出“坚持节约优先，落实粮食节约行动方案”[④]。

节粮减损是一项系统工程，涉及从生产到消费的各个环节，需要对每个环节进行深入研究。大国小农是我国的基本国情，农户是粮食生产的主体，是节粮减损工作的重要组成部分。受生产技术相对滞后、意识淡薄、成本控制等因素影响，农户粮食产后前端环节的损失较为严重。因此，在现有研究的基础上，建立科学的调查评估体系，是开展节粮减损工作的重点所在。目前，我国粮食产后前端环节损失研究的系统性、时效性和代表性不足，缺乏常态化评估制度，有关支持政策体系不健全，尚不足以支撑节粮减损顶层设计，以及推动《粮食节约行动方案》落地实施。因此，以新粮食安全观为遵循，立足新发展阶段，贯彻新发展理念，准确调查和科学评估粮食产后前端环节损失的现状，研究粮食产后前端环节节粮减损工作的顶层设计，探讨科学、高效、系统的调查评估制度体系，论证节粮减损工作的政策保障体系，推动建立问题导向的科学节粮减损的制度体系和政策体系，对丁切实把好粮食减损第一关、紧紧把握粮食安全主动权、牢牢守住粮食安全底线、保障国家粮食安全具有重要意义。

本书根据《粮食节约行动方案》要求，坚持保持粮食安全底线、推动可持续发展、科学应对风险挑战的原则，突出重点领域和关键环节，强化刚性制度约束，推动节粮减损工作取得实效。研究定位于我国粮食产后前端环节，即收获、干燥、农户储藏环节，聚焦三大主粮（水稻、玉米、小麦）和大豆，按照科学评估、综合

---

①《习近平看望参加政协会议的农业界社会福利和社会保障界委员》，http://lianghui.people.com.cn/2022cppcc/n1/2022/0306/c441811-32367784.html[2022-03-06]。

②《习近平向国际粮食减损大会致贺信》，https://www.gov.cn/xinwen/2021-09/10/content_5636630.htm[2021-09-10]。

③《粮食节约行动方案》，中共中央办公厅、国务院办公厅印发，新华社2021年10月31日发布。

④《中共中央 国务院关于做好 2022 年全面推进乡村振兴重点工作的意见》，http://www.moa.gov.cn/ztzl/jj2022zyyhwj/2022nzyyhwj/202202/t20220222_6389276.htm[2022-02-22]。

研判、承前启后、措施可行的要求，充分利用现有成熟的农户调查平台，对我国粮食产后前端环节损失现状进行调查评估，对损失成因和减损潜力开展分析和研判，研究建立国家层面的常态化调查评估制度，为节粮减损工作的顺利实施提供政策支撑。

本书包括六章：第 1 章我国粮食产后前端环节损失调查评估及节粮减损的总体思路研究，以国内外已经取得的理论成果和实践经验为基础，立足新发展阶段，贯彻新发展理念，调查和评估我国粮食产后前端环节粮食损失的现状，剖析粮食减损面临的困难和问题，从顶层设计的角度，科学确立我国粮食产后前端环节粮食减损的目标、思路和任务，探讨科学、高效、系统的调查评估制度体系，论证节粮减损工作的政策保障体系。第 2 章粮食产后前端环节损失调查评估与政策保障的国际经验研究，通过梳理国际节粮减损方面的研究和进展，特别是四大粮食作物产后前端收获、干燥、农户储藏等环节的损失情况，总结经验教训，为我国不同粮食品种和产后前端不同环节的节粮减损提供理论、技术和管理支撑；充分借鉴国际经验，筛选符合我国国情和农业生产体制的粮食减损技术体系，推动构建我国粮食产后前端环节损失调查评估方法及指标体系，形成节粮减损长效机制，助力我国节粮减损常态化政策体系建立，进一步巩固我国节粮减损成果，形成节粮减损的“中国方案”，推动与世界各国粮食产后减损互利合作和人类命运共同体构建。第 3 章粮食产后前端环节损失调查评估方法与指标体系研究，在充分考虑与现有全国性农户调查平台衔接可能性的基础上，构建符合我国粮食产后前端环节特征的损失调查评估方法体系，为粮食收获、干燥和农户储藏环节的粮食损失调查评估和节粮减损措施提供理论方法支撑，同时也为粮食产后前端环节损失的常态化调查评估制度以及节粮减损政策支撑体系的构建提供决策参考和实践依据。第 4 章粮食收获环节损失评估与节粮减损政策研究，在测算粮食收获环节的综合损失率、探究农业机械化发展对收获环节粮食减损水平影响的基础上，评估不同组合的粮食机收减损支持政策效果，对粮食机收减损政策效率进行评价，从政策需求视角出发，探究粮食收获环节支持政策的供给机制，进而完善粮食收获环节节粮减损的政策措施。第 5 章干燥和农户储藏环节粮食损失评估与节粮减损对策研究，在对粮食干燥和农户储藏环节损失调查评估、损失特点、影响因素的基础上，研究不同地区粮食烘干服务、科学储粮装备减损效果评估与政策优化，提出推动粮食干燥和农户储藏环节节粮减损的政策措施，为我国粮食干燥储藏环节减损工作提供数据支持、技术指导与政策建议，推动形成节粮减损长效机制。第 6 章粮食产后前端环节损失的常态化调查评估制度和节粮减损政策支撑体系研究，研究建立一套规范、科学、全面的粮食产后前端环节损失调查评估制度，通过制度设计实现对粮食产后前端环节损失相关常态化数据监测、汇总和评估分析，为我国节粮减损顶层政策设计、执行和优化提供有效决策支持。

本书由曹宝明、赵霞负责总体设计、结构安排和统稿，高杨协助进行了书稿的修改完善。第 1 章作者为曹宝明、高杨、刘婷、黄昊舒、佴逸萧、胡迪、钱龙、李宁、李丰，第 2 章作者为吴良、牟若彤、薛莉、王灵恩、张丹、李云云、成升魁，第 3 章作者为赵霞、韩经纬、任思睿、陶梓秋、毛波、钱龙、王晨、王凌、王忠海，第 4 章作者为王建华、华连连、王莉、岳文、邢新朋、蒋振宇、王彦芳、赵勐，第 5 章作者为李栋、汪立君、吴敏、吕为乔、尚楠、安楠楠、张潇、边钰航、李伟、朱延光、张崇霞，第 6 章作者为樊琦、祁华清、亢霞、邓义、王锐、陈倬、汪普庆。

由于作者水平有限，难免存在疏漏和不足，恳请读者和同行批评指正。

作　者

2024 年 6 月

# 目　录

# 第1章　我国粮食产后前端环节损失调查评估及节粮减损的总体思路研究

加强我国粮食产后前端环节节粮减损工作的顶层设计，建立科学、高效、系统的调查评估制度体系，强化节粮减损工作的政策保障，是推动节粮减损取得扎实持久成效，确保国家粮食安全的重要工作。为此，本章的主要研究内容将重点围绕以下几点展开：①我国粮食产后前端环节损失评估和节粮减损的概念界定与理论逻辑；②我国粮食产后前端环节损失评估和节粮减损的问题特征与演变趋势；③我国粮食产后前端环节节粮减损的总体思路及任务；④我国粮食产后前端环节损失评估、节粮减损潜力预测；⑤我国粮食产后前端环节减损的实现路径与政策支撑体系。

## 1.1　引　　言

粮食是人们从自然生态系统中获取的农作物的种子和根茎，能够为人类生命活动提供不可或缺的营养支持。实施节粮减损行动，减少粮食产后系统的损失和浪费，既是实现经济社会可持续发展的重要保证，也是贯彻落实习近平新时代国家粮食安全观的重要举措。习近平高度关注粮食安全和粮食减损问题，2021 年 9 月在致全球首届国际粮食减损大会的贺信中强调“粮食安全是事关人类生存的根本性问题，减少粮食损耗是保障粮食安全的重要途径”①。2021 年 4 月，《中华人民共和国反食品浪费法》②颁布实施，旨在防止食品浪费，保障国家粮食安全，弘扬中华民族传统美德，践行社会主义核心价值观，节约资源，保护环境，促进经济社会可持续发展。2021 年 10 月，中共中央办公厅、国务院办公厅印发《粮食节约行动方案》③，明确要求加强粮食全产业链各环节节约减损。2022 年中央一号文件进一步指出“坚持节约优先，落实粮食节约行动方案”。

粮食产后系统包括收获、干燥、农户储藏、运输、加工、销售(批发和零售)、消费等环节，其中以粮食生产者(农户、农场、农业合作经济组织等)为主体的收

①《习近平向国际粮食减损大会致贺信》，https://www.gov.cn/xinwen/2021-09/10/content_5636630.htm[2021-09-10]。

②《中华人民共和国反食品浪费法》，2021 年 4 月 29 日第十三届全国人民代表大会常务委员会第二十八次会议通过并实施。

③《粮食节约行动方案》，中共中央办公厅、国务院办公厅印发，新华社 2021 年 10 月 31 日发布。

获、干燥、农户储藏三个环节合并称为粮食产后前端环节(图 1-1)。受生产技术相对滞后、意识淡薄、成本控制等因素影响，农户粮食产后前端环节的损失较为严重。因此，在现有研究的基础上，建立科学的调查评估体系，是开展节粮减损工作的重点所在。

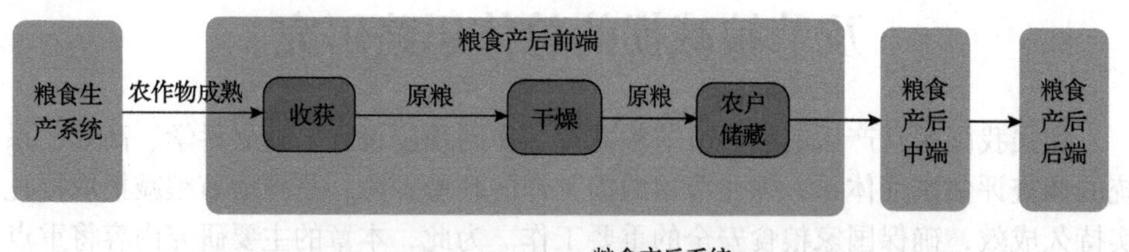


图 1-1　粮食产后前端环节的一般性结构示意图(以农户为主体)

目前，我国粮食产后前端环节粮食损失研究的系统性、时效性和代表性不足，缺乏常态化评估制度，有关支持政策体系不健全，尚不足以支撑节粮减损顶层设计以及推动《粮食节约行动方案》落地实施。因此，以国内外已经取得的理论成果和实践经验为基础，立足新发展阶段，贯彻新发展理念，调查和评估我国粮食产后前端环节粮食损失的现状，剖析粮食减损面临的困难和问题，从顶层设计的角度，科学确立我国粮食产后前端环节粮食减损的目标、思路和任务，探讨科学、高效、系统的调查评估制度体系，论证节粮减损工作的政策保障体系，对于切实把好粮食减损第一关、紧紧把握粮食安全主动权、牢牢守住粮食安全底线，保障国家粮食安全具有重要意义。

本章研究以农户为主体的粮食产后前端环节粮食损失调查评估及节粮减损的总体思路，并聚焦于三大主粮(水稻、玉米、小麦)和大豆。

## 1.2　国内外研究动态

基于研究主题与研究团队的长期跟踪研究，重点从全球粮食产后损失状况、产后前端损失调查评估方法及制度、粮食产后前端环节减损政策体系几个方面进行文献梳理及述评。

### 1.2.1　关于全球粮食产后损失的总体研究

全球农业“绿色革命”后，粮食和其他农产品产量大幅提高，各个环节的食物损失和浪费问题也随之逐渐显现。1978 年起，美国国家科学院针对发展中国家食物产后损失发布研究报告，此报告基于大量的文献数据，论述了食物产后损失估算方法，并且重点分析了谷物、豆类、鱼及易腐烂食物的产后损失状况(National

Research Council，1978）。此后，联合国粮食及农业组织（Food and Agriculture Organization of the United Nations，FAO）对粮食产后损失的关注不断提升，1980 年联合国粮食及农业组织发布了谷物产后损失数据评价和收集指南，为制定谷物产后减损计划的国家提供数据和方法上的支持与帮助（FAO，1980）；随后，联合国粮食及农业组织于 1985 年发布了食物产后损失预防培训手册（FAO，1985），开始关注蔬菜和薯类作物的产后食品损失问题（FAO，1989），并逐渐形成包括谷物、豆类和其他农作物在内的农业生产和农作物损失的系列信息与技术资料，包括联合国粮食及农业组织产后操作信息平台（INPhO）①。

2011 年，联合国粮食及农业组织发布其首份具有里程碑意义的《全球食物损失和浪费研究报告》，概述了食物损失程度、原因以及预防措施（FAO，2011）。随后，全球各地不同农作物品种、不同环节的食物损失和浪费的研究与应用开始涌现。包括美国、英国以及诸多欧洲国家在内的科学家，都陆续对此进行了调查并发表了大量的学术成果，而发展中国家的研究相对较少，且多分布于产后前端环节（FAO，2011；Xue et al.，2017；UNEP，2021）。例如，在欧洲，Beretta 等（2013）利用物质和能量流分析方法，模拟了包括谷物在内的九大类共 22 种食物从产后到消费的食物损失和浪费情况，并在此基础上得到了整个瑞士食物产业链各个环节的食物损失与浪费比例。Caldeira 等（2019）则利用物质流分析方法进一步分析了整个欧盟 10 类食物在全产业链的损失和浪费情况。在南亚和撒哈拉以南非洲等发展中区域，虽然早在 20 世纪 70 年代，这些地区就已经开始出现对于粮食损失和浪费的研究，但直到 2002 年后，大量的研究成果才开始涌现，其中有关谷物的研究占 41%，玉米更是这两个区域关注的主要作物品种（Stathers et al.，2020）。Affognon 等（2015）则进一步运用文献综述和随机混合模型，对 1980～2012 年产后食物损失的规模进行了综合统计分析。联合国粮食及农业组织 2013 年指出，全球约 54%的损失浪费发生在粮食生产和产后损失前端环节，46%的损失发生在下游阶段（加工、运输、消费等）（FAO，2013）。尤其对于发展中国家而言，粮食产后前端环节损失形势更加严峻。

### 1.2.2　关于粮食产后前端环节损失调查方法的研究

粮食产后前端环节损失评估的研究涉及的调查方法十分丰富。现阶段就粮食产后前端环节损失调查方法来看，采用实地调研法、实验法和文献挖掘法的研究较多。Ambler 等（2018）、Qu 等（2021）等均采用实地调研法对粮食收获环节的损失进行了调查，Amponsah 等（2018）在实地调研的基础上，结合李克特量表校正了农民自我估算损失的可信度。Bala 等（2010）、Luo 等（2020）、白玉兴等（2004）则

① https://www.fao.org/in-action/inpho/home/en/。

采用实地调研法研究了粮食干燥和农户储藏环节的损失，并比较了不同品种、不同干燥和储藏方式的损失率。曹宝明教授团队在调研数据的基础上分别测算了农户储粮损失率和粮库储藏损失率(曹宝明等，2022)。总结相关文献的调查方法可以发现，以实地调研形式进行的粮食产后前端环节损失分析大多基于单次调查，且调研数据多是依据经验评估法直接获得，也有部分学者结合其他方法筛选问卷信息使得评估结果更加可靠，如 Amponsah 等(2018)、Luo 等(2020)和韩嫣等(2019)。这主要还是因为常态化的实地调研需要高昂的投入，因此，加快构建科学性、系统性、经济性、常态化的粮食产后前端调查评估方法体系是丰富粮食产后前端环节损失研究的基础。

也有学者在样本区设计地块，通过实验法探究作物收获、干燥及储藏环节的损失情况。Asoodar 等(2009)在评估收割机械前部配件对油菜收获损失的影响时，分别设计了 3 种类型的割台，并在试验地块上称重记录油菜脱粒损失。Parvej 等(2020)分别于 2016 年和 2017 年在美国艾奥瓦州两处农场设计了 13.7 米×4.6 米的试验田，对比测算不同玉米品种在不同环境下的收获损失。Abass 等(2018)对坦桑尼亚玉米的 7 种储藏方式进行了测试，并将其与传统的聚丙烯袋储方法进行比较，20 名农户在专业技术人员的指导下开展了为期 30 周的实验，其中每 6 周就通过目测昆虫数、实验称重法对储藏的玉米进行 1 次损失评估记录。Akakpo 等(2020)在西非储藏条件对干物质损失的影响研究中，设计了 18 个处理组和 4 个对照组，选取了 3 类品种(豇豆、花生和大豆)、3 种储藏地点(屋顶、房间和树杈)和 2 种包装，进行了 120 天储藏的定期称重。综上可以发现，采用实验法评估粮食产后前端环节损失时参与人员大部分是定期记录损失数据的，损失调查记录较频繁，如 Odjo 等(2020)、Somavat(2017)和 Zhang 等(2021)。其中涉及的损失率测算方法则大多与各种称重方式有关，如计数称重、出入仓称重等。

文献资料挖掘法也经常被用来深入分析粮食产后前端环节损失。由于开展调研和实验都需要充足的前期准备，很多研究并不具备先决条件，因此不少学者转向利用现有文献资料进行损失评估推算。FAO(1989)在研究部分发展中国家收获、储藏等环节损失时就利用了现有的粮食损失相关数据平台，包括亚洲蔬菜研究发展中心、东盟产后园艺培训研究中心、东盟食品管理局等。FAO(2019)对亚洲和撒哈拉以南非洲产后前端损失问题的研究则采用文献梳理与实地调研相结合的方法。高利伟等(2016)分析我国主要粮食作物产后减损特征时，基于文献数据库收集了大量有关水稻、小麦和玉米的产后损失资料，并在前人研究的基础上界定了该研究的系统边界。白旭光等(2006)梳理了储藏环节损失评估的文献资料，如虫害损失评估有计数称重法、容重测定法、千粒重法、埋袋称重法、计数换算法等，该研究不仅给出了具体的计算公式，还对不同方法的优劣进行了评析，为农户储粮损失评估提供了系统的参考依据。

### 1.2.3　关于粮食产后前端环节损失评估指标体系的研究

在粮食产后前端环节损失评估研究中，不少学者将收获、干燥和储藏损失做了进一步的细分，更加直观地表现了粮食产后前端环节损失来源，并将其作为粮食产后前端损失评估指标体系建立的重要依据。FAO（1989）在具体分析产后前端损失原因时，将干燥、储藏损失划分为日晒损失、霉菌损失、虫害损失、啮齿动物损失。曹宝明和姜德波（1999）在评估江苏省粮食产后损失情况时将产后前端损失分为收获、脱粒、干燥、田间运输、农户储粮和粮库储藏六部分，并以此构建了粮食产后系统模型。宋洪远等（2015）则在河南省小麦产后损失调研中，将粮食产后前端环节损失做了更细致的划分，包括收割中散落损失、漏割损失、脱粒损失、田间霉变发芽损失、散落运输损失、晾晒损失、虫鼠损失、储藏霉变损失。Dumitru 等（2020）梳理了谷物产后损失相关的研究成果，将产后前端环节损失细分为田间收割损失、田间运输不及时导致的堆积损失、储粮中虫害损失以及霉变等微生物损失。赵霞（2021）在对粮食产后损失的研究中将粮食产后系统分为农村和城市两个子系统，并进一步将储藏损失细化为农户储粮损失和城市储藏损失（主要是粮库损失）。

综上，粮食产后前端环节损失指标的进一步细分都是基于损失来源展开的。总的来看，在收获环节，大多数细分依据都是收获损失的具体原因，如人工收割、机械收割、田间运输及田间堆积等都是导致收获损失增加的主要因素。在干燥和农户储藏环节同样如此，干燥损失主要来源于农户日光晾晒中发生的抛撒、鸟食等，农户储藏损失则大致可以划分为虫害损失、霉变损失和鼠害损失。

### 1.2.4　关于粮食产后前端环节损失评估方法的研究

定量评估一直是食物损失和浪费研究的重点，也是难点。这主要是因为，影响损失结果的因素非常复杂，表现形式也多种多样，很难用一个统一的标准或者方法进行计算和分析（FAO，2011）。当前多数的研究仍然关注粮食数量的变化，但也有部分研究开始注重粮食品质、营养及价值量的改变（Beretta et al.，2013）。从粮食数量的研究来看，目前的评估方法大体可以分为直接和间接两类，其中直接法还可细分为称重法、厨余垃圾收集法、调查法、日记法、记录法、观察法等，而间接法则主要包括模型分析、食物平衡表分析、选取替代指标和文献资料分析法等。国际食物政策研究所（International Food Policy Research Institute，IFPRI）2017 年进一步将现有的方法按照数据来源和方法的不同，分为宏观和微观两种路径，其中宏观路径主要依赖于宏观统计数据和食物平衡表。

如果从评估的环节来看，现有方法又大致可以分为两大类。一类是基于食物平衡表或者物质流动的多个环节整体评估，如 Xue 等（2021）对中国食物损失和浪费的研究；吕亚荣和王立娇(2022)采用系统性评价方法估算了三大主粮供应链上消费前端环节的整体损失情况。另一类则是各个环节单独评估，如 Choudhury (2006)梳理了亚太地区水果、蔬菜等各类农作物各个环节的损失；Affognon 等(2015)梳理了撒哈拉以南非洲六个国家主要农作物的产后损失的相关文献，并对七类农作物的食物量和价值量进行了评估；Boiteau 和 Pingali (2022)考察印度南部地区易腐蔬菜等农作物产后损失时，收集了市场集市日数据，针对不同目的地进行了流量分类，通过比较流量估算值探究了发生在产后各阶段的损失大小和原因；高利伟(2019)建立了一套粮食作物产后损失和食物流动足迹的核算方法，对比了不同粮食作物产后损失大小和不同用途作物的足迹特征，确定了食物损失足迹主要分布在作物产后环节和食品链中。

当前，全球国家层面的研究主要面向非洲、南亚、东南亚等发展中国家和地区，食物损失指数的定义和边界、计算方法和数据来源也已经基本明确(FAO，2019)。国际食物政策研究所同国际农业研究磋商组织的其他研究机构合作，通过自报告、分类系数等方式，开发出面向非洲 11 个国家的 10 种农作物价值链产后损失的定量分析方法(IFPRI，2017)。欧盟还研发了非洲产后损失信息系统(African Postharvest Losses Information System，APHLIS)，通过文献综述和非洲国家的专家网络中每年提供的损失因子，持续进行数据维护和更新(Hodges，2011)。此外，联合国粮食及农业组织还开展了关于产后减损的洲际项目，对非洲多个国家的产后减损需求和基本现状进行了快速评估。

综上，关于粮食产后损失评估的研究成果颇丰，但是评估结果不尽相同，这与评估方法和概念界定的不同有关。但总的来说，发展中国家粮食产后前端环节损失占据了产后综合损失的大部分。我国农户分布范围广且具有鲜明的异质性，粮食产后前端环节损失影响因素也非常复杂。如何有效地促进节粮减损，关键在于科学评估粮食产后前端环节损失状况，识别粮食产后前端的关键损失点。尽管国内外对粮食产后前端环节损失评估已经积累了丰富的成果，但已有调查研究囿于人力、物力和财力的限制，多是基于少数样本点基础上的粗略估算，调查评估方法尚不能满足可验证性、可重复性、可动态化监测的科学要求。

### 1.2.5 关于粮食产后前端环节损失评估制度的研究

国内外关于粮食产后损失调查评估制度的研究，主要集中在对粮食产后损失调查评估指标和方法的研究，尚未建立较为系统的调查评估制度，涉及产后前端环节的粮食产后调查评估制度更少。关于损失调查评估制度的研究，目前大多侧重在对自然灾害领域损失调查评估的制度研究方面，如澳大利亚应急管理署灾害损失评估系统(EMA，2002)、美国国家多灾种评估系统(FEMA，2008)等。国内方面，2008 年 5 月民政部首次印发《自然灾害情况统计调查制度》，2014 年 6 月又出台了《特别重大自然灾害损失统计调查制度》，标志着中国重特大自然灾害损失统计与评估正式进入制度化建设的新阶段(王曦和周洪建，2018)。2018 年国务院机构改革后，灾损评估职能从民政部门转隶到应急管理部门，2024 年由应急管理部重新修订并发布了《自然灾害情况统计调查制度》《特别重大自然灾害损失统计调查制度》，从统计的目标意义、统计范围、主要内容、调查方法、损失的统计报送、组织方式和数据采集、统计资料公布及数据共享、质量控制等方面做出了详细的制度安排。自然灾害领域损失调查评估制度的建立，也为我国科学编制灾后恢复重建规划提供了有力支撑。国内学者刘江等(2022)提出要完善规章制度，需厘清职能职责，常态化灾损评估培训，从宏观层面把控损失评估总体盘，建立流程化、有序化、规范化的自然灾害损失评估制度体系。这些损失评估制度体系的建立与实践经验也为粮食产后损失调查评估制度体系的构建提供了重要经验借鉴。然而当前对粮食产后损失调查评估时效性研究不足，尤其是缺乏常态化的调查评估制度，难以实时评估节粮减损现状和变化趋势，也难以对节粮减损政策措施效果做出及时、准确评估和政策优化，亟待构建一套常态化粮食产后损失调查评估制度。

### 1.2.6　关于粮食产后前端环节减损政策体系的研究

经过十多年的研究积累，人们对粮食损失和浪费的认知正在逐渐提高，节粮减损的重要性也逐渐凸显。通过粮食产后减损的研究，研究人员发现了许多影响产后粮食损失的因素，并提出了许多政策建议，这对粮食安全保障以及粮食生产、储藏、加工体系的完善，都具有积极的意义。国际食物政策研究所对多个非洲国家的粮食产后损失和浪费现状及影响因素进行了研究，并为各个国家提供相应的减损对策支持。世界粮食计划署则在全球多个发展中国家和地区推广简易储藏桶，减少了受益农户 98%的储藏损失。

关于粮食产后前端环节节粮减损政策的研究主要包括收获、干燥和农户储藏环节。其中，关于收获环节节粮减损政策的研究主要集中在财政补贴和技术支持视角。从财政补贴角度，宋红远等(2015)研究发现在其他条件相同的情况下，最好的收割机与一般的收割机损失相差四个百分点以上，认为政府可以适度加大对收获机械的补贴力度，降低粮食收获环节的损失。陈伟和朱俊峰(2020)对农户粮食收获环节损失的影响因素进行实证分析，研究提出政府应加强收获环节公共生产服务的供给，提升农机跨区作业机手的培训和服务力度，同时制定农机淘汰机型标准并提供以旧换新补贴。从技术支持角度，郭焱等(2019)认为作业精细度能降低收获损失，加强对农机手的技能培训可以有效减少收获环节的损失。关于干燥环节的节粮减损政策则主要基于方法和技术视角，Bradford 等(2018)认为适当的干燥方法是长期储藏中减少产后损失的主要途径；Bala 等(2010)认为提高干燥和储藏技术对发展中国家降低水稻产后损失至关重要；李栋(2001)通过实验测定水稻谷粒力学性能与干燥参数之间的关系，提出抑制水稻谷粒应力裂纹的理论和技术方法。农户储藏环节节粮减损政策则主要从储粮装具、技术等方面开展，如亢霞和张雪(2008)指出降低农户储粮损失要兼顾储粮技术可行性和技术推广应用成本两个方面。

很多研究发现，成本是产后减损各种政策和技术应用首先要考虑的问题。比如，美国国家科学研究委员会1978年的研究报告就指出，如果不考虑成本因素，那么完全有可能不出现粮食损失，所以减损水平在很大程度上取决于减损收益和成本的权衡(National Research Council，1978)。美国麻省理工学院的一个研究中心通过分析以往的研究，发现成本是农户采取产后减损措施的重要考量因素，并且通过问卷访谈，发现将社区的政策制定者纳入产后减损技术或产品设计过程非常有必要(Brennan et al.，2017)。麦肯锡公司(McKinsey Company)则在综合研究全球的粮食产后损失后，建议根据实际情况，综合采用低成本(如去湿的珠子)和高科技技术(如物联网)，以获得较好的综合效应(Claes et al.，2021)。Bendinelli等(2020)对粮食浪费水平及其与各国宏观经济水平的回归分析发现，粮食产后减损是一个艰难的权衡过程，这是因为粮食产后损失同宏观经济水平密切相关，如人均GDP、交通基础设施条件等，如果没有充分的产后基础设施，特别是储藏和营销手段，想要降低粮食产后损失是非常困难的。因此，对于中低收入国家而言，降低产后损失必然要求提升粮食产业链的发展水平。

### 1.2.7 研究动态述评

通过对上述文献的梳理与分析发现，关于粮食产后前端环节节粮减损的研究在以下领域仍然较为薄弱。

第一，我国粮食产后前端环节粮食损失产生的机理及减损的理论路径尚不明确。现有研究对于粮食产后前端环节损耗因素的研究大都采用定性方法，缺乏对损耗机理的定量研究，尚需深入解析粮食产后前端各环节粮食损失的局部因素与一般因素，以理解各因素的作用效果和机制，深入挖掘各因素背后的逻辑关联，从而为揭示粮食损失的机制和制定适当的调控方法提供理论支撑。

第二，我国粮食产后前端环节的损失状况以及粮食减损的困难与问题的研究尚不充分。现有文献在调查样本选择上仅关注到了部分省份或市域，多是基于少数样本点基础上的粗略估算；基于不同的调查评估方法，对不同粮食品种产后前端环节损失的评估结果存在较大差异。同时，对于粮食产后前端环节粮食减损工作面临的困难与问题尚未进行深入研究，而关于减损潜力及减损目标的研究则更少，迫切需要进一步加强。

第三，我国粮食产后前端环节粮食损失调查评估方法、制度尚不健全。当前有关粮食产后前端环节损失调查方法的研究主要服务于一次性的损失调查，缺乏时效性，且现有研究建立的调查评估方法体系尚不满足可验证性、可重复性、可动态化监测的科学要求，无法适应新时期我国粮食产后前端环节损失调查评估工作常态化推动的需要，同时，缺乏常态化的调查评估制度保障，亟待构建配套于常态化损失调查的粮食产后前端环节损失调查评估方法体系及制度保障，以实时评估粮食产后前端环节损失现状和变化趋势，为及时优化节粮减损政策措施效果提供事实依据。

第四，粮食产后前端环节粮食减损政策的供给体系及效率评估研究仍需深化与拓展。在政策体系研究中，政策效果与效率是核心问题，政策需求与政策供给的匹配则对于政策的实施效率具有至关重要的影响，但鲜有研究针对粮食减损政策效率进行量化分析和评估，考虑不同农业经营主体的粮食产后前端环节减损政策评估研究更是欠缺。因而，需要综合运用多学科交叉方法，科学评价粮食生产主体对收获环节的政策需求与政策供给的匹配程度，系统分析各类减损政策的成本收益，为粮食产后前端环节减损政策体系的完善与优化提供更精确的理论指导。

综上，为解决我国粮食产后前端环节粮食损失原因解剖不够深刻、减损困难与问题研究不够深入、调查评估方法与制度尚未建立、减损政策支撑体系不够完备等问题，本章拟在科学界定粮食产后前端环节粮食损失和节约减损相关概念的基础上，揭示粮食产后前端环节的粮食损失机理、粮食减损原理，分析和构建调查评估的多主体协同机制，研究和发现粮食节约减损的动力机制，从顶层设计的角度构建我国粮食产后前端环节损失调查评估和节粮减损的总体思路，为政府推动粮食减损提供制度草案和政策方案。

## 1.3　我国粮食产后前端环节损失评估和节粮减损的概念界定与理论逻辑

为了使调查更准确、评估更科学、制度更可靠、政策更有效，在研究与拟定我国粮食产后前端环节损失评估和节粮减损的方法、制度、政策之前，首先要弄清楚三个基本问题：①粮食产后损失的相关范畴是如何界定的、损失评估及减损对策的设计依据什么样的理论(即概念与理论)？②粮食产后前端环节的粮食损失是如何形成的(即粮食损失机理)？③在引致粮食损失的各个因素中，通过对哪些因素的控制与改变可以实现粮食减损(即粮食减损原理)？对这些问题的研究和解答，是本章的重要前提。

### 1.3.1　我国粮食产后前端环节损失评估和节约减损的概念界定

对粮食产后系统、粮食损失、粮食浪费、粮食节约减损等相关概念进行科学界定，涉及对国内外相关文献的梳理和对接，也涉及与国内现有相关文件政策语言的对接。事实上，目前既存在着国内与国际在相关概念内涵上表述不一致的问题，也存在着国内不同文献表述不一致的问题，即使是政策文件，也存在着表述欠规范的问题。

由于对粮食损失及浪费的内涵和外延理解不清、认识不一，故而在我国有关粮食节约减损的学术文献、政策文件及法律文本中，均出现了将“损失”和“浪费”、“节约”和“减损”等概念误用、错用的情形。例如，《粮食节约行动方案》将“节约”和“减损”并称为“节约”，但是实际上该文件既要求“节约”粮食也要求粮食“减损”，以“粮食节约行动方案”作为文件名称显然值得商榷；再如，《中华人民共和国反食品浪费法》所反对的行为，既有“浪费”也有“损失”，而该法以“反食品浪费法”为名，显然存在内涵不准确、外延不完整的问题。因此，有必要对粮食产后减损领域所涉及的相关概念进行科学界定。

1. 粮食产后损失和粮食产后减损

粮食产后系统包括收获、干燥、农户储藏、运输、加工、销售(批发和零售)、消费等环节，粮食产后损失是指在产后系统的餐前各环节中，由设施、设备、技术、管理和粮食稀缺性等因素造成的粮食丢弃、变质或虫害等所引起的可食用粮食数量的减少，包括收获损失、干燥损失、农户储藏损失、运输损失、加工损失、销售(批发)损失等。需要说明的是，“粮食损失”就是“粮食产后损失”，二者是同义语，前者是后者的简称或缩写，完全等价。

粮食产后减损是相关行为主体针对粮食产后系统所存在的粮食损失问题所提出的要求或做出的行动。它包括三个层面的含义：一是在舆论层面，国家、政府和社会基于粮食安全、资源节约和环境友好的理念，对粮食产后系统中各经济活动主体所提出的减少粮食损失的道德要求，其目的就是通过明确经济活动主体的社会责任，使其能够主动、自觉地采取减损行动；二是在规制层面，国家和政府通过法律法规、政策文件，对粮食产后系统中各经济活动主体的粮食损失行为所做出的规制性、约束性、惩戒性、激励性行动，其目的是通过明确经济活动主体在粮食减损中所具有的责任、权利与义务、违法或尽责的成本与收益，使其能够在权衡利弊、承担责任的基础上采取减损行动；三是在行动层面，粮食产后系统中各经济活动主体所做出的粮食产后减损行动，这是粮食产后减损的核心和关键，任何法律、政策和舆论，只有促成了粮食产后系统中各经济活动主体的减损行动，才能实现粮食产后减损的目标。

2. 粮食浪费和粮食节约

粮食浪费特指在消费环节(包括零售和餐饮)中，由消费观念、消费偏好、消费习惯、就餐方式和粮食稀缺性等因素所导致的可食用粮食的丢弃或不可食用。在消费过程中，粮食与其他食物一并进入食用过程，因此通常难以单独研究粮食浪费，而是将粮食与其他食物一并进行研究，也就是说将"粮食浪费"视为"食物浪费"的一部分。需要指出的是，食物是指人们从自然生态系统中获取的能够为人类生命活动提供营养和能量支持的生物物品，包括植物类食物(粮食、瓜果蔬菜等)、动物类食物(肉、蛋、奶等)、微生物类食物(可食用菌菇等)，食品则是食物的加工制成品。粮食不仅与其他食物、食品之间具有资源竞争和消费替代关系，而且是生产动物类食物、食品的畜牧业、养殖业的饲料来源。由此可见，即使是粮食以外的其他食物与食品浪费，也相当于间接地浪费粮食。因此，从宣传语境上看，反对粮食浪费和反对食物浪费具有目标指向的一致性。但是，由于食品是食物的加工制成品，虽然食物和食品具有一定程度的交叉关系(如肉、蛋、奶既是"食物"也是"食品")，但是"食品浪费"不等于"食物浪费"，前者包含的内容远小于后者。

粮食节约是指相关行为主体在消费环节(包括零售和餐饮)针对粮食产后系统所存在的粮食浪费问题所提出的要求或做出的行动。它同样可以从三个方面来理解：首先，在舆论层面，国家、政府和社会通过宣传教育、道德倡导等方式，督促零售商及消费者自觉履行节约责任；其次，在规制层面，国家和政府通过法律法规、政策文件等，对零售商及消费者的浪费行为予以适度约束和引导，明确其在节约粮食过程中的职责、权利与义务；最后，在行动层面，零售商和消费者通过减少不必要的采购或点餐等具体做法，真正落实节约目标。与粮食产后减损可更多依托法律与政策规制不同，消费领域的节约更多只能依赖舆论和道德力量来推动，这也解释了为何粮食节约多靠宣传、粮食减损多靠制度约束。

3. 节粮减损和粮食节约减损

节粮减损和粮食节约减损都包含着粮食节约和粮食减损两方面含义，二者是同义语。

粮食损失即粮食产后损失，发生在粮食的收获、干燥、农户储藏、运输、加工、销售(批发)等环节，意味着已经完成生长过程、可供食用的粮食数量的减少；粮食浪费和食物浪费，则发生在消费(零售和食用)环节，粮食减损并不包括粮食节约，粮食节约也不包括粮食减损。

由此可见，《粮食节约行动方案》存在着损失和浪费概念的错乱，准确名称应当是"粮食节约减损行动方案"；而《中华人民共和国反食品浪费法》不仅存在着损失和浪费概念的错乱，而且存在着食物、食品的概念错乱，其准确名称应当是"中华人民共和国反粮食损失和反食物浪费法"。建议在今后的学术文献、法律文本和政策文件中要规范相关提法，如正确的表述是节粮减损、粮食节约减损、减少粮食产后损失、杜绝食物浪费等。

### 1.3.2 我国粮食产后前端环节的粮食损失机理

1. 影响因素

引致粮食产后损失的主要因素非常复杂，按照不同的标准有着不同的分类，一般而言，按照因素的性质可以分为技术因素、自然因素、经济因素、社会因素、制度因素等。

技术因素主要涉及粮食产后系统各环节的作业方式、设施、装备、工具、技术等，对于以农户为主体的粮食产后前端环节来说，技术因素更是直接影响到从收获到储藏的每一步。具体而言，在收获阶段，人工与机械化操作之间的巨大差异，往往体现在收获效率、操作精准度和粮食损耗率等多个维度上。如果收割机、脱粒机等设备技术性能不足、操作不规范或维护不及时，便极易导致粮食在收割和脱粒过程中破损、遗撒，从而提高损失率。随后，在烘干及除杂环节，是否具备高效、先进的烘干设备和除杂设施，同样影响粮食的质量与损耗。如果烘干设备不能准确控制温度和湿度，或除杂技术不到位，就可能导致霉变、杂质残留等问题；而优质设备则有助于保持粮食品质、降低霉变概率。此外，粮食在储藏过程中也面临虫害、水分变化、霉变等多种风险。若仅采用传统的露天堆放或简易仓储方式，粮食损耗率往往较高；相反，使用配有防潮、防虫、通风等功能的现代化储藏设施，可有效控制温度与湿度，显著减少损失并延长粮食的保质期。由此可见，不同技术水平会直接导致不同程度的粮食产后损失。技术水平较高、设备性能良好的农户，能最大限度地降低损耗；而缺乏配套设施或技术相对落后的农户，往往在收获、烘干、储藏等多环节出现更多浪费。正因为如此，不断提升农户在作业方式、设备操作与维护、仓储管理等方面的技术能力，并鼓励其运用更高水平、更先进的装备和工艺，才能从根本上实现粮食产后减损的目标。

自然因素主要涉及自然条件、气候状况、地理特征、品种特性等，这些因素在不同程度上影响着粮食生产和产后管理。其中，自然条件和气候状况基本上是短期内无法改变的先决因素。气候变化、极端天气、降水量、温度和湿度等自然条件，直接影响到农作物的生长周期和收获期，也决定了粮食在储藏和运输过程中的稳定性与质量。地理特征则是另一重要因素，它包括地形、土壤类型、水资源分布等方面。尽管地理特征本身难以改变，但通过农田水利建设、交通设施建设等措施，可以进行一定程度的正向改善。例如，修建灌溉系统和排水设施可以改善土壤条件，降低旱涝灾害对粮食生产的影响。修建良好的交通网络可以提高粮食运输效率，减少由运输不便导致的粮食损失。品种特性是影响粮食生产的重要因素之一，取决于粮食的品类及品种性状。这些特性包括抗病性、抗逆性、产量和品质等。虽然品种特性受到生物学特性限制，但通过育种技术的进步，可以培育出更具优良特性的品种。例如，通过基因编辑和杂交育种技术，能够开发出抗病虫害、耐旱耐涝、高产高效的粮食品种。因此，品种因素有时也可以归类于技术因素，即育种技术水平。总体而言，除了育种技术可以不断进步和优化外，自然因素的其他方面都很难进行根本性改变。这些因素给粮食损失带来了难以规避的影响。例如，极端天气事件(如暴风雨、干旱和霜冻等)都会对农作物造成直接损害，导致收成减少和质量下降。尽管自然风险给粮农带来的经济损失可以通过各种保险工具来挽回，如农业保险和天气指数保险，但这些措施只能在经济上提供补偿，无法改变粮食损失的既定事实。

经济因素主要涉及三个方面：一是粮食价格与成本，二是在没有外部干预情境下粮食的减损成本与减损收益，三是有外部干预情境下粮食的减损成本与减损收益。就以农户为主体的粮食产后前端环节而言，经济因素主要包括粮食价格、收获机械价格、烘干设备价格、储藏设施价格等。经济因素的不同情形会给粮食损失带来直接影响，其可控性正是粮食减损政策发生效用的主要依据。在粮食价格与成本方面，粮食的市场价格直接决定了农户的收入水平，而生产成本则包括种植、收获、加工等各个环节的费用。如果粮食价格过低或生产成本过高，农户可能会减少对收获机械、烘干设备和储藏设施的投入，进而增加粮食的损失。在没有外部干预的情境下，粮食减损的成本和收益主要由农户自行承担。农户需要权衡投资于收获机械、烘干设备和储藏设施的成本与由此带来的粮食减损收益。如果减损收益无法覆盖成本，农户将难以主动采取减损措施。在有外部干预的情境下，政府或其他机构提供的补贴、贷款或技术支持等干预措施可以显著降低农户的减损成本，增加减损收益。例如，政府提供的收获机械补贴、烘干设备补贴或储藏设施补贴，可以降低农户的投资成本，提高其减损的经济效益，从而鼓励农户积极采取减损措施。

社会因素主要涉及粮食产后前端环节的农户特征、劳动力素质、作业习惯等。农户特征涉及两个规模：一是农户家庭人口规模，二是农户家庭的耕地规模。劳动力素质包括劳动力年龄、教育程度、职业技能、健康状况等。作业习惯也就是作业方式的惯性选择，包括人工作业还是机械作业、自然晾晒还是机械烘干、人工除杂还是机械除杂、简易储粮还是专业装具储粮等。很显然，社会因素影响着粮食产后作业的技术特征，从而影响粮食损失状况。具体表现为意识薄弱和科学储粮动力不足，首先，粮食处理的观念落后。小农经济的社会经济基础已经衍生出求稳怯变的思想观念，这种观念植根于大量的粮食经营主体，使现代技术的推广与传统保守观念相互冲突，成为科学收获、储粮、干燥技术应用于实践的意识瓶颈。其次，对科学收粮、储粮、干燥的重要性认知不足。由于顾虑技术的运用成本过高，农户不愿改进粮食产后的技术环境，认为现代科技要素的投入对产后前端减损的意义不大，也并不能赋予实质性的效益。最后，科学收粮、储粮、干燥的能力不足。农业从业人员以低教育程度的老人、妇女居多，缺乏学习和运用现代储粮手段的素质，使先进的技术得不到推广。例如，有研究表明，农户科学储粮意识的淡薄造成粮食的损失量超过 2600 万吨。

制度因素实际上包括体制与政策两个方面，主要涉及粮食产后前端环节的农业生产经营体制、农业及粮食支持政策、促进粮食减损的支持政策等。在我国现有的农业农村行政管制、经济管理、社会管理的架构中，从事粮食生产经营的主体包括小规模农户、规模化农户（如家庭农场）、各类农业合作经济组织等，公司+农户、市场+农户、专业合作社+农户、粮食产后服务中心+农户，都是在农户作为生产经营主体的基础上发育出来的具体经营形式；同时，现有的土地确权制度、土地承包制度、耕地保护制度等，也是农业生产经营体制的重要内容。实际上，制度因素会从多个方向影响粮食产后环节的作业方式、规模经济和技术选择，从而影响粮食损失状况。从目前情况来看，农户粮食产后处理的制度完备性仍然不够。第一，体制机制缺乏适应性。现代科技的发展与应用具有一定的外源性，技术与农户产后环节的有效衔接亟须相应配套的体制机制给予衔接，但现有体制机制缺乏创新性。研究发现，政府更多注重技术传播广泛性，而缺乏推广前的适应性调查和效果评估，导致技术无法释放减损潜力。第二，协作机制不完善。政府资源和能力有限，对于农户储粮技术的引进、运用需要多方协同实现，但由于科层体制束缚，大多数决策由政府来制定，而其他主体处于从属地位。第三，政策支持力度有待提高。目前地方和基层粮食收储制度的体量较小，无法满足具体化的农户粮食产后政策规定。此外，技术指导、财政补贴、资金支持及职责明晰仍有提升空间，如对于技术应用的财政补贴应随着农户支出成本的提高而相应提高。

通过横向比较不同环节粮食损失的影响因素，我们可以看到各环节的特点和主导因素有所不同。在收获环节，粮食损失更容易受到天气条件、作物成熟度、农户的收入水平、收获方式、田间运输方式及清粮作业等因素的影响。例如，恶劣的天气条件可能导致收获时的损失增加，而不恰当的收获方式或田间运输方式也可能导致粮食在收获后受损。在干燥环节，农户面临的粮食损失率更易受到晾晒温度、晾晒时间、天气状况、晾晒粮食的厚度及翻料次数等因素的影响，不适宜的晾晒温度或不当的晾晒时间可能导致粮食品质下降或损失增加。对于粮库而言，粮食损失更易受到进料的水分比例、烘干温度及烘干前后的进料出料方式等的影响。这些因素的不当管理可能导致粮食在烘干过程中受损。在农户储藏环节，对于农户而言，储粮习惯和技术设施对粮食损失率的影响较大。不适宜的储粮习惯或缺乏有效的储藏技术设施可能导致粮食在储藏过程中腐败或受害虫侵害。对于粮库而言，出入仓作业方式、储藏技术与储粮的生态环境的影响更大。例如，不当的出入仓作业可能导致物理损害，而不良的储藏条件可能导致生物或化学损害。总的来说，粮食损失的影响因素在不同环节中呈现出不同的特点，这要求针对不同环节采取更为具体和针对性的措施来减少损失，提高粮食的整体质量和安全性。通过综合考虑这些因素并采取适当的管理和技术措施，可以有效减少整个粮食产后前端环节的损失。

2. 影响机理

以农户为主体的粮食产后前端环节所产生的粮食损失，源于农户在粮食收获、干燥、储藏活动中的投入产出和资源配置行为，取决于农户在这些活动中基于利益最大化目标的微观决策。然而，引致粮食产后损失的技术因素、自然因素、经济因素、社会因素、制度因素等，就是通过对农户在粮食收获、干燥、储藏活动中的投入产出和资源配置决策的作用，来影响粮食产后损失的状况。可以从不同的角度对这些因素的影响进行分析，如农户的行为偏好、风险态度、信息获取、技术选择、市场参与、政策响应等。

通过构建不同的理论模型，可以揭示其中的影响机理；通过构建不同的计量模型，可以检验影响程度和主导因素。从逻辑上看，各类因素对以农户为主体的粮食产后前端环节粮食损失的影响大致有下列五个路径。

(1)通过粮食稀缺性影响粮食产后损失。粮食稀缺性是指农户在粮食收获、干燥、储藏活动中所面临的粮食供需矛盾的程度，它反映了农户对粮食的需求弹性和粮食的替代性。粮食稀缺性越高，农户对粮食的需求弹性越低，粮食的替代性越差，农户就越有动机和意愿减少粮食产后损失。粮食稀缺性受到多种因素的影响，如农户的收入水平、消费结构、储备习惯、粮食品种、粮食价格、粮食政策等。

(2)通过粮食产后环节作业的边际成本影响粮食产后损失。边际成本越高，农户的生产效率越低，资源约束越紧，农户就越倾向于牺牲一部分粮食产量，以节省成本和资源。具体而言，当边际成本高企时，农户会更加谨慎地分配资源，优先考虑降低投入成本，甚至可能减少施肥、灌溉等必要的农业活动，从而影响粮食产量。边际成本受到多种因素的影响，如农户的技术水平、劳动力投入、资金投入、机械设备、能源消耗、环境条件等。

(3)通过粮食产后环节作业的边际收益影响粮食产后损失。边际收益越高，农户的收入水平就越高，市场机会也越多，这使得农户更有动力和能力增加粮食产量，以此来提高总体收益和利润。在这种情况下，农户会更积极地投入资源，采用先进的农业技术和管理方法，以最大化产出和经济效益，从而实现农业生产的可持续发展。边际收益受到多种因素的影响，如农户的销售渠道、销售价格、销售时间、销售数量、质量要求、市场竞争等。

(4)通过技术效率影响粮食产后环节作业的边际成本和边际收益，进而影响粮食产后损失。技术效率越高，农户越能有效地利用资源，采用先进的农业技术和设备，以越低的成本和越高的收益生产出越多的粮食，从而减少粮食产后损失。技术效率受到多种因素的影响，如农户的知识水平、信息获取、技术培训、技术创新、技术扩散、技术适应性等。

(5)通过外部性影响粮食产后环节作业的边际成本和边际收益，进而影响粮食产后损失。外部性是指农户在粮食收获、干燥、储藏活动中所产生的对其他农户或社会的正面或负面的影响，它反映了农户的社会责任和社会效益。外部性越大，农户就越有可能在决策中考虑到其他农户或社会的利益，从而调整自己的行为，来减少粮食产后损失。外部性受到多种因素的影响，如农户的社会关系、社会规范、社会信任、社会合作、社会监督、社会激励等。

以上影响机理的分析尚属于研究假说，需要运用相关理论、模型和数据进行进一步的逻辑推证和实证检验。

### 1.3.3 我国粮食产后前端环节的粮食减损原理

1. 减损主体

粮食产后前端环节的经济活动主体是农户或农业产业化龙头企业及国有农场，本书以农户为研究对象，那么减损主体就是农户。政府或社会只有通过不同的减损路径来影响满足减损要求的农户的投入产出决策、资源配置决策，才能实现粮食产后前端环节的粮食减损目标。

2. 减损路径

影响粮食产后损失的有技术因素、自然因素、经济因素、社会因素、制度因素等，其中有些因素是可以控制并加以改变的，而有些因素则是难以控制和改变的，在可以控制和改变的因素中，最为关键的因素是技术与政策。

基于各类因素对以农户为主体的粮食产后前端环节粮食损失的影响大致有下列五个路径，那么粮食产后前端环节粮食减损也就有着对应的五个路径。

第一，通过提升粮食稀缺性减少粮食产后前端环节的粮食产后损失。

第二，通过降低粮食产后前端环节作业的边际成本减少粮食产后损失。

第三，通过提升粮食产后前端环节作业的边际收益减少粮食产后损失。

第四，通过提升技术效率降低粮食产后前端环节作业的边际成本、提升边际收益，进而减少粮食产后损失。

第五，通过消除外部性降低粮食产后前端环节作业的边际成本、提升边际收益，进而减少粮食产后损失。

具体来说，可以从以下几个方面入手，进行相应的干预。

一是技术干预。政府或社会通过提供技术支持、技术培训、技术创新、技术扩散等方式，提高农户的技术效率，降低粮食产后环节作业的边际成本，增加粮食产后环节作业的边际收益，从而激励农户减少粮食产后损失。具体而言，政府和社会可以通过设立农业技术推广站和农业技术服务中心，组织农业专家深入田间地头，向农户传授先进的种植、收获、干燥和储藏技术。通过定期举办技术培训班，帮助农户掌握现代农业技术，提高生产效率。此外，鼓励农业科技企业进行技术创新，研发适合不同地区和农户需求的农业机械与设备，并通过技术扩散的方式，将这些创新成果迅速推广到广大农户中，切实提升农业生产的技术水平。

二是经济干预。政府或社会通过提供经济补贴、经济激励、经济惩罚、经济保障等方式，改善农户的经济条件，增加粮食的稀缺性，提高粮食的价格，从而促使农户减少粮食产后损失。具体措施包括以下几项：政府向农户提供粮食收获、干燥和储藏设备的购置补贴，减轻农户的经济负担，使他们能够购买和使用先进的农业机械和设备；实施价格支持政策，确保粮食价格稳定在一个合理水平，保护农户的利益，提高他们的生产积极性；对采取节粮减损措施并取得显著成效的农户给予经济奖励，激励更多农户参与到节粮减损的行动中来；建立农业保险制度，为农户提供自然灾害、市场风险等方面的经济保障，减少他们的后顾之忧，让他们更有信心进行粮食生产和管理。此外，政府可以通过征收粮食浪费税等手段，对粮食产后环节损失严重的行为进行经济惩罚，增强农户的节粮意识。

三是社会干预。政府或社会通过提供社会服务、社会教育、社会监督、社会合作等方式，增强农户的社会责任，减少粮食产后环节作业的外部性，提高粮食产后环节作业的社会效益，从而鼓励农户减少粮食产后损失。例如，政府和社会可以组织开展多种形式的社会宣传教育活动，通过广播、电视、网络等媒体，向广大农户宣传粮食节约和减损的重要性，增强他们的节粮意识；建立健全社会监督机制，鼓励公众和媒体对粮食浪费行为进行监督与曝光，形成全社会共同关注和参与节粮减损的良好氛围；推动农户之间的合作，通过组建农民合作社和专业合作组织，促进粮食收获、干燥和农户储藏等环节的互助合作，提高整体生产效率，减少粮食损失；提供社会服务支持，如建立农业服务站，提供统一的粮食干燥和储藏服务，降低农户的个体成本，提高粮食的保存质量。

四是制度干预。政府或社会通过制定制度规范、制度约束、制度保障、制度改革等方式，规范农户的行为模式，保护农户的权益，促进农户的参与，从而推动农户减少粮食产后损失。制定粮食节约和减损的相关法律法规，明确农户在粮食生产和管理过程中的权利与义务，确保粮食生产和管理活动有法可依、有章可循；建立健全粮食生产和管理的标准体系，对粮食收获、干燥和农户储藏等环节的操作规程进行详细规定，提高生产和管理的规范性和科学性；设立专门的粮食管理机构，负责监督和管理粮食生产与流通环节，确保各项制度和措施的落实；

推进农业生产制度改革，鼓励农户参与土地流转、规模经营和产业化经营，提高农业生产的组织化程度和专业化水平，减少粮食产后环节的损失。

3. 技术限界

由于技术、自然、经济、社会、制度等多重因素的共同制约，粮食损失和粮食浪费的问题具有一定的复杂性与不可避免性，这就涉及粮食节约减损的技术限界即节约减损的可能性边界问题：限界之内是可能实现的节约减损目标，限界之外则是不可能实现的节约减损目标。因此，技术限界的研究是确立粮食全链条节粮减损政策目标的前提。技术限界是一种客观存在，在既定的约束条件下，粮食产后损失总有一部分无法彻底消除。

在既定的约束条件下，总会有一部分粮食产后损失无法完全避免。例如，自然条件如气候和地理因素可能限制了某些区域使用最先进的储藏或处理技术。在某些地区，极端气候条件如高温、高湿度或频繁的自然灾害会导致储藏设施的效率下降，从而增加粮食的损失率。即使在技术上可以实现更高效的储藏方法，但在实际操作中，这些方法可能由于自然条件的限制而无法完全发挥其作用。此外，地理条件的多样性也意味着某些地区难以普及先进的运输和仓储技术，从而增加粮食在物流环节中的损失。

经济因素也是一个重要的制约因素。资金和资源的限制可能阻碍农户与企业采用高效的减损技术。对于许多小规模农户来说，购买先进的收获、储藏和运输设备所需的资金可能是一个巨大的经济负担。这些农户可能更倾向于使用传统的方法，尽管这些方法成本较低，但往往效率不高，容易造成粮食损失。此外，市场价格波动和经济不确定性也可能影响农户和企业对减损技术的投资意愿。如果粮食市场价格较低，农户可能会认为投资高成本的减损技术无法带来足够的经济回报，从而减少对这些技术的投入。

社会和制度因素，包括文化习惯、政策支持和市场机制，同样会对粮食损失和浪费产生影响。在某些文化中，粮食的处理和保存方式可能根深蒂固，改变这些习惯需要时间和教育。例如，在一些地区，传统的粮食储藏方法可能已经沿用了几代人，要推广新的储藏技术，需要克服文化上的抵触情绪。此外，制度和政策的支持程度也直接影响减损措施的实施效果。缺乏政府支持和激励措施，农户和企业可能缺乏动力去采用新的技术与方法。市场机制的不完善，诸如供应链中各环节的利益分配不均，也可能导致粮食损失问题的加剧。

4. 农户决策

位于粮食产后前端环节的农户，符合粮食减损要求的投入产出决策和资源配置决策，通常会存在下列选项。

(1) 在收获环节，如何在人工收获与机械收获之间进行权衡和选择？如何在农机效能、农机价格、粮食损失率之间进行权衡和选择？

(2) 在干燥环节，如何在人工烘干与机械烘干之间进行权衡和选择？如何在烘干机效能、烘干机价格、粮食损失率之间进行权衡和选择？

(3) 在农户储藏环节，如何在简易储粮与专业装具储粮之间进行选择？如何在储粮装具效能、储粮装具价格、粮食损失率之间进行权衡和选择？

按照经济学的理论逻辑，农户在进行决策时，通常以利润最大化为目标。这一过程遵循的是边际分析原理，即在其他条件不变的情况下，当农户的边际成本（即增加一单位产出所需的额外成本）与边际收益（增加一单位产出所带来的额外收益）相等时，达到利润最大化的均衡状态。在这种情况下，任何进一步的投入都不会带来更多的净收益。

要实现粮食减损的目标，就必须在农户的边际成本和边际收益之间找到新的均衡点。实现这一新的均衡点，需要对农户在粮食产后前端环节，如收获、干燥、储藏等作业的边际成本和边际收益进行干预。通过提供更高效的技术、改进作业方法、提供财政激励或制定相关政策，可以有效干预农户的决策过程。例如，政府可以提供补贴来降低某种减损技术的成本。这样的补贴降低了农户使用这种技术的边际成本，使其更具吸引力，从而促使农户选择这种减少损失的方法。此外，政府还可以鼓励科研机构和农业技术公司研发更高效、成本更低的粮食减损技术，并通过推广和示范项目，让农户了解并接受这些新技术。

提升农户对粮食损失影响因素的认知也是关键。通过教育和培训，提高农户的管理能力和对减损技术的掌握，可以改变他们对减损生态收益重要性的认识。这不仅能帮助他们理解粮食减损对环境和社会的长期利益，还能让他们看到短期内的经济回报。例如，组织培训班和研讨会，邀请专家讲解最新的减损技术和管理方法，提供实地操作指导，帮助农户在实际生产中应用这些技术。

此外，政府和社会组织可以通过建立示范田和试点项目，展示先进的粮食减损技术和管理方法的实际效果，使农户能够直观地看到这些技术带来的收益。通过实地参观和交流，农户可以借鉴成功经验，增强他们采用新技术的信心。同时，政府可以制定相关政策，对采用先进减损技术的农户给予奖励，提高他们的积极性。通过这些方式，可以有效地调整农户的投入产出和资源配置决策，使之更加符合粮食减损的要求，同时也帮助他们实现甚至超越原有的利润最大化目标。通过政府和社会的共同努力，提供必要的支持和引导，农户能够在降低粮食损失的同时，提升整体收益，推动农业的可持续发展。这样，不仅能够保障国家粮食安全，还能促进农民增收，实现生态、经济和社会效益的多赢。

5. 公共选择

能够针对粮食产后前端收获、干燥、农户储藏环节作业的边际成本和边际收益进行干预的，只能是政府和社会，这种干预本质上涉及公共选择问题。在政府依赖社会支持才能做出决策的情况下，公共选择实际上转化为社会选择。在这种情况下，政府必须说服公众，使之支持那些有利于促进粮食减损的政策，这可能涉及提升公众对粮食减损重要性的认识，以及展示这些政策将如何对社会产生积极影响；相反，在政府不依赖社会支持就能做出决策的情况下，公共选择就是政府选择，在这种情境下，政府拥有更大的自主性来决定是否和如何实施促进粮食减损的政策。不过，即便在这种情况下，政府仍需考虑其决策的社会影响和政策的可持续性。

在中央政府和地方政府拥有各自的财权与事权、政府不同部门之间以及粮食主产区和粮食主销区之间也有着不同利益的背景下，中央和地方政府、不同政府部门、粮食产区和销区一定会围绕粮食减损的目标与责任，特别是围绕财政责任进行多重博弈，中央和地方政府、不同政府部门及粮食产区和销区之间的利益博弈可能导致对粮食减损目标的差异化处理。总体而言，政府总是希望既定的财政资源获取最大的总效用，在粮食具有显著外部性的背景下，各个利益主体通常都会规避责任、逃避投入，除非其他方面的制度安排(如粮食安全和粮食减损实行党政同责)追加了影响部门、地方和官员个人非经济层面的效用考量，否则，粮食减损政策就会出现不利于减损目标的选择。因此，要实现有效的粮食减损，需要综合考虑政策制定的多元性和复杂性，确保政策既符合国家和地方的利益，又能够实际推动粮食减损目标的实现。

## 1.4　我国粮食产后前端环节损失评估和节粮减损的问题特征与演变趋势

无论是设计粮食产后前端环节损失评估的方法和制度，还是寻求节粮减损的政策方案，都需要弄清楚三个问题：①我国粮食产后前端环节损失评估和节粮减损实践面临什么样的困难与问题，这些困难与问题产生的内在逻辑是什么(即问题形成机理)？②我国粮食产后前端环节损失评估和节粮减损困难与问题呈现出什么样的共性特征(即问题特征)？③我国粮食产后前端环节损失评估和节粮减损困难与问题有着什么样的变化趋势(即问题演变趋势)？研究和解答这三个问题，有助于增强调查和评估的方法与制度的科学性和可行性，确保政策方案的针对性和可操作性。

### 1.4.1 我国粮食产后前端环节损失评估和节粮减损困难与问题

粮食产后前端环节粮食减损不仅能够实现资源的有效配置、减轻环境压力，更有助于增加粮食市场供给量、保障粮食安全，对我国粮食产业高质量发展具有重要现实意义。当前，我国粮食产后前端环节粮食损失研究的系统性、时效性和代表性不足，常态化评估方法与制度缺乏，相关政策支持体系尚不健全，不足以支撑节粮减损顶层设计，且不利于推动《粮食节约行动方案》落地实施。究其原因，我国粮食产后前端环节粮食损失评估和减损至少存在以下五个方面的困难与问题。

1. 粮食损失调查困难

粮食损失调查由来已久，但粮食产业链多环节性、粮食多品种性、市场多主体性及市场主体数量庞杂性等因素增加了粮食损失调查的困难程度，调查成本也相对较高，全国范围的粮食损失调查相对较少。前文已经提到，本书研究的减损主体为农户，粮食产后前端环节主要包括收获、干燥和农户储藏三个环节，相应地，粮食产后前端环节损失为收获损失、干燥损失和农户储藏损失。为提高粮食产后前端环节粮食损失评估结果的精准性，粮食损失调查应涵盖粮食产后前端所有环节、所有粮食品种、所有粮食生产省份、所有粮食收获方式、所有粮食干燥方式及所有粮食储藏方式等，且不同环节农户调查数量、不同省份农户选择等均要具有代表性。显然，粮食产后前端环节粮食损失调查的困难程度对粮食损失研究提出了极大的挑战，这也揭示了为何当前全国范围内涵盖粮食产后前端环节的粮食损失调研非常少，多数调研的样本选择为粮食产后前端某个或某几个环节，或者集中于某些省份和某个粮食品种。

2. 缺乏评估规范和共识

近年来，国内外学者对粮食产后前端环节粮食损失开展了广泛的研究，但由于粮食产后损失、粮食浪费等概念界定、调研样本和评估方法等方面的差异性，尚未达成粮食产后前端环节粮食损失评估的规范性和共识性。以不同时间开展的全国范围粮食产后损失调查为例，1992 年俞家宝教授团队以 22 个省区市的调查样本为基础，将粮食产后环节划分为收获、运输、加工、储藏、销售和消费等 6 个环节，采用分组、加权平均法计算粮食产后损失率；2015 年曹宝明教授作为项目负责人承担的粮食公益性行业科研专项“粮食产后损失浪费调查及评估技术研究”(包括 9 个子课题)以 31 个省区市样本数据为基础，将粮食产后系统界定为收获、干燥、农户储粮、运输、企业储藏、加工、销售和消费等 8 个环节，并采用物质流方法计算分品种粮食产后损失率。对比发现，两个项目粮食产后环节划分、样本省份选择以及计算方法等均存在显著差异性，评估方法尚未达成一致性。

3. 调查评估结果缺乏权威性

当前，部分国际机构和一些国家政府部门会不定期发布关于粮食损失水平的研究报告，但存在评估结果不一致等问题，缺乏权威性。以非洲为例，非洲产后损失信息系统估计出的非洲粮食损失范围在14%至18%之间，但联合国粮食及农业组织估计出的数值为20%(罗屹等，2020)，两者存在一定的差异性。根据我国农业农村部测算，我国粮食产后损失率为7%～11%；中国农业科学院估算我国粮食全产业链总损耗率约为12%，联合国粮食及农业组织估计我国每年在收割、运输、储备、加工过程中损失的粮食超过 6%，粮食消费环节浪费尤为严重；2020年全国人大常委会专题调研组关于珍惜粮食、反对浪费的调研报告显示，粮食产后人工收获损失率在 10%左右，机械收获损失率在 3%左右。可以看到，不同部门从不同角度对当前我国粮食产后损失进行了测算与估计，但由于样本范围等方面的差异性，粮食损失测算数据有所差异，仍缺乏相对权威的调查评估结果。

4. 农户缺乏积极性

作为粮食产后前端环节粮食损失目标的重要落实主体，多数农户对粮食损失的重视程度远远不够，缺乏减损积极性，这在很大程度上影响了粮食损失的控制和减少。根据国家粮食公益性行业科研专项子课题负责人武拉平教授团队的调查结果，“以收获环节为例，在收回的有效问卷中，只有 15.94%的人认为粮食收获环节损失大，80.37%的人认为不大”。这一数据反映出我国农户对于粮食损失问题的认知存在较大的偏差。此外，对于部分小规模农户来讲，小规模的粮食种植主要用于满足家庭的日常口粮需求，其机械化程度和粮食仓储水平均不高，再加上资金与规模等因素的限制，对粮食损失重视程度本就不高的农户对粮食机械化收割、干燥、储藏等社会化服务需求也不强烈，这进一步降低了其对粮食减损的积极性。

5. 《粮食节约行动方案》落地困难

《粮食节约行动方案》聚焦全链条多环节开展节粮减损行动，围绕粮食种植、收获、储存、运输、加工、消费等环节中粮食损失浪费的突出问题提出了针对性举措，为保障国家粮食安全开辟了重要路径。然而，在具体实施过程中，政府面临一些挑战和困难。一是政府在实施《粮食节约行动方案》过程中缺乏有效的抓手，如何量化评估粮食损失，以及如何确保减损措施的实施效果，都存在一定的难度。二是由于政府不同部门职责界定不清，缺乏有效的沟通衔接机制，多部门协同合作缺乏统一的协调机制，难以形成合力，从而造成粮食损失评估及减损目标落地较为困难。三是部分政府部门对粮食减损的重视程度不够，缺乏足够的动力去推动节粮减损工作，各环节减损举措缺乏硬化实化细化等，均使得中央政府无法围绕粮食损失调查、评估及减损工作有的放矢。

之所以出现上述这些问题，是因为在粮食产后前端环节的粮食减损行动中存在着“公共选择困境”，即在粮食具有显著外部性的背景下，市场上各个利益主体通常都会规避责任、逃避投入，除非其他方面的制度安排(如粮食安全和粮食减损实行党政同责)追加了影响政府部门、地方政府、官员个人和社会领域非经济层面的效用考量，否则，政府和社会均可能会做出不利于粮食减损目标的选择。

### 1.4.2　我国粮食产后前端环节损失评估和节粮减损困难与问题的特征

前面的分析可以看到，我国粮食产后前端环节损失评估和节粮减损困难与问题各有特征，本节重点从问题类别、问题强度、问题影响以及问题管控等方面进行分析考察。

1. 问题类别

就问题类别而言，主要包括政府层面的困难与问题、社会层面的困难与问题以及农户层面的困难与问题。粮食产后前端环节粮食损失调查是一项系统性工程，不仅需要多方主体的参与和合作，如农户、农业企业、政府部门、科研机构等，还需要投入大量的资金，且粮食减损效果具有较强的正外部性。因此，在维持现有粮食减损状态的背景下，面对粮食减损可能带来的微弱的经济效益，尤其对于农户来讲，粮食减损投入的回报可能并不明显，无论是农户层面还是社会层面，均没有积极性主动增加减损投入，这显然不利于粮食损失评估与实现减损目标。

不同于农户和其他社会主体，政府部门有更多的责任和义务开展粮食损失调查，规范损失评估体系并逐渐形成社会共识，发布调查评估结果，引导出台《粮食节约行动方案》实施细则。然而，尽管政府部门拥有推动粮食减损的公共资源和权力，但政府掌握的信息和公共资源是有限的，再加上职能部门之间存在责任边界不清、监督和问责机制不健全等问题，可能会导致政府部门决策失误、管理受限、政策落实不到位等现象，不利于粮食损失评估及促进粮食减损。

2. 问题强度

就问题强度而言，主要包括不可能克服的困难与问题、较难克服的困难与问题和容易克服的困难与问题。粮食产后前端环节损失评估和减损困难与问题中，农户缺乏积极性属于几乎不可能克服的困难与问题。根据第三次全国农业普查数据，2016 年全国有 20 743 万户农业经营户，其中，398 万户规模农业经营户，农户数量较多，再加上粮食减损政策补贴难以覆盖所有农户，不同农户粮食减损行为基本上不可能达成一致性。粮食损失调查困难属于较难克服的困难与问题，前面分析已经提到，进行一次全国层面的粮食产后前端环节粮食损失调查需要支付巨额的财政成本，再加上粮食产后前端环节涵盖的农户主体数量庞大，不同环节、不同农户、不同粮食品种采取的粮食收获、干燥以及储藏的方式各异，且使用的农机装备、设施、技术不一，粮食损失调查与评估结果难以保证较高的精准性。《粮食节约行动方案》落地困难也属于较难克服的困难与问题，主要原因在于，央地之间以及政府部门之间权责划分相对困难，且始终存在信息不对称性，难以达成粮食减损目标的一致性。粮食损失评估缺乏规范与共识以及调查评估结果缺乏权威性均属于容易克服的困难与问题，主要原因是粮食损失评估规范以及调查评估结果权威性的实现需要一个过程，随着研究的深入，规范性的逐步建立，反馈机制的不断健全，粮食损失规范性及调查评估结果的权威性将逐步提高，能够为粮食减损工作提供更加科学、准确的数据支持，有效促进粮食资源的合理利用和保障国家粮食安全。

3. 问题影响

就问题影响而言，主要包括直接影响的困难与问题和间接影响的困难与问题。粮食产后前端环节损失评估和减损困难与问题中，粮食损失调查困难、农户缺乏积极性以及《粮食节约行动方案》落地困难均会对粮食损失评估及减损产生直接影响，其中，粮食损失调查困难直接影响粮食损失调查，农户缺乏积极性和《粮食节约行动方案》落地困难均直接影响粮食减损效果。粮食损失评估缺乏规范与共识和调查评估结果缺乏权威性并不会直接影响粮食损失评估及减损。主要原因在于，尽管粮食损失概念界定、评估方法、调研选择等方面存在一定的差异性，相关机构、政府部门以及学者等主体对粮食损失的评估结果仍莫衷一是，甚至评估结果缺乏一定的权威性，但无论是政府部门还是学术界对粮食产后前端环节存在大量的粮食损失的观点已达成一种共识，并且，随着粮食产后前端环节粮食减损实践活动的开展以及研究的不断深入，粮食损失评估结果会越发精准，粮食减损成效将越来越好。

4. 问题管控

就问题管控而言，主要包括不可控的困难与问题和可控的困难与问题。粮食产后前端环节损失评估和减损困难与问题中，粮食损失调查困难属于不可控的困难与问题，主要原因是，受限于社会资源的稀缺性，政府部门赖以建立和运行的资源是有限的，不可能无限扩张公共资源，必然导致政府管理能力具有局限性。农户缺乏积极性和《粮食节约行动方案》落地困难也属于不可控的困难与问题，其原因在于央地之间、政府部门之间以及政府与农户之间总会存在信息不对称性，粮食减损利益与成本难协调，粮食减损行为难以达成一致性，相应地，粮食损失评估及粮食减损困难较大。缺乏评估规范和共识与调查评估结果缺乏权威性均属于可控的困难与问题，主要原因在于这两类困难与问题均属于社会范畴，需要在长期的实践与研究中逐步解决。前者着眼于如何在评估过程中达成一致意见，后者则关注评估结果能否得到广泛认可。二者都可通过不断完善评估方法与加强社会共识来克服，因此被视为可控的困难和问题。

通过对粮食产后前端环节粮食损失和减损困难与问题特征的分析可以发现，有些困难与问题是可以短期克服和解决的，如针对《粮食节约行动方案》落地困难，相关部门可加快出台相应的细则，明确各环节的责任主体和操作流程等。有些困难和问题只能逐渐克服与解决，如粮食损失缺乏评估规范与共识以及调查评估结果缺乏权威性，可以通过规范调查流程，提高评估的透明度等措施，逐步提升评估结果的可信度和权威性。然而，有些困难和问题受到自然因素、历史因素和客观条件的制约，则根本无法解决，如粮食损失调查困难，《粮食节约行动方案》落地困难中关于央地之间权责关系等。

### 1.4.3　我国粮食产后前端环节损失评估和节粮减损困难与问题的演变趋势

1. 全面管控下的演变

在政府全面管控的背景下，粮食产后前端环节粮食损失评估和减损困难与问题呈现出粮食损失评估与减损进程加快但不具有可持续性的演变趋势。政府全面管控意味着粮食产后前端环节粮食损失评估与减损均由政府主导，政府部门对资源进行集中统一调配，短期内，粮食损失评估能够快速推进，并且针对粮食损失率较高的环节和主体，会加快促进粮食减损针对性措施出台。然而，若政府长期全面管控粮食产后前端环节粮食损失评估与减损，可能会带来一系列负面影响。一方面，市场活力可能受限，政府长期全面管控可能会限制市场的自发调节作用，降低市场活力，技术发展受阻，农户等市场主体政策依赖性增强，从而影响粮食产业整体的创新和竞争力；另一方面，市场配置资源作用无法有效发挥。市场配置资源的一个关键机制是价格。若政府管控导致市场价格信号失真，可能会扭曲资源配置，影响粮食产业的健康发展。对于粮食产后前端各环节，农机市场以及社会化服务的发展是决定粮食减损的关键要素，但相关市场的发展及前景最终是由市场决定的。长期来看，即使政府全面管控使得粮食产后前端环节粮食损失评估与减损目标得以实现，但一旦政府管制放松，就会出现粮食损失率提高、烘干机等同质化发展、代储代藏等服务成本较高等问题，粮食产后前端环节粮食减损不具有可持续性。

2. 部分管控下的演变

在政府部分管控的背景下，粮食产后前端环节粮食损失评估和减损困难与问题呈现出粮食损失评估与减损进程缓慢但具有可持续性的演变趋势。政府部分管控意味着粮食产后前端环节粮食损失评估与减损由政府引导，具体包括以下方面。一是出台粮食减损财政补贴、信贷支持和技术支持等政策，推动粮食减损举措更加硬化实化细化，如针对特定环节的减损技术或设备进行补贴，鼓励农户使用更高效的粮食收获、储藏和运输方法等。二是推进粮食减损制度体系、标准体系和监测体系加快建立，健全粮食减损常态长效治理机制，如制定和完善粮食收获、储藏、运输和加工等国家标准与行业标准，推动地方和企业根据国家标准制定更为具体和适用的地方标准与企业标准等。三是鼓励和支持企业、新型农业经营主体、小农户、学者等更多的市场主体参与到粮食产后前端环节减损过程，包括深入研究粮食损失评估方法并逐渐形成社会共识、加快粮食产后前端环节重点农机装备、设施、技术攻关，稳步提升新型农业经营主体等提供代烘、代储等服务能力等。在此背景下，粮食产后前端环节粮食损失评估和减损困难与问题逐步解决，粮食损失率有效降低且具有可持续性。

3. 放任不管下的演变

在政府不进行管控的背景下，粮食产后前端环节粮食损失评估和减损困难与问题呈现出粮食损失评估与减损难以实现的演变趋势。政府不进行管控意味着粮食产后前端环节粮食损失评估与减损完全由市场决定。市场机制虽然在资源配置和技术创新方面具有一定优势，但考虑到粮食减损具有较强的正外部性，粮食减损投入成本较高，并且对于个体农户来讲，粮食减损带来的收益增加可能远低于农户投入成本，无论是农户还是社会组织，均没有动力采取粮食减损措施。在此背景下，现有的粮食种植成本收益水平和目前的装备技术条件所形成的农户既有的粮食损失均衡状态难以被打破，新的粮食损失率降低的粮食损失状态也无法实现，粮食产后前端环节粮食损失评估和减损困难与问题将难以解决。长期来看，只有当前的粮食损失状况严重影响新型农业经营主体的经营成本时，新型农业经营主体才会存在采用或更新、升级粮食减损装备、设施、技术来降低其成本的需求，这在一定程度上会促进粮食减损目标的实现，但还需要考虑到不同主体的具体情况和能力，以及整个行业的发展趋势和政策环境，这显然不具有普遍性。

## 1.5　我国粮食产后前端环节节粮减损的总体思路及任务

为了落实《粮食节约行动方案》中“到 2025 年，粮食全产业链各环节节粮减损举措更加硬化实化细化，推动节粮减损取得更加明显成效，节粮减损制度体系、标准体系和监测体系基本建立，常态长效治理机制基本健全”的要求，需要进一步研究三个方面的问题：①我国粮食产后前端环节节粮减损要实现什么样的减损目标(减损目标研究)？包括确定具体的减损率目标、制定切实可行的时间表以及明确减损目标的地区差异性。此外，还需考虑减损目标与国家粮食安全、农业可持续发展、环境保护等更广泛目标的协同。这一过程将涉及对现有粮食损失情况的深入分析，以及对可能实施的减损技术和管理策略的评估。②我国粮食产后前端环节节粮减损工作要依循什么样的总体思路进行(总体思路研究)？包括分析现有的政策、技术、市场和社会因素，以及它们对粮食减损工作的影响。需要考虑的因素包括技术创新、政策支持、市场激励、公众意识提升等。此外，还需明确不同部门和地区在减损工作中的角色和责任，以及如何通过跨部门、跨区域的协作来实现共同的减损目标。③我国粮食产后前端环节节粮减损工作需要明确哪些具体任务(主要任务研究)？包括制定具体的行动计划、分配资源、确定各方责任和任务、建立监督和评估机制等。此外，还需考虑如何通过法律、政策、技术和市场手段来支持这些任务的实现，以及如何建立长效的管理和监督机制以确保任务的持续实施和效果评估。这三个问题的研究与解答，既是本节的核心内容，也是我国粮食产后前端环节损失评估和节粮减损顶层设计的关键所在。

### 1.5.1　我国粮食产后前端环节节粮减损行动的减损目标

粮食损失与全球食物安全问题紧密相联。粮食的损失减少了可供消费的食物总量，这在一些粮食短缺的地区可能导致食品价格上涨，从而加剧食物不安全的问题。对于生活较为困难的社区和家庭而言，食品价格的上涨可能导致营养不良和健康问题。此外，粮食损失问题还涉及广泛而复杂的影响，其后果远远超出了直接的食物资源流失。首先，粮食损失意味着在种植、收获、加工和运输等环节所投入的劳动力、资金、能源和水资源的浪费。这种间接损失不仅增加了整个食品供应链的成本，还可能导致资源的不可持续使用和效率低下。其次，粮食损失还带来重大的环境成本。这些环境成本包括生态系统的破坏，如由大规模农业生产引起的土壤退化和生物多样性的丧失；土地和水资源的过度利用，包括水土流失和地下水位下降等问题；在生产和处理过程中产生的碳排放，这对全球气候变化的加剧起到了推波助澜的作用。这些环境问题不仅威胁着自然生态的平衡，也对人类社会的长期可持续发展构成了挑战。

因此，解决粮食损失问题不仅是提高食物供应效率的问题，更是一个涉及环境保护、社会公平和经济发展的复杂挑战。通过粮食减损，可以增加粮食的可用量，满足人口增长和消费需求，降低粮食的市场价格，提高粮食的安全性和可及性，改善人们的饮食和营养状况；也可以节约投入要素，提高粮食的生产效率，降低粮食的生产成本，增加农民的收入和福利，促进农业的发展和转型；同时还可以减少环境成本，降低温室气体排放，减轻水污染，恢复土壤肥力，保护生物多样性，缓解气候变化，改善生态系统的状况和人类的健康。

然而，要实现粮食减损，需要相应的投入，或是农户投入，抑或是政府投入。若是农户投入，则可能涉及采购更先进的收割设备、改善储藏条件或采用更有效的运输方法。这些投资虽然初期成本较高，但长远来看能够显著减少损耗，提高粮食产量的整体效率。若是政府投入，则需要通过补贴、税收优惠、技术支持与培训或直接的财政援助来鼓励和帮助农户采取减损措施。

考虑到技术和资源的限制，减损目标不能无限制地设定，需要科学研究来探讨在不同的约束条件下如何合理设定粮食减损目标。这涉及粮食产后减损的技术空间、经济空间、政策空间三个范畴。

1. 粮食产后减损的技术空间

在一定的技术条件下，粮食产后系统总是存在着粮食损失的技术限界，即粮食的最低损失率，现有损失率与最低损失率之差，即可以实现的粮食产后减损的“技术空间”。这个空间代表了通过技术进步和创新可以实现的减损潜力。为了最大化利用这一技术空间，需要在多个环节进行技术创新和优化。例如，在收获环节，采用更先进的机械和技术能够有效减少作物在收割过程中的损失。传统的收割方法往往由于技术落后和设备陈旧而粮食的损失较大。通过引进高效的现代化收割机，不仅可以提高收割速度，还可以减少操作不当造成的损失。此外，利用无人机和传感器技术，可以实时监测作物生长状况，确定最佳收割时间，进一步降低粮食损失。

在干燥环节，技术改进同样重要。传统的自然晾晒方法易受天气和环境条件影响，干燥不均匀导致粮食品质下降甚至霉变。采用现代化的机械干燥设备，可以控制干燥温度和湿度，确保粮食干燥均匀，减少干燥不当造成的损失。优化干燥工艺，提高干燥效率，不仅能节约能源，还能保持粮食品质，延长储藏时间。农户储藏环节是粮食产后管理的关键环节之一，改进的仓储技术和条件控制可以大幅降低不当储藏造成的损坏和腐败。采用密闭、通风良好的仓库，并配备温湿度控制系统，可以有效防止粮食受潮霉变。此外，利用气调储藏技术，可以控制仓库内的气体成分，抑制有害生物和微生物的生长，进一步减少粮食损失。定期检查和维护储藏设施，及时发现和处理潜在问题，也是确保粮食安全储藏的重要措施。运输环节同样存在巨大的减损潜力，优化物流系统和运输方式，可以减少粮食在运输过程中的损失。采用冷链运输技术，可以确保粮食在运输过程中保持适宜的温度，防止温度波动导致的质量下降。此外，还可以改进包装材料和技术，增强包装的防护性能，减少碰撞、挤压造成的粮食损失。在物流管理方面，利用信息技术和智能系统，可以实现运输路径和时间的优化，减少运输过程中的时间损耗和质量损失。除了对现有技术的改进，还需要探索和发展新的技术解决方案。利用信息技术和智能系统来优化粮食供应链管理，可以实现从田间到餐桌的全程监控和管理。利用大数据分析和物联网技术，可以实时掌控粮食的生产、储藏和运输状况，及时调整和优化各环节的操作，提高整体效率。

2. 粮食产后减损的经济空间

在粮食产后减损的技术空间内实现粮食减损，不仅需要技术装备的投入，还需要考虑到经济成本与收益的平衡。只有当通过减损技术手段获得的边际收益大于或等于技术装备投入的边际成本时，这种投入才被认为是经济上可行的。换句话说，投资于减损技术的成本必须通过其带来的经济回报来抵消，甚至超过，这样的减损成果才能被视为粮食产后减损的“经济空间”。理论上，经济空间<技术空间，这是因为并非所有在技术上可行的减损措施在经济上都是合理的。一些技术措施虽然能有效减少粮食损失，但由于成本过高或收益过低，它们在经济层面上并不可行。因此，在考虑减损措施时，需要综合评估技术的可行性与经济的合理性，以确保粮食产后减损投入不仅在技术上先进，而且在经济上可行，最终实现粮食安全和可持续发展的目标。

在经济空间的讨论中，成本效益分析是一个关键工具。通过成本效益分析，可以对不同的减损措施进行比较，找出最具经济效益的解决方案。例如，在评估一种新的仓储技术时，不仅要考虑其能够减少的粮食损失量，还要考虑其安装和维护成本。只有当其带来的经济收益大于总成本时，才值得推广应用。同时，粮食市场的波动和价格变化也是经济空间分析中的重要因素。如果粮食价格较高，投资在减损技术上的收益就会相对增加，从而扩大经济空间。反之，如果粮食价格较低，减损技术的经济效益就会受到影响。因此，经济空间的分析必须动态地考虑市场条件和价格变化，以确保决策的科学性和合理性。

3. 粮食产后减损的政策空间

如果政府对从事粮食产后减损行动的经济活动主体提供财政补贴，这将显著改变整个粮食产后系统中减损行动的成本与收益格局。财政补贴可以降低技术投入的直接成本，使原本在经济上不可行的减损措施变得可行，从而创造出新的政策空间。这种政策空间是指在政策支持下可实现的减损措施范围，它可能包括那些在没有政府支持时不被考虑的选项。理论上，政策空间<经济空间<技术空间，即政策支持虽然能提供额外的经济激励，但并不改变所有减损措施的基本经济逻辑。因此，政府的财政补贴策略需要精心设计，以确保补贴既能促进有效的粮食减损措施，又不会造成资源的浪费。补贴政策应考虑到不同的地区特性、粮食种

类和减损技术的具体情况，以实现精准扶持和高效利用公共资源。

首先，补贴政策应针对不同地区的特性进行设计。各地的气候条件、土壤状况、作物种类等因素各不相同，统一的补贴标准可能无法满足所有地区的实际需求。因此，政府应根据各地的实际情况，制定具有针对性的补贴政策。例如，在湿热地区，补贴应侧重于防潮、防霉等储藏技术；在干旱地区，则应优先支持高效灌溉和抗旱技术的应用。

其次，补贴政策应考虑到不同粮食种类的特性。不同种类的粮食在收获、干燥、农户储藏和运输等环节的损失情况不同，因此需要不同的减损技术和措施。政府应根据各类粮食的特性，提供有针对性的财政补贴。例如，对于易受虫害影响的粮食品种，补贴可以集中在防虫技术和储藏设施的改进上；对于易霉变的品种，则应重点支持干燥和通风设备的使用。

再次，补贴政策应注重对减损技术的具体情况进行评估和选择。并非所有的减损技术都适合所有农户，技术的适用性和经济性是决定其推广效果的关键因素。政府应通过试点项目和示范工程，评估不同减损技术的实际效果，并根据评估结果优化补贴政策。通过科学评估，选择那些效果显著、经济可行的技术进行重点扶持，从而提高补贴资金的使用效率。

最后，政府还应建立健全监督和管理机制，确保财政补贴政策的有效实施。补贴资金的发放和使用需要透明、规范，防止出现资金挪用、虚报冒领等问题。建立严格的审核和监督机制，对补贴对象进行动态管理，定期评估补贴效果，根据评估结果进行调整和优化，以确保补贴政策的长期有效性。

### 1.5.2　我国粮食产后前端环节节粮减损行动的总体思路

粮食减损存在着不同的路径选择，首先，是粮食减损工作由谁主导的问题：是政府主导还是市场主导？是中央主导还是地方主导？在同一级政府，是哪个部门主导？政府不同部门之间如何协同？这涉及粮食减损的责任主体、权力分配、资源配置、监督机制等方面，对于粮食减损的效果和效率有着重要的影响。

在探讨粮食减损工作的主导问题时，我们首先需要考虑的是主导权的归属：是政府主导还是市场主导？这关乎粮食减损策略的制定和实施的基本方向。政府主导可能意味着更多的政策干预和公共资金投入，而市场主导则更多依赖于市场机制和企业的自我调节。此外，我们还需考虑主导权在不同政府层级之间的分配：是由中央统一规划和指导，还是地方根据当地实际情况进行具体操作？在中央和地方之间，又如何平衡权力和责任，以实现最佳的粮食减损效果？进一步地，还需探讨在同一级政府内部哪个部门应当承担主导角色。不同部门，如农业部门、商务部门、环境保护部门等，都可能对粮食减损工作有不同的影响和责任。确定一个主导部门，并建立起有效的跨部门协作机制，对于确保粮食减损策略的顺利实施至关重要。这不仅涉及责任主体的明确，还包括权力分配、资源配置和监督机制等多个方面。例如，需要明确哪些资源应由哪个部门提供，以及如何监督和评估各部门在粮食减损工作中的表现和贡献。

其次，需要考虑的是推动粮食减损的方式与手段问题：是财政手段还是信贷手段？是直接补贴还是间接补贴？是中央出钱还是地方出钱？是阶段性支持还是持续性支持？这涉及粮食减损的激励机制、成本效益、公平性、可持续性等方面，对于粮食减损的动力和规模有着重要的影响。

在探讨推动粮食减损的方式与手段时，首先面临的是资金来源和资金形式的选择。这包括选择财政手段还是信贷手段，以及采取直接补贴还是间接补贴的决策。财政手段通常涉及直接的政府支出，可以更加直接和快速地影响粮食减损的进程，但可能会增加政府的财政负担。相比之下，信贷手段则可能通过鼓励私人投资来减少粮食损失，但这可能会受限于市场利率和贷款条件。在补贴的形式上，直接补贴可能更容易操作和监控，但可能导致依赖性和效率低下。间接补贴，如税收减免或基础设施投资，可能有助于创造更长远的影响，但其效果可能不那么直观和即时。此外，资金的来源也是一个关键问题：是由中央负担，还是地方出资？这涉及中央与地方之间的财政分配和权责划分问题。其次，资助的时间框架也是一个重要考虑因素，是选择阶段性支持，专注于短期目标和立即的成果，还是采取持续性支持，以实现长期和可持续的影响？阶段性支持可能有助于快速解决迫切问题，但可能缺乏长期视角；而持续性支持虽然有利于长期规划，但可能需要更多的资源和耐心。

最后，需要考虑的是粮食减损支持政策的对象问题：是面向全国农村还是集中针对粮食主产区？对于农户、家庭农场、农业合作经济组织、规模化农场是否要区别对待？是对减损技术装备进行补贴还是根据减损绩效进行奖励？这涉及粮食减损的覆盖面、针对性、差异性、评价体系等方面，对于粮食减损的普及和质量有着重要的影响。

在考虑粮食减损支持政策的对象时，首先需要决定政策的地域覆盖范围：是应该覆盖全国的农村地区，还是应该集中关注于粮食主产区？全国范围的政策可能有助于实现更广泛的覆盖和普及，但可能缺乏针对性。相反，专注于主产区的政策可能更加高效，但可能会忽视非主产区的粮食减损需求。其次，需要考虑不同类型的农业经营主体是否需要区别对待。农户、家庭农场、农业合作经济组织、规模化农场各有其特点和需求。例如，小型农户可能需要更多的基础支持和技术指导，而大型规模化农场可能更关注高效的技术和设备。这种差异化的策略可以更有效地满足不同主体的具体需求，从而提高政策的整体效果。此外，还需决定是对减损技术装备进行补贴，还是根据减损绩效进行奖励。技术装备补贴可能有助于推广先进的减损技术，但可能存在滥用和依赖风险。基于绩效的奖励制度可能更能激发主体的积极性，但需要一个公正和有效的评价体系来确保其公平性和有效性。

经过深入研究和科学论证，我们认为，我国粮食产后前端环节节粮减损行动应当依循下列总体思路。

第一，在剖析我国粮食产后前端环节粮食损失影响因素的基础上，构建科学的调查评估制度，以客观了解我国粮食产后前端环节的损失现状、损失规模、损失分布、损失原因等，为粮食减损的目标设定和政策制定提供可靠的数据支撑与参考依据。一个全面且有效的调查评估制度应该融合多种数据收集手段，包括但不限于定期进行的现场调查、远程传感技术以及针对农户和企业的调查问卷，以收集从田间到储藏过程中各环节的数据，确保信息的全面性和准确性。此外，该系统还应包含数据分析工具和模型，以便于从海量数据中提取有用的信息和发现趋势。另外，建立这样的调查评估制度需要跨部门的合作和协调，以确保数据的全面收集和共享，同时，也需要与学术机构和研究组织合作，以便有效利用专业知识。这种科学的调查评估制度为粮食减损的目标设定和政策制定提供了可靠的数据支撑与参考依据。借助这些数据，政策制定者可以更准确地了解粮食减损的现状，识别关键的问题领域，并制定出更有效的策略和措施来减少粮食损失，从而提高粮食安全和效率。

第二，在剖析我国粮食产后前端环节粮食损失机理的基础上，摸清引致损失和浪费的症结所在，以深入理解我国粮食产后前端环节的损失形成过程、损失影响因素、损失传导机制等，为粮食减损的问题诊断和对策制定提供科学的理论指导和分析框架。为实现这一目标，应从气候条件、农业技术、物流设施、管理方法、经济因素等多方面进行考察，此外，考虑到不同地区和作物可能存在不同的损失模式和原因，分析也需要具有地域和品种的差异性。

第三，在剖析我国粮食产后前端环节技术空间、经济空间、政策空间的基础上，确立粮食减损目标，以合理确定我国粮食产后前端环节的减损潜力、减损水平、减损速度等，为粮食减损的目标追求和政策评估提供明确的标准与期望值。首先，技术空间的分析关注当前和未来可能应用的技术，特别是那些能显著降低粮食损失的技术。这涉及评估各种收获、储藏、加工和运输技术的效率与适用性，以及这些技术在不同地区和作物中的应用潜力。基于此，可以估计凭借技术创新和应用能够实现的减损潜力。其次，经济空间的分析需要考虑减损措施的经济成本和益处。这包括分析不同减损技术和方法的成本效益比，以及在不同经济条件下实施这些措施的可行性。通过这样的分析，可以确定在经济上合理和可行的减损目标。最后，政策空间的分析涉及当前的政策环境和可能的政策调整。这需要评估现有政策对粮食减损的支持程度和潜在改进空间，以及未来政策变化可能对减损目标的影响。这样的分析有助于确立符合政策导向的减损目标，确保这些目标在现有的政策框架下是可行和有效的。

第四，在剖析我国粮食产后前端环节粮食减损动力机制的基础上，寻求节粮减损行动的关键点、着力点和政策抓手，以有效激发我国粮食产后前端环节的减损意识、减损能力、减损行为等，为粮食减损的动力提升和政策实施提供有力的驱动力和支撑力。首先，需要识别激发减损意识的关键因素，包括公众教育、媒体宣传、成功案例的分享等，通过这些方式提高社会各界对粮食减损重要性的认识，特别是在农民和相关产业工作者中提升这种意识，使他们认识到减损不仅是国家的需求，也是提高自身经济效益的关键。其次，关于增强减损能力的着力点，需要考虑技术培训、设备升级、金融支持等方面。例如，为农户提供更先进的储藏和运输设施，提高他们在农作物收获和处理过程中的减损能力。同时，通过提供低息贷款或补贴，鼓励采用高效节能的农业设备和技术。此外，激发减损行为的政策抓手也至关重要。这可能涉及制定和实施相关的法律法规，如对粮食损耗超标的企业和个人实施处罚，或者为有效减少损耗的实践提供奖励和激励。政策还应鼓励研究和开发新的减损技术，以及支持公私合作项目，促进减损技术的应用和普及。

第五，在剖析节粮减损多部门协同机制的基础上，从观念引导、政策引领、制度建设、法治保障等方面形成基于顶层设计的系统性方案，以协调推进我国粮食产后前端环节的减损协作、减损创新、减损监管等，为粮食减损的协同推进和政策完善提供全面的保障与支持。首先，观念引导是协同机制的重要组成部分。通过教育和宣传活动，可以提高公众和相关部门对节粮减损重要性的认识，形成节约粮食、减少浪费的社会共识。这种观念的普及有助于营造一个有利于节粮减损的社会氛围。其次，政策引领对于确保协同机制的有效性至关重要。需要制定一系列协调一致的政策，包括经济激励、技术支持、市场调节等，以引导和支持各方面的节粮减损努力。政策制定应充分考虑不同部门和地区的特点与需求，以确保政策的适用性和有效性。在制度建设方面，关键是建立一个全面的、跨部门协作的管理体系，明确各部门的责任和职能，建立有效的信息共享和决策协调机制，对粮食减损过程中的关键环节进行标准化和规范化，以提高整体的管理效率和减损效果。最后，法治保障是确保节粮减损协同机制可持续性的关键。需要制定和完善相关的法律法规，对粮食减损相关的行为进行规范和监管。同时，确保法律的公平实施和有效执行，为节粮减损提供坚实的法律基础。

### 1.5.3　我国粮食产后前端环节节粮减损行动的主要任务

根据减损目标和总体思路，确定减损行动的主要任务，依循权责一致、职能与责任相匹配的原则，按照中央和地方、政府不同部门、不同地区进行任务分解，明确各方的减损目标、减损措施、减损责任、减损考核等内容。分阶段加以完成，根据减损的难易程度、紧迫性、重要性等因素，制定合理的减损时间表、减损路线图、减损进度表等工具，确保减损行动的有序推进和有效实施。

具体来说，粮食产后前端环节节粮减损遵循以下原则。

(1)以数据为基础，以问题为导向。首先，建立科学的调查评估制度是理解和解决粮食损失问题的关键。这包括通过实地调查、数据收集和分析等方式，客观地了解粮食产后前端环节的损失现状。其次，准确评估损失的规模、分布和原因，这不仅包括直接的物理损失，还应考虑由质量下降导致的经济损失。再次，找出粮食损失的关键环节，如收获、干燥或农户储藏过程中的特定阶段，并识别这些环节中的主要影响因素，如技术水平、操作方法、自然条件等。最后，应重点关注粮食产后前端环节中的突出问题，如技术设备落后、管理不善、资源配置不合理等。

(2)以理论为指导，以机理为依据。首先，深入研究和应用相关的经济学、管理学、农业科学等理论，来指导粮食产后前端环节损失的研究和减损工作，分析粮食产后损失的结构和成因。其次，通过剖析粮食产后前端环节的损失形成过程，识别影响粮食损失的关键环节和关键因素。例如，探究收获、干燥、农户储藏等环节中哪些具体操作或环境因素导致了高损失率。再次，深入分析损失的影响因素，如技术水平、操作方法、环境条件、市场机制等，并探究这些因素如何影响粮食的损失率和损失量。最后，研究粮食损失的传导机制，即损失是如何从一个环节传导另一个环节的，以及这种传导如何影响整个粮食供应链的效率和效果。

(3)以目标为导向，以空间为参考。通过剖析粮食产后前端环节的技术空间、经济空间、政策空间等，合理地确定粮食减损的潜力、水平、速度等，一是评估当前和潜在的技术水平，以及这些技术在减少粮食损失方面的应用潜力，二是通过成本效益分析、投资回报率评估等判断粮食减损工作的经济可行性，三是分析现行政策并模拟潜在政策在粮食减损方面的作用，为确定减损任务提供目标导向和空间参考。

(4)以动力为核心，以关键点为突破。首先，深入剖析粮食产后前端环节中的减损意识、减损能力和减损行为，是激发粮食减损动力和动机的关键。这包括了解农户、企业和相关组织对粮食损失问题的认识程度，以及他们减少损失的意愿和能力。其次，识别和强化粮食产后前端环节的关键点，如收获、干燥、农户储藏等环节中最容易产生损失的环节，或技术和管理层面上的关键改进点。在此基础上，强化激励机制和政策支持、监管和监测机制，以增强各方面参与粮食减损工作的动力，确保减损行为的实施和效果。

(5)以协同为保障，以系统为整合。通过建立节粮减损多部门协同机制，协调地推进粮食减损的协作、创新、监管等各环节，有效地集合资源，形成一个高效运转、相互支持的粮食减损工作体系，为减损任务提供协同保障和系统整合，从而更有效地减少粮食损失。

减损的具体任务包括以下方面。

(1) 增强减损意识，增强减损责任。通过加强宣传教育、培训指导、示范引导等方式，提高全社会对粮食减损的重要性、必要性、紧迫性的认识，增强各方对粮食减损的责任感、使命感、紧迫感，形成全民参与、各负其责的减损氛围，增加粮食减损的社会支持和社会压力，从而促进粮食减损的社会效果和社会价值。

(2) 推广减损技术，提高减损能力。通过加强技术研发、技术推广、技术服务等方式，推广适合我国粮食产后前端环节的减损技术、设备、工艺、方法等，提高各方的减损技术水平、减损设备水平、减损操作水平等，提高粮食减损的技术能力和技术效率。

(3) 完善减损设施，提高减损条件。通过加强设施建设、设施改造、设施维护等方式，完善粮食产后前端环节的减损设施、网络、平台等，提高粮食减损的物质条件、信息条件、服务条件等，提高粮食减损的设施保障和设施利用。

(4) 建立减损激励，提高减损动力。通过加强财政支持、信贷支持、税收优惠、补贴奖励等方式，建立符合粮食减损的激励机制、补偿机制、评价机制等，降低各方的减损成本，提高各方的减损收益、减损绩效等，进而增强粮食减损的经济动力和社会动力。

(5) 加强减损监管，提高减损质量。通过加强法律制定、法律执行、法律监督等方式，加强粮食减损的规范管理、质量管理、风险管理等，通过这些措施，加强粮食减损的法治保障、质量保障和安全保障，从而提升粮食减损的监管水平和效果。这不仅有助于确保减损措施的有效实施，也有助于提升公众对粮食安全和减损工作的信心。

## 1.6　我国粮食产后前端环节损失评估、节粮减损潜力预测

按照科学评估、综合研判、承前启后、措施可行的要求，充分利用现有的成熟农户调查平台，对我国粮食产后前端环节损失现状进行调查评估，对损失成因和减损潜力开展分析与研判，研究建立国家层面的常态化调查评估制度，需要研究和回答三个问题：①我国粮食产后前端环节粮食损失状况的调查评估应当设计和选择什么样的方法与制度(即方法与制度研究)？②我国粮食产后前端环节粮食损失状况究竟如何(即进行实验调查与科学评估)？③我国粮食产后前端环节粮食减损潜力如何(即减损潜力的科学预测)？研究和解答这三个问题，将可以预见各项减损政策实施之后可能实现的减损前景，并且有可能增强政府和社会进一步推进节粮减损行动的信心与决心。

### 1.6.1 我国粮食产后前端环节粮食损失调查评估的方法与制度

这一具体研究内容中，调查评估方法部分由子课题二承担，调查评估制度部分由子课题五承担。本章为子课题提供三方面研究指导意见。

(1)指标体系的科学性、调查数据的准确性和可获得性。建立一个科学且全面的指标体系，确保能够准确反映粮食产后损失的多个方面。这个指标体系应涵盖损失量、损失原因、影响因素等多个维度。同时，调查数据的准确性和可获得性是研究成功的关键。此外，需要采用有效的方法来收集数据，如实地调查、访谈、问卷调查等，并确保数据的真实性和代表性。

(2)数据采集、传输、存储的标准性、时效性和共享性。首先，需要制定统一的数据采集标准和指南，确保不同团队或个人收集的数据具有一致性和可比性。其次，建立高效的数据传输机制，确保数据能够及时传输到数据库或数据处理中心，减少延迟、错漏和数据丢失的风险。再次，在数据存储方面，建立统一的数据库管理系统，确保数据存储的一致性和规范性，并实现数据的共享性。最后，定期对数据采集、传输和存储过程进行审查与评估，以确保所有流程始终符合既定的标准和要求。

(3)调查评估方案与国内现有几大代表性调查平台的对接。在制定调查评估制度时，需要考虑如何与国内现有的几大代表性调查平台进行有效对接，理解和利用现有平台的资源与优势，以避免重复工作，并促进信息共享和协同工作。同时，也要考虑如何填补现有平台在粮食产后损失方面的空白，以及如何通过新的制度来增强这些平台的功能。

具体来说，子课题二应基于粮食产后前端环节损失调查评估的前期研究成果以及全国性农户调查平台建设实际，构建粮食产后前端环节损失的调查评估方法体系，为多视角、全方位、立体化评估粮食产后前端环节损失提供有效解决方法；为低成本、高效率常态化调查粮食产后前端环节损失提供理论依据。一是要建立符合新时期我国粮食产后前端环节损失调查评估目标的粮食产后前端环节损失调查评估指标体系。二是要建立能够分区域、分品种、分环节及分农户层次的从多视角全方位评估粮食产后前端环节损失调查的测算体系。三是要构建与现有全国性农户调查平台有机衔接的粮食产后前端环节损失调查方法体系。从研究方法来看，根据中国粮食产后流通实际，提取粮食产后系统关键环节信息，运用物质流方法，实现各个环节的损失量的有效衔接；运用双重权重设置法实现不同粮食品种之间的有效衔接，使得在处理分环节独立开展粮食产后损失实践调查数据的基础上，能够有效测算分品种、分模式、分地区的粮食产后综合损失率，确保测算结果的科学性、可验证性、可重复性。

通过子课题二的研究，应做到以下几点，首先，在解构粮食产后前端环节结构和界定粮食产后损失内涵的基础上，详细揭示粮食产后前端环节损失调查方法和评估方法的内在逻辑关系。这包括明确粮食损失的定义、分类和量化标准，分析各个环节(如收获、干燥、农户储藏和运输)中损失的具体表现和成因，识别不同环节的关键损失点和影响因素，为后续的调查和评估提供理论支持和方法指导。

其次，通盘考量政府、社会及农户等诸多利益相关者的需求和作用，构建树形粮食产后前端环节损失调查评估指标体系模型。该模型应涵盖多层次、多维度的指标，既包括宏观层面的政策和市场影响，也涵盖微观层面的技术和操作细节。同时，树形模型的结构使得各个指标层次分明，关系清晰，有助于全面系统地评估粮食产后前端环节的损失情况。通过这一模型，可以将不同利益相关者的关注点和责任明确化，促进各方协同合作，提升整体评估的科学性和可操作性。

通过匹配粮食产后前端环节损失调查内容和现有全国性农户调查平台的特征，运用多属性决策方法，确定衔接现有全国性农户调查平台的最优方案。现有的全国性农户调查平台具有广泛的覆盖面和丰富的数据资源，通过优化整合，可以最大化利用这些现有资源，减少重复工作和资源浪费。最终，应提出集“基础调查—专项调查—实验调查”于一体的调查方法体系，以全面准确地捕捉粮食产后前端环节的损失情况。其中，基础调查旨在收集常规数据，提供全面的背景信息；专项调查针对特定问题和关键环节，进行深入细致的研究；实验调查通过科学实验验证和分析具体技术措施的效果与适用性。

子课题五则应为我国开展常态化损失数据信息采集工作，研究建立一套规范、科学、全面的粮食产后前端环节损失调查评估制度，通过制度设计实现对粮食产后损失相关环节常态化数据监测、汇总和评估分析，为我国节粮减损顶层政策设计、执行和优化提供有效决策支持，最终推动《粮食节约行动方案》落实见效，为推动国际粮食节约减损合作形成中国方案和中国经验。在整体的研究设计上，一是要通过考虑、充分验证与现有成熟全国性农户调查平台充分对接可行性(全国涉及农户调查平台主要包括全国农产品成本调查、全国农村固定观察点调查、中国乡村振兴综合调查、中国家庭收入调查、中国劳动力动态调查、中国家庭追踪调查等)，采取整合平台资源，发挥调查平台优势，研究构建规范化、科学化、低成本、便于操作的常态化粮食产后前端环节损失调查评估制度。二是要重点聚焦三大主粮(水稻、玉米、小麦)和大豆，通过对不同品种、环节损失现状、原因和数据信息科学调查评估、综合研判，构建更加全面、系统、高效的粮食产后前端环节节粮减损政策支撑体系。

子课题五的具体研究内容应包括以下几个方面，以全面解答粮食产后前端环节损失常态化调查评估和减损政策的关键问题。

首先，要明确粮食产后前端环节损失常态化调查评估制度构建的原则、目标及思路。构建这一制度的原则应包括科学性、系统性、可操作性和可持续性。科学性确保评估方法的准确性和可靠性；系统性要求覆盖从收获、干燥、农户储藏到运输的各个环节；可操作性确保制度能在实际中高效运行；可持续性则要求评估制度能够长期稳定地运行。目标是建立一个全面、动态的评估体系，实时监控和分析各环节的粮食损失情况，为政策制定和技术改进提供数据支持。思路上，应从建立完善的数据采集网络、开发标准化评估工具、制定统一的评估标准和方法入手，逐步构建起一个完整的评估体系。

其次，研究粮食产后前端环节常态化调查评估制度的构建方法及主要内容。构建方法应包括以下方面：①建立覆盖全国的调查网络，选取具有代表性的农户和企业作为调查主体；②开发标准化的调查工具和数据采集系统，确保数据的准确性和一致性；③制定详细的评估指标体系，涵盖损失率、损失量、经济价值等方面。重点是如何建立粮食产后前端环节损失调查主体和调查对象之间的激励机制。为此，可以考虑通过财政补贴、税收减免、技术支持等方式，鼓励农户和企业积极参与调查工作。同时，设计绩效评价体系，对表现优秀的调查主体给予奖励，以提高其积极性和数据质量。

最后，研究我国粮食产后前端环节常态化减损政策的衔接与体系优化。重点是解决如何通过制度和政策设计来有效平衡节粮行动产生的社会效益和市场主体付出的节粮成本大于收益之间的矛盾冲突问题。为此，可以采取以下措施：①制定合理的财政补贴政策，弥补农户和企业在节粮行动中付出的成本；②建立市场化激励机制，通过价格杠杆和市场调节，引导农户和企业积极参与节粮减损行动；③加强技术支持和培训，帮助农户和企业提高节粮技术水平，降低节粮成本；④通过立法和政策引导，规范节粮减损行为，形成良好的市场和社会氛围。

### 1.6.2 我国粮食产后前端环节粮食损失状况的实验调查与科学评估

通过项目团队已有的调查以及本书子课题三、子课题四开展的实验性调查，运用子课题二提供的评估方法，对我国粮食产后前端环节粮食损失状况进行科学评估，包括分品种、分环节、分地区、分技术装备水平等，以获得准确的判断和结论。

具体来说，子课题三应在测算粮食收获环节的综合损失率、探究农业机械化发展对收获环节粮食减损水平影响的基础上，评估不同组合的粮食机收减损支持政策效果，对粮食机收减损政策效率进行评价，从政策需求视角出发，探究粮食收获环节支持政策的供给机制，进而完善粮食收获环节节粮减损的政策措施。采用对照实验法、统计分析法、文本挖掘、系统动力仿真法等着重解决如下问题。

一是以粮食主产区和粮食产销平衡区的粮食主产县为研究对象，根据不同权重分别测算出农户调查平均损失率和粮食实地测量损失率，进而得出不同粮食品种收获环节的综合损失率，分析评价粮食收获环节的综合损失特征，探究农业机械化发展对收获环节粮食减损水平的影响程度。

二是要从人机料法环分析视角，将操作员熟练程度、作物品种、地形、收割时间等作为控制变量进行交叉对照实验，探究农业生产经营主体、粮食作物类型与收割机型的关系，并在实验数据基础上，依据粮食机收成本收益分析指标体系，科学评估不同收割机型在面向不同经营主体和不同粮食类型情形下的机收效率。

三是要以政策文本为中介构建政策供需匹配模型，定量分析粮食生产主体对收获环节的政策需求与政策供给匹配情况，考虑粮食生产主体的政策需求优先序，完善粮食收获环节扶持政策的供给机制，基于政策模拟评价政策实施效果，为粮食收获环节节粮减损政策的制定与实施提供科学依据。

子课题四则应建立科学有效的损失评估方法，准确评估我国粮食在干燥和农户储藏环节的损失、构建粮食产后干燥和农户储藏环节损失浪费状况的基础数据库，为我国粮食干燥和农户储藏环节减损工作提供数据支持、技术指导与政策建议，推动形成节粮减损长效机制。一是建立干燥和农户储藏环节粮食损耗的评价和调查方法，明确我国粮食在干燥和农户储藏环节的粮食损失状况，建立常态化损失评估制度，构建干燥和农户储藏环节粮食损耗基础数据库。二是研究粮食在干燥和农户储藏环节的损失特征以及影响机制，揭示粮食干燥和农户储藏环节粮食损失的原因。三是研究粮食烘干服务、科学储粮装备的减损效果和机制，多维度解析粮食减损的调控策略，提出节粮减损对策。

通过子课题四的研究应做到以下几点。

第一，按照不同地区、不同品种、不同技术装备，建立科学有效的粮食干燥和农户储藏环节损失的调查评估方法、技术方案和指标体系。这需要深入分析各地区的气候条件、土壤特性和农作物种类，制定针对性的评估方法。通过现场调查、数据采集和实验室分析，全面了解粮食在干燥和农户储藏环节中的损耗情况。建立基础数据库，将不同环节的粮食损失数据进行系统整理和归纳，为后续研究提供坚实的数据支持。

第二，揭示粮食在干燥和农户储藏环节的损耗特征和关键影响因素。通过对收集到的数据进行统计分析，识别出影响粮食损耗的主要因素，如温湿度、储藏时间、储藏条件等。利用数学模型定量描述这些因素的作用机制，揭示它们之间的耦合关系，阐明粮食损失的具体机制。模型的建立不仅有助于理解粮食损耗的内在规律，还能为制定有效的减损措施提供科学依据。

第三，系统调查不同烘干服务和科学储粮的减损效果，揭示不同烘干和科学储粮装备的减损机制。通过实地调查和实验，比较分析不同地区、不同技术、不同装备和不同品种之间的匹配关系。研究结果将有助于理解各种技术和装备在不同环境条件下的适用性和效果，从而优化粮食干燥和储藏策略。进一步，研究粮食烘干服务和科学储粮装备的有效衔接方法，构建预测模型，从装备技术、工艺方式、政府政策等多维度解析减损策略。

在研究过程中，应注重多学科的交叉融合，结合农业科学、工程技术、环境科学和经济学等领域的理论与方法，综合分析影响粮食干燥和储藏的各种因素。例如，应用物联网技术和大数据分析，对不同地区和条件下的粮食损耗数据进行实时监测与分析，提高数据的准确性和及时性。通过建立动态模型，模拟不同条件下的粮食损耗过程，预测未来可能的损耗趋势，为制定长期的粮食储藏管理策略提供依据。

### 1.6.3　我国粮食产后前端环节节粮减损潜力的科学预测

基于减损机理和不同技术条件下粮食损失状况的比较，按照粮食减损的技术限界，可以对不同约束条件下的粮食减损潜力进行科学预测。

(1)确定粮食产后前端环节的划分和粮食损失的计算方法。针对不同的粮食品种，不同的收获方式、储藏条件和干燥技术会影响其产后损失的程度。例如，小麦和水稻的收获方式可能不同，需要分别考虑机械收割和人工收割的损失情况。不同地区的气候条件和储藏设施也会导致粮食在干燥和农户储藏环节的损失率有所差异。南方湿热地区和北方干燥地区在储藏环节的防潮、防霉措施上需要有不同的考虑。季节因素也不可忽视，不同季节的收获时间和气候条件会影响粮食的质量和损失率。

因此，应根据粮食的种类、地区、季节等因素，将粮食产后前端环节划分为若干子环节，如粮食的收获、清理、干燥、农户储藏等。此外，对于每个子环节，应该建立一套清晰的粮食损失计算方法，从粮食损失率、粮食损失量、粮食损失的经济价值等不同维度进行评估。粮食产后前端环节的阶段划分和对应的粮食损失的计算方法，可以为后续的粮食减损潜力的预测和评价提供基础数据与依据，不仅能够识别各个环节的主要损失点，还可以帮助制定针对性的减损措施，提高整个粮食供应链的效率和经济效益。

(2)收集和分析不同技术条件下的粮食损失数据。通过文献调研、现场调查、实验测定等方式，收集和分析不同技术条件下的粮食损失数据，如不同收获机械、不同运输方式、不同干燥设备、不同储藏条件等对粮食损失的影响。根据数据的可靠性和代表性，对数据进行筛选和归纳，形成不同技术条件下的粮食损失数据库。将不同技术条件下的粮食损失数据按照一定的格式和规范进行存储与管理，形成粮食损失数据库，以为粮食减损潜力的预测和评价提供数据支持与分析工具。

为了实现这一目标，可以采用多种数据收集和分析方法。例如，利用传感器和物联网技术实时监测收获、干燥和农户储藏过程中的粮食损失情况，建立动态数据模型。通过实验室测试和实地调研，收集不同地区和条件下的粮食损失数据，并进行统计分析。此外，还可以借鉴国际先进的粮食损失计算标准和方法，结合本地实际情况进行调整和优化。

(3) 确定粮食减损的技术限界和约束条件。根据粮食减损的机理和原理，确定粮食减损的技术限界，即在最优化的技术条件下，可以达到的粮食损失的最小值。同时，考虑粮食减损的经济性、可行性、社会性等因素，确定粮食减损的约束条件，如成本、效益、资源、环境、政策、文化等。

具体来说，首先，根据当前的技术水平，通过实验和实地测试，评估和优化不同减损技术组合，找到减少粮食损失的最优技术方案。其次，从经济性角度出发，进行详细的成本效益分析，结合财政补贴、税收优惠和金融支持等政策，确保减损措施在经济上可行。此外，需要评估农户和社区对减损技术的接受程度及应用能力、减损技术的资源消耗和环境影响等。通过综合考虑这些因素，可以系统地确定粮食减损的技术限界和约束条件，确保减损措施在技术上可行、经济上合理、社会上可接受、资源和环境上可持续，从而实现粮食安全和可持续农业发展的目标。

(4) 建立粮食产后前端环节节粮减损潜力的预测模型。根据粮食损失数据库和粮食减损的技术限界和约束条件，建立粮食产后前端环节节粮减损潜力的预测模型，如线性规划模型、非线性规划模型、多目标规划模型等。通过求解模型，得到不同约束条件下的粮食减损潜力的预测值。

此外，可以进一步模拟不同的政策干预措施，如财政补贴、税收优惠和技术推广等，对粮食减损潜力的影响。例如，模拟不同补贴金额、补贴的对象和方式，不同税收减免措施以及不同技术推广方式等的政策效果。

(5) 验证和评价粮食产后前端环节节粮减损潜力的预测结果。通过与实际数据或其他方法的预测结果进行对比和分析，验证和评价粮食产后前端环节节粮减损潜力的预测结果的准确性与有效性。在验证和评价过程中，还需要进行敏感性分析，以确定预测模型对各种输入变量变化的反应程度。例如，分析不同气候条件、种植模式、技术应用程度等因素对预测结果的影响，能够帮助理解模型的敏感性和适用范围。通过这种分析，可以识别出模型在特定条件下的局限性和优势，为进一步优化模型提供方向。

在验证和评价的基础上，根据预测结果提出具体的节粮减损建议和措施，如优化技术选择、提高技术水平、加强管理和监督等。进一步，为了确保这些建议和措施的有效性，可以结合实际情况进行试点示范。选择具有代表性的地区和农户，实施优化后的减损措施，并通过实地观察和数据记录，评估这些措施的实际效果。

## 1.7　我国粮食产后前端环节减损的实现路径与政策支撑体系

为了推动我国粮食产后前端环节粮食减损取得实效，为加快构建更高层次、更高质量、更有效率、更可持续的国家粮食安全保障体系奠定坚实基础，需要回答三个根本性的问题：一是谁要减损？二是谁能减损？三是如何才能减损？为此，需要在厘清我国粮食产后前端环节粮食节约减损动力机制的基础上，科学论证实施路径，构建精准有效的政策支撑体系。

### 1.7.1　我国粮食产后前端环节粮食减损的动力机制

以农户为主体的粮食产后前端环节，促进粮食减损的关键在于解决动力机制问题，即激发农户采取行动减少粮食损失的内在与外在因素。显然，在现有的成本收益水平和目前的技术装备条件下，已经形成了农户既有均衡状态下的损失现状，减损意味着打破既有均衡并寻求新的均衡，以达到新的(减少后的)损失状态。其中的减损动力无外乎以下两种情形。

一是在要素投入不变的条件下，通过改变技术，向上平移总产量曲线。

根据国家统计局对指标的解释，粮食产量是指农业生产经营者日历年度生产的全部粮食数量，其计算方法是谷物按脱粒后的原粮计算，豆类按去豆荚后的干豆计算。显然，统计层面的粮食产量并非真正意义的成熟后的粮食，而是通过收获等环节后被计入的粮食，在此期间的损失量也没有计入粮食产量中。因此，在粮食生产要素投入不变的条件下，通过改变技术来提高粮食收获效率和降低损失，显然可以在统计层面上增加粮食的总产量。例如，通过改进收割及脱粒农机的技术性能，如提高精度、调整速度和优化操作方式，可以减少操作不当或机械故障导致的粮食损失；通过引入智能控制系统，如自动导航和收割监控系统，可以根据预先设定的路径和作业参数，精准引导农机进行作业，减少人为因素导致的作业偏差和重叠区域，从而降低粮食损失；实时监测收割过程中的各项参数，如切割高度、脱粒效率等，及时发现并纠正异常情况，确保收割作业的顺利进行。优化农机设计和功能，以适应不同作物和环境条件，减少粮食损失。例如，切割器的改进可以使其更加适应不同高度和密度的作物，减少切割过程中的不均匀操作导致的粮食损失。脱粒滚筒的优化设计可以提高脱粒效率，减少过度脱粒或不足脱粒造成的损失。清选系统的改进则可以更有效地分离杂质和粮食，确保最终产出的粮食质量。

二是在技术不变的条件下，或通过降低减损投入成本，或通过增加减损绩效补贴，来提升农户减损的边际收益。

农业技术现代化水平提升对于提高粮食生产效率和解放农村生产力起到了至关重要的作用，但技术替代人力的进程是有限的，且技术进步是缓慢的。在当前技术不变条件下，以及利益最大化导向下，理性农户会在减少单位粮食损失所支付的成本与粮食减损带来的边际收益之间进行权衡。当减损成本低于边际收益时，理性农户不会对粮食减损投入成本；当减损成本高于边际收益时，理性农户会有动力投入成本以实现减损目的。此外，农户在进行减损决策时还会考虑粮食损失的风险以评估不同减损措施可能带来的风险。在此背景下，政府部门可以通过直接降低农户粮食减损投入的成本或增加对农户粮食减损的补贴来提高农户减损积极性。

(1)降低粮食减损投入成本。在粮食产后前端环节，技术水平不变的前提下，通过采用机械化收割、粮食烘干机械使用、粮食有效储藏等方式，以及使用高技术性能的收割机、脱粒机、烘干机、储藏设施等，有助于减少粮食产后损失，增加农户能够在市场上交易的粮食数量，进而增加农户粮食减损带来的收益。这些技术手段能够显著提高粮食处理效率，减少手工操作导致的损失，同时确保粮食在储藏和运输过程中保持较高的质量。然而，这些粮食减损方式的采用以及高技术性能机械的使用是需要一定成本的。例如，以建设一个日烘干能力 60 吨的烘干中心(服务面积约 3000 亩[①])为例，投资成本约 130 余万元。这个巨大的前期投资建设资金压力，对于很多农户来说是难以承受的。即使有政府的补贴，农户的投入成本依然较高，导致他们没有足够的动力进行粮食减损。这就形成了一个矛盾：虽然高效的减损技术能够带来显著的经济收益，但高昂的初期投资成本却成为推广这些技术的主要障碍。

因此，只有真正降低农户粮食减损成本，使他们能够获得实际的经济收益，才能调动农户积极性，从而实现国家粮食减损目标与农户个体粮食减损行为的一致性。这不仅有助于提高农户的收入和生活水平，也有助于提升整个农业产业链的效率和竞争力，推动农业的可持续发展。

(2)增加粮食减损绩效补贴。在粮食产后前端环节，技术水平不变的前提下，政府通过提高对农户的减损补贴，可以改变农户粮食减损行为的成本与收益格局。只有当粮食减损绩效补贴远超农户投入成本时，才能真正地激励农户采取粮食减损行为。相应地，政府财政补贴政策设计需要确保补贴额度既能覆盖农户的减损成本，又要能提供足够的减损激励，其成本既要包括农户采用新技术和设备时所支付的经济成本，又要涵盖农户风险管理所支付的成本，即农户抵御投资新技术可能带来的不确定性风险的成本。此外，政府部门还要根据不同地区、不同规模农户的实际情况实施差异化的补贴政策。不同地区的自然条件、经济水平和技术发展程度各异，因此，统一的补贴标准可能无法满足各地的实际需求。例如，经济发达地区的农户可能对高性能设备的接受度较高，而经济欠发达地区的农户则更需要较高比例的补贴来推动他们采用先进技术。此外，不同规模的农户在经济承受能力和风险抵御能力上也存在差异，小规模农户通常需要更多的补贴支持才能承担新技术的投资风险。

---

① 1 亩=666.667 平方米。

### 1.7.2 我国粮食产后前端环节粮食减损的路径选择

粮食产后前端环节粮食减损动力机制表明，当粮食产后前端环节要素投入不变时，通过改变技术，向上平移总产量曲线，可以实现粮食减损；当技术不变时，通过降低减损投入成本或增加减损绩效补贴，提升农户减损边际收益，也可以实现粮食减损，相应地，粮食减损的路径选择主要包括技术路径、降本路径、增效路径、道德路径和惩罚路径五大类。值得一提的是，实现产后前端环节粮食减损目标的每一条路径都各有优缺点，需要根据我国农村地区不断变化的新情况进行科学合理的选择。

(1)技术路径。粮食减损的技术上限决定了粮食减损效果的上限，这里的技术上限是指决定粮食最低损失率的技术水平。为提高粮食减损技术上限，实现粮食减损目标，通过扩大粮食减损技术覆盖范围和加快减损技术进步进程，兼顾技术应用与技术创新成为其必然选择。

在技术应用层面，发挥粮食储运国家工程研究中心等平台作用，完善产学研融合创新机制，加快关键核心技术突破进程，扩充企业技术选择集，推动科技成果更快转化；加大粮食收获、干燥和农户储藏环节现有技术成果推广力度，提高粮食减损装备设施补贴力度，扩大补贴覆盖范围，并辅以技术宣传、引导与培训，实现科技成果更好利用；完善粮食多式联运硬件设施、提升运输信息技术应用水平、创新多式联运组织模式，做好在途环节粮食安全、质量管理工作，有效降低粮食产后前端各环节转运过程损耗。

在技术创新层面，加大技术研发力度，完善政府融资担保体系，降低和化解技术成果转化方面的失败风险，持续推进粮食收获、干燥和农户储藏环节装备、设施、技术升级与改造，加快发展节能、高效、绿色技术设施与装备，提高粮食产后减损设施装备数智化与信息化水平，实现从技术引进、消化吸收向自主创新和技术突破的现实转变，从而尽可能地提高粮食减损空间上限；强化粮食物流行业科技创新，充分发挥物流减损新技术的作用，进一步提升粮食产后前端链条减损空间。

在技术标准层面。强化标准引领作用，完善各环节技术标准，将技术发展纳入有效轨道。一是以国家标准为基础，研究制定适用于地区差异性甚至品种差异性的技术标准，满足不同粮食、不同环节的多样性需求，推动相关技术产业化、规范化、规模化、市场化。二是按照减损降耗要求，制定促进粮食节约与能源节约的国家标准、行业标准，发挥行业协会、学会作用，积极制定团体标准。三是加强相关技术标准化制定工作的对外合作与交流，一方面按需引进、参考和采用国际成熟标准，另一方面积极参与乃至主导粮食各环节国际标准化制定工作，推动国内国际标准协同发展。四是做好标准的组织实施、宣贯推广和监督检查工作，建立标准制定与科技创新、产业发展协同机制，着力推动粮食质量标准从数量规模型向质量效益型转变。

(2)降本路径。无论是政府还是农户，其行为决策的实现均需要统筹成本与收益。在粮食产后前端环节，中央政府作为粮食减损目标推动主体，农户作为粮食减损目标落实主体，在进行粮食减损决策时均需支付经济成本。对于政府部门来说，其成本支出包括制定并出台具有普遍性和无差别的粮食减损政策及法律法规，发挥财政补贴、信贷支持和装备与设施支持等政策联动效应，配套出台粮食减损不同市场主体监督检视机制等显性成本，以及政府由自身能力有限而引致的粮食市场管理能力局限、决策偏误、权力滥用、寻租腐败等隐性成本。对于农户来讲，其成本支出主要包括粮食产后前端各环节粮食减损机械化方式采用、农机装备与设施的采购和升级以及可能的机会成本等，如农户购买或租赁机械化减损所需设备的费用、现有设备设施升级改造的成本、对粮食减损过程中可能遇到的风险进行管理而支付的保险成本等。在此背景下，无论是政府还是农户，只有降低其粮食减损成本，才能够有效促进粮食减损决策行动落地，从而提高粮食减损措施的实施效果。

(3)增效路径。确保农户在粮食减损过程中能够获得实际的经济利益，是激发其参与减损行动、实现粮食减损目标的关键激励因素。换句话说，在粮食产后前端环节，当农户实施粮食减损行为能够获得足够的收益时，农户就会进行相应的粮食减损决策。分环节看：在粮食收获环节，通过规范农机手操作，定期对农机手进行专业培训，强化其对收获机械的操作技能和粮食减损意识；为农户提供技术指导服务，引导农户适时择机收获，能够有效减少田间地头粮食收获损失。在粮食干燥环节，通过制定和推广粮食烘干操作规范，开展粮食烘干机技能培训，确保烘干过程的标准化和规范化，能够有效提高粮食烘干质量，如提高整米率、降低稻米爆腰率等，有助于提升粮食经济价值。在粮食储藏环节，通过向农户提供储粮指导，或鼓励市场、社会组织、产粮大户等主体为小农户提供代储服务，避免粮食收获季节集中上市，使农户能够择机销售粮食，有助于增加农户售粮收益。此外，在粮食产后前端各环节机械设备的使用等均能够有效降低粮食损失数量，从而增加农户粮食市场供应数量和提升粮食市场供应质量，有助于提高农户减损效益。

(4)道德路径。中华文明源远流长，孕育了中华民族的宝贵精神品格，培育了中国人民的崇高价值追求。国家、政府和社会基于粮食安全、资源节约和环境友好等理念提出的粮食减损要求也是中华民族传统美德的体现，既体现了中华民族的传统美德和对可持续发展的承诺，又为粮食产后前端环节粮食减损提供了精神指引。各级粮食和物资储备部门应有机结合世界粮食日、全国粮食安全宣传周、全国粮食和物资储备科技活动周等主题活动，以媒体宣传、广播报道、专题培训等为载体，如利用电视、报纸、互联网等媒体渠道广泛宣传，提高粮食减损的公众知晓度，通过广播覆盖面广、接受度高的特点，普及粮食减损知识并传递粮食减损理念，同时组织专题培训和讲座等为农户提供专业的粮食减损技术和管理方法，提高其实际操作能力等，形成粮食减损增产的社会氛围与道德舆论，并通过道德观念的灌输、道德意识的培养、道德素养的提升和道德规范的形成等方式，改善农户粮食减损认知模式，提升农户粮食减损认知水平，厚植粮食减损文化根基，从而实现对农户粮食减损行为的有效治理和约束。此外，还可以树立粮食减损典型和榜样等，通过示范引领来带动更多农户参与粮食减损，使粮食减损成为农户行为选择习惯，从而在粮食减损这块“无形良田”上耕种出丰硕的成果，为保障国家粮食安全和促进农业可持续发展做出贡献。

(5)惩罚路径。中国的道德理论强调道德自律性，认为道德行为主要通过内心信念、社会舆论或传统习俗的维系而发挥作用，强调道德行为的个人自我约束特征(张波，2016)。在经济利益导向下，农户与地方政府之间以及地方政府与中央政府之间的行为目标往往具有不一致性，仅靠农户道德的自我约束以及地方政府的责任舆论来实现外部性较高的粮食减损目标可能会存在失灵现象，必要时需辅以惩罚手段以实现粮食减损目标。政府部门应积极探索粮食产后损失调查评估方法，采用信息化手段及时准确掌握粮食损失情况，实现粮食损失“定量”；加快粮食减损法治化进程，认真制定和落实相关法律法规以及地方粮食减损规章，实现粮食减损“定法”；开展粮食产后前端链条标准制修订工作，探索收获、干燥、农户储藏等环节节能、高效、绿色技术设施与运输物联网等新技术应用标准；明晰政府部门相关职责，科学设置本地粮食减损考核指标，形成完善的粮食减损成效评估、通报和奖惩制度，实现粮食减损“定责”。

### 1.7.3 我国粮食产后前端环节粮食减损的政策支撑体系

粮食产后前端环节粮食减损是一项系统工程，涵盖政府、企业与农户等多市场主体。为克服粮食产后前端环节减损困难，实现粮食产后前端环节粮食减损，应坚持市场主导、政府扶持、科学规划、统筹推进原则，兼顾经济效益、社会效益与生态效益，充分发挥政府、企业和农户等主体合力作用，精细设计、精准施策、动态完善，促进粮食产后有效减损。

(1)财政补贴政策。粮食产后前端环节粮食减损要重视政府扶持作用，扩大财政投入支持力度，激发粮食减损主体积极性与能动性。一是设立粮食减损专项资金，用于配套粮食产后服务中心等基础设施的建设，粮食产后前端各环节装备、设施、技术的研发与升级等，如支持企业研发推广智能绿色精细收获农机装备等，提高地方政府与市场主体粮食减损积极性，提升财政资金使用效率。二是加大农户粮食减损行为补贴力度。通过扩大农户购买粮食收割机、烘干设备以及建设粮食仓库的补贴力度，简化农机购置补贴程序，鼓励种粮大户、家庭农场等新型农业经营主体购买农机以实现自我服务，同时鼓励包含新型农业经济主体在内的各类粮食市场主体发展面向小农户的粮食产后服务，从而减少由收获、自然晾晒、简易储藏等带来的粮食损失。

⑵信贷支持政策。粮食产后前端环节粮食减损要充分发挥信贷支持作用，满足企业、农户等市场主体融资需求，有效消除粮食减损过程中资本瓶颈与融资约束。一是提高信贷资金配置效率。通过完善农村产权抵(质)押融资制度，建立政策性融资担保等农业信贷风险补偿分担机制，提高信贷产品还款期限与农户需求的匹配度等，引导金融机构对农户购买农机贷款进行有序投放。二是加强对信贷资金使用的监管，确保贷款资金真正用于粮食减损相关的用途。金融机构可以与担保机构合作，对企业资质进行严格甄别，确保只有具备相应能力和信誉的企业才能获得贷款。通过专项资金形式限定企业信贷资金的使用范围，确保其仅用于粮食减损装备、设施和技术升级与研发等用途。此外，可以引入定期审查和监督机制，跟踪贷款资金的实际使用情况，防止资金被挪作他用。这种严格的资金使用监管不仅可以确保信贷资金的有效利用，还可以提升贷款项目的成功率。三是构建农业保险与信贷协同服务机制，鼓励保险公司与信贷机构合作，实现信息共享。针对粮食减损需求特征，可以创新开发可复制、可推广的“保险+信贷”产品。

⑶技术支持政策。粮食产后前端环节粮食减损应切实发挥技术支撑作用，以科技创新成果应用赋能粮食产后前端环节高质量发展。一是完善产学研技术转化体系。以产学研深度融合为基础，充分发挥产学研技术联盟、粮食产后领域国家工程研究中心和行业重点实验室、创新中心等的作用，以市场需求为导向，兼顾技术成果数量指标和技术成果转化率指标，促进技术成果专利转化与应用。二是建立技术与人才联动机制。认真落实“十四五”粮食和物资储备科技与人才发展规划，选拔全国粮食行业领军人才、青年拔尖人才和技术拔尖人才，大力发扬工匠精神，切实提高高技术技能人才经济待遇，发挥粮食产后前端环节领军人才和拔尖人才技术“传帮带”作用，建立“高校—部门—企业”联合培养人才机制，推动粮食减损智力支持与技术支持深度融合；加大基层操作人员、专业技术人才知识更新培训力度，引导一线广大技能人才向创造型技术技能人才发展。三是重视粮食减损技术研发。依托国家科技计划，设立粮食产后前端环节粮食减损绿色储粮等技术专项，并加强粮食减损领域国际国内科研机构交流与合作，探索开展跨学科、跨专业、跨领域的交叉融合技术创新，促进粮食减损技术研发，系统突破粮食产后前端粮食减损领域瓶颈。

⑷装备与设施支持政策。粮食产后前端环节粮食减损要加大农机装备与设施支持力度，丰富农机装备与设施品类，满足重点农机产品和关键零部件需求，逐步解决农机装备与设施发展不平衡不充分等问题。一是扩大农机装备与设施覆盖

范围。通过优化粮食产后前端各环节农机装备与设施布局，科学确定粮食收割机、烘干机与储粮仓布局与规模，实现粮食产地粮食减损装备与设施全面且非重复覆盖。二是提升农机装备与设施服务精准性。根据南北方等不同区域、不同粮食品种以及不同农户规模差异性，因地制宜、因品制宜、因人而异，鼓励研发适用于不同区域、不同品种和不同规模农户的粮食收割技术、干燥技术和储藏技术，设计不同规模的农机装备与设施，促进区域、品种、农户与农机、农艺集成配套。三是增强农机装备与设施服务效能。鼓励种粮大户、家庭农场等市场主体为小农户提供代收、代烘、代储等服务，满足农户产后多样化服务需求，同时重视应急抢收装备设施服务能力建设，满足粮食产后前端环节粮食减损应急服务需求。

(5)强制减损政策。粮食产后前端环节粮食减损应重视强制减损约束作用，坚持依法管粮，强调党政同责，有效提升粮食产后减损治理现代化水平。一是加强粮食减损法律法规的制定和落实。加快推进粮食减损法治化进程，加强对《中华人民共和国粮食安全保障法》《中华人民共和国反食品浪费法》的宣传与落实，加快落实 2021 年新修订的《粮食流通管理条例》，重点加强条例中对防止和减少粮食损失的原则落实等。二是加快完善粮食安全党政同责的考核制度，将粮食减损纳入考核细则，把降低粮食产后损失率与稳粮增收视为同等重要的考核目标。三是建立粮食产后减损监督机制。在建立粮食产后损失评估、检测和风险评估的基础上，对粮食损失率不达标、利用率不足的主体采取措施进行引导和规制。

## 1.8 本章小结

本章旨在明晰我国粮食产后前端环节损失评估和节粮减损的概念界定与理论逻辑，探究我国粮食产后前端环节损失评估和节粮减损的问题特征与演变趋势、粮食产后前端环节节粮减损的总体思路及任务，提出我国粮食产后前端环节损失评估、节粮减损潜力预测的主要方法，并阐明我国粮食产后前端环节减损的实现路径与政策支撑体系的构建逻辑。主要的结论可以概括如下。

(1)引致粮食产后损失的主要因素非常复杂，按照不同的标准有着不同的分类，一般而言，按照因素的性质可以分为技术因素、自然因素、经济因素、社会因素、制度因素等。

(2)影响粮食产后损失的技术因素、自然因素、经济因素、社会因素、制度因素等，其中有些因素是可以控制并加以改变的，而有些因素则是难以控制和改变的，在可以控制和改变的因素中，最为关键的因素是技术与政策。

(3)我国粮食产后前端环节粮食损失评估和减损面临的主要困难包括粮食损失调查困难、缺乏评估规范和共识、调查评估结果缺乏权威性、农户缺乏积极性、《粮食节约行动方案》落地困难等五个问题。

(4) 考虑到技术和资源的限制，减损目标不能无限制地设定，需要科学研究探讨在不同的约束条件下如何合理设定粮食减损目标。这涉及粮食产后减损的技术空间、经济空间、政策空间三个范畴，且理论上，政策空间<经济空间<技术空间。

(5) 我国粮食产后前端环节节粮减损行动应当依循下列的总体思路：第一，在剖析我国粮食产后前端环节粮食损失影响因素的基础上，构建科学的调查评估制度，以客观了解我国粮食产后前端环节的损失现状、损失规模、损失分布、损失原因等，为粮食减损的目标设定和政策制定提供可靠的数据支撑与参考依据。第二，在剖析我国粮食产后前端环节粮食损失机理的基础上，摸清引致损失和浪费的症结所在，以深入理解我国粮食产后前端环节的损失形成过程、损失影响因素、损失传导机制等，为粮食减损的问题诊断和对策制定提供科学的理论指导和分析框架。第三，在剖析我国粮食产后前端环节技术空间、经济空间、政策空间的基础上，确立粮食减损目标，以合理确定我国粮食产后前端环节的减损潜力、减损水平、减损速度等，为粮食减损的目标追求和政策评估提供明确的标准与期望值。第四，在剖析我国粮食产后前端环节粮食减损动力机制的基础上，寻求节粮减损行动的关键点、着力点和政策抓手，以有效激发我国粮食产后前端环节的减损意识、减损能力、减损行为等，为粮食减损的动力提升和政策实施提供有力的驱动力和支撑力。第五，在剖析节粮减损多部门协同机制的基础上，从观念引导、政策引领、制度建设、法治保障等方面形成基于顶层设计的系统性方案，以协调推进我国粮食产后前端环节的减损协作、减损创新、减损监管等，为粮食减损的协同推进和政策完善提供全面的保障与支持。

(6) 基于减损机理和不同技术条件下粮食损失状况的比较，按照粮食减损的技术限界，可以对不同约束条件下的粮食减损潜力进行科学预测。具体来说，应按照如下步骤进行预测：确定粮食产后前端环节的划分和粮食损失的计算方法；收集和分析不同技术条件下的粮食损失数据；确定粮食减损的技术限界和约束条件；建立粮食产后前端环节节粮减损潜力的预测模型；验证和评价粮食产后前端环节节粮减损潜力的预测结果。

(7) 以农户为主体的粮食产后前端环节，促进粮食减损的关键在于解决动力机制问题，即激发农户采取行动减少粮食损失的内在与外在因素。显然，在现有的成本收益水平和目前的技术装备条件下，已经形成了农户既有均衡状态下的损失现状，减损意味着打破既有均衡并寻求新的均衡，以达到新的（减少后的）损失状态。其中的减损动力无外乎两种情形：一是在要素投入不变的条件下，通过改变技术，向上平移总产量曲线。二是在技术不变的条件下，或通过降低减损投入成本，或通过增加减损绩效补贴，来提升农户减损的边际收益。政府部门可以通过直接降低农户粮食减损投入的成本或增加对农户粮食减损的补贴来提高农户减损积极性。

(8)粮食减损的路径选择主要包括技术路径、降本路径、增效路径、道德路径和惩罚路径五大类。值得一提的是，实现产后前端环节粮食减损目标的每一条路径都各有优缺点，需要根据我国农村地区不断变化的新情况进行科学合理的选择。

## 参考文献

白旭光, 王若兰, 周立波. 2006. 农户储粮损失调查统计方法评介[J]. 粮食科技与经济, (1): 7-10.

白玉兴, 司永芝, 刘凯霞. 2004. 农户储粮损失试验研究[C]//中国粮油学会. 中国粮油学会第三届学术年会论文选集(上册). 北京: 中国粮油学会: 81-87.

曹宝明, 姜德波. 1999. 江苏省粮食产后损失的状况、原因及对策措施[J]. 南京经济学院学报, (1): 21-27.

曹宝明, 赵霞, 刘婷, 等. 2019. 我国粮食产后损失的现状、原因及对策研究[R]. 南京: 南京财经大学.

曹宝明, 赵霞, 武拉平, 等. 2022. 粮食产后损失浪费调查及评估技术研究报告[R]. 南京: 南京财经大学.

陈康, 叶明华, 王世保. 2024. 农业保险、农业信贷与农户稳收增收: 基于联立方程模型的实证分析[J]. 兰州学刊, (1): 145-160.

陈伟, 朱俊峰. 2020. 农户粮食收获损失影响因素的分解分析[J]. 中国农业资源与区划, 41(12): 120-128.

丁声俊. 2022. 关于“节粮减损”行动的思考与政策建议[J]. 价格理论与实践, (2): 5-11.

樊琦, 亢霞. 2023. 我国小麦产后前端收获环节减损对策研究: 基于我国8省239县的调查数据[J]. 价格理论与实践, (10): 123-127, 216.

高利伟. 2019. 中国主要粮食作物供应链损失和浪费特征及其减损潜力研究[D]. 北京: 中国农业科学院.

高利伟, 许世卫, 李哲敏, 等. 2016. 中国主要粮食作物产后损失特征及减损潜力研究[J]. 农业工程学报, 32(23): 1-11.

高鸣, 江帆. 2022. 推进全链条粮食减损: 理论逻辑、现实困境与路径优化[J]. 中州学刊, (12): 57-65.

郭焱, 张益, 占鹏, 等. 2019. 农户玉米收获环节损失影响因素分析[J]. 玉米科学, 27(1): 164-168.

韩嫣, 屈雪, 黄东, 等. 2019. 甘薯收获环节损失率测算及影响因素分析[J]. 西南农业学报, 32(6): 1383-1390.

何豪杰, 张银平, 龚魁杰, 等. 2024. 我国粮食烘干仓储技术装备研究应用现状与趋势[J]. 农机化研究, 46(4): 1-6, 77.

贺琳琳, 倪春莉. 2022. 粮食减损存在的问题及对策[J]. 农村经济与科技, 33(11): 42-46.
姜安印, 杨志良. 2021. 小农户的道德伦理能保证农产品质量安全吗: 基于 226 份肉羊养殖户的调查数据[J]. 江西财经大学学报, (1): 91-103.
亢霞, 张雪. 2008. 我国农户储粮损失的影响因素探讨[J]. 粮食储藏, (4): 53-54.
李栋. 2001. 稻谷干燥应力裂纹生成扩展及抑制的试验研究和机理分析[D]. 北京: 中国农业大学.
李腾飞. 2022. 推进中国全产业链节粮减损成效和经验[J]. 中国粮食经济, (11): 41-43.
李腾飞. 2023. 国外粮食减损治理模式及经验启示[J]. 粮油食品科技, 31(5): 208-216.
刘焕鑫. 2023. 开创粮食产后节约减损工作新局面[J]. 中国粮食经济, (12): 4-7.
刘江, 高捷, 李智超, 等. 2022. 四川省自然灾害损失评估工作体系的变化与发展[J]. 中国减灾, (5): 36-39.
刘婷, 曹宝明. 2023. 元治理视域下粮食产后减损的政府责任建构: 理论逻辑与实践逻辑[J]. 农村经济, (10): 42-49.
罗屹, 李轩复, 黄东, 等. 2020. 粮食损失研究进展和展望[J]. 自然资源学报, 35(5): 1030-1042.
吕亚荣, 王立娇. 2022. 消费前端粮食损失数量和环境足迹的评估[J]. 农业现代化研究, 43(1): 29-37.
彭雨晴, 樊琦, 唐思, 等. 2023. 农户粮食产后前端储藏环节减损对策研究[J]. 粮油食品科技, 31(6): 179-184.
秦富. 2022. 科学构建粮食产后系统调查和减损体系: 评《中国粮食产后损失研究》[J]. 中国粮食经济, (2): 21.
宋洪远, 张恒春, 李婕, 等. 2015. 中国粮食产后损失问题研究: 以河南省小麦为例[J]. 华中农业大学学报(社会科学版), (4): 1-6.
孙薇. 2023. 浅析粮食收储中节粮减损工作的改进措施[J]. 现代食品, 29(12): 1-3.
王曦, 周洪建. 2018. 重特大自然灾害损失统计与评估进展与展望[J]. 地球科学进展, 33(9): 914-921.
武拉平. 2022. 我国粮食损失浪费现状与节粮减损潜力研究[J]. 农业经济问题, (11): 34-41.
武拉平, 张昆扬. 2023. 建立粮食产后前端常态化损失调查制度的思路与方案[J]. 中州学刊, (6): 58-64.
徐峰, 陶琎, 刘德普, 等. 2022. 机械化促进粮食增产减损潜力及关键技术[J]. 农业工程, 12(2): 5-9.
燕艳华, 云振宇, 席兴军. 2023. 中国粮食减损的小农参与: 回顾、反思与展望: 以河南省 A 县捡麦人为例[J]. 西北农林科技大学学报(社会科学版), 23(4): 115-124.
查建伟. 2022. 技术社会视域下储粮减损面临的现实问题及应对[J]. 粮食问题研究, (6): 51-54.
詹玉荣. 1995. 全国粮食产后损失抽样调查及分析[J]. 中国粮食经济, (4): 44-47.
张波. 2016. 论道德回报与惩罚机制建设的必要性及其路径[J]. 安徽理工大学学报(社会科学

版), 18(4): 12-15.

赵霞. 2021. 中国粮食产后损失研究[M]. 北京：中国农业出版社.

赵霞. 2023. 中国粮食产后节约减损策略研究[J]. 农村经济, (1): 1-9.

赵霞, 陶亚萍, 曹宝明. 2022. 中国粮食产后损失评估分析[J]. 干旱区资源与环境, 36(6): 1-7.

朱俊峰. 2023. 我国粮食产后损失的现状、影响因素及改进对策: 以农户储粮环节为例[J]. 江西社会科学, 43(9): 29-40.

朱满德, 李成秀, 程国强. 2023. 保障国家粮食安全: 在增产与减损两端同时发力[J]. 农业现代化研究, 44(2): 222-232.

Abass A B, Fischler M, Schneider K, et al. 2018. On-farm comparison of different postharvest storage technologies in a maize farming system of Tanzania Central Corridor[J]. Journal of Stored Products Research, 77: 55-65.

Affognon H, Mutungi C, Sanginga P, et al. 2015. Unpacking postharvest losses in sub-Saharan Africa: a meta-analysis[J]. World Development, 66: 49-68.

Akakpo D B, de Boer I J M, Adjei-Nsiah S, et al. 2020. Evaluating the effects of storage conditions on dry matter loss and nutritional quality of grain legume fodders in West Africa[J]. Animal Feed Science and Technology, 262: 114419.

Ambler K, de Brauw A, Godlonton S. 2018. Measuring postharvest losses at the farm level in Malawi[J]. The Australian Journal of Agricultural and Resource Economics, 62(1): 139-160.

Amponsah S K, Addo A, Dzisi K, et al. 2018. Assessment of rice farmers' knowledge and perception of harvest and postharvest losses in Ghana[J]. Cogent Food and Agriculture, 4(1): 1471782.

Asoodar M A, Izadinia Y, Desbiolles J. 2009. Benefits of harvester front extension in reducing canola harvest losses[R]. Rosario: International Commission of Agricultural and Biological Engineers.

Bala B K, Haque M A, Hossain M A, et al. 2010. Post harvest loss and technical efficiency of rice, wheat and maize production system: assessment and measures for strengthening food security[R]. Final Report CF.

Bendinelli W E, Su C T, Péra T J, et al. 2020. What are the main factors that determine post-harvest losses of grains?[J]. Sustainable Production and Consumption, 21: 228-238.

Beretta C, Stoessel F, Baier U, et al. 2013. Quantifying food losses and the potential for reduction in Switzerland[J]. Waste Management, 33(3): 764-773.

Boiteau J M, Pingali P. 2022. Food loss of perishable produce from farm to retail: evidence from tomato supply chains in South India[J]. The American Journal of Clinical Nutrition, 115(6): 1535-1548.

Bradford K J, Dahal P, Asbrouck J V, et al. 2018. The dry chain: reducing postharvest losses and improving food safety in humid climates[J]. Trends in Food Science & Technology, 71: 84-93.

Brennan M, Goentzel J, Tran H. 2017. Identification, evaluation, and selection of products and practices for the post-harvest sector: evidence from decision makers in Tanzania[R]. Boston: Massachusetts Institute of Technology.

Caldeira C, de Laurentiis V, Corrado S, et al. 2019. Quantification of food waste per product group along the food supply chain in the European Union: a mass flow analysis[J]. Resources, Conservation and Recycling, 149(6): 479-488.

Choudhury M L. 2006. Recent developments in reducing postharvest losses in the Asia-Pacific region[R]. Tokyo: Asian Productivity Organization.

Claes J, de Clercq D, Denis N, et al. 2021. How to reduce postharvest crop losses in the agricultural supply chain[M]. New York: McKinsey & Company.

Dumitru O M, Iorga S C, Vladuț N V, et al. 2020. Food losses in primary cereal production: a review[J]. INMATEH-Agricultural Engineering, 62(3): 133-146.

EMA. 2002. Australia Emergency Manuals Series, Part III: Emergency Management Practice, Disaster Loss Assessment Guidelines[M]. Canberra: Emergency Management Australia.

FAO. 1980. Assessment and collection of data on post-harvest foodgrain losses[R]. Rome: Food and Agriculture Organization of the United Nations.

FAO. 1985. Prevention of post-harvest food losses: a training manual[R]. Rome: Food and Agriculture Organization of the United Nations.

FAO. 1989. Prevention of post harvest food losses: fruits, vegetables and root crops: a training manual[R]. Rome: Food and Agriculture Organization of the United Nations.

FAO. 2011. Global food losses and food waste: extent, causes and prevention[R]. Rome: Food and Agriculture Organization of the United Nations.

FAO. 2013. Food wastage footprint: impacts on natural resources: summary report[R]. Rome: Food and Agriculture Organization of the United Nations.

FAO. 2019. Moving forward on food loss and waste reduction[R]. Rome: Food and Agriculture Organization of the United Nations.

FEMA. 2008. Hazus, FEMA's software for estimating potential losses from disasters[EB/OL]. [2008-06-01]. https://msc.fema.gov/portal/resources/hazus.

Hodges R J, Buzby J C, Bennett B. 2011. Postharvest losses and waste in developed and less developed countries: opportunities to improve resource use[J]. The Journal of Agricultural Science, 149: 37-45.

IFPRI. 2017. The reality of food losses: a new measurement methodology[R]. Washington D C: International Food Policy Research Institute（IFPRI）.

Luo Y, Huang D, Li D Y, et al. 2020. On farm storage, storage losses and the effects of loss reduction in China[J]. Resources, Conservation and Recycling, 162: 105062.

Odjo S, Burgueño J, Rivers A, et al. 2020. Hermetic storage technologies reduce maize pest damage in smallholder farming systems in Mexico[J]. Journal of Stored Products Research, 88: 101664.

Pariser E R. 1982. Post-Harvest Food Losses In Developing Countries[M]. Boston: Springer.

Parvej M R, Hurburgh C R, Hanna H M, et al. 2020. Dynamics of corn dry matter content and grain quality after physiological maturity[J]. Agronomy Journal, 112 (2): 998-1011.

Qu X, Kojima D, Wu L P, et al. 2021. The losses in the rice harvest process: a review[J]. Sustainability, 13 (17): 9627.

Somavat P, Huang H, Kumar S, et al. 2017. Comparison of hermetic storage of wheat with traditional storage methods in India[J]. Applied Engineering in Agriculture, 33 (1): 121-130.

Stathers T, Holcroft D, Kitinoja L, et al. 2020. A scoping review of interventions for crop postharvest loss reduction in sub-Saharan Africa and South Asia[J]. Nature Sustainability, 3 (10): 821-835.

Torero M, Schuster M, Delgado L, et al. 2017. The reality of food losses: a new measurement methodology[R]. Washington D C: International Food Policy Research Institute.

UNEP. 2021. Food waste index report 2021[R]. Nairobi: United Nations Environment Programme.

Xue L, Liu G, Parfitt J, et al. 2017. Missing food, missing data? A critical review of global food losses and food waste data[J]. Environmental Science & Technology, 51 (12): 6618-6633.

Xue L, Liu X J, Lu S J, et al. 2021. China's food loss and waste embodies increasing environmental impacts[J]. Nature Food, 2 (7): 519-528.

Zhang J S, Xu Y, Hu T G, et al. 2021. Experimental study on the status of maize mycotoxin production in farmers' grain storage silos in northeastern China[J]. Toxins, 13 (11): 741.

# 第 2 章　粮食产后前端环节损失调查评估与政策保障的国际经验研究

粮食损失是世界各国面临的共同课题，2021 年首届国际粮食减损大会在我国召开，世界各国均给予极大关注。不同发展程度国家的粮食损耗差异性较大，本章研究通过回顾国际粮食损失发展态势，总结国际节粮减损先进经验，有利于推动我国节粮减损常态化政策体系建立，促进形成、巩固我国节粮减损成果的长效机制。据此，本章的主要研究内容包括：①节粮减损的国际进展追踪；②研究方法；③国际粮食产后前端环节损失概况；④国际粮食产后前端环节损失影响因素分析；⑤全球四大粮食作物产后前端环节减损对策与路径；⑥我国面向 2030 年的主要粮食作物产后前端环节减损的政策体系设计与实现。

## 2.1　引　　言

粮食安全是国际社会的重大威胁。根据联合国粮食及农业组织的报告，2023 年，全球共有 59 个国家和地区的近 2.82 亿人曾遭遇过突发重度饥饿，较上一年增加了 2400 万人(FAO，2024)。2020 年至 2023 年间，全球面临突发重度粮食不安全的人口比例一直居高不下，占评估人口的近 22%，已远远超出新冠疫情之前的水平。

冲突不断加剧、不安全局势恶化、经济冲击以及极端天气事件的影响仍然是导致重度粮食不安全的关键驱动因素。除此之外，粮食损失和浪费也是导致全球粮食安全危机的主要原因之一。粮食损失和浪费是指在粮食生产、加工、运输、销售和消费的各个环节中，各种原因造成的粮食资源的浪费或损失现象。全球每年粮食损失和浪费的数量约占全球粮食生产的三分之一，这些损失和浪费使得本可以用来满足人类营养需求的粮食最终无法被有效利用，从而导致可供消费的粮食总量的减少。大量的粮食供给减少，可能会导致粮食价格的上涨。这种价格波动不仅会影响消费者的购买力，还会加大低收入人群的经济压力，从而影响全球粮食安全。粮食安全不仅关乎个体营养健康，也关系全球社会的稳定和可持续发展。粮食的损失和浪费加大了社会资源的浪费，使得资源分配不均，从而可能加剧社会不平等，进而影响到国际社会的稳定和发展。面对全球日益严峻的粮食安全挑战，各国纷纷采取多种措施来应对粮食损失和浪费问题。美国作为世界上粮食生产和消费的重要国家，其面对粮食损失和浪费的策略主要集中在技术创新、市场管控和消费者教育上。例如，美国政府通过投入大量资源和资金来推动包括基因改良、精准农业等技术的发展，使得作物生产更加高效，减少了由病虫害和自然灾害而造成的损失。此外，其还通过市场干预和补贴政策来调节粮食市场，保持供应链的稳定性和可靠性。这包括粮食储备和灾害响应计划，确保在紧急情况下能够有效地调配粮食资源。美国政府和非政府组织还积极开展食物浪费减少的宣传教育活动，引导消费者注意食物的合理购买、使用和保存，推广节约食物的生活方式。欧盟各成员国在面对粮食损失和浪费问题时，侧重强调政策制定和市场监管的重要性，以及技术创新和跨国合作。欧盟制定了严格的食品安全和质量标准，推动成员国加强粮食生产和供应链管理的监管措施，还推动制定了法律法规，要求超市和餐饮企业减少粮食浪费并捐赠剩余粮食。欧盟鼓励成员国投资可持续农业和环境友好型生产技术，以减少化学品的使用和环境污染，同时提高农产品的生产效率和质量。此外，欧盟通过共享最佳实践和技术转移项目，促进成员国之间的经验交流与合作，特别是在粮食生产、储藏和运输的效率提升方面的经验交流与合作。在许多发展中国家，粮食损失和浪费问题也尤为突出。印度在 2006 年通过了《食品安全与标准法案》，旨在确保食品安全和质量，并推动形成减少食品浪费的政策措施。巴西则通过“零饥饿法”（Fome Zero）计划，致力于提高农村地区的农产品生产和供应链效率，减少农产品损失。肯尼亚通过建设农产品市场和改善市场基础设施，如冷库和包装设施，有效提高了农产品的市场接入率和质量，减少了由运输和储藏不足导致的损失。印度尼西亚通过社区教育和媒体宣传活动，提高了人们对食物浪费问题的认识，同时推动了政府和非政府组织在食物捐赠与社区粮食分配方面的合作。总体来看，各国在面对粮食损失和浪费问题上采取了多种策略与措施，从农业技术创新到市场管控，再到消费者教育和国际合作，每个国家根据其特定的环境、经济和社会背景制定了相应的应对策略。这些努力不仅有助于提高粮食安全水平，也推动了全球可持续发展目标的实现。

中国政府近年来亦高度重视降低食物损失和浪费，特别是降低粮食的损失和浪费。党的十八大以来，以习近平同志为核心的党中央高度重视节粮减损工作，强调要采取综合措施降低粮食损耗浪费①。党的十九届五中全会、中央经济工作会议和中央农村工作会议都对落实粮食减损降耗提出要求。2021 年 4 月 29 日，《中华人民共和国反食品浪费法》在第十三届全国人民代表大会常务委员会第二十八次会议获得通过并立即开始实施，标志着我国节粮减损进入法治化和规范化发展

①《中共中央办公厅 国务院办公厅印发粮食节约行动方案》，https://www.gov.cn/zhengce/2021-11/01/content_5648085.htm[2021-11-01]。

阶段。随后，中共中央办公厅、国务院办公厅印发《粮食节约行动方案》，提出要通过减少田间地头收获损耗、改善粮食产后烘干条件、支持引导农户科学储粮、推进仓储设施节约减损等举措，降低产后前端的粮食损耗。国家发展和改革委员会办公厅等四部门随后印发《反食品浪费工作方案》，国家发展和改革委员会办公厅印发《全链条粮食节约减损工作方案》，对粮食生产、储存、运输、加工、消费全链条节约减损工作进行整体部署。2023 年 12 月 29 日《中华人民共和国粮食安全保障法》通过并自 2024 年 6 月 1 日起施行，其中"粮食节约"章节也从生产和产后阶段对如何推进节粮减损提出要求。

粮食产后阶段是我国粮食损失和浪费的重要环节。从农村到城市的运输和储藏条件不足是粮食损失的主要源头之一。中国的农村地区，尤其是偏远地区，通常面临着基础设施不足的问题。这些地区的粮食储藏设施往往简陋，缺乏先进的仓储技术和冷链设备，使得粮食容易受到潮湿、霉变和虫害的影响。在运输过程中，由于道路条件的限制和运输工具的不足，粮食可能在运输途中洒落或受到损坏，特别是在长途运输时更为明显。粮食加工也是损失的一个重要环节。尽管中国的粮食加工技术在近年来有所发展，但仍然存在一些老化的加工设备和不完善的操作流程。碾米、磨面等加工环节如果操作不当或者设备老化，会导致粮食在加工过程中的损失，尤其是在工业化加工中更容易出现这种情况。这些损失虽然在单个加工环节中看起来不大，但如果放大到全国范围，累积起来的粮食损失是巨大的。市场交易过程中也会产生粮食损失和浪费。市场上信息不对称和中间商的存在，使得粮食可能由于储藏不当或者运输不善而产生损失。在市场上，一些粮食可能由于过度处理或者运输途中的问题而变质，从而无法送达最终的消费者手中，造成了资源的浪费。同时，市场上的供需信息不对称，可能导致一些粮食在价格波动中损失市场价值，增加粮食浪费的程度。此外，消费者的行为和消费习惯也对粮食浪费有重要影响。在日常生活中，由于生活水平的提高和消费观念的变化，一些消费者倾向于过度购买、过度烹饪和食品过剩，尤其是在一些城市家庭中，人们对于食物浪费问题不够重视。这种消费习惯导致了大量可食用的粮食最终被浪费掉，这直接影响了资源的有效利用和社会的可持续发展。

综上所述，我国粮食产后处理存在环节众多、装备水平参差不齐、管理模式多样等多方面因素，加上长期以来受到重增产而轻损耗观念的影响，全社会对于产后粮食前端损失损耗存在认识不够全面、技术不够先进、管理不够完善、政策保障不到位等问题，亟须尽快改进和完善。据粮食公益性行业科研专项"粮食产后损失浪费调查及评估技术研究"成果，我国粮食产后收获、干燥、农户储藏、粮库储藏、加工、运输、销售等环节的综合损失率为 15.28%，其中粮食产后前端环节(收获、干燥、农户储藏)损失约占总损失的 60%(赵霞，2021)。因此，产后前端环节，特别是收获、干燥、农户储藏等关键环节成为我国减少食物损失，推动节粮减损的重要突破口。

## 2.2 节粮减损的国际进展追踪

### 2.2.1 可持续发展背景下联合国食物供应链减损目标的细化

2011 年，联合国粮食及农业组织发布了具有里程碑意义的《全球食物损失和粮食浪费：程度、原因和预防》，概述了食物损失程度、原因以及预防措施（FAO, 2011）。随后，全球各地不同农作物品种、不同环节的食物损失和浪费问题开始受到研究关注。之后，联合国于 2015 年提出可持续发展目标（专栏 1），其中第 12.3 目标提出要减少食物损失和浪费，并要求到 2030 年全球人均食物损失与浪费量减半。

**专栏 1：联合国可持续发展目标中的粮食安全目标**

联合国可持续发展目标（Sustainable Development Goals，SDG）于 2015 年 9 月由联合国成员国通过，旨在从 2015 年到 2030 年间以综合方式彻底解决社会、经济和环境三个维度的发展问题，转向可持续发展道路。SDG 包括 17 个总体目标、169 个具体目标和 230 多个全球指标，其中有几个目标与粮食安全密切相关。

SDG 2：零饥饿（zero hunger）：旨在消除饥饿，实现粮食安全，改善营养状况和促进可持续农业。关注的重点包括：消除所有形式的营养不良，确保人人全年都能获得安全、营养和充足的食物；消除一切形式的饥饿；将农业生产力提高一倍，特别是小规模粮食生产者的生产力；确保可持续粮食生产体系，并实施有抵御力的农业实践，以提高生产力和产量，帮助维护生态系统，加强适应气候变化、极端天气、干旱、洪水和其他灾害的能力，并逐步改善土地和土壤质量；保持植物和动物遗传多样性；增加对可持续农业和农村发展的投资；纠正和防止世界农业市场的贸易限制与扭曲；采取措施确保粮食商品市场和衍生品市场的正常运作，并方便、及时获得市场信息，包括粮食储备信息。

SDG 12：负责任消费和生产（responsible consumption and production）：旨在确保可持续消费和生产模式。关注的重点包括：到 2030 年，将零售和消费环节的全球人均食物浪费减半，并减少生产和供应环节的食物损失，包括收获后损失；到 2030 年，实现化学品和所有废物的整个生命周期的无害环境管理，并大幅减少它们向大气、水和土壤的排放，以尽量减少它们对人类健康和环境的不利影响；到 2030 年，通过预防、减量、回收和再利用，大幅减少废物的产生。

此外，以下目标也与粮食安全间接相关。

SDG 1：无贫困（no poverty）：消除一切形式的贫困，包括极端贫困，这有助于提高人们的粮食获取能力。

SDG 6：清洁饮水和卫生设施(clean water and sanitation)：确保人人享有水和卫生设施，这有助于保障食品安全和卫生。

SDG 8：体面工作和经济增长(decent work and economic growth)：促进包容性和可持续的经济增长、就业和人人享有体面工作，这有助于提高人们的收入水平，增强粮食购买力。

SDG 13：气候行动(climate action)：采取紧急行动应对气候变化及其影响，这有助于减轻气候变化对粮食生产的负面影响。

SDG 15：陆地生物(life on land)：保护、恢复陆地生态系统和促进其可持续利用，可持续管理森林，防治荒漠化，制止和扭转土地退化，遏制生物多样性的丧失，这有助于维护农业生态系统的健康，保障粮食生产的可持续性。

这些目标相互关联、相互依存，共同构成了实现全球粮食安全的综合框架。通过实现这些目标，可以有效解决粮食安全问题，促进全球可持续发展。

2018 年以前的许多研究，是将食物损失和浪费(food loss and waste，FLW)放在一起进行分析的(FAO，2011，2013；Beretta et al.，2013)。这主要是因为，从表现形式上看，损失和浪费虽然都意味着食物离开了供应链环节，而且代表着农业资源的损失和食物利用效率的降低(Corrado et al.，2019)，但食物损失和浪费的边界并不完全清晰(González-Santana et al.，2022)，合并分析就可以在一定程度上忽略中间过程，从而提高分析准确性并降低数据获取难度(Xue and Liu，2019)。然而，联合国粮食及农业组织虽然同时关注食物损失和浪费，但更侧重不同类别的食物在食物链不同环节的损失情况，研究对象也按单类食物进行，如谷物、肉类等；而食物浪费则强调的是消费端各类食物的浪费总量(total weight)，二者在统计对象和口径上存在一定差异(图 2-1)。

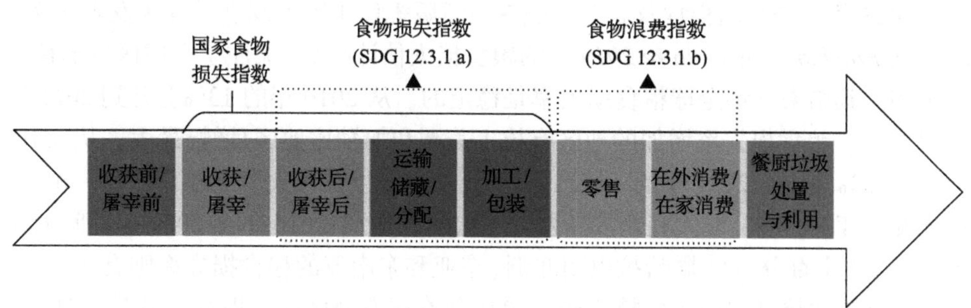


图 2-1　国家食物损失指数以及 SDG 食物损失指数和食物浪费指数的边界

因此，2018 年后，联合国粮食及农业组织提出将食物损失和食物浪费分别进行处理，并发表关于全球食物浪费指数的研究报告(FAO，2019)。在这个报告中，联合国粮食及农业组织将食物从产后到零售以前环节因为各种因素未进入食物链的部分定义为食物损失，而将零售和消费(包括居民家庭消费)部分食物量的减少定义为食物浪费。SDG 第 12.3 子目标也一分为二：到 2030 年，将零售和消费环节的全球人均食物浪费(即食物浪费指数，12.3.1. b)减半，并减少生产和供应环节的食物损失(即食物损失指数，12.3.1. a)。在联合国可持续发展议程框架内，全球和区域层面的食物损失指数和食物浪费指数将分别由联合国粮食及农业组织和联合国环境规划署负责分析和汇总。

### 2.2.2 SDG 12.3 相关的产后损失的量化研究

当前，全球和国家层面的产后损失研究主要面向非洲、南亚、东南亚等发展中国家和地区，食物损失指数的定义和边界、计算方法和数据来源也已经基本明确(FAO，2019)。其中，Affognon 等(2015)梳理了撒哈拉以南非洲 6 个国家主要农作物产后损失的相关文献，并对 7 类农作物的食物量和价值量进行了评估；国际食物政策研究所同国际农业研究磋商组织的其他研究机构合作，通过自报告、分类系数等方式，开发出面向非洲 11 个国家的 10 种农作物价值链产后损失的定量分析方法(IFPRI，2017)；Stathers 等(2020)利用文献综述，对撒哈拉以南非洲和南亚地区国家五类食物不同环节食物浪费进行了评估。欧盟研发了非洲产后损失信息系统，通过文献综述和在非洲国家的专家网络每年提供的损失因子，持续进行数据维护和更新(Hodges，2013)。在非洲产后损失信息系统数据的基础上，Miljkovic 和 Winter-Nelson(2021)利用分布曲线函数，分析了非洲各国产后损失不均衡性，实现产后损失的可视化和定量化分析。此外，一些收入较高的国家和地区也有所行动，如沙特阿拉伯基于问卷调查和浪费系数，计算了全国各类食物的损失和浪费量及其在不同地区的分布情况，确定了全国食物损失和浪费的基线(National Program for Reducing FLW in KSA，2019)。

2023 年，联合国粮食及农业组织在最新版统计年鉴中改进了首次发表在 *The State of Food and Agriculture 2019* 上的粮食损失估计指数，关注了全球区域的粮食损失率。其结果显示全球粮食损失率是稳定的，从 2016 年的 13%上升到 2021 年的 13.2%。粮食损失率增加的地区有拉丁美洲和加勒比地区(增幅最大，从 2016 年的 12.2%增长到 2021 年的 14.5%)、西亚和北非以及澳大利亚和新西兰。相反，中亚和南亚、不包括澳大利亚和新西兰在内的大洋洲(2016 年至 2021 年期间最大下降了 1.2 个百分点)、撒哈拉以南非洲、东亚和东南亚的粮食损失率则有所下降。北美和欧洲的粮食损失率保持不变，2021 年在所有地区中的损失率最低(9.2%)，而撒哈拉以南非洲则最高(20%)(图 2-2)。

总体而言，全球产后数据都在逐步完善和细化，如非洲产后损失信息系统就可以根据不同的作物、气候类型、产业链环节、环境影响等因素，对数据进行标记和区分；联合国粮食及农业组织的产后粮食损失数据库也在逐渐丰富。此外，

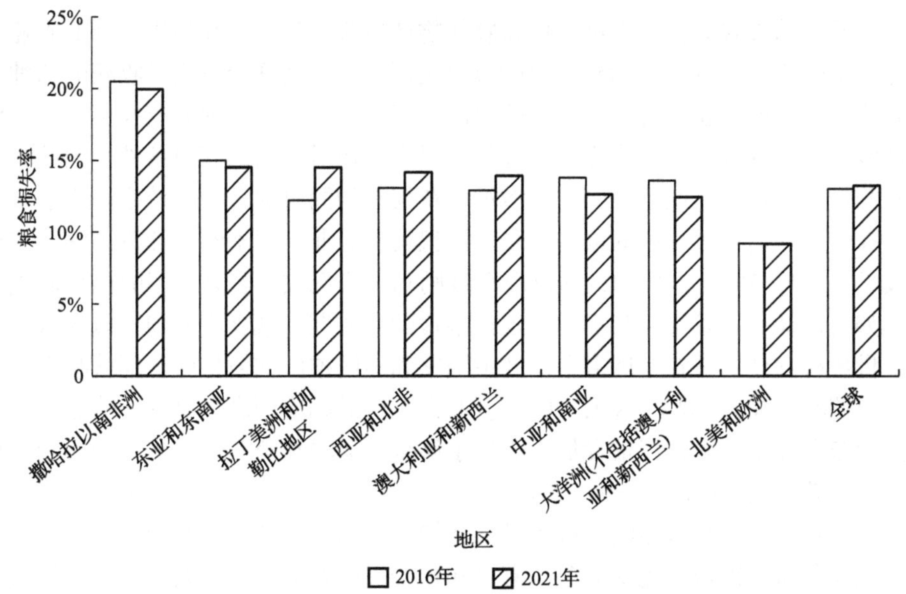


图 2-2　2016 年和 2021 年全球及各地区的粮食损失率

资料来源：FAO(2023)

联合国粮食及农业组织还开展了洲际尺度产后减损项目，对非洲多个国家的产后减损需求和基本状况进行了快速评估。

### 2.2.3　粮食产后前端减损的国际策略研究

经过十多年的研究积累，人们对粮食损失和浪费的认知在逐渐提高，研究粮食损失和浪费的重要性也逐渐凸显。通过粮食产后减损的研究，研究人员发现了许多影响产后前端粮食损失的因素，大体可以分为技术、设备和管理因素等方面。采收技术的不完善可能导致部分作物在采收过程中受损。粗暴的收割方式或使用老化的收割机械可能会导致作物损失增加，从而在产后阶段影响粮食质量和数量。在运输过程中，如果使用的运输设备老化或者不适应当地的道路条件，可能会导致粮食在运输途中受损或者质量下降。例如，缺乏保温、通风或者悬挂设备的运输车辆，无法有效保护粮食的质量和新鲜度，缺乏现代化的仓储设备和冷藏设施也使得粮食容易受到潮湿、霉变和害虫侵害，从而加速粮食损失的发生。不良的管理和监控机制可能会导致粮食在储藏与运输过程中得不到及时的检查和处理。例如，缺乏粮食质量的实时监测系统，无法及时发现和处理粮食的变质问题，从而使粮食损失的风险增加。农业技术的精进及创新是公认的减少粮食损失和浪费的重要途径之一。例如，以美国为首的发达国家一直都在致力于通过研发适应性强的新品种，提高作物的抗病虫害能力和适应性，从而降低病虫害等导致的粮食损失；推广精准农业技术也可以提高农作物产后收获的产量和品质，降低农业生产过程中的资源浪费。Schuler 等（1975）对美国不同田地联合收割机收获的四种主要农作物造成的收获损失和收割机的地面速度进行分析，发现低速并不一定能使粮食收获损失降低，进一步降低粮食收获损失率还需要辅助其他条件。因此，建议收割机适当提高速度，从而在不增加收获损失的同时提升机械效率。为了减少粮食在储藏和运输过程中的损失，联合国粮食及农业组织不断呼吁改进储藏和运输技术（FAO，2023）。例如，通过政策鼓励和推广低成本、高效率的粮食储藏设施，如气调储藏、真空包装等，以延长粮食的保质期，减少腐败和变质导致的损失，世界粮食计划署在全球多个发展中国家和地区推广的简易储藏桶就减少了受益农户储藏损失的 98%（FAO，2023）。联合国还鼓励应用高温烘干、喷雾干燥等新型的粮食加工技术，将粮食加工成易于储藏、运输和消费的产品，均得到了良好的政策效果（United Nations，2015）。

从设备来看，粮食储藏、粮食烘干和加工方面的设备是主要的影响因素。粮食储藏设备对保护粮食免受潮湿、害虫和霉变等因素的影响巨大。良好的储藏设备能有效延长粮食的保质期和商业价值，减少粮食损失。储藏仓库的类型直接影响粮食的保存情况。现代化的储藏设施通常包括温度、湿度和气氛控制，以最大限度地减少粮食的湿度变化和微生物污染。根据联合国粮食及农业组织的研究，封闭式仓库相比传统开放式仓库能够显著减少粮食的湿度和温度波动，从而减少粮食的损失率（FAO，2019）。除了仓库类型，粮食保鲜技术的应用也是关键因素。例如，控制气氛储藏技术和低温储藏系统能有效地降低粮食中真菌的滋生率，从而保持粮食的品质和食用价值（Jayas，2021）。这些技术依赖于先进的仓储设备和精确的环境控制系统。害虫是粮食储藏过程中的主要问题之一，而传统的杀虫剂和化学处理方法可能会对环境造成负面影响，并且害虫有时能够在储藏设施内形成抗药性。因此，现代化的害虫防治设备和技术尤为重要，如高效的粮食气调储藏系统可以有效降低害虫对储粮设施的影响（Cox，2018）。粮食在收获后通常需要经过烘干处理，以降低湿度，防止细菌滋生，并确保储藏安全。不同的粮食类型和地区有不同的烘干需求与技术选择。例如，空气温度、相对湿度和热空气流动速度是影响烘干效果的主要参数。研究表明，使用先进的热气流和空气循环系统可以显著提高烘干速度和效率，同时降低能源消耗（Kumar，2019）。选择合适的烘干设备不仅要考虑其烘干效率，还需考虑其运行成本和可维护性。例如，基于太阳能的烘干系统在某些地区可能是更经济和环保的选择，尤其是在电力供应不稳定或昂贵的地区。粮食加工设备涉及将原始的农产品加工成成品粮食的过程。这一过程不仅关乎产品的质量和安全，还直接影响市场竞争力和消费者健康。现代化的粮食加工设备能够实现高效率、高精度的加工过程，大大减少人工操作带来的不确定性和错误。例如，精确的分选系统可以有效去除杂质和次品，提高粮食的纯度和市场价值(Chen et al.，2020)。在粮食加工过程中，遵循严格的食品安全和卫生标准也是至关重要的。先进的加工设备可以保证在加工过程中维持粮食的卫生和安全，避免污染和交叉污染的风险，确保成品的质量和可食性(Pitts et al.，2019)。

从管理来看，农业从业人员减损知识和能力是影响粮食产后损失的重要因素。在农业生产过程中，减损知识指农业从业人员对于如何预防、识别和应对粮食产后损失的专业知识。这包括对储藏、运输、包装等环节中可能引发损失的各种因素的理解和应对策略。然而，减损能力则指的是农业从业人员在实际操作中运用这些知识的技能和能力，以最大限度地减少粮食的损失。减损知识和能力的重要性不仅体现在降低经济损失和提高农产品质量上，更是保障粮食安全、提升农业生产效率以及减少资源浪费的重要手段。研究表明，提升农业生产人员的技术水平和管理能力可以显著减少粮食产后损失。例如，培训农民使用现代化的收割工具和储藏设施的能力，有效提升了粮食的收获效率和储藏安全性，从而减少了机械损坏或者储藏不当导致的粮食损失。提升农民对先进储藏设施的维护技能，可以显著降低粮食在储藏过程中的损失率(Manandhar et al.，2018)。另外，通过培训农民科学的种植和收割技术，可以有效提高作物的产量和质量，减少技术不足导致的粮食损失(FAO，2018)。

从以上研究可以看出，粮食产后损失关系到粮食产业链的方方面面，降低产后损失必然要求提升粮食产业链的发展水平。特别是对于中低收入国家而言，由于粮食产业链的多个环节仍然处于较低水平，各环节面临的主要问题和影响因素也多种多样，农民可能缺乏先进的农业技术和管理知识，导致种植阶段的产量和质量无法最大化；在收获和加工过程中，使用传统的手工操作方式或过时的设备，增加了误伤和粮食破损的风险；而在储藏和运输环节，由于设施简陋或者无法有效控制温湿度等条件，粮食容易受到虫害、霉变或者储藏损失的影响。因此，有必要进一步从不同环节入手，分析各个环节面临的主要问题及影响因素，这是降低产后损失、提升粮食供应质量和经济效益的关键所在。

## 2.3 研究方法

### 2.3.1 PRISMA 方法

本章借鉴了 PRISMA(Preferred Reporting Items for Systematic Reviews and Meta-Analyses，系统综述和荟萃分析优先报告的条目)对现有文献进行了系统回顾。PRISMA 是当今学界广泛使用的一套确保系统综述和荟萃分析研究质量而设立的标准规范，它主要包括识别、去重、筛选和确定四个步骤。当需要总结一个主题的现有信息以便对一个特定现象做出结论时，PRISMA 是一个很好的选择(图 2-3)。需要说明的是，我们的主要目标是了解全球范围内的国家或粮食作物产后收获的损失情况，进而助力 SDG 的实现并为国内研究提供全球产后收获的损失情况对比，因此对于有关中国粮食作物产后收获损失的相关研究本节并没有重点纳入，只选择了部分相对重要的篇章进行分析。

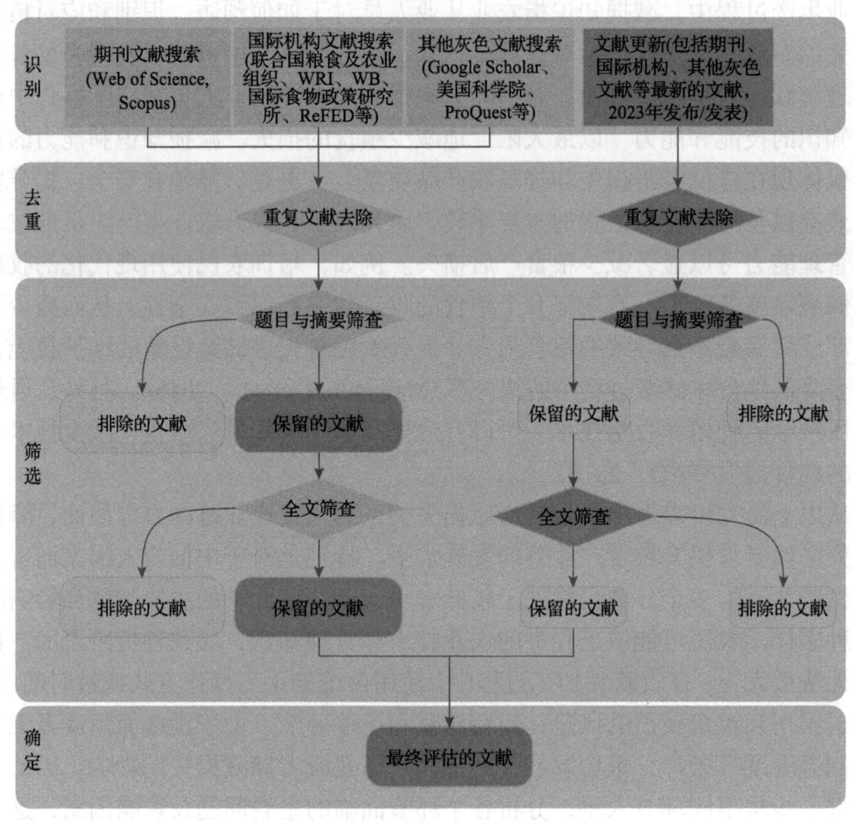


图 2-3　PRISMA 方法示意图

WRI 表示 World Resources Institute(世界资源研究所)；WB 表示 World Bank(世界银行)；ReFED 表示 Rethink Food Waste through Economics and Data(通过经济学与数据重新思考食物浪费，一个致力于减少食物浪费的美国非营利组织)

### 2.3.2　数据来源

本节以 2022 年 12 月 3 日为时间节点，通过 Web of Science 文献数据库对 1960 年以来发表的研究进行了详尽而广泛的检索，旨在探索关于四种主要农作物——玉米、小麦、水稻和大豆的收获、干燥、储藏损失研究文献。这些作物不仅是全球粮食生产的主要支柱，也在全球农业发展和粮食安全中起着关键作用。

首先，我们检索到了 2332 篇与玉米相关的文献。这些文献涵盖了从病虫害防治至市场分析等多个方面的研究成果。玉米作为世界上最重要的粮食作物之一，其研究不仅关注如何提高产量和质量，还涉及其对环境影响的评估以及其在全球粮食供应链中的地位。

其次，小麦的研究文献达到了 2465 篇。小麦是人类主要的粮食作物之一，广泛种植于世界各地的不同气候和土壤条件下。相关文献涵盖了小麦品种改良、疾病防治、适应气候变化、增加耐旱性等诸多方面的研究内容。这些研究对于确保全球粮食供应的稳定性和安全性至关重要。

再次，水稻的文献数量达到了 1540 篇。作为全球三大主粮之一，水稻的研究涵盖了优质收割技术等多个方面。水稻作为许多亚洲国家的主食作物，其种植技术的改进和生产效率的提高对于减少饥饿、提高农民收入至关重要。

最后，大豆的文献总数为 898 篇。大豆作为重要的油料和蛋白质来源，其研究涉及收获破碎率的降低、农业资源的保护利用等方面。大豆的生产不仅对粮食安全有重要影响，同时也是全球食品加工和动物饲料生产的主要原料之一。

除了 Web of Science 文献数据库外，本节还查询了国际机构如联合国粮食及农业组织、WRI 等发布的文献和报告，共计找到了 7 篇重要的报告。这些报告涵盖了全球农业发展趋势、粮食供应与需求的分析、气候变化对农作物的影响以及可持续农业实践等多个关键领域。这些国际机构的研究成果不仅提供了全球范围内农产品减损政策制定的参考依据，也对农业科技创新和农民生计改善起到了推动作用。

此次检索还包括通过 Google Scholar 等平台获取的 3 篇灰色文献。灰色文献指的是未经正式出版的、但具有重要研究价值的文献和报告。这些文献可能来自学术会议、技术报告、非政府组织的研究成果等，对于补充和完善关于玉米、小麦、水稻和大豆等农作物研究的综合资料非常有价值。

综上所述，广泛的数据来源不仅为本章的研究展示了全球对于主要农作物研究的深入关注和持续投入，也为解决全球粮食安全挑战提供了理论和实证支持。通过系统化的文献检索和综合分析，我们能够更好地理解和应对农业产后减损面临的多样化挑战，促进农产品产量和质量的提升，进而推动全球可持续发展目标的实现。

### 2.3.3　检索词设计

关键词的选择包括“corn（maize）harvest loss”“rice harvest loss”“wheat harvest loss”“soybean harvest loss”“corn（maize）drying loss”“rice drying loss”“wheat drying loss”“soybean drying loss”“corn（maize）storage loss”“rice storage loss”“wheat storage loss”“soybean storage loss”，这些关键词的组合使得本章能够尽可能全面地覆盖与四类粮食作物相关的收获、干燥、储藏损失研究文献。

## 2.4 国际粮食产后前端环节损失概况

### 2.4.1 总体情况

研究结果表明，世界范围内，学界对粮食产后收获损失的关注总体呈上升趋势，但主要集中于亚洲和美洲国家；由于人工、机械、气候和种植管理等因素差异，不同国家在粮食产后损失方面的现状存在异质性；农业产后收获的机械化发展虽然提高了收获效率，但在发展中国家，社会化服务发展产生的委托等问题对收获损失的影响不容忽视；缺乏对联合收割机装备和性能的研究，也限制了发展中国家机械化技术的应用和推广。此外，干燥与储藏阶段设备条件的缺乏也会增加收获后损失；粮食储藏损失是发展中国家小农粮食不安全的主要原因之一。

本节研究认为，对中国而言，政府在加大机械化应用力度的同时，应根据国内经济条件和产业发展需要，重视对机械收获、产后干燥储藏技术等的深入研究和应用，持续更新、修订技术标准，并完善农业产后收获的基础设施环境。本节成果将为我国不同粮食品种和产后前端不同环节的节粮减损提供理论、技术、管理和制度支撑，形成节粮减损技术体系和长效机制，助力我国节粮减损常态化政策体系建立，推动形成节粮减损的"中国方案"，助力实现与世界各国粮食产后减损的互利合作和人类命运共同体构建。

### 2.4.2 收获环节

本节以 2022 年 12 月 3 日为时间节点，以"corn (maize) /rice/wheat/soybean" + "harvest loss"为检索词，对 1960 年以来 Web of Science 文献数据库中收录的文献进行检索，分别检索出玉米相关文献 2332 篇、小麦 2465 篇、水稻 1540 篇、大豆 898 篇。对联合国粮食及农业组织、WRI 等国际机构公开发表的文章或报告进行查询，检索出 7 篇重要报告。此外，还通过 Google Scholar 等检索到了 3 篇灰色文献。文献检索完成后，先删去了其中重复的 1425 篇文献，保留了 5820 篇文献。接着以题目或摘要内容是否涉及大豆/小麦/玉米/水稻的产后收获阶段损失为标准进行初步筛查，删除与本节关注的损失阶段和损失作物品种不相关的文献 5639 篇，保留了 181 篇相关文献。随后，逐个审读保留文献的全文，进一步剔除研究内容与损失率或损失因素不相关的文献 95 篇，并在阅读的过程中仔细筛查各文章的参考文献列表，纳入了 12 篇与粮食收获损失相关的参考文献，最终共保留 98 篇文献。其中，同时给出具体的收获损失率及影响因素的文献有 77 篇(图 2-4)。

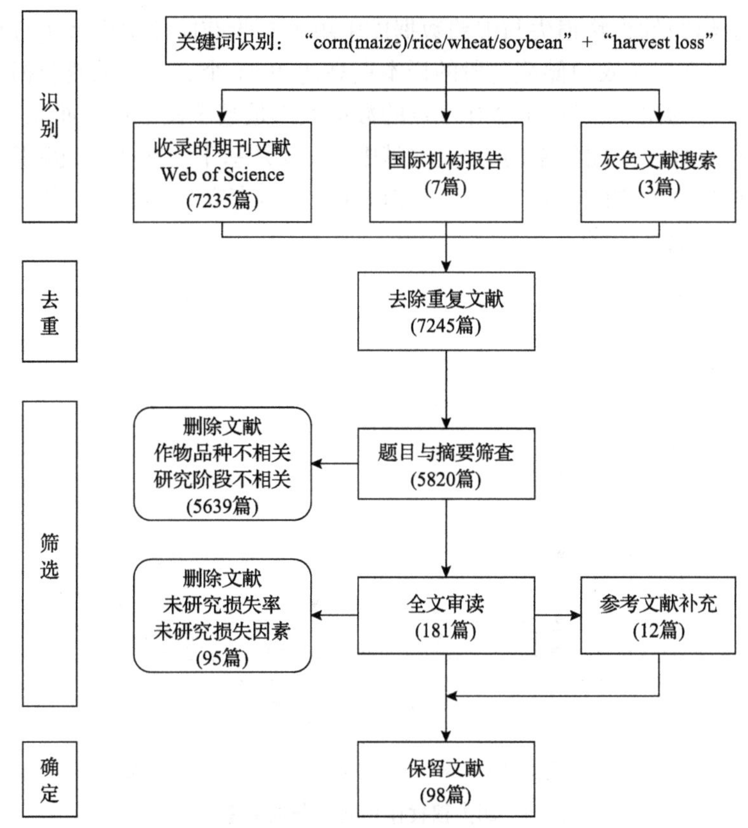


图 2-4　收获损失文献数据库构建过程

文献数据库中报告的粮食作物总体产后平均收获损失率的均值为 6.65%。其中，小麦的平均收获损失率均值为 12.18%，高于其他三类粮食作物的平均收获损失率。小麦平均收获损失率的中位数值为 8.33%，也是粮食作物中最高的（图 2-5），这说明全球小麦整体的产后收获损失情况相对较高。剩余三类粮食作物中，大豆的最小收获损失率和最大收获损失率的平均值均最高，玉米的平均损失率最低。玉米的三项损失率（最大、最小和平均）均接近四类粮食作物损失率的均值，这可能是因为玉米是全球最广泛种植的作物之一，也是全球产量最高的粮食作物，无论从种质资源、种植水平还是收获技术来看，不同地区之间的共性较多。本节检索到的涉及玉米收获阶段损失的研究涵盖了美洲、亚洲、非洲、欧洲的发达国家和发展中国家，其损失率数据应该能代表全球粮食损失的基本情况。

需要说明的是，联合国粮食及农业组织的食物损失与浪费数据库的数据显示，与水稻（5.01%）、小麦（4.68%）相比，玉米（6.61%）的损失率最高，这一结果与本节的数据结果存在出入（表 2-1）。这可能与研究的样本、方法的不同有关。联合国粮食及农业组织的食物损失与浪费数据库中单独对收获阶段损失率进行采样的样本点仅有 71 个，而农户储藏阶段的样本点高达 4981 个，较少的收获损失采样可能会造成一定的误差，且 71 个样本点的数据大都是基于模型估计而非实地测量。本节中给出具体收获损失率的 77 篇文献中，大都是基于实地调研或测量，通过纯模型估计损失率的文献仅有 2 篇，但在取样方面也存在一定误差，关于发达国家损失率的数据缺失较多。

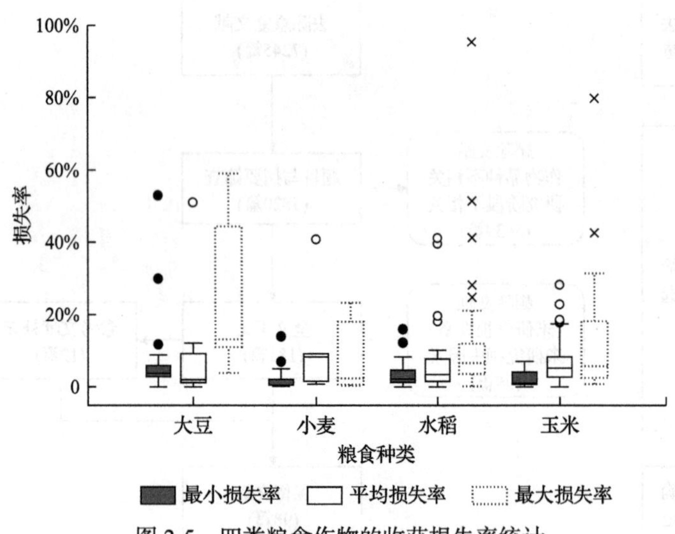


图 2-5 四类粮食作物的收获损失率统计

**表 2-1 本节与联合国粮食及农业组织的食物损失与浪费数据库关于四类粮食分阶段损失率的比较**

| 类别 | 环节 | 水稻 | 玉米 | 小麦 | 大豆 |
|---|---|---|---|---|---|
| 本节 | 收获 | 6.67% | 6.34% | **12.18%** | 7.14% |
| | 干燥 | 4.68% | 4.02% | **6.24%** | — |
| | 农户储藏 | 1.58% | **3.96%** | 3.15% | — |
| 联合国粮食及农业组织的食物损失与浪费数据库 | 收获 | 5.01% | **6.61%** | 4.68% | — |
| | 干燥 | — | — | — | — |
| | 农户储藏 | 3.28% | **5.27%** | 3.34% | — |

注：加粗的数字表示该作物在这一阶段的损失率最高

从表 2-1 中还可以发现，联合国粮食及农业组织并没有梳理和汇总干燥阶段的损失率。这可能主要因为，单纯从粮食产业链条内粮食的流动来看，干燥阶段的质量损失主要是粮食体内水分的损失，而不是粮食本身的损失，因此，不能将干燥阶段的粮食质量损失作为该阶段的粮食损失。不过，实际上，在粮食晾晒过程中，如果场地条件有限，则很可能出现晾晒的粮食被鸟类、老鼠、昆虫等啃食的情况，也有一些因为晾晒在马路上而被汽车压碎或者带走的情况，还有可能因为干燥不及时，出现局部发芽、腐烂变质等情况。因此，本章认为，干燥阶段理应作为衡量粮食损失的重要阶段，但应该对数据获取和操作进行仔细确认，确保能有效获取相关信息。

### 2.4.3　干燥、农户储藏环节

本节以 2023 年 4 月 21 日为时间节点，以“corn (maize) /rice/wheat/soybean” + “post-harvest/postharvest” + “storage/drying” + “loss” 为检索词，对 Web of Science 数据库中收录的文献进行检索，分别检索出干燥阶段文献 658 篇、农户储藏阶段文献 1601 篇，其中玉米相关文献 1364 篇、小麦 385 篇、水稻 369 篇、大豆 141 篇。对联合国粮食及农业组织、WRI 等国际机构公开发表的文章或报告进行查询，检索出 4 篇重要报告。此外，还通过 Google Scholar 等检索到了 4 篇灰色文献。文献检索完成后，先删去了重复的文献，保留了 374 篇（干燥阶段）、879 篇（农户储藏阶段）文献。接着以题目或摘要内容是否涉及大豆/小麦/玉米/水稻的产后干燥/农户储藏阶段损失为标准进行初步筛查，删除与本文关注的损失阶段和损失作物品种不相关的文献，保留了 83 篇（干燥阶段）、124 篇（农户储藏阶段）相关文献。随后，逐个审读保留文献的全文，进一步剔除研究内容与损失率或损失因素不相关的文献，并在阅读的过程中仔细筛查各文章的参考文献列表，最终共保留 146 篇文献。其中，同时给出具体干燥/农户储藏损失率的文献有 35 篇。

**专栏 2：农户储藏阶段粮食损失的主要因素**

粮食在农户储藏阶段形成损失的主要因素有很多，大体有以下几个方面。

1. 物理因素

(1) 温度：温度过高会加速粮食呼吸作用，消耗养分，降低品质；温度过低则可能导致粮食冻伤。

(2) 湿度：湿度过高容易滋生霉菌，导致粮食霉变；湿度过低则可能使粮食干裂。

(3) 机械损伤：在收获、运输、储藏过程中，粮食受到挤压、碰撞等机械作用，导致破损，增加感染机会。

(4) 光照：光照会加速粮食氧化，破坏维生素等营养成分。

(5) 通风不良：通风不良会导致粮堆内部温度、湿度不均，滋生害虫。

2. 化学因素

(1)粮食自身呼吸作用：粮食在储藏过程中会进行呼吸作用，消耗自身养分，产生热量和水分，加速变质。

(2)酶的作用：粮食中的酶在适宜条件下会催化各种生化反应，如淀粉水解、蛋白质分解等，导致粮食品质下降。

(3)氧化作用：粮食中的脂肪、维生素等成分在空气中易被氧化，产生异味、降低营养价值。

(4)非酶褐变反应：粮食中的还原糖与氨基酸在高温、高湿条件下发生褐变反应，影响色泽和风味。

3. 生物因素

(1)霉菌：在高温、高湿条件下容易滋生霉菌，产生毒素，危害粮食安全。

(2)害虫：各种仓储害虫如米象、玉米象、麦蛾等会蛀食粮食，造成直接损失。

(3)鼠类：鼠类不仅直接啃食粮食，还会污染粮堆，传播疾病。

(4)鸟类：在露天储藏或粮仓通风不良的情况下，鸟类可能啄食粮食，造成损失。

4. 其他因素

(1)储藏时间：储藏时间越长，粮食受各种因素影响的可能性越大，损失风险越高。

(2)储藏方式：不同的储藏方式(如散装、包装、气调等)对粮食的影响不同。

(3)管理水平：仓库管理人员的技术水平、责任心等对粮食储藏损失有重要影响。

针对粮食的干燥、储藏阶段,我们也对文献库中的相关数据进行了整理(图 2-6)。需要说明的是，我们在这两个阶段没有收集到对大豆损失率进行详细统计或分析说明的文献，因此在干燥、农户储藏阶段，本节的定量分析局限于小麦、玉米和水稻三大主粮作物。文献数据库中报告的粮食作物总体产后平均干燥、农户储藏损失率均值分别为 4.07%、2.97%。在干燥阶段，水稻的损失率是最严重的。虽然部分样本表明水稻的损失率趋于样本最低值 0.055%，但水稻整体的干燥损失率居于前端(图 2-7)。这可能是因为，水稻谷粒通常有一层坚硬的外壳，也称为稻糠或稻壳。这个外壳可以保护谷粒免受虫害和微生物的侵害，但也增加了干燥的难度；而且，水稻的谷粒比较小、薄且易碎，相对于玉米和小麦来说更容易受到机械性损伤，所以仍有相当数量的发展中国家采用传统的晾晒方式来干燥水稻，但这种方式受制于天气条件，容易受到气候波动的影响，导致不均匀的干燥，从而影响水稻的产量和损失率。此外，在机械干燥过程中，水稻谷粒之间的摩擦和碰撞可能导致破损，进而增加干燥损失。水稻外壳的存在也意味着水稻需要更长时间的干燥来确保内部的含水量足够低，虽然现代化的机械化干燥设备能够更加精确地控制温度和湿度，但如果操作不当，也可能对水稻造成过度干燥的损害。

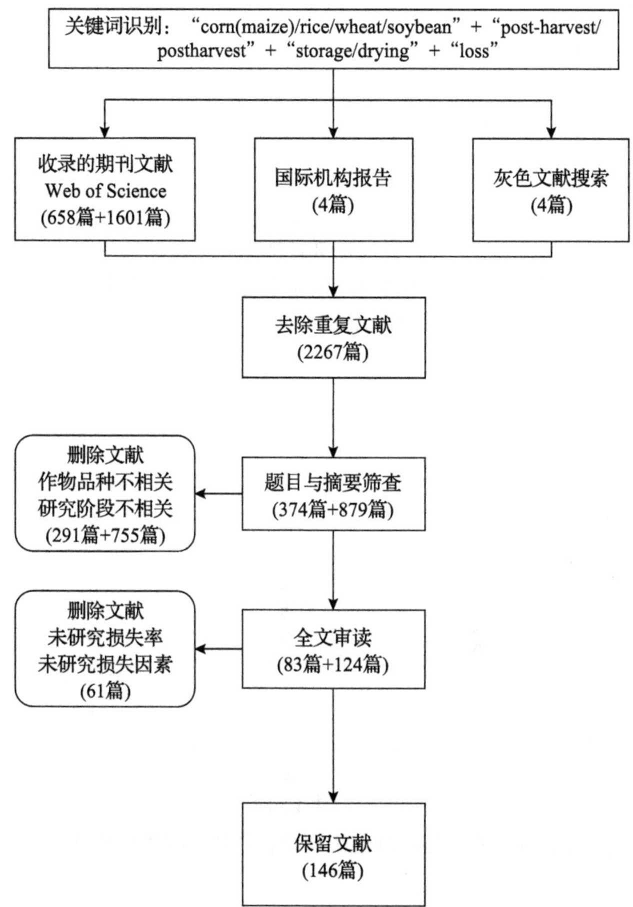


图 2-6　干燥和农户储藏环节损失文献数据库构建过程

储藏损失率中，水稻的情况相比小麦和玉米更低一些(图 2-8)。这也很可能与前面提到的水稻外壳有关。此外，南方水稻产区在收获季的自然晾晒条件都比较好，有利于在很短的时间内完成谷粒脱水，防止腐烂变质等情况发生。相比之下，小麦和玉米的储藏往往并没有那么精细化，可能更容易受到外部环境的影响，导致其储藏损失率相对较高。

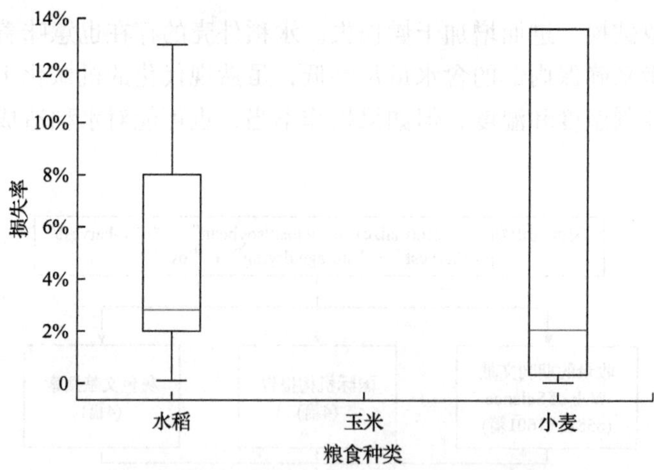


图 2-7　干燥环节不同粮食作物的损失率统计

玉米数据的样本量过少而无法显示成一个箱线图

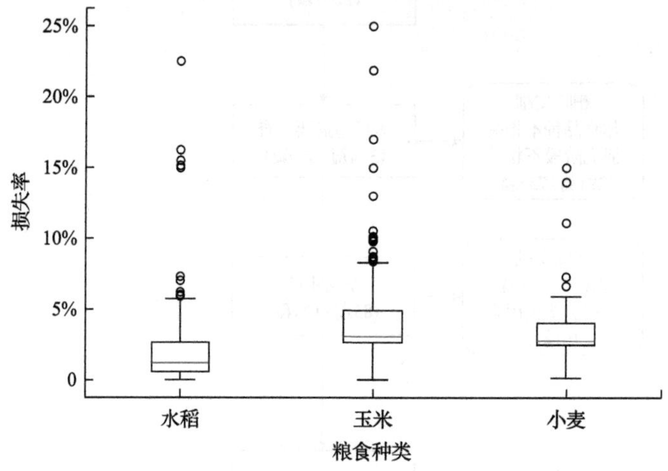


图 2-8　农户储藏环节不同粮食作物的损失率统计

## 2.5　国际粮食产后前端环节损失影响因素分析

### 2.5.1　收获环节

从文献分析中可知，按照损失的影响因素，粮食收获阶段损失大体可以分为两个主要部分：第一类是由种植和管理等因素造成的收获前损失；第二类是由人工、机械、气候等因素共同造成的收获时损失。其中，收获前的损失主要是穗损失，包括由自然灾害或真菌感染等造成作物过早倒伏，以及主要由杂草、害虫、气候因素等引起的病害损失；收获时的损失主要分为穗损失和籽粒损失，主要由收获操作中作物的穗或茎秆倒伏、穗掉落或未成功脱粒等引起。经过对文献中讨论的收获损失因素进行进一步归纳梳理，本节将其中涉及的因素进一步概括为三方面，包括环境因素（包括自然环境和社会经济环境）、技术条件因素、劳动力因素等。

极端天气、自然灾害、高温等自然环境因素经常导致作物在收获阶段出现损失。这是因为这些环境因素与作物含水量高度相关，从而可以直接或间接导致粮食损失。例如，粮食在湿度偏高时收获容易萌发形成芽麦，在湿度偏低时又容易发生破碎损失（Pinheiro and Troli，2003；Tefera，2012）。在巴西的一些大豆玉米轮种地区还存在早收现象，即为了在大豆收获后迅速种植玉米，农民往往安排提前收割大豆，导致大豆偏湿，甚至有些豆荚还没有完全成熟，从而导致损失的增加（Goldsmith et al.，2015）。另外，作物收获时含水量偏低也会导致一定的损失。Paulse 等（2014）对收割机的对照实验表明，当大豆的收获水分下降到 13%以下时，破碎损失也会显著增加。自然环境因素导致的损失往往无法通过人为安排来扭转，但可以通过新技术开发和制度性预防，改善有限环境内作物的生长条件、加强病虫害和自然灾害等风险发生的预警能力，将收获损失降到最低。比如，晚收粮食从而任由粮食在田间自然晾干，会增加粮食在田间发生霉变等损失的可能性（Ndindeng et al.，2021）。通过普及干燥技术和设备，则可以在较短的时间内烘干粮食，并降低粮食霉变和虫害风险（Tai et al.，2021）。在暴雨、寒潮等极端天气到来前抢收粮食，也可以极大减少粮食收获损失。

社会经济环境关乎农业产后收获中的资本投入，是最为复杂的影响因素之一，这一点在发展中国家表现得更为突出。一个典型的例子是非洲某些地区的社会治安稳定性不高，经济常年由于金融缺乏活力与稳定而投资不足，与农业配套的基础设施建设水平较低（Kaminski and Christiaensen，2014；Danbaba et al.，2019）。这些因素使得社会经济资源很难通过硬件或技术方面的改进而实现粮食收获减损。部分国家和地区，如尼日利亚，曾在 21 世纪的前 10 年积极推行机械化，却由于复杂的政治因素而不了了之（Castelein et al.，2022）。在农业现代化的进程中，劳动力的年龄、务农年限、受教育程度等社会经济环境特征会对粮食的收获损失造成一定影响。Castelein 等（2022）认为年龄较大或种植年限较高的农民经验更多，更有利于粮食收获损失的减少；农民的受教育程度越高，其对新技术的接受度可能越高，从而可以越有效地降低收获阶段的损失。但也有研究指出，生产者的受教育水平和经验积累虽然与粮食减损有关，但在不同的样本中该因素的影响并非都显著，需根据具体情况进行具体分析（Delgado et al.，2021）。

产后收获阶段的机械化水平等技术条件因素已成为发达国家与发展中国家农业发展水平的重要差别。已有研究表明收割机正在快速应用和普及于巴西的农业生产活动中(Paulsen et al.，2014)，然而，收割机技术的普及虽然显著提升了劳动生产效率，但并没有对减少大豆收获损失起到促进作用，反而增加了收获损失比例。这是因为机械收获技术通常较为粗暴，容易造成作物损伤和遗漏，导致比农民手工收获更高的收获损失(Luo et al.，2022)，但也有研究认为机械化会减少收获损失(Gummert et al.，2020)。

在机收造成的损失中，劳动力也是重要因素。一方面，城市化和劳动人口流失引发劳动力不足(Kaminski and Christiaensen，2014)。另一方面，劳动力不足会引发劳动力在收获时的急切心理，从而增加收获损失。在一些发展中国家，如孟加拉国，由于人工收获效率低下，收获季往往需要更多的劳动力人数，容易造成劳动力短缺和雇佣成本过高等问题，也会使得劳动力迫切想要结束手中的工作来开始下一份工作，因而对收获粮食的质量造成不利影响。在农业技术匮乏的一些发展中国家，由于人力资源的限制，种植面积过大基本上都会造成粮食收获的延迟，从而带来一定的穗掉落和籽粒损失(Begum et al.，2021；Hasan et al.，2019)。

### 2.5.2 干燥环节

干燥是一种产后操作，通过将粮食作物的水分降低到合适的水平来最大化粮食产量和整体质量。控制产品干燥度是保证粮食质量的最关键因素(Tong et al.，2019)。一般来说，粮食作物的水分含量应从收获时的14%～22%降至储藏时的13%左右，以尽量减少呼吸速率和霉菌生长，并抑制真菌和昆虫的生长，也保证储藏时的质量(Mukhopadhyay and Siebenmorgen，2018)。在发展中国家，尤其是在以小农经济为主的发展中国家中，谷物通常在马路、广场进行晾晒，或者直接在田间或家庭院子里的垫子或篮筐中自然干燥，这些干燥过程均会由于鸟类、老鼠或昆虫的食用产生粮食损失，也会由于被路过的行人和汽车带走或者压碎造成损失。然而，如果使用干燥设备，就不需要在大片的空旷地带进行晾晒，这些损失就不会产生，粮食更易于保存，品质也会更高。

干燥完毕后，粮食要么被完整地储藏在黄麻袋、丙烯袋中，要么被脱粒、去壳、清洗后分类储藏在不同的储粮结构中(Ashish et al.，2018)。因此，干燥设备或技术的缺乏导致的对储藏水分控制的不当而发霉变质或被老鼠食用，往往是该阶段造成损失的原因。相对湿度偏高会提高储藏在多孔编织袋中的干燥商品的水分含量，造成真菌和昆虫感染，显著增加储藏阶段的损失，并降低粮食品质。但在实际操作和分析过程中，这些损失往往会归于储藏损失，而不能被当成干燥损失。

### 2.5.3　农户储藏环节

粮食储藏损失是收获后损失的主要原因，也是发展中国家小农粮食不安全的主要原因之一(Kumar and Kalita，2017)。在储藏损失中起关键作用的因素可分为物理因素、生物因素和社会经济因素。

氧、水分、相对湿度和温度等物理因素对粮食的储藏性都有重大影响。物理因素影响粮食储藏过程中昆虫繁殖和霉菌生长的条件，最终影响粮食的储藏性。25～35℃的温度有利于昆虫的快速生长(Proctor，1994)。在这些条件下，昆虫繁殖加速，增加了粮食消耗，产生了更多的热量，为昆虫保持了最佳的环境。然而，在低于 13℃或高于 40℃的条件下，昆虫往往会减少活动，迁移或最终死亡(Lindblad，1981；Fields，1992)。当谷物储藏在筒仓或仓库中时，谷物体积中心的温度与收获时的温度保持相对相似，距离中心最远的与仓壁接触的谷物温度会根据环境空气温度而变化。因此，对于储藏在高含水率和高相对湿度条件下的粮食，当外界温度降低时，壁冷却速度更快，导致凝结形成湿斑，有利于霉菌生长繁殖。

生物因素中，害虫和霉菌是造成粮食损失的主要因素(Kamanula et al.，2010；Rajendran and Sriranjini，2008)，这一点在储藏设施相对落后的发展中国家较为明显。一项对坦桑尼亚储藏玉米的研究显示，大约 18%的剥壳玉米被发现有象鼻虫危害(Mulungu et al.，2007)。昆虫主要通过直接取食来破坏储藏产品。这些昆虫以胚乳为食，导致粮食籽粒重量和质量下降，籽粒胚芽受损，被昆虫侵染的粮食最终失去消费或种植的价值(FAO，2017)。粮食螟虫，如大螟虫和象鼻虫是造成粮食储藏损失的主要害虫。此外，储藏谷物中的霉菌会产生不同的霉菌毒素(如黄曲霉毒素、赭曲霉毒素、曲霉烯等)，这些毒素是不适合人类和牲畜食用的有毒化学物质。霉菌还会产生其他问题，如干物质损失、气味和营养价值的损失等(Quezada et al.，2006)。

传统粮食储藏的方式，如使用编织袋，对储藏前已经存在于谷物中的霉菌和昆虫是无效的。密封储藏系统是在不使用任何化学品的情况下具有最小储藏损失的粮食储藏方式。但是，密封袋容易损坏，而密封金属筒仓对发展中国家的大多数小农来说成本过高。因此，储藏损失还取决于社会经济因素，如农民家庭规模、土地持有规模、所需的粮食储藏时间、非农收入、粮食安全性、粮食市场价格等。通常，规模更大的家庭对粮食消费的需求更大，往往更容易接纳高成本的粮食储藏方法。与拥有小农场面积的农民相比，拥有相对较大面积土地的农民更能负担得起新的储藏技术(Gitonga et al.，2013)。拥有非农收入的农民有更多的经济能力，可用于投资有效的储藏技术。需要长期储藏粮食以获得更高销售价格的农民以及愿意接受新技术的农民，通常都更喜欢先进的储藏技术，而不是储藏时间短的储藏技术(Ashish et al.，2018)。优质粮食在储藏几个月后的市场价格较高，这为农民花更多的钱来储藏粮食以减少损失以及寻找最佳出售时机提供了充足的理由。此外，农民更希望粮食是安全的，不受潜在盗窃或不利气候条件影响，所以往往更倾向于将粮食储藏在自家房屋内。例如，由于玉米产量下降和盗窃事件增加，肯尼亚的许多家庭更愿意将玉米剥壳并储藏在家中(Ashish et al.，2018)。

**专栏3：基于气体调节的绿色储粮技术**

随着中国粮食生产的不断发展和粮食储备规模的扩大，粮食储藏过程中的损失问题日益凸显。传统粮食储藏方式存在诸多弊端，如易受潮、霉变、虫蛀等，导致粮食质量下降甚至无法食用。为了解决这些问题，中国积极引进和研发先进的粮食储藏技术，其中气调储粮技术作为一种绿色环保、高效安全的储粮方式，正逐渐受到广泛关注。

气调储粮技术通过改变粮堆内部的气体成分，抑制粮食呼吸作用和微生物活动，从而达到防虫、防霉、保鲜的目的。主要方法包括以下几种。

(1)充氮气调：向粮仓内充入氮气，降低氧气浓度，抑制需氧微生物和害虫的生长繁殖，同时减缓粮食氧化变质。

(2)充二氧化碳气调：二氧化碳对多数储粮害虫和微生物具有毒性作用，通过充入二氧化碳，可以有效杀灭害虫和抑制微生物活动。

(3)抽真空气调：通过抽取粮仓内的空气，形成低压缺氧环境，抑制粮食呼吸和微生物活动，同时降低储粮温度，延长保鲜期。

(4)混合气调：将氮气、二氧化碳等气体按照一定比例混合后充入粮仓，综合利用各种气体的特性，实现更好的保鲜效果。

气调储粮技术具有以下优点。

(1)绿色环保：不使用化学药剂，对粮食无污染，符合食品安全要求。

(2)高效安全：气调储粮技术可以有效杀灭多种储粮害虫和微生物，降低粮食损失率，保障粮食安全。

(3)保鲜效果好：气调储粮技术可以有效抑制粮食呼吸作用和酶活性，保持粮食的新鲜度和营养成分。

(4)适用范围广：气调储粮技术适用于多种粮食作物，如小麦、水稻、玉米、大豆等。

目前，中国气调储粮技术已经在粮库、粮食加工企业、大型农场得到应用，截至目前，全国标准仓房完好仓容超7亿吨，其中，低温、准低温储粮以及绿色储粮仓容超2亿吨，取得了显著的经济效益和社会效益。

## 2.6　全球四大粮食作物产后前端环节减损对策与路径

本节通过粮食产后减损研究，发现全球研究人员围绕影响产后前端粮食损失的一些因素，提出了诸多政策建议。当前国际上推动粮食产后前端减损的政策主要从技术与成本两个方面考虑。

在技术政策方面，在收获阶段，政府可以通过补贴或贷款政策，鼓励农民购买或租赁更新、更现代化的收割机和设备。政府还可以出台一系列收获技术培训政策，通过组织收割技术培训班和实地指导，向农民传授科学的收割技术和管理方法。通过培训农民掌握适时的收获时间、适当的收割机械操作技巧和科学的收割管理，从而有效减少粮食在收获过程中的损失。在干燥和农户储藏阶段，政府可以加大对基础设施建设的投入，提高干燥、储藏设施的设备保有量和现代化水平。此外，政府可以制定储藏管理规定和标准，加强对储藏设施和储藏操作的监督与管理。建立健全的储藏管理制度，加强对粮食质量和储藏环境的监测和检测，及时发现和解决储藏问题，有效减少粮食在储藏过程中的损失。

在成本方面，为降低农业产后过程中的投入浪费，政府要建立健全的市场信息系统，提供实时的市场价格、需求信息和供应链动态，有助于农民和粮食企业及时做出决策，避免由市场波动导致的过量生产和粮食浪费。政府可以通过设立市场监管机构和信息平台，促进市场良性竞争和提高透明度，促进农产品的正常流通和合理定价，减少中间环节的损失和成本。同时，鼓励农民组织和合作社采用集中化销售与供应方式，提高粮食的市场竞争力和稳定性，降低过度竞争导致的价格下跌。

当前各国关于各类粮食作物在不同地区、不同环境条件及处理技术水平下的研究还非常分散，现有数据的代表性也不足，而且多数研究都采用非直接的定量方法，导致当前全球对于粮食产后损失的认识还不够全面，急需更多持续的投入和关注。从应用来看，发展中国家的经济社会发展水平以及小农农业生产的本质决定了许多地方的粮食产后减损除了要考虑方法、技术和模式的减损程度，更需要考虑技术的适应性和当地的经济条件，特别是成本。此时，政府需力所能及地帮助农民降低各类成本，如在收获阶段提供收割机械和服务的补贴，鼓励农民使用现代化的收割机械或外包收割服务，节省人力、提高收割效率。这些研究和发现都为我国的相关工作提供了参考与借鉴。

## 2.7 我国面向2030年的主要粮食作物产后前端环节减损的政策体系设计与实现

近年来，中国各级政府充分依靠技术创新，大力推动技术节粮行动。针对收获阶段，中国政府通过提供补贴或贷款支持，鼓励农民购买或租赁现代化的收割机械设备，如联合收割机、小型收割机等，推广智能绿色高效收获机械，大功率、高效率的机械不断普及，提高了收割效率，收获损失率不断得到控制，但中国的减损机制尚需完善，控制粮食损失的技术标准较为模糊。对此，本节认为应从以下四方面进行改进。

一是政府应从资金层面加大对农业全程机械化发展的扶持力度，并动员相关人员和社会组织对操作及管理人员进行操作规范、机器维护等方面的专业培训。

二是科研人员应重视对于粮食机械收获、机械烘干和储藏技术、操作方法等的研究，并根据国内经济条件和产业发展需要持续更新、修订技术标准，为机械收获技术的减损提供专业支撑。

三是政府应进一步加强控制农业转型过程中产后阶段的农业基础设施建设，营造良好的产后粮食收获环境。

四是政府应加大对烘干和储藏设施的资金或税收支持力度。与传统储藏设施相比，仓库的储藏损失更低。为了减少粮食在储藏过程中的损失，中国政府应进一步加大对储粮设施建设的投入，同时鼓励建设太阳能烘干设施或者气体调节储藏设施，尤其是在经济欠发达的农村地区，从而实现粮食干燥阶段环保节能和降低干燥成本。

综上，本节共提出七条面向国内粮食产后减损的对策建议。

⑴各级政府应加大有关节约粮食的农业培训和教育，提高农民群体节约粮食和减少损失的意识。

⑵政府应从资金层面加大对农业机械化发展的扶持力度，并对收割机操作人员进行操作规范、保养维护等方面的专业培训。

⑶政府应重视对于粮食机械收获的技术、操作方法等的深入研究，引导科研人员根据国内经济条件和产业发展需要持续更新、修订新的技术标准，为机械收获技术的减损提供专业支撑。

⑷政府应进一步加强控制农业转型过程中产后阶段的农业基础设施建设，营造良好的产后粮食收获环境。

⑸政府出台相关补贴或低息信贷政策，鼓励农民使用先进设施设备，促进土

地流转，实现规模经济。

(6)政府可以提供资金支持或税收优惠等政策，鼓励农民和粮库采用太阳能烘干技术。

(7)政府应该加快智能农业系统的建设，及时监测作物产后各环节的处理情况。

## 2.8 本章小结

当前我国粮食产后前端(收获、干燥、农户储藏)损失问题较为突出，这三个关键环节也成为我国减少食物损失、推动节粮减损的重要突破口。本章的研究主要采用 PRISMA 等方法，对全球粮食产后损失的文献进行了系统回顾，通过构建全球大豆、水稻、玉米、小麦四类粮食产后收获、干燥、农户储藏损失文献数据库和损失因子数据集，综述了全球四类粮食作物收获、干燥、农户储藏损失率及地区和产业链环节差异，总结了不同国家(地区)四类主要粮食作物的损失率及可能的影响因素。在此基础上，从环境因素(自然环境和社会经济环境)、劳动力因素、技术条件因素等方面，探究了造成产后三个阶段损失的主要原因。

结果表明，世界范围内，学界对粮食产后损失的关注总体呈上升趋势，但主要集中于亚洲和美洲国家。文献报告的粮食作物总体产后平均收获损失率的均值为 6.65%，且由于人工、机械、气候和种植管理等因素，不同国家在粮食收获损失方面存在异质性。农业产后收获的机械化发展虽然提高了收获效率，但在发展中国家，社会化服务发展产生的委托等问题对收获损失的影响不容忽视；缺乏对联合收割机装备和性能的研究，也限制了发展中国家机械化技术的应用和推广。控制产品干燥度是保证储藏粮食质量的最关键因素，干燥设备或技术的缺乏导致的对储藏水分控制的不当往往是造成该阶段损失的主要原因。高相对湿度会提高储藏在多孔编织袋中的干燥商品的水分含量，造成真菌和昆虫感染。氧气、水分、相对湿度和温度等因素通过影响粮食储藏过程中的昆虫繁殖和霉菌生长的条件，最终影响粮食的储藏性。社会经济因素，如农民家庭规模、土地持有规模、所需的粮食储藏时间、非农收入、粮食安全性、粮食市场价格等也会间接影响粮食的储藏损失。

本章结合国际治理粮食产后损失经验和模式，提出了面向国内粮食产后减损的对策建议。本章的研究结果在一定程度上可为我国不同粮食品种和产后前端不同环节的节粮减损提供理论、技术和管理支撑，并助力我国节粮减损常态化政策体系建立，形成节粮减损的“中国方案”，助力全球粮食安全命运共同体建设。

## 参考文献

Abass A B, Fischler M, Schneider K, et al. 2018. On-farm comparison of different postharvest storage technologies in a maize farming system of Tanzania Central Corridor[J]. Journal of Stored Products Research, 77: 55-65.

Affognon H, Mutungi C, Sanginga P, et al. 2015. Unpacking postharvest losses in sub-Saharan Africa: a meta-analysis[J]. World Development, 66: 49-68.

Akakpo D B, de Boer I J M, Adjei-Nsiah S, et al. 2020. Evaluating the effects of storage conditions on dry matter loss and nutritional quality of grain legume fodders in West Africa[J]. Animal Feed Science and Technology, 262: 114419.

Ambler K, de Brauw A, Godlonton S. 2018. Measuring postharvest losses at the farm level in Malawi[J]. The Australian Journal of Agricultural and Resource Economics, 62 (1): 139-160.

Ashish M, Paschal M, Ajay S. 2018. An overview of the post-harvest grain storage practices of smallholder farmers in developing countries[J]. Agriculture, 8 (4): 57.

Bala B K. 2020. Solar grain drying systems: a review[J]. Renewable and Sustainable Energy Reviews, 133, 110289.

Bala B K, Haque M A, Hossain A, et al. 2010. Post harvest loss and technical efficiency of rice, wheat and maize production system: assessment and measures for strengthening food security[R]. Bangladesh Agricultural University, Final Report CF.

Baributsa D, Díaz-Valderrama J R, Mughanda D, et al. 2021. Grain handling and storage in Lubero and Rutshuru territories in the North Kivu province, the Democratic Republic of Congo[J]. Sustainability, 13 (17): 9580.

Begum Nazu S, Akhtaruzzaman Khan M, Mohan Saha S, et al. 2021. Adoption of improved wheat management practices: an empirical investigation on conservation and traditional technology in Bangladesh[J]. Journal of Agriculture and Food Research, 4: 100143.

Bendinelli W E, Su C T, Péra T G, et al. 2020. What are the main factors that determine post-harvest losses of grains?[J]. Sustainable Production and Consumption, 21: 228-238.

Beretta C, Stoessel F, Baier U, et al. 2013. Quantifying food losses and the potential for reduction in Switzerland[J]. Waste Management, 33 (3): 764-773.

Bradford K J, Dahal P, Asbrouck J V, et al. 2018. The dry chain: reducing postharvest losses and improving food safety in humid climates[J]. Trends in Food Science & Technology, 71: 84-93.

Brennan M, Goentzel J, Tran H. 2017. Identification, evaluation, and selection of products and practices for the post-harvest sector: evidence from decision makers in Tanzania[R]. Boston: Massachusetts Institute of Technology.

Caldeira C, de Laurentiis V, Corrado S, et al. 2019. Quantification of food waste per product group along the food supply chain in the European Union: a mass flow analysis[J]. Resources, Conservation and Recycling, 149: 479-488.

Castelein R B, Broeze J, Kok M G, et al. 2022. Mechanization in rice farming reduces greenhouse gas emissions, food losses, and constitutes a positive business case for smallholder farmers-results from a controlled experiment in Nigeria[J]. Cleaner Engineering and Technology, 8: 100487.

Chen Y, et al. 2020. Advances in optical sorting technology for fruit and vegetables: a review[J]. Computers and Electronics in Agriculture, 177: 105693.

Choudhury M L. 2006. Recent developments in reducing postharvest losses in the Asia-Pacific region[R]. Tokyo: Asian Productivity Organization.

Claes J, de Clercq D, Denis N, et al. 2021. How to Reduce Postharvest Crop Losses in the Agricultural Supply Chain[M]. New York: McKinsey & Company.

Corrado S, Caldeira C, Eriksson M, et al. 2019. Food waste accounting methodologies: challenges, opportunities, and further advancements[J]. Global Food Security, 20: 93-100.

Cox P D. 2018. Integrated pest management in grain storage: a global comparative review[J]. Crop Protection, 112: 247-259.

Danbaba N, Idakwo P Y, Kassum A L, et al. 2019. Rice postharvest technology in Nigeria: an overview of current status, constraints and potentials for sustainable development[J]. Open Access Library Journal, 6(8): 1-23.

Delgado L, Schuster M, Torero M. 2021. Quantity and quality food losses across the value chain: a comparative analysis[J]. Food Policy, 98: 101958.

FAO. 2011. Global food losses and food waste: extent, causes and prevention[R]. Rome: Food and Agriculture Organization of the United Nations.

FAO. 2013. Food wastage footprint: impacts on natural resources: technical report[R]. Rome: Food and Agriculture Organization of the United Nations.

FAO. 2017. Insect damage: post-harvest operations[EB/OL]. [2017-12-12]. http://www.fao.org/3/a-av013e.pdf.

FAO. 2018. The state of food security and nutrition in the world 2018: building climate resilience for food security and nutrition[R]. Rome : Food and Agriculture Organization of the United Nations.

FAO. 2019. The state of food and agriculture 2019. Moving forward on food loss and waste reduction[R]. Rome: Food and Agriculture Organization of the United Nations.

FAO. 2023. World Food and Agriculture-Statistical Yearbook 2023[M]. Rome: Food and Agriculture Organization of the United Nations.

FAO. 2024. Global report on food crisis 2024[R]. Rome: Food and Agriculture Organization of the United Nations.

Fields P G. 1992. The control of stored-product insects and mites with extreme temperatures[J].

Journal of Stored Products Research, 28 (2) : 89-118.

FSIN. 2024. Global report on food crisis 2024[R]. Rome: Food Security Information Network.

Gitonga Z M, de Groote H, Kassie M, et al. 2013. Impact of metal silos on households' maize storage, storage losses and food security: an application of a propensity score matching[J]. Food Policy, 43: 44-55.

Goldsmith P D, Martins A G, de Moura A D. 2015. The economics of post-harvest loss: a case study of the new large soybean-maize producers in tropical Brazil[J]. Food Security, 7 (4) : 875-888.

González-Santana R A, Blesa J, Frígola A, et al. 2022. Dimensions of household food waste focused on family and consumers[J]. Critical Reviews in Food Science and Nutrition, 62 (9) : 2342-2354.

Gummert M, van Hung V, Cabardo C, et al. 2020. Assessment of post-harvest losses and carbon footprint in intensive lowland rice production in Myanmar[J]. Scientific Reports, 10 (1) : 19797.

Hasan M K, Ali M R, Saha C K, et al. 2019. Combine harvester: impact on paddy production in Bangladesh[J]. Journal of the Bangladesh Agricultural University, 17 (4) : 583-591.

Hodges R. 2013. How to assess postharvest cereal losses and their impact on grain supply: rapid weight loss estimation and the calculation of cumulative cereal losses with the support of APHLIS[D]. Kent: University of Greenwich.

Hoof H J. 1972. Machine and machine operator characteristics associated with corn harvest kernel damage[D]. Iowa: Iowa State University.

IFPRI. 2017. 2017 Global Food Policy Report[R]. Washington D C: International Food Policy Research Institute.

Jayas D S. 2021. Modified Atmosphere Storage of Grains and Oilseeds[M]. Hoboken: John Wiley & Sons.

Kamanula J, Sileshi G W, Belmain S R, et al. 2010. Farmers' insect pest management practices and pesticidal plant use in the protection of stored maize and beans in Southern Africa[J]. International Journal of Pest Management, 57 (1) : 41-49.

Kaminski J, Christiaensen L. 2014. Post-harvest loss in sub-Saharan Africa: what do farmers say?[J] Global Food Security, 3 (3/4) : 149-158.

Kumar D, Kalita P. 2017. Reducing postharvest losses during storage of grain crops to strengthen food security in developing countries[J]. Foods, 6 (1) : 8.

Kumar P. 2019. Advances in grain drying technologies: a review[J]. Journal of Stored Products Research, 84, 101525.

Li T, Li C Y, Li B, et al. 2020. Characteristic analysis of heat loss in multistage counter-flow paddy drying process[J]. Energy Reports, 6: 2153-2166.

Lindblad C. 1981. Programming and Training for Small Farm Grain Storage[M]. Washington D C: Peace Corps Information Collection and Exchange.

Luo Y, Huang D, Qu X, et al. 2022. An inverse relationship between farm size and rice harvest loss: evidence from China[J]. Land, 11 (10) : 1760.

Manandhar A, Milindi P, Shah A. 2018. An overview of the post-harvest grain storage practices of smallholder farmers in developing countries[J]. Agriculture, 8 (4) : 57.

Miljkovic D, Winter-Nelson A. 2021. Measuring postharvest loss inequality: method and applications[J]. Agricultural Systems, 186: 102984.

Minor T, Astill G, Skorbiansky S R, et al. 2020. Economic drivers of food loss at the farm and pre-retail sectors: a look at the produce supply chain in the United States[R]. Washington D C: Economic Research Service.

Mukhopadhyay S, Siebenmorgen T J. 2018. Effect of airflow rate on drying air and moisture content profiles inside a cross-flow drying column[J]. Drying Technology, 36 (11) : 1326-1341.

Mulungu L S, Lupenza G, Reuben S O W M, et al. 2007. Evaluation of botanical products as stored grain protectant against maize weevil, Sitophilus Zeamays (L.) on maize[J]. Journal of Entomology, 4 (3) : 258-262.

National Program for Reducing FLW in KSA. 2019. Saudi FLW baseline: food loss & waste index in Kingdom of Saudi Arabia[R]. Riyadh: Saudi Grains Organization.

National Research Council. 1978. Postharvest Food Losses in Developing Countries[M]. Washington D C: The National Academies Press.

Nazu S B, Khan M A, Saha S M, et al. 2021. Adoption of improved wheat management practices: an empirical investigation on conservation and traditional technology in Bangladesh[J]. Journal of Agriculture and Food Research, 4: 100143.

Ndegwa M K, de Groote H, Gitonga Z M, et al. 2016. Effectiveness and economics of hermetic bags for maize storage: results of a randomized controlled trial in Kenya[J]. Crop Protection, 90: 17-26.

Ndindeng S A, Candia A, Mapiemfu D L, et al. 2021. Valuation of rice postharvest losses in sub-Saharan Africa and its mitigation strategies[J]. Rice Science, 28 (3) : 212-216.

Paulsen M R, Pinto F A C, de Sena D G, et al. 2014. Measurement of combine losses for corn and soybeans in Brazil[J]. Applied Engineering in Agriculture, 30 (6) : 841-855.

Pinheiro N R, Troli W. 2003. Mechanical soybean harvest loss (Glycine Max (L.) Merril) in Maringa, state of Parana[J]. Acta Scientiarum Agronomy, 25 (2) : 393-398.

Pitts G, et al. 2019. Food Processing Hygiene[M]. Cambridge: Woodhead Publishing.

Proctor D L. 1994. Grain Storage Techniques: Evolution and Trends in Developing Countries[M]. Rome: Food and Agriculture Organization.

Quezada M Y, Moreno J, Vázquez M E, et al. 2006. Hermetic storage system preventing the proliferation of prostephanus truncatus horn and storage fungi in maize with different moisture contents[J]. Postharvest Biology and Technology, 39 (3) : 321-326.

Rajendran S, Sriranjini V. 2008. Plant products as fumigants for stored-product insect control[J]. Journal of Stored Products Research, 44 (2) : 126-135.

Rohani M Y, Shariffah Norin S A, Samsudin A. 1985. Post-harvest losses of paddy in the Krian/Sungei Manik areas[J]. MARDI Research Bulletin, 13 (2) : 148-154.

Schuler R T, Rodakowski N N, Kucera H L. 1975. Grain harvesting losses in North Dakota[J]. Farm Research, 32 (6) : 20-21.

Stathers T, Holcroft D, Kitinoja L, et al. 2020. A scoping review of interventions for crop postharvest loss reduction in sub-Saharan Africa and South Asia[J]. Nature Sustainability, 3 (10) : 821-835.

Stejskal V, Hubert J, Kučerová Z, et al. 2003. The influence of the type of storage on pest infestation of stored grain in the Czech Republic[J]. Plant, Soil and Environment, 49 (2) : 55-62.

Tai L, Wang H J, Xu X J, et al. 2021. Pre-harvest sprouting in cereals: genetic and biochemical mechanisms[J]. Journal of Experimental Botany, 72 (8) : 2857-2876.

Tefera T. 2012. Post-harvest losses in African maize in the face of increasing food shortage[J]. Food Security, 4 (2) : 267-277.

Tong C, Gao H Y, Luo S J, et al. 2019. Impact of postharvest operations on rice grain quality: a review[J]. Comprehensive Reviews in Food Science and Food Safety, 18 (3) : 626-640.

Torero M, Schuster M, Delgado L, et al. 2017. The reality of food losses: a new measurement methodology[R]. Washington D C: International Food Policy Research Institute.

United Nations. 2015. Global Sustainable Development Report (2015 Edition) [EB/OL]. [2024-12-24]. https://sustainabledevelopment.un.org/content/documents/1758GSDR%202015%20Advance%20Unedited%20Version.pdf.

Xue L, Liu G. 2019. Introduction to Global Food Losses and Food Waste[M]. London: Academic Press.

Xue L, Liu X J, Lu S J, et al. 2021. China's food loss and waste embodies increasing environmental impacts[J]. Nature Food, 2 (7) : 519-528.

# 第3章　粮食产后前端环节损失调查评估方法与指标体系研究

作为粮食产后前端环节的主体，我国农户分布范围广且情况复杂，通过符合农户主体特点的科学方法调查评估粮食产后前端环节损失的实际情况，是推动建立常态化节粮减损调查评估制度和政策体系，更好应对国家粮食安全挑战的重要基础。在此基础上，本章的主要研究内容包括：①我国粮食产后前端环节损失调查评估历史梳理；②新时期我国粮食产后前端环节损失调查评估指标体系设计；③我国粮食产后前端环节损失调查评估测算方法设计；④粮食产后前端环节损失调查评估与现有全国性农户调查平台的衔接研究。

## 3.1　引　　言

粮食产后前端环节的损失较为严重。最新研究结果显示，中国粮食产后收获、干燥、农户储藏、粮库储藏、加工、运输、销售等环节的综合损失率为15.28%，其中粮食产后前端环节(收获、干燥、农户储藏)损失约占总损失的60%。农户作为粮食产后前端环节的重要主体，是节粮减损工作的重要组成部分。我国农户分布范围广且具有鲜明的异质性，粮食产后前端环节损失影响因素也非常复杂。如何有效地促进节粮减损，关键在于科学评估粮食产后前端环节损失状况，识别粮食产后前端环节的关键损失点。尽管国内外对粮食产后前端环节损失评估已经积累了丰富的成果，但已有调查研究囿于人力、物力和财力的限制，多是基于少数样本点的粗略估算，方法尚不能满足可验证性、可重复性、可动态化监测的科学要求。

节粮减损是一个需要长期推动的工作，调查评估方法体系的科学性、系统性和可重复性是动态监测的前提基础。《粮食节约行动方案》第二十七条明确提出："建立调查评估机制。探索粮食损失浪费调查评估方法，建立粮食损失浪费评价标准。研究建立全链条粮食损失浪费评估指标体系，定期开展数据汇总和分析评估。"2022年2月22日，《中共中央 国务院关于做好2022年全面推进乡村振兴重点工作的意见》发布，强调"坚持节约优先，落实粮食节约行动方案，深入推进产运储加消全链条节粮减损"。建立全国粮食产后前端环节损失调查评估常态化制度，设立全国范围内的粮食产后前端环节损失观察点是深入推进节粮减损最有效的途径，然而，这必然是一项耗资、耗时、耗力的庞大工程。

当前我国已有数个涉及全国性农户的调查平台，如全国农产品成本调查、全国农村固定观察点调查、中国乡村振兴综合调查、中国家庭收入调查、中国劳动力动态调查、中国家庭追踪调查等。现有调查平台虽然不能直接用于粮食产后前端环节损失的调查评估，但若能够根据粮食产后前端环节损失调查评估工作特征实现有机衔接，建立国家层面的粮食产后前端环节常态化调查评估体系，一方面能够整合现有的农户调查平台资源，大幅降低粮食产后前端环节调查评估的调查成本；另一方面能够利用现有农户平台资源优势，提高粮食产后前端环节调查评估效率，为节粮减损工作的顺利实施提供平台支撑。

各地区粮食产后前端环节的农户特征和家庭结构、自然环境和资源禀赋、基础设施和技术装备等各不相同，相应的节粮减损最优政策方案也应当有所区别。科学、高效、系统的粮食产后前端环节损失调查评估指标体系构建是因地制宜设计节粮减损政策体系的前提基础。本章通过充分考虑与现有全国性农户调查平台衔接的可能性，构建符合我国粮食产后前端环节特征的损失调查评估指标体系，为粮食收获、干燥和农户储藏环节的粮食损失调查评估和制定节粮减损措施提供理论方法支撑，同时也为粮食产后前端环节损失的常态化调查评估制度以及节粮减损政策支撑体系的构建提供决策参考和实践依据。

## 3.2 我国粮食产后前端环节损失调查评估历史梳理

### 3.2.1 我国粮食产后前端环节损失调查评估发展历程

1. 起步阶段(20 世纪 40 年代～20 世纪 70 年代)

粮食产后前端环节的损失调查评估的发展历程从时间线来看可以追溯到 20 世纪 40 年代，对粮食产后前端环节损失的关注起步阶段为 20 世纪 40 年代～20 世纪 70 年代，起步阶段的研究主要更关注的是食物的产后损失情形，是对产后损失的初步探索。这段时期的研究特点主要表现为关注损失产生的具体示例，开始探索粮食产后损失的影响因素，但缺乏系统的损失数据和测算体系。

20 世纪 40 年代～20 世纪 70 年代，对粮食产后前端环节损失的调查评估主要集中在国外，早在 1946 年 Dryerre 和 Andross 发表的“Losses of nutrients in the preparation of foodstuffs”中，就通过能量当量法对粮食损失做出简单的测算。1978 年，美国国家科学院撰写了发展中国家食物产后损失发布研究报告，根据谷物、豆类等在产后各环节的损失状况与部分文献资料，初步建立了食物的产后损失测算方法。

2. 中期阶段(20 世纪 80 年代～21 世纪初)

粮食产后前端环节的损失研究在 20 世纪 80 年代步入中期阶段，学者开始更加关注粮食产后损失的重点环节，对收获和农户储藏环节的粮食损失情况的关注大幅增加，粮食产后损失的调查数据平台逐渐开始建立。国内研究主要集中于对测算方法和体系的讨论以及对产后粮食致损机理的研究，大多通过针对某一地区进行实地调研，来获取各渠道的粮食损失相关信息。

20 世纪 80 年代以来，为更有效地改善发展中国家的粮食产后损失状况，联合国粮食及农业组织在 1985 年发布了《粮食产后损失预防培训手册》，以帮助减少粮食的产后损失。1989 年，联合国粮食及农业组织建立了研究部分发展中国家在收获、储藏等环节损失的数据平台，诸如亚洲蔬菜研究发展中心、东盟产后园艺培训研究中心、东盟食品管理局等(FAO，1989)。2011 年，联合国粮食及农业组织又发布了全球不同地区的粮食产后损失及浪费评估报告，指出中国粮食产后损失率约为 14.5%，其中收割和储藏环节的损失率占比最高(FAO，2011)。Bala 等(2010)对孟加拉国的主要粮食作物在收获和仓储中的损失量进行调查，并估算了其损失率。欧盟基于大量的研究资料和实时更新的数据，开发了基于网络平台的非洲产后损失信息支持系统，帮助使用者全面了解谷物产后损失状况。

20 世纪 80 年代以后，国内对于粮食产后损失的研究也逐渐增多。我国对粮食产后损失早期的研究主要集中在对多方面的产后损失测算方法的探索。姚建民(1987)根据调查产量的极差，用简单随机抽样法，计算小麦在“割拉打”过程中的不同方式造成的损失率。李植芬等(1991)利用实地调研法对浙江省粮食产后各环节的损失进行测定，研究比较了不同处理系统的各处理环节的损失差异，在此基础上，对粮食产后减损提出有效建议。随着机械化进程的加快，对粮食产后损失中来自机械损失的研究逐渐增多，高玉根等(1995，1996)、郭超等(1996)、李耀明等(2000)、赵秋霞(2003)都对不同的收割机进行了损失率测算，包括小型背负式谷物摘穗联合收割机、4GQT-60 型小麦割前脱粒联合收割机、滚筒纵置式小麦割前脱粒联合收割机、4LGT-130 型稻麦联合收割机、4L3A 型自走式谷物联合收割机等多个不同的收割机型号，并涉及对粮食品种和收获流程的考察，如水稻、小麦和玉米的收割、脱粒、清粮等的损失量。

3. 当前阶段(21 世纪以来)

进入 21 世纪，我国对粮食产后损失的研究重点逐渐发展到分环节的实验研究，并衍生出更加具体的系统性调查评估体系和测算方法体系，还进一步强调了着重关注收获损失和农户储藏损失的重要性。白玉兴等(2004)运用实地调研法对河南省 211 个代表性农户的储粮损失进行调查，发现农户夏粮常规储藏损失率为 6.96%，采用科学储藏方式后损失率下降到 3.62%，强调了科学储藏的重要性。邓会超等(2009)对玉米的产后流通环节损失进行调查后，提出应当着重关注玉米的储藏、烘干和运输环节。宋洪远等(2015)运用案例研究和问卷调查相结合的方法，对河南省的小麦产后损失进行分析，测算小麦的产后损失情况。王舒娟和赵霞(2015)通过分环节研究，发现我国粮食损失在收获、储藏、运输、加工、消费等诸多流通环节均会发生，并从立法层面，为政府制定节粮减损政策提供参考建议。魏祖国等(2016)通过对粮食总产量、产后损失量、加工损失量等数据的调查，对粮食运输损失量进行了评估，并分析了粮食运输损失的主要成因。陈慧敏和陶佩君(2020)通过在小麦主产区采访农户、发放问卷等调研形式，得出河北省小麦平均收获损失率为 3.696%。

从我国粮食产后前端环节损失调查评估的发展历程可以看出，对粮食产后损失的测算和调查逐渐体系化、规范化，对粮食产后损失的关注重点从细节走向整体，产后的分环节、分体系的调查模式逐渐形成。

### 3.2.2 技术装备作业损失研究

粮食产后系统包括收获、干燥、储藏、运输、加工、销售(批发和零售)、消费等环节，其中以粮食生产者(农户、农场、农业合作经济组织等)为主体的收获、干燥、农户储藏三个环节合并称为粮食产后前端环节。根据我国粮食产后前端环节流通特点，本节将粮食产后前端环节具体工序界定为收获环节的收割、田间运输、脱粒和清粮，干燥环节的烘干和除杂，农户储藏环节的入仓、储藏和出仓。粮食作物在收割后需要将谷粒从谷穗上脱下，同时将短茎秆、杂物等与谷粒分离开来，即脱粒、清粮过程，筛选后的谷粒需要再进行烘干、除杂处理，以降低含水量，以便后续的储藏。现有文献对技术装备作业的粮食致损的研究又分为对收获、干燥和储藏等三个环节的机械损失的研究。

#### 1. 收获环节

收获环节技术装备的粮食损失研究主要集中在收获环节的不同收获方式所利用的机械损失上。收获环节包括收割、田间运输、脱粒和清粮等四道工序，其中，收割、脱粒和清粮所用到的收获机与脱粒机均会导致粮食损失。不同的粮食种类，机械收获方式有着显著差异，水稻和小麦可使用收获机或联合收割机进行收割，使用收获机之后还需进行脱粒、清粮处理，但采用联合收割机则不需要；玉米则使用粒收机或穗收机进行收割，使用粒收机不需要进行脱粒、清粮处理，但使用穗收机后仍需进行脱粒、清粮处理。

关于我国对粮食产后前端收获环节的技术装备作业损失研究的归纳如表 3-1 所示，可以发现对机械装备作业损失的研究主要集中在机械结构和构造、损失影响因素等方面，着重关注的环节为收割、脱粒所造成的技术装备作业损失，包括割台设计、脱粒装置设计等方面。损失影响因素包括环境湿度、粮食直立程度、穗高、破碎率、机械影响、操作影响等多个方面。

**表 3-1 收获环节技术装备作业损失研究**

| 年份 | 研究对象 | 作者 | 工序 | 品种 | 主要观点 |
|---|---|---|---|---|---|
| 1995 | 小型背负式谷物摘穗联合收获机 | 高玉根等（1995） | 收割 | 小麦 | 小型背负式谷物摘穗联合收获机具有喂入量大、总损失率低、生产率高、功耗小、结构简单等特点 |
| 1996 | 4GQT-60 型小麦割前脱粒联合收割机 | 郭超等（1996） | 脱粒 | 小麦 | 介绍了一种新型割前脱粒联合收割机的工作原理、工艺流程，给出了技术参数及测试结果。在分析弓板齿式脱粒装置对脱净率、落粒损失影响因素的同时对该机的主要特点作了阐述 |
| 1996 | 滚筒纵置式小麦割前脱粒联合收割机 | 高玉根等（1996） | 脱粒 | 小麦 | 总损失率 1.65%，含杂率 2.16%。由于收获作物时间长，传统联合收割机不适合收割含水率高的小麦，容易发生堵塞，该机在收割时，茎秆不进入机体内 |
| 2003 | 4L3A 型自走式谷物联合收割机 | 赵秋霞（2003） | 收割 | 谷物 | 割台损失率为 0.24%，未脱净损失率为 0.04%，分离损失率为 0.33%，清选损失率为 0.63% |
| 2004 | 4L-110 型谷物联合收割机 | 周益君等（2004） | 收割 | 水稻 | 性能测试结果，被测对象为晚稻，作物自然高度 67 厘米，呈直立状。籽粒含水率为 25%。割台损失率为 0.35%，脱粒损失率为 1.3%，夹带损失率为 0.2%，总损失率为 1.36%，破碎率为 0.68% |
| 2006 | 联合收割机 | 韩建志等（2006） | 收割 | 水稻 | 认为收获损失包括割台损失和清选损失。自然条件因素：霜降(影响含水率)、环境湿度、产量(影响喂入量)。受机器因素影响，操作因素影响 |
| 2007 | 小型梳穗收获机 | 乔西铭（2007） | 收割 | 小麦 | 当梳穗滚筒低于 520 毫米时，收获机就会把收获的谷物推倒，造成人为倒伏，飞溅损失更大。当梳穗滚筒的高度过高时，对收获作物梳脱的区域不在有效梳脱区和最佳梳脱区，会造成漏梳损失和更大的飞溅损失 |
| 2009 | 半喂入式联合收割机脱粒分离装置 | 宋淑君（2009） | 收割 | 水稻 | 测定了水稻的农艺、形态参数，并根据水稻的特性以及国内半喂入水稻联合收割机脱粒分离装置的使用情况，在自行研制的半喂入式脱粒分离、清选实验台上进行对比实验 |
| 2012 | 小麦联合收割机 | 张安战等（2012） | 收割 | 小麦 | 在使用年限分别为 3 年、5 年及 6 年以上的被测试收割机中，损失率最小的分别为 1.1%、1.1%、1.4%，最大的分别为 1.6%、2.8%、3.0%，平均损失率分别为 1.3%、1.9%、2.1%，由此可见，收割机损失率的大小与其使用年限长短呈正相关关系；亩作业耗油则与作物品种、小麦成熟情况、田间整地情况以及机具使用年限等多因素有关 |

续表

| 年份 | 研究对象 | 作者 | 工序 | 品种 | 主要观点 |
|---|---|---|---|---|---|
| 2014 | 便携式小麦联合收割机脱粒装置 | 周浩（2014） | 收割 | 小麦 | 脱粒损失率、含杂率分别为 2.71%、19.20% |
| 2015 | 大喂入量自走式谷物联合收割机 | 吴刚等（2015） | 收割 | 小麦 | 总损失率：水稻≤3%，小麦≤1%，大豆≤3%。破碎率：水稻≤1.5%，小麦≤1%，大豆≤5%。含杂率：水稻≤1%，小麦≤2%，大豆≤5%。大喂入量自走式谷物联合收割机的研发成功，突破了大喂入量联合收割机纵向双轴流脱粒、分离技术与应用，突破了大喂入量收割机清选系统的研究与应用，突破了大型联合收割机静液压驱动底盘技术应用，实现了一机多用技术，填补了国内空白 |
| 2016 | 水稻机收 | 王桂民等（2016） | 收割 | 水稻 | 以稻麦轮作区粳稻为研究对象，从全田 90%的谷壳变黄至 100%谷壳变黄期间共 12 天，在统一管理的同一水田采集水稻千粒质量及机器收割的夹带与掉落水稻质量，测得水稻干物质损失及机器夹带与割台损失之和随收获日期的变化规律 |

2. 干燥环节

干燥环节技术装备的粮食损失研究主要集中在干燥环节不同干燥方式所利用机械导致的损失上。干燥环节包括烘干和除杂两道工序。为了避免机械烘干过程中粮食结块堵塞，导致干燥不均，在进入干燥机前会对粮食使用初清机进行初清，或在提升装置进料口或干燥机储粮段入口处安装网筛，以保证粮食含杂率在规定水平之内。现有文献对粮食干燥技术装备损失的研究多集中于干燥机的装设和构造、干燥过程中粮食含水率、含杂率、机械转速、风压等对干燥品质的影响等方面，关于我国对粮食产后前端干燥环节的技术装备作业损失研究的归纳如表 3-2 所示。

**表 3-2 干燥环节技术装备作业损失研究**

| 年份 | 研究对象 | 作者 | 品种 | 主要观点 |
|---|---|---|---|---|
| 2001 | 小麦固定床深层干燥 | 陈坤杰等（2001） | 小麦 | 在不同的干燥条件下进行三批小麦平床深层干燥，研究了不同层厚处小麦的温度和含水率随时间的变化关系。结果显示，小麦厚层干燥时，其温度和含水率沿层厚方向呈明显的分层现象，且小麦的初始含水率越高，分层现象越明显。从经济性来考虑，平床干燥机具有明显优势。尽管平床干燥机的运行成本、单位能耗与其他干燥机相比并无优势，但平床干燥机的总体投入只有其他类型干燥机的 1/10～1/5，综合成本远低于其他类型干燥机 |
| 2003 | 导向管喷动床小麦干燥工艺优化研究 | 刘伟民等（2003） | 小麦 | 喷动床干燥粮食可以令粮食循环运动，粮温均匀性好，气体的热效率比流化床高，具有较高传热和传质效率。空气流量、热空气温度和湿麦装料量均会影响小麦的干燥效率和干燥损失 |

续表

| 年份 | 研究对象 | 作者 | 品种 | 主要观点 |
|---|---|---|---|---|
| 2006 | 粮食真空干燥的技术经济与环境分析 | 张志军等(2006) | 各类粮食 | 真空干燥具有以下优点：①干燥温度低、干燥后物料的质量好，可以对热敏性物料进行干燥；②干燥过程中可以回收有毒、有害、有污染的气体，防止环境污染；③干燥中氧的分压降低避免了干燥过程中物料氧化变质；④缺氧状态下可以杀死细菌，抑制细菌生长；⑤环保，对外界污染少 |
| 2012 | HXHT1 小型粮食干燥机的简介与试验 | 夏朝勇等(2012) | 各类粮食 | 简述了所研发的 HXHT1 型小型粮食干燥机的结构特点和工艺流程，设备采用逆顺流加热及缓速的干燥工艺，并配备小型生物质燃料热源，具有热效率高、节能显著、烘干品质好、成本低、可操作性强、通用性及适用性好的优点 |
| 2017 | 塔式粮食干燥机干燥不均匀度的几个影响因素 | 王丽娟(2017) | 各类粮食 | 粮食干燥机如果干燥不均匀对干燥后粮食品质影响较大，入机粮食水分差不宜超过 3%，如果水分差异较大，干燥过程中粮食易结团成块，严重影响干燥不均匀度 |
| 2021 | 5HP-25 型粮食干燥机设计与试验 | 骆恒光等(2021) | 各类粮食 | 5HP-25 型粮食干燥机可使干燥动力系数增大 2～4 倍，并提高干燥的均匀性。干燥水稻时的爆腰增率可控制在 1%以内，发芽势较传统干燥机提高 76%以上，发芽率达到 95%，保障了干燥品质和种子的活力 |

3. *农户储藏环节*

关于农户储藏环节技术装备作业损失的研究较少，由于农户储藏大多采用简单的仓储或堆积储藏方式，利用通风机械和技术仓的储藏较少，因此，近年来，对农户储藏的技术装备作业粮食损失研究才逐渐出现。农户储藏环节粮食损失在粮食供应链的总损失中占较大比重，这主要是因为农户家庭较少地采用科学的储藏方式。随着科学储粮技术的推广，用于农户家庭的储粮仓的研究才逐渐出现。表 3-3 报告了关于我国对粮食产后前端农户储藏环节的技术装备作业损失研究的归纳。

**表 3-3　农户储藏环节技术装备作业损失研究**

| 年份 | 研究文献 | 作者 | 品种 | 主要观点 |
|---|---|---|---|---|
| 2014 | 农户用钢制长方体水稻储粮仓的设计与应用 | 熊芳芳(2014) | 水稻 | 为降低农户家庭储藏水稻的损失，设计了适合农户储藏水稻的钢制长方体储粮仓，从防鼠、防霉变和防晒等方面综合考虑，设计防鼠网、通风道、底面和六面通风、防雨和防晒帆布等，能有效抑制鼠害和霉变现象，有利于减少农户家庭储藏水稻损失 |
| 2016 | 农户玉米穗储粮仓的设计研究 | 刘冰和胡韬纲(2016) | 玉米 | 为满足农户玉米穗装储藏和快速通风降水特点，玉米穗储粮仓设计为钢骨架金属网结构(自然通风降水)，解决新收获玉米穗水分高、易霉变、易受鼠害等方面的问题，经农户装仓储粮实验表明，该仓通风效果良好，不易发生霉变，可防鼠雀和家禽，所储玉米穗基本无损失(损失率约为 0) |

续表

| 年份 | 研究文献 | 作者 | 品种 | 主要观点 |
|---|---|---|---|---|
| 2021 | 冀州地区钢网式农户储粮仓玉米果穗仓储实验研究 | 翟晓娜等(2021) | 玉米 | 为了减少农村粮食产后损失，原国家粮食局启动了农户科学储粮专项工程，JSWD-120 型三骨架钢网仓含有温度监测传感器，利用自然通风储藏玉米。其中 1.2 米侧网仓玉米籽粒水分含量最高且脂肪酸酯含量最低，玉米损失较小 |

### 3.2.3 分品种分环节损失研究

现有文献对收获、干燥和农户储藏的界定存在着一定的差异，高利伟等(2016)将收获分为联合收获、分段收获；将干燥分为人工晾晒、机械烘干；将农户储藏分为传统储粮、科学储粮展开研究和讨论。王志民等(1994)对农户储藏的形式进行研究，将玉米储藏分为挂储、穗储等方式。李香君等(2010)则采用矩形储粮仓对农户储藏的损失进行研究。根据研究对象的差异，本节将已有研究分为单品种单环节损失研究、单品种综合损失研究和多品种综合损失研究等三种类型进行归纳分析。

1. 单品种单环节损失研究

我国对单品种单环节损失大多采用实地调研法，王志民等(1994)对不同的玉米储藏方式进行研究，指出玉米挂储(穗储)是我国最常见的玉米储藏方法，相较于其他储藏方式，玉米挂储的损失最小。郭永旺和王登(2015)探究了农村鼠害对粮食损失的影响，采用了中国 11 省 2574 户农村家庭的鼠害调查情况问卷，认为水稻在储藏期间由鼠害导致的损失达 1.14%。国内采用实地调研法对单一品种单一环节粮食损失的相关研究，大多都是对指定区域进行实地研究和调查，在微观层面得出某环节的详细损失数据，调查样本的取样规模从几十个到几千个不等，国内关于粮食产后前端环节单品种单环节损失研究的归纳如表 3-4 所示。

**表 3-4 粮食产后前端环节单品种单环节损失研究**

| 年份 | 作者 | 环节 | 品种 | 区域 | 规模 | 方法 |
|---|---|---|---|---|---|---|
| 1987 | 姚建民(1987) | 收获 | 小麦 | — | — | 实地调研法 |
| 1994 | 王志民等(1994) | 农户储藏 | 玉米 | 河南省 18 个地、市、县 | 5000 多户农民 | 实地调研法 |
| 2009 | 邓会超等(2009) | 收获 | 玉米 | — | — | 文献分析法 |
| 2010 | 李香君等(2010) | 农户储藏 | 玉米 | 辽宁省 | 5 个实验户采用 JSWG-120 钢骨架矩形储粮仓 | 实地调研法 |
| 2014 | 董殿文等(2014) | 农户储藏 | 玉米 | 辽宁东部 | 50 个实验仓 | 实地调研法 |

续表

| 年份 | 作者 | 环节 | 品种 | 区域 | 规模 | 方法 |
|---|---|---|---|---|---|---|
| 2015 | 郭永旺和王登(2015) | 农户储藏 | 水稻 | 中国 11 个省 | 2574 户农村家庭 | 实地调研法 |
| 2018 | 黄东等(2018) | 收获 | 水稻 | 湖南、黑龙江、江西、江苏、广东等地 | 164 份样本 | 田间实验<br>调查访谈 |
| 2020 | 陈慧敏和陶佩君(2020) | 收获 | 小麦 | 小麦主产区 | — | 实地调研法 |

2. 单品种综合损失研究

我国大多数文献是从单个品种的单个环节入手，或者对多个品种的综合损失进行研究，对单个品种的综合损失研究较少。宋洪远等(2015)用案例研究和问卷调查相结合的方法对河南省的小麦产后各环节损失进行了实地测量，并对小麦的综合损失进行了核算。

3. 多品种综合损失研究

我国对多粮食品种的综合损失研究较为广泛，李植芬等(1991)根据浙江省主要产粮地区的产后处理损失实际测定结果，对影响粮食产后损失的因素进行探索研究，并对不同的处理系统的不同损失进行分析比较。曹宝明和姜德波(1999)对江苏省粮食产后领域的损失状况进行了综合评估，分析了导致粮食损失的深层次原因，并从多个方面提出了减少粮食产后损失的对策建议。高利伟等(2016)基于文献数据库收集了大量有关水稻、小麦和玉米的产后损失资料，并界定了损失测算的系统边界。国内关于粮食产后前端环节多品种综合损失研究的归纳如表 3-5 所示。

**表 3-5　粮食产后前端环节多品种综合损失研究**

| 年份 | 作者 | 环节 | 品种 | 区域 | 规模 | 方法 |
|---|---|---|---|---|---|---|
| 1991 | 李植芬等(1991) | 各环节 | 粮食 | 浙江省 | — | 实地调研法 |
| 1997 | 池仁勇(1997) | 各环节 | 粮食 | 中国 | — | 案例研究法 |
| 1999 | 曹宝明和姜德波(1999) | 各环节 | 粮食 | 江苏省 | — | 实地调研法 |
| 1999 | 白玉兴和王金水(1999) | 各环节 | 小麦<br>玉米 | 河南省 | — | 实地调研法 |
| 2000 | 郑伟(2000) | 各环节 | 粮食 | 17 个县市区 147 个乡 357 户 | 平原地形 79 户，滨湖地带 26 户，山区地带 42 户，丘陵地带 171 户，山区盆地 118 户 | 试点调查 |

续表

| 年份 | 作者 | 环节 | 品种 | 区域 | 规模 | 方法 |
| --- | --- | --- | --- | --- | --- | --- |
| 2014 | 何静(2014) | 各环节 | 粮食 | 中国 | — | — |
| 2015 | 王舒娟和赵霞(2015) | 各环节 | 粮食 | 中国 | — | — |
| 2015 | 付加雷和马传汤(2015) | 干燥<br>农户储藏 | 粮食 | 山东省鄄城县 | — | 实地调研法 |
| 2016 | 高利伟等(2016) | 各环节 | 粮食 | 中国 | — | 物质流分析法 |
| 2016 | 魏祖国等(2016) | 各环节 | 粮食 | 中国 | — | — |
| 2016 | 赵红雷(2016) | 各环节 | 粮食 | 中国 | — | — |
| 2016 | 高利伟等(2016) | 各环节 | 水稻<br>玉米<br>小麦 | 中国 | 156 篇文献 | 文献挖掘法 |
| 2022 | 曹宝明等(2022) | 干燥<br>农户储藏 | 粮食 | 中国 | 5161 份和 4230 份调查问卷 | 实地调研法 |

注：各环节包括粮食前端环节的收获环节、干燥环节和农户储藏环节

### 3.2.4　我国粮食产后前端环节损失调查方法与测算方法

1. 调查方法

联合国粮食及农业组织 2013 年指出，全球约 54%的损失浪费发生在粮食生产和产后前端环节，46%的损失发生在下游阶段(加工、运输、消费等)。尤其对于发展中国家而言，粮食产后前端环节损失形势相对比较严峻，基于粮食产后前端环节损失评估的研究更是层出不穷，其中涉及的调查方法同样十分丰富。现阶段就粮食产后前端环节损失调查法来看，采用文献挖掘法、实地调研法和实验法的研究比较多。

1)文献挖掘法

文献挖掘法是常用的评估产后前端环节损失的调查方法，由于调查和实验都需要充足的前期准备，很多研究并不具备先决条件，因此，不少学者转向利用现有文献资料进行损失的估算。文献挖掘法相较于其他方法，在调查过程中的成本投入较少，但基于现有数据库和文献成果估算的损失存在较大的误差，因此，目前基于文献挖掘法考察粮食产后前端环节损失评估的研究大多会与其他方法相结合，以实现以较少成本获取更高可信度数据的目的。联合国粮食及农业组织在研究部分发展中国家收获、农户储藏等环节损失时就利用了现有的粮食损失相关数据平台，包括亚洲蔬菜研究发展中心、东盟产后园艺培训研究中心、东盟食品管

理局等，这些数据平台都可以作为后续研究的文献挖掘来源(FAO，1989)。FAO(2019)将文献梳理与实地调研相结合，就亚洲和撒哈拉以南非洲产后损失问题收集了 11 407 份样本，研究还指出全球范围内产后损失率约为 14%。高利伟等(2016)分析我国主要粮食作物产后减损特征时，依托文献数据库收集了大量有关水稻、小麦和玉米的产后损失资料，在这些研究资料的基础上界定了研究的系统边界，重点收集了谷物在产后不同环节的损失数据，通过筛选和分类，对产后不同阶段的损失进行深入分析。研究发现，在干燥环节，谷物机械烘干损失和人工晾晒损失分别为 0.5%和 1.5%；谷物收获损失要严重得多，其中，水稻、小麦和玉米在分段收获中的损失分别为 4.4%、6.0%和 2.5%。白旭光等(2006)梳理了农户储藏环节损失评估的文献资料，如虫害损失评估有计数称重法、容重测定法、千粒重法、埋袋称重法、计数换算法等，不仅给出了具体的计算公式，还对不同方法的优劣进行了评析，为农户储藏损失评估提供了系统的参考依据。关于采用文献挖掘法对粮食产后前端环节损失的研究归纳如表 3-6 所示。

**表 3-6　采用文献挖掘法对粮食产后前端环节损失的研究**

| 年份 | 作者 | 环节 | 品种 | 区域 | 规模 | 方法 |
|---|---|---|---|---|---|---|
| 1989 | FAO(1989) | 收获<br>农户储藏 | 马铃薯等根茎类作物 | 部分发展中国家 | — | 文献挖掘法 |
| 2006 | 白旭光等(2006) | 农户储藏 | 水稻等谷物 | 中国 | — | 文献挖掘法 |
| 2016 | 高利伟等(2016) | 收获<br>干燥<br>农户储藏 | 水稻<br>小麦<br>玉米 | 中国 | 156 篇文献 | 文献挖掘法 |
| 2019 | FAO(2019) | 收获<br>农户储藏 | 谷物<br>豆类等 | 亚洲、撒哈拉以南非洲 | 11 407 份样本 | 文献挖掘法 |

2) 实地调研法

除了文献挖掘法外，实地调研法也是十分常用的调查方法之一。相较于文献挖掘法，实地调研法需要采集规模以上的样本数据，进行大量的调研前期准备、调研实施以及数据采集等工作，因此，实地调研法的资金投入相对较高。第一，考虑到样本代表性，展开实地调研前往往需要做好预调研、资金规划等准备，对调研人员的培训、调研问卷的设计、调研样本的抽取、调研对象的筛选等也都有一定的要求；第二，实地调研的数据通常是通过访谈获取的，仅凭调研对象的主观感知会增加损失研究的误差，实际调研中往往会通过加大样本量、做好预调研、筛选原始问卷等手段减少这种误差，不可避免地会导致调研成本的进一步增加。运用实地调研法展开的研究十分广泛，陈慧敏和陶佩君(2020)通过在小麦主产区采访农户、发放问卷等调研形式，发现河北省小麦平均收获损失率为 3.696%，与西方国家 3%的产后损失率仍有一定差距。Amponsah 等（2018）则对加纳的 108 名稻农进行了一次采访，并结合李克特量表校正了农民自我估算损失的可信度，调查显示该地水稻收获损失约占粮食总损失的 20%。Qu 等（2021）按照中国各省区市比例调查了全国 1106 个样本农户的水稻收获损失率，发现水稻收获损失率达到 3.65%，且机械收割和筛选损失要大于人工收割损失，但在田间运输过程中人工搬运水稻要比机械运输水稻产生的损失严重。Bala 等（2010）为厘清孟加拉国主要粮食作物收获损失，在调研中采用了多阶段分层抽样法，收集了 944 名农户访谈信息，据此估计当地水稻收获损失约占产后总损失的 85.28%～87.77%。曹宝明等（2022）依托全国农村固定观察点调查，采用分层随机等距抽样方法，收集了 7400 份调查问卷，据此估计粮食收获环节的综合损失约为 4.43%。Baributsa 等（2021）采访了刚果地区种植玉米和大豆的 690 名农民，以评估该地主要粮食作物在干燥和农户储藏过程中的损失，调查发现腐烂和盗窃是田间干燥损失的主要来源，而储藏损失更多在于虫害，由于受访者中 70%以上的农户没有采取干预措施，导致的损失甚至能达到总储藏量的一半以上。付加雷和马传汤（2015）走访了山东省鄄城县农机合作社、种粮大户等，对当地粮食干燥和储藏损失进行了全面调研，分析了影响干燥和储藏损失的主要原因。Baributsa 和 Njoroge（2020）为推广密封储藏技术而在肯尼亚东部开展了关于谷物储藏损失的调研活动，收集了 613 名农户样本，最终发现相比于其他作物，玉米使用该储藏方式能够有效降低鼠害损失。郭永旺和王登（2015）在探究农村鼠害对储粮影响时设计了涉及中国 11 个省 2574 户农村家庭的鼠害调查情况问卷，为保证样本代表性和可靠性，调研时间横跨整年，且对调研人员进行了专业培训。从全国抽样调查结果来看，玉米、水稻等农产品储藏期间由鼠害导致的损失有 1.14%。Bala 等（2010）通过调研形式深入分析了孟加拉国主要粮食作物仓储损失情形，报告显示当地水稻、玉米和小麦在储藏过程中的损失分别为 3.8%、2.5%和 1.54%。Luo 等（2020）展开中国主要粮食作物储藏损失研究时收集了 28 个省 1608 户调查数据，结合农户自我感知和热量衡量法推测出玉米储藏损失量最高，其次是粳稻和籼稻，而小麦在储藏中的损失相对较低。白玉兴等（2004）在研究河南省农户储藏损失时，选取了 211 个代表性农户，通过走访调研和记录出入仓重量评估了当地储粮损失，研究发现农户夏粮常规储藏损失率为 6.96%，而采用科学储藏方式后损失率为 3.62%。曹宝明等（2022）通过实地调查，收集了 5161 份干燥环节和 4230 份农户储藏环节的调查问卷，据此估计干燥环节的综合损失率为 5.2%，农户储藏环节的综合损失率为 10.09%。关于采用实地调研法对粮食产后前端环节损失的研究归纳如表 3-7 所示。

**表 3-7　采用实地调研法对粮食产后前端环节损失的研究**

| 时间 | 作者 | 环节 | 品种 | 区域 | 规模 | 方法 |
|---|---|---|---|---|---|---|
| 1991 | 李植芬等(1991) | 各环节 | 粮食 | 浙江省 | — | 实地调研法 |
| 1994 | 王志民等(1994) | 农户储藏 | 玉米 | 河南省 18 个地、市、县 | 5000 多户农民 | 实地调研法 |
| 1999 | 曹宝明和姜德波(1999) | 各环节 | 粮食 | 江苏省 | — | 实地调研法 |
| 1999 | 白玉兴和王金水(1999) | 各环节 | 小麦<br>玉米<br>油菜籽 | 河南省 | — | 实地调研法 |
| 2004 | 白玉兴等(2004) | 农户储藏 | 粮食 | 河南省 | 211 个代表性农户 | 实地调研法 |
| 2010 | Bala 等(2010) | 收获 | 水稻 | 孟加拉国 | 944 名农户 | 实地调研法 |
| 2010 | Bala 等(2010) | 农户储藏 | 水稻<br>小麦<br>玉米 | 孟加拉国 | — | 实地调研法 |
| 2015 | 宋洪远等(2015) | 各环节 | 小麦 | 河南省 | — | 实地调研法 |
| 2015 | 余志刚和郭翔宇(2015) | 农户储藏 | 粮食 | 黑龙江省 | 409 名农户 | 实地调研法 |
| 2015 | 付加雷和马传汤(2015) | 干燥和农户储藏 | 粮食 | 山东省鄄城县 | — | 实地调研法 |
| 2015 | 郭永旺和王登(2015) | 农户储藏 | 玉米<br>水稻 | 中国 11 省 | 2574 户农村家庭 | 实地调研法 |
| 2018 | Ambler 等(2018) | 收获 | 玉米<br>花生<br>大豆 | 马拉维 | 1200 份损失数据 | 实地调研法 |
| 2018 | Amponsah 等(2018) | 收获 | 水稻 | 加纳 | 108 名稻农 | 实地调研法 |
| 2019 | Principato 等(2019) | 各环节 | 小麦<br>面食 | 中国 | — | 实地调研法 |
| 2020 | 陈慧敏和陶佩君(2020) | 收获 | 小麦 | 小麦主产区 | — | 实地调研法 |
| 2020 | Baributsa 和 Njoroge(2020) | 农户储藏 | 粮食 | 肯尼亚东部 | 613 名农户 | 实地调研法 |
| 2020 | Luo 等(2020) | 农户储藏 | 水稻<br>小麦<br>玉米 | 中国 28 个省区市 | 1608 户调查数据 | 实地调研法 |
| 2021 | Qu 等(2021) | 收获 | 水稻<br>小麦 | 中国各省区市 | 1106 个样本 | 实地调研法 |
| 2021 | Baributsa 等(2021) | 干燥和农户储藏 | 玉米<br>大豆 | 刚果地区 | 690 名小农 | 实地调研法 |
| 2022 | 曹宝明等(2022) | 收获 | 粮食 | 中国 | 7400 份调查问卷 | 实地调研法 |
| 2022 | 曹宝明等(2022) | 干燥和农户储藏 | 粮食 | 中国 | 5161 份和 4230 份调查问卷 | 实地调研法 |

可以发现，以实地调研形式深入的粮食产后前端环节损失分析大多是一次性的调查，如 Hossain 和 Miah(2009)、Quellhorst 等(2020)、Ognakossan 等(2016)和 Chen 等(2018)，且调研数据多是利用经验评估法直接获得，也有部分学者是结合其他方法筛选了问卷信息使得评估结果更加可靠，如 Amponsah 等(2018)、Luo 等(2020)和韩嫣等(2019)。但是常态化的实地调研需要高昂的投入，构建科学性、系统性、经济性、常态化的粮食产后前端环节调查评估方法体系，能够进一步丰富有关粮食产后前端环节损失的研究。

3) 实验法

实验法相对实地调研法而言调查成本虽然锐减，但对实验操作人员和数据记录人员都有较高的要求。例如，粮食产后前端环节损失评估实验需要控制影响损失的变量，且需要设计对照组，重复实验以增加数据准确性，这些都会增加实验操作的难度。此外，不同品种从种植到收获周期不同，实验周期也会因此延长，尤其是在储藏损失评估的实验中，为考察不同储藏时间对损失的影响，实验记录通常都会超过半年。运用实验法研究的文献相对较少，黄东等(2018)报告了收获环节通过实验法获得的损失结果，按照水稻不同品种和机械操作人员划分了 4 类实验组和 1 类对照组，结果显示各实验地块水稻收获损失率为 1.18%～6.55%。Asoodar 等(2009)在评估收割机械前部配件对油菜收获损失影响时，分别设计了三种类型的割台，并在实验地块上称重记录油菜脱粒损失，实验发现使用割台扩充配件后收割中破损种子仅占总产量的 1.12%，相比传统收割机械损耗有所下降。Miljkovic 和 Winter-Nelson(2021)利用非洲产后损失信息系统的相关数据刻画了撒哈拉以南非洲地区 27 个国家的玉米产后损失不平等曲线，结果表明少数几个玉米生产大国占据了绝大多数的损失。Parvej 等(2020)分别于 2016 年和 2017 年在美国艾奥瓦州两处农场设计了 13.7 米×4.6 米的试验田，对比测算不同玉米品种在不同环境下收获损失。研究中严格控制了种植日期等变量，并定期记录玉米含水量和称重玉米干物质含量，结论显示延迟收割后玉米籽粒呼吸、茎秆倒伏等都会导致收获损失增加。Abass 等(2018)对坦桑尼亚玉米的 7 种储藏方式进行了测试，并将其与传统的聚丙烯袋储方法比较，20 名农户在专业技术人员的指导下开展了为期 30 周的实验，其中每 6 周就通过目测昆虫数、实验称重法对储藏的玉米进行一次损失评估记录，实验发现穗蚜相比赤霉病对玉米危害更大，而传统的聚丙烯袋储方式能够有效降低虫害损耗。Akakpo 等(2020)在西非储藏条件对干物质损失的影响研究中，设计了 18 个处理组和 4 个对照组，选取了 3 类品种(豇豆、花生和大豆)、3 种储藏地点(屋顶、房间和树杈)和两种包装，经过 120 天储藏的定期称重，发现花生干物质损失率最高，在所有储藏条件下干物质数量平均减少了

24%。Bechoff 等(2022)结合了文献资料和实验现场数据估计了撒哈拉以南非洲地区的玉米、甘薯和豇豆产后损失，并通过建模测算将实验称重的损失数据转化为热量损失进行衡量，直观表现了产后损失与营养损失之间的关联。Ndegwa 等(2016)为研究肯尼亚玉米密封袋储藏经济性设计了一组随机实验对照，将实验密封袋的农户与采用传统耕作方式的农户比较，通过计数称重法获取了两种储藏条件下的损失数据，结论表明相比于传统储藏，密封袋储藏可以有效降低 8.5%的损失。采用实验法评估粮食产后前端环节损失时参与人员大部分是定期记录损失数据的，损失调查记录较频繁，如 Odjo 等(2020)、Somavat 等(2017)、Zhang 等(2021)。其中涉及的损失率测算方法则大多与各种称重方式有关，如计数称重、出入仓称重等。

2. 测算方法

定量评估一直是食物损失和浪费研究的重点，也是难点。这主要是因为，影响损失结果的因素非常复杂，表现形式也多种多样，很难用一个统一的标准或者方法进行计算和分析(FAO，2011)。当前多数研究仍然关注粮食数量的变化，但也有部分研究开始注重粮食品质、营养以及价值量的改变(Beretta et al.，2013)。从粮食数量的研究来看，目前评估方法大体可以分为直接法和间接法两类，其中直接法还可以细分为称重法、厨余垃圾收集法、调查法、日记法、记录法、观察法等，而间接法则主要是通过模型分析、食物平衡表、代替指标和文献资料等。国际食物政策研究所 2017 年进一步将现有的方法按照数据来源和方法的不同，分为宏观路径和微观路径，其中宏观路径主要是指依赖于宏观统计数据和食物平衡表计算得到。

Beretta 等(2013)聚焦于瑞士整个食品产业链上的损失，包括农业生产、收获后处理和贸易、加工、食品服务业、零售及家庭消费，该研究依据质量和能量分析，依次对 22 种食物进行建模，结果表明 48%的热量损失在粮食产业链中。Dhami(2020)指出发生在印度全产业链上的粮食损失价值可达 9200 亿卢比，据此梳理了粮食产后前端环节损失的主要成因。Gangwar 等(2014)研究了产后减损对于人口大国印度的积极意义，文章指出，印度每年从农场到市场中的粮食损失比例占粮食总产量的 7%到 10%，其中缺乏储藏设施和管理不善造成的经济损失就达 3.5 亿卢布至 4 亿卢布。FAO(2019)发布的关于推进节粮减损工作的报告显示，中亚及南亚的粮食损失规模远高于世界平均水平，利用粮食损失指数估测的结果表明，2016 年从农田到零售阶段的局部供应链上的粮食损失占据总产量的 13.8%。赵霞等(2015)在研究中系统界定了我国主要粮食损失浪费评价对象，在此基础上科学构建了粮食损失浪费评价体系，厘清了不同环节损失率和综合损失率指标的权重设置依据与计算原理。高利伟等(2016)结合物质流分析法和农作物流通特征给出了针对主要粮食作物产后损失的计算公式，并结合已有数据评估了水稻、小麦和玉米产后综合损失情况。实际上，现有的多数研究都是从食物平衡表或者相关文献推导中得出的结果，一手的测量数据仍然只占较少的比例，约 20%，表明全球食物损失和浪费数据严重不足(Xue et al., 2017)。

如果从评估的环节来看，现有方法又大致可以分为两大类。一类是基于食物平衡表或者物质流动的多个环节整体评估，如 Xue 等(2021)对中国食物损失和浪费的研究；吕亚荣和王立娇(2022)采用系统性评价方法估算了三大主粮供应链上消费前端环节的整体损失情况；尹国彬(2017)则认为粮食产后损失总量可以通过仓储损失、加工损失及运输损失等分环节损失量加总得到。另一类则是各个环节单独评估，如 Choudhury(2006)梳理了亚太地区水果、蔬菜等各类农作物各个环节的损失；Affognon 等(2015)梳理了撒哈拉以南非洲 6 个国家主要农作物的产后损失的相关文献，并对七类农作物的食物量和价值量进行了评估；Porter 和 Reay(2016)认为全球范围内大多数损失发生在粮食价值链的早期阶段，即粮食生产和产后前端环节；Stathers 等(2020)利用文献综述对撒哈拉以南非洲和南亚的食物浪费进行了评估；高利伟(2019)建立了一套粮食作物产后损失和食物流动足迹的核算方法，对比了不同粮食作物产后损失大小和不同用途作物的足迹特征，确定了食物损失足迹主要分布在作物产后环节和食品链中；郑伟(2000)在获取一手的农户储藏损失数据后利用虫蚀率与千粒重的方法综合评估了储藏环节中的虫害损失；司永芝等(2005)调查农户储藏损失大小时则设计了小麦、玉米储藏实验，通过直接观察和称重取样样品粮完整粒数量及重量来评估虫害损失。Bechoff 等(2022)利用乌干达等撒哈拉以南非洲地区的 162 份样本，采取建模测算、实验称重的实验方法，对玉米、甘薯、豇豆的产后损失进行了测算。Abass 等(2018)运用比例法估算了主要粮食作物的产后损失，发现储藏环节和加工环节的损失比例较高，分别达到了产后总损失的 20%和 16.5%。白玉兴等(2004)在研究河南省农户储藏损失时，利用称重法估算了当地的储粮损失。Dryerre 和 Andross(2007)采用能量当量法，利用能量转换估计了产后损失量。高利伟等(2016)基于物质流分析方法和农产品流动特征，分析了 2010 年中国水稻、小麦、玉米的产后前端环节损失特征及其减损潜力，结果显示，产后损失率较高的环节为储藏环节，其次是收获环节。

此外，欧盟还构建了非洲产后损失信息系统，通过文献综述和在非洲国家的专家网络每年提供的损失因子，持续进行数据维护和更新(Hodges et al., 2011)。在这些数据的基础上，Miljkovic 和 Winter-Nelson(2021)利用分布曲线函数，分析了非洲各国产后损失不均衡性，实现产后损失的可视化和定量化分析。此外，联合国粮食及农业组织还开展了“产后减损的洲际项目”，对非洲多个国家的产后减损需求和基本状况进行了快速的评估。可以看出，关于粮食产后损失评估的研究成果颇丰，但是评估结果不尽相同，这与评估方法和概念界定的不同有关。但总的来说，得出的大约有三分之一的粮食和近一半的水果蔬菜在粮食产后系统中被损失和浪费的结果是可靠的；可以肯定的是，在发展中国家粮食产后前端环节损失占据了产后综合损失的大部分。

## 3.3　新时期我国粮食产后前端环节损失调查评估指标体系设计

### 3.3.1　设计原则

在参照国内外相关研究的基础上，构建符合新时期我国粮食产后前端环节特征的损失调查评估指标体系。粮食产后前端环节损失评估指标体系旨在从总体上全面反映国内粮食收获、干燥和农户储藏环节损失的情况，为提出科学高效的节粮减损措施提供理论支撑。根据物质平衡理论、系统方法论、生产运作管理理论，我们在构建粮食产后前端环节损失评估指标体系时遵循以下原则。

#### 1. 科学性原则

科学性原则要求设置的指标既符合实际，又符合经济活动的客观规律，不能有主观随意性。建立新时期我国粮食产后前端环节损失调查评估指标体系的目的是客观真实地反映我国粮食产后前端环节损失的整体情况和特征。

#### 2. 系统性原则

系统性是确保整个评估工作全面、深入、有序且持续进行的重要基石，强调在构建和设计调查评估体系时，必须注重其整体性、关联性和动态性。具体来说，要求调查评估工作要全面覆盖粮食产后前端的所有关键环节，包括收获、干燥、农户储藏、运输等，同时要聚焦主要粮食作物，并考虑地域、气候、作物品种等多种因素，以获取全面的损失数据。此外，调查评估方法必须采用统一的评估标准和指标体系，以确保数据的准确性和可比性，为政策制定提供可靠依据。

#### 3. 可操作性原则

可操作性是指调查评估数据的可观测性。在粮食产后前端环节损失评估指标体系中，每一个指标的数据都应该可以被采集、观测，否则设定该指标就没有意义。除此之外，还要考虑到观测成本的问题，这要求所设定的指标不宜过多、过细，尽量选取能公开、客观获取资料的指标，尽量规避数据造假和失真问题。

4. 可比性原则

评价指标的选择要考虑到时空上的可比性，不仅不同时期的指标可比，不同地区的指标也要可比，这对于长期动态研究粮食产后损失情况是十分重要的。为确保时空上的可比性，构建粮食产后前端环节损失评估指标体系时，应借鉴不同时期、不同地区粮食产后损失的共同特征，采用纵向、横向可比性较强的损失率等相对量指标，并界定清晰评估指标体系中每个指标的含义、统计口径和范围。

5. 动态性原则

粮食产后前端环节损失是一个长期存在的客观现象。随着科学技术的不断进步和科学产粮意识的不断发展，粮食产后损失也会随之出现新的变化。因此，粮食产后前端环节损失评估指标体系需要符合动态性原则，以适应长期动态分析的需要。

6. 可验证性原则

可验证性原则是确保评估结果准确可信、经得起实践检验的重要准则，强调在设计调查评估体系时，必须明确评估标准、方法和流程，确保每一步操作都有据可依、有章可循。具体而言，评估标准应基于科学研究和实际经验，具有明确性和可操作性，能够客观反映粮食产后前端环节损失的真实情况；调查方法应科学严谨，采用多种手段相结合的方式进行数据采集和分析，如问卷调查、实地调查、田间实验等，确保数据的全面性和准确性。同时，调查过程应公开透明，接受第三方机构的监督和验证，以增强评估结果的可信度。

### 3.3.2 粮食产后前端环节损失对象界定

1. 粮食产后前端环节损失相关概念界定

联合国粮食及农业组织对粮食损失的定义为：任何改变粮食的可用性、可食性、有益于健康的特性或质量，从而减少了它对人的价值的后果，统称为粮食损失。粮食产后系统包括收获、干燥、农户储藏、运输、加工、销售(批发和零售)、消费等环节，其中以粮食生产者(农户、农场、农业合作经济组织等)为主体，将粮食产后环节中的收获、干燥、农户储藏三个环节合并称为粮食产后前端环节。因此，粮食产后前端环节损失指的是粮食产后系统内收获、干燥、农户储藏三个环节的粮食重量损失。

本节聚焦于三大主粮（水稻、玉米、小麦）和大豆，研究设计其产后前端环节（收获、干燥、农户储藏）的损失评估指标体系，研究区域为全国范围，并根据不同利益主体，研究全国除港澳台外的 31 个省级行政区的产后前端环节损失情况。根据我国粮食产后前端环节流通特点，建立粮食产后前端环节具体工序。收获环节包括收割、田间运输、脱粒和清粮；干燥环节包括烘干和除杂；农户储藏环节包括入仓、储藏和出仓。粮食作物在收割后需要将谷粒从谷穗上脱下，同时将短茎秆、杂物等与谷粒分离开来，即脱粒和清粮的过程，经过脱粒和清粮筛选后的谷粒需要进行烘干与除杂处理，以降低含水量，以便后续储藏。

2. 不同粮食品种产后前端各环节工序界定

不同粮食品种依据操作方式的不同，在粮食流转过程中需经过的工序有细微差异。水稻和小麦的产后前端环节工艺极为相似，可依据收割、脱粒、清粮方式的不同组合分为三种。若采用联合收割机进行收割，则收割和脱粒都由联合收割机完成；若采用带有筛孔和风机的脱粒机进行脱粒，则脱粒和清粮均由脱粒机完成。因此，水稻和小麦的产后前端环节工序主要有三种，如表 3-8 所示。

**表 3-8　水稻和小麦产后前端环节常见工序**

| 收割方式 | 脱粒方式 | 清粮方式 | 工序 |
| --- | --- | --- | --- |
| 人工/半机械/收获机 | 人工/机械/半机械 | 人工/机械 | 稻麦 A：收割→脱粒→清粮→烘干→除杂→入仓→储藏→出仓 |
| 联合收割机 | | | 稻麦 B：联合收割机→烘干→除杂→入仓→储藏→出仓 |
| 人工/半机械/收获机 | 带有筛孔和风机的脱粒机 | | 稻麦 C：收割→脱粒清粮一体化→烘干→除杂→入仓→储藏→出仓 |

注：水稻和小麦的产后前端环节工序在具体情况下可能由于地区差异有细微区别，本节以常见前端环节工序为研究目标；收获机和联合收割机在方式分类上都属于全机械收割，但由于其工作机制的不同在工序上有所差异

玉米的产后前端环节工序在收获环节和水稻、小麦有明显差距，由于生物构造上的差异，玉米在收获环节可依据收割、脱粒、清粮方式的不同组合分为七类。若采用穗收的方式收割，则应包含穗收、剥皮、脱粒、清粮四道收获工序，其中，有的穗收机可以联合完成穗收和剥皮两道工序，因此，穗收方式应分为两种；若采用机械粒收的方式收割，则收获环节仅包含粒收、清粮两道工序。玉米还有一种特殊的农户储藏方式，即挂储。玉米挂储是将玉米悬挂在高

处，在挂储前不进行脱粒、清粮和除杂步骤，通常为晾晒后直接挂储。因此，玉米产后前端环节常见工序如表 3-9 所示。

**表 3-9 玉米产后前端环节常见工序**

| 收割方式 | 脱粒方式 | 清粮方式 | 储藏方式 | 工序 |
| --- | --- | --- | --- | --- |
| 穗收(人工)剥皮(人工/机械) | 人工/机械/半机械 | 人工/机械 | 仓储藏/散积堆储藏 | 玉米 A：穗收→剥皮→脱粒→清粮→烘干→除杂→入仓→储藏→出仓 |
| 穗收机收割 | 人工/机械/半机械 | 人工/机械 | 仓储藏/散积堆储藏 | 玉米 B：穗收→脱粒→清粮→烘干→除杂→入仓→储藏→出仓 |
| 穗收(人工)剥皮(人工/机械) | 带有筛孔和风机的脱粒机 | | 仓储藏/散积堆储藏 | 玉米 C：穗收→剥皮→脱粒清粮一体化→烘干→除杂→入仓→储藏→出仓 |
| 穗收机收割 | 带有筛孔和风机的脱粒机 | | 仓储藏/散积堆储藏 | 玉米 D：穗收→脱粒清粮一体化→烘干→除杂→入仓→储藏→出仓 |
| 机械粒收 | | 人工/机械 | 仓储藏/散积堆储藏 | 玉米 E：粒收→清粮→烘干→除杂→入仓→储藏→出仓 |
| 穗收(人工)剥皮(人工/机械) | | | 挂储 | 玉米 F：穗收→剥皮→晾晒→挂储 |
| 穗收机收割 | | | 挂储 | 玉米 G：穗收→晾晒→挂储 |

注：玉米的产后前端环节工序在具体情况下可能由于地区差异有细微区别，本节采用常见前端环节工序作为研究目标

大豆的收割大多采用机械收割的方式，常用的收割大豆的机械为联合收割机，其能完成收割、脱粒、清粮一体化操作。此外，部分小面积大豆种植者会采用人工收割的方式，因此，大豆产后前端环节常见工序如表 3-10 所示。

**表 3-10 大豆产后前端环节常见工序**

| 收割方式 | 脱粒方式 | 清粮方式 | 工序 |
| --- | --- | --- | --- |
| 人工收割 | 人工/半机械/机械 | 人工/机械 | 大豆 A：收割→脱粒→清粮→烘干→除杂→入仓→储藏→出仓 |
| 人工收割 | 带有筛孔和风机的脱粒机 | | 大豆 B：收割→脱粒清粮一体化→烘干→除杂→入仓→储藏→出仓 |
| 联合收割机 | | | 大豆 C：联合收割机→田间运输→烘干→除杂→入仓→储藏→出仓 |

注：大豆的产后前端环节工序在具体情况下可能由于地区差异有细微区别，本节采用常见前端环节工序作为研究目标

### 3. 粮食产后前端环节工序不同方式界定

粮食产后前端环节包括收获、干燥和农户储藏三个环节，其中，收获环节包括收割、田间运输、脱粒和清粮四道工序。收获环节流程的差异与粮食品种和收获方式有较大联系，如当前大豆收割基本都采用全机械收割方式，少量采用人工收割，几乎不存在半机械收割的方式。干燥环节包括烘干和除杂两道工序，农户储藏环节包括入仓、储藏和出仓三道工序。每道工序依据操作方式的不同，损失率也存在差异，需要对不同工序的操作方式作界定。此外，由于品种层和区域层为平行层，因此，在方式层界定中不予描述，粮食产后前端环节工序详细操作如表 3-11 所示。

**表 3-11　粮食产后前端环节工序详细操作**

| 环节层 | 方式层 | 流程层 | 具体举例 |
|---|---|---|---|
| 收获 | 人工 | 人工收割 | （稻麦、大豆）利用镰刀等工具的人力收割<br>（玉米）人工穗收、剥皮<br>（田间运输）利用手推独轮车运输粮食、肩挑等 |
| | | 人工脱粒 | （稻麦）利用脚踏打稻机或打稻桶进行脱粒<br>（玉米）手搓脱粒<br>（大豆）连枷拍打脱粒 |
| | | 人工清粮 | 运用木风车、竹筛、竹床等器械进行人力清粮 |
| | 半机械 | 半机械收割 | （稻麦）采用人工割捆机等<br>（玉米）玉米带穗机械切割和人工摘穗剥皮相结合 |
| | | 半机械脱粒 | （玉米）人力操作的玉米脱粒机<br>（大豆）磙压脱粒 |
| | 全机械 | 机械收割 | （稻麦）半喂入式收获机、全喂入式联合收割机[a]<br>（玉米）摘穗式收割机、籽粒收获机等[b]<br>（大豆）大豆联合收割机、小型大豆收割机等<br>（田间运输）船运、机动车运输等 |
| | | 机械脱粒[c] | （稻麦）电动打稻机等<br>（玉米）滚筒式玉米脱粒机、碰磨式玉米脱粒机和差速式玉米脱粒机<br>（大豆）钉齿式大豆脱粒机、滚筒式大豆脱粒机和螺旋式大豆脱粒机 |
| | | 机械清粮 | 利用振动筛风机的单独清粮 |
| 干燥 | 人工 | 人工烘干 | 人工烘干多表现为晾晒烘干。晾晒烘干包括晒场晾晒、屋顶晾晒、道路晾晒等 |
| | | 人工除杂 | 利用踏板鼓风机、筛子等工具进行人力除杂、人力扬谷，以及风选、过筛等方式 |
| | 全机械 | 机械烘干 | 连续式烘干机、批式循环烘干机等 |
| | | 机械除杂 | 风筛清选机、比重清选机、去石机、清理除杂机、清理分级机等 |

续表

| 环节层 | 方式层 | 流程层 | 具体举例 |
| --- | --- | --- | --- |
| 农户储藏 | 人工 | 人工入仓 | 人工装卸 |
| | | 人工出仓 | 人工装卸 |
| | 半机械 | 半机械入仓 | 人力与入仓机相结合 |
| | | 半机械出仓 | 人力与出仓机相结合 |
| | 全机械[d] | 全机械入仓 | 卸粮的全部过程都由机械完成，常见机械卸粮装置包括侧卸机、移动式脉冲除尘器、密闭输送罩、人工卸粮吸尘罩和吸风管等 |
| | | 储藏 | (袋储)使用黄麻袋或丙烯袋直接进行袋装储藏<br>(仓储)金属仓和砖混仓、示范仓等仓储藏<br>(散积堆)自建散积堆的堆砌储藏<br>(挂储)玉米的特殊储藏方式[e] |
| | | 全机械出仓 | 出仓机械与入仓相似 |

a 收获机收割的方式不包含脱粒和清粮环节，而联合收割方式包含脱粒和清粮步骤，因此，采用联合收割方式进行收割后不需要再进行脱粒和清粮。b 摘穗式收割机常用于进行玉米机械穗收，籽粒收获机常用于进行玉米粒收。玉米穗收后续仍需包括剥皮、脱粒和清粮工序，玉米粒收则不需要。c 部分脱粒机包含筛孔和风机，此类脱粒机将脱粒和清粮工序一次完成，因此，若采用含有筛孔和风机的脱粒机进行脱粒，后续将不需要再次清粮。d 由于储藏没有明确的人工、半机械和全机械的区分，但考虑到储藏过程的通风、温控等操作，将粮食储藏划分至全机械中。e 若玉米采用挂储的方式进行储藏，则在农户储藏前不需要对玉米进行脱粒、清粮和除杂等工序，而是晾晒烘干后直接进行悬挂储藏

### 3.3.3 粮食产后前端环节损失调查评估指标层级设计

粮食产后前端环节损失调查评估指标筛选是评估指标体系构建的基础工作，为多视角全方位科学掌握粮食产后前端环节损失状况，需要所构建的指标体系能够以不同视角来展示，形成不同的树形结构，以使不同的利益相关者能够以自己的视角利用指标体系进行粮食产后前端环节损失评估和分析。本节拟采用树形多层指标体系结构进行指标筛选，分别构建不同粮食品种、不同区域、不同环节的多层指标体系，用于不同场合的粮食产后前端环节损失评估，用于识别中观、宏观的损失影响因素，还可以基于农户主体视角识别微观层次的损失影响因素。

粮食产后前端环节损失调查评估指标层级可以分解为六层，分别为综合层、品种层、区域层、环节层、方式层和流程层。第一层为综合层，表示全国范围内四类粮食品种的产后前端环节损失率。第二层为品种层，包括水稻、小麦、玉米、大豆四种主要粮食品种的产后前端环节损失率。第三层为区域层，划分

为除港澳台外的全国区域和 31 个省级行政区等。第四层为环节层，包括收获、干燥和农户储藏三个环节的损失率。第五层为方式层，依据是否使用机械将收获环节分为人工、半机械和全机械，将干燥环节分为人工和全机械，将农户储藏环节分为人工、半机械和全机械。第六层为流程层，包含不同方式的细化流程：①收获环节的人工收获包括人工收割、人工脱粒、人工清粮三个流程，半机械收获包括半机械收割和半机械脱粒两个流程，全机械收获包括机械收割、机械脱粒和机械清粮三个流程，将属于不同方式的流程相互搭配可以得到不同的收获工序。②干燥环节的人工干燥包括人工烘干和人工除杂两个流程，全机械干燥包括机械烘干和机械除杂两个流程，将属于不同方式的流程相互搭配可以得到不同的干燥工序。③农户储藏环节的人工农户储藏包括人工入仓和人工出仓两个流程，半机械农户储藏包括半机械入仓和半机械出仓两个流程，全机械农户储藏包括全机械入仓、全机械储藏、全机械出仓三个流程。由于粮食储藏的特殊性，考虑到农户储藏过程中的通风、温控问题，将农户储藏纳入全机械中考虑。将属于不同方式的流程相互搭配，可以得到不同的农户储藏工序。将三个环节的不同工序相互搭配，可以得到粮食产后前端环节的不同工序，具体的层级结构如图 3-1 所示。

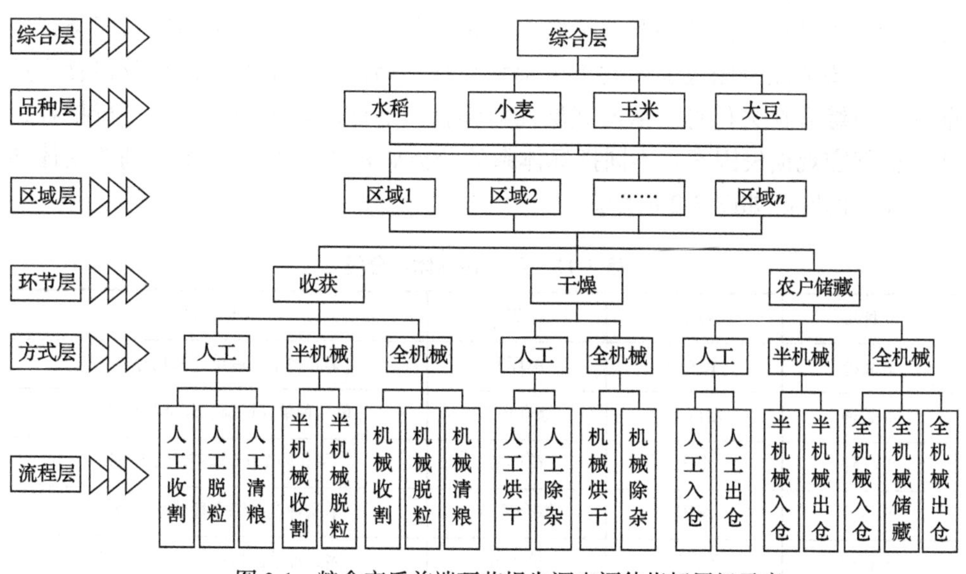


图 3-1　粮食产后前端环节损失调查评估指标层级示意

结合粮食产后前端环节损失调查评估指标层级结构，我国粮食产后前端环节损失调查评估指标体系可形成多套不同的指标体系结构。分别按照不同粮食品种、不同区域划分和不同环节设计粮食产后前端环节评估指标体系，用于识别不同品种、区域和环节的中观、宏观的损失影响因素，以及基于农户主体视角识别微观层次的损失影响因素，为农户、农民合作社、地方政府和中央政府了解粮食损失情况和损失影响因素提供信息。其中，①农户使用的指标体系包括单品种单区域单环节指标体系和单品种单区域综合环节指标体系，单个农户多数选择种植一种粮食作物，所以其主要关注单品种单区域的单环节或多环节损失信息，便于了解所种植的粮食作物在本地的三个环节单独损失情况和前端环节的综合损失情况，对之后调整各环节操作方式提供帮助。②农民合作社和地方政府使用的指标体系包括单品种单区域单环节指标体系、单品种单区域综合环节指标体系、多品种单区域单环节指标体系、多品种单区域综合环节指标体系。这类主体的主要特点是关注本地区域内的粮食损失信息，需厘清单品种或多品种粮食在本地的产后前端三个环节损失及产后前端环节综合损失情况，了解各粮食作物的产后前端环节损失情况以及所种植的全部粮食在产后前端环节损失情况，以便对各类粮食的产后前端环节操作方式以及种植规模做出调整。地方政府需要对本地的粮食产后损失的总体情况和详细情况进行了解，有助于不同粮食品种的政策制定，并及时调整粮食产后前端环节的工序操作。③中央政府使用的指标体系包括单品种全国单环节指标体系、单品种全国综合环节指标体系、多品种全国单环节指标体系、多品种全国综合环节指标体系四类，中央政府主要关注全国范围内的单个粮食品种产后前端环节损失信息及粮食产后前端环节综合损失信息。从宏观层面对粮食产后前端环节损失情况进行把控，并分析其宏观损失因素。不同指标体系的分类如表 3-12 所示，不同利益主体和指标体系的匹配如图 3-2 所示。

**表 3-12　不同指标体系分类**

| 品种层 | 区域层 | 环节层 | 指标体系 |
| --- | --- | --- | --- |
| 单品种 | 单区域 | 单环节 | 单品种单区域单环节指标体系 |
| 单品种 | 单区域 | 综合环节 | 单品种单区域综合环节指标体系 |
| 单品种 | 全国 | 单环节 | 单品种全国单环节指标体系 |
| 单品种 | 全国 | 综合环节 | 单品种全国综合环节指标体系 |
| 多品种 | 单区域 | 单环节 | 多品种单区域单环节指标体系 |
| 多品种 | 单区域 | 综合环节 | 多品种单区域综合环节指标体系 |
| 多品种 | 全国 | 单环节 | 多品种全国单环节指标体系 |
| 多品种 | 全国 | 综合环节 | 多品种全国综合环节指标体系 |

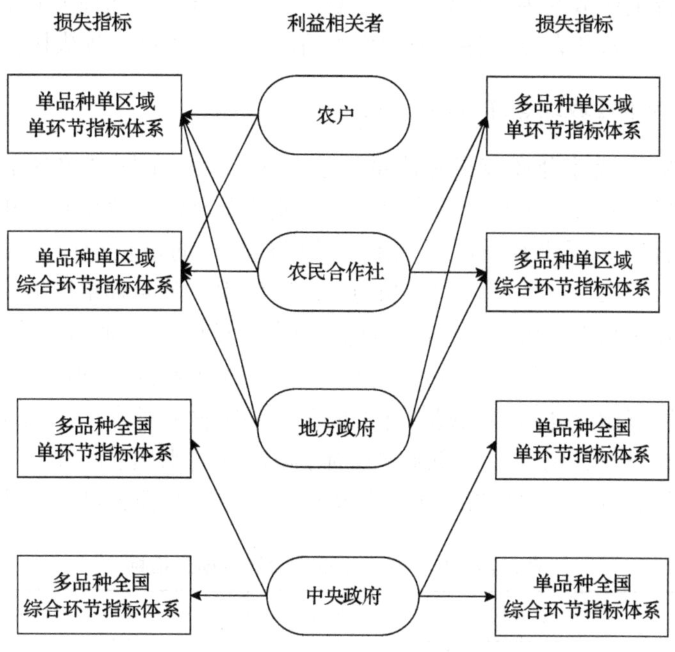


图 3-2　利益相关者与不同指标体系匹配示意图

### 3.3.4　特定情境下粮食产后前端环节损失调查评估指标体系设置

1. 单品种单区域单环节指标体系

单品种单区域单环节指标体系提供某一区域范围内某粮食品种的单个环节损失信息，如江苏省水稻收获环节损失率、湖北省玉米干燥环节损失率等。单品种单区域单环节指标体系主要提供给农户、农民合作社和地方政府使用，包括如表 3-13 所示的损失指标信息，涵盖 4 类粮食品种(水稻、小麦、玉米、大豆)的信息，31 个省级行政区的信息，3 个环节(收获、干燥、农户储藏)的信息，共计 372 个不同类别损失指标。单品种单区域单环节指标体系可以提供详细的某地某粮食

**表 3-13　单品种单区域单环节损失指标**

| 品种层 | 区域层 | 环节层 | 损失指标 |
|---|---|---|---|
| 品种 $i$($i$=1,2,3,4) | 省级行政区 $j$($j$=1,2,⋯,31) | 收获 | 省级行政区 $j$ 品种 $i$ 收获损失率 |
| | | 干燥 | 省级行政区 $j$ 品种 $i$ 干燥损失率 |
| | | 农户储藏 | 省级行政区 $j$ 品种 $i$ 农户储藏损失率 |

注：$i$ 表示水稻、小麦、玉米、大豆；$j$ 表示全国除港澳台外的 31 个省级行政区

品种在某一特定环节的损失信息，便于农户、农民合作社和地方政府了解本地的水稻、小麦、玉米和大豆在各环节的损失情况，以分析微观损失因素。

2. 单品种单区域综合环节指标体系

单品种单区域综合环节指标体系是建立在单品种单区域单环节损失率之上的，通过对产后前端三个环节损失率采用物质流分析法计算得到。单品种单区域综合环节指标体系提供某一区域范围内某粮食品种的粮食产后前端环节损失信息，主要提供给农户、农民合作社和地方政府使用。单品种单区域综合环节指标体系包括如表 3-14 所示的损失指标信息，包含 4 类粮食品种(水稻、小麦、玉米、大豆)的信息和 31 个省级行政区的信息，共计 124 个不同类别损失指标。单品种单区域综合环节指标体系可以提供详细的某地某粮食品种在产后前端环节的损失信息，便于农户、农民合作社和地方政府了解本地的水稻、小麦、玉米和大豆在产后前端环节的整体损失情况，方便分析产后前端环节损失量和收获量的关系。

**表 3-14　单品种单区域综合环节损失指标**

| 品种层 | 区域层 | 环节层 | 损失指标 |
|---|---|---|---|
| 品种 $i$ ($i$=1,2,3,4) | 省级行政区 $j$ ($j$=1,2,…,31) | 产后前端环节 | 省级行政区 $j$ 品种 $i$ 产后前端环节损失率 |

注：$i$ 表示水稻、小麦、玉米、大豆；$j$ 表示全国除港澳台外的 31 个省级行政区

3. 单品种全国单环节指标体系

单品种全国单环节指标体系是建立在单品种单区域单环节损失率之上的，通过对各个省级行政区的单品种单环节损失率进行区域加权得到。单品种全国单环节指标体系提供全国范围内某粮食品种在产后前端环节某一环节的损失信息，主要提供给中央政府使用。单品种全国单环节指标体系包括如表 3-15 所示的损失指标信息，包含 4 类粮食品种(水稻、小麦、玉米、大豆)的信息和 3 个环节(收获、干燥、农户储藏)的信息，共计 12 个不同类别损失指标。单品种全国单环节指标体系可以提供某一粮食品种在产后前端各个独立环节损失的综合情况，便于中央

**表 3-15　单品种全国单环节损失指标**

| 品种层 | 区域层 | 环节层 | 损失指标 |
|---|---|---|---|
| 品种 $i$ ($i$=1,2,3,4) | 全国 | 收获 | 全国品种 $i$ 收获损失率 |
| | | 干燥 | 全国品种 $i$ 干燥损失率 |
| | | 农户储藏 | 全国品种 $i$ 农户储藏损失率 |

注：$i$ 表示水稻、小麦、玉米、大豆

政府了解全国的水稻、小麦、玉米和大豆在产后前端各个环节的整体损失情况，对比分析水稻、小麦、玉米和大豆各省级行政区和全国的产后前端各个环节的损失情况差异，了解产后前端各个环节之间损失情况的综合信息。

4. 单品种全国综合环节指标体系

单品种全国综合环节指标体系是建立在单品种单区域单环节损失率之上的，通过对产后前端各环节进行物质流分析计算后再予以区域加权得到。单品种全国综合环节指标体系提供全国范围内某粮食品种的产后前端环节损失信息，主要提供给中央政府使用。单品种全国综合环节指标体系包括如表 3-16 所示的损失指标信息，包含 4 类粮食品种(水稻、小麦、玉米、大豆)的信息，共计 4 个不同类别损失指标。

**表 3-16　单品种全国综合环节损失指标**

| 品种层 | 区域层 | 环节层 | 损失指标 |
| --- | --- | --- | --- |
| 品种 $i$ ($i$=1,2,3,4) | 全国 | 产后前端环节 | 全国品种 $i$ 产后前端环节损失率 |

注：$i$ 表示水稻、小麦、玉米、大豆

5. 多品种单区域单环节指标体系

多品种单区域单环节指标体系是建立在单品种单区域单环节损失率之上的，通过将单品种单区域单环节损失率进行品种加权后得到。多品种单区域单环节指标体系提供某一区域范围内多种粮食的单个环节损失信息，主要提供给农民合作社和地方政府使用。多品种单区域单环节指标体系包括如表 3-17 所示的损失指标信息，包含 2 类粮食品种(4 类主要农作类、谷物类)的信息，31 个省级行政区的信息，3 个环节(收获、干燥、农户储藏)的信息，共计 186 个不同类别损失指标。多品种单区域单环节指标体系可以提供某一地区 4 类主要农作类和谷物类粮食在某一特定环节的损失信息，便于农民合作社和地方政府了解本地的 4 类主要农作类和谷物类粮食在各环节的损失情况，以分析微观损失因素。

**表 3-17　多品种单区域单环节损失指标**

| 品种层 | 区域层 | 环节层 | 损失指标 |
| --- | --- | --- | --- |
| 4 类主要农作类 | 省级行政区 $j$ ($j$=1,2,…,31) | 收获 | 省级行政区 $j$ 4 类主要农作类收获损失率 |
| | | 干燥 | 省级行政区 $j$ 4 类主要农作类干燥损失率 |
| | | 农户储藏 | 省级行政区 $j$ 4 类主要农作类农户储藏损失率 |

续表

| 品种层 | 区域层 | 环节层 | 损失指标 |
| --- | --- | --- | --- |
| 谷物类 | 省级行政区 $j$（$j$=1,2,…,31） | 收获 | 省级行政区 $j$ 谷物类收获损失率 |
| | | 干燥 | 省级行政区 $j$ 谷物类干燥损失率 |
| | | 农户储藏 | 省级行政区 $j$ 谷物类农户储藏损失率 |

注：$j$ 表示全国除港澳台外的 31 个省级行政区；4 类主要农作类包括水稻、玉米、小麦、大豆；谷物类包括水稻、玉米、小麦

6. 多品种单区域综合环节指标体系

多品种单区域综合环节指标体系是建立在单品种单区域单环节损失率之上的，通过对产后前端各环节进行物质流分析计算后再予以品种加权得到。多品种单区域综合环节指标体系提供某一区域范围内多种粮食的产后前端环节损失信息，主要提供给农民合作社和地方政府使用，包括如表 3-18 所示的损失指标信息，主要包含 2 类粮食品种（4 类主要农作类、谷物类）的信息和 31 个省级行政区的信息，共计 62 个不同类别损失指标。多品种单区域综合环节指标体系可以提供某一地区 4 类主要农作类和谷物类粮食在产后前端环节的综合损失信息，便于农民合作社和地方政府了解本地的 4 类主要农作类和谷物类粮食在产后前端环节的综合损失情况，以分析微观和中观损失因素。

**表 3-18　多品种单区域综合环节损失指标**

| 品种层 | 区域层 | 环节层 | 损失指标 |
| --- | --- | --- | --- |
| 4 类主要农作类 | 省级行政区 $j$（$j$=1,2,…,31） | 产后前端环节 | 省级行政区 $j$ 4 类主要农作类产后前端环节损失率 |
| 谷物类 | 省级行政区 $j$（$j$=1,2,…,31） | 产后前端环节 | 省级行政区 $j$ 谷物类产后前端环节损失率 |

注：$j$ 表示全国除港澳台外的 31 个省级行政区；4 类主要农作类包括水稻、玉米、小麦、大豆；谷物类包括水稻、玉米、小麦

7. 多品种全国单环节指标体系

多品种全国单环节指标体系是建立在单品种单区域单环节损失率之上的，通过将单品种单区域单环节损失率进行品种加权和区域加权后得到，包含全国范围多种粮食在产后前端环节的某一环节的损失信息，主要提供给中央政府使用。多品种全国单环节指标体系包括如表 3-19 所示的损失指标信息，包含 2 类粮食品种（4 类主要农作类、谷物类）的信息和 3 个环节（收获、干燥、农户储藏）的信息，

共计 6 个不同类别损失指标。多品种全国单环节指标体系可以提供四类主要农作类和谷物类粮食在产后前端各个独立环节损失的综合情况，便于中央政府了解全国范围内 4 类主要农作类和谷物类粮食在产后前端各个环节的整体损失情况，对比分析各个区域和全国范围内四类主要农作类和谷物类粮食在产后前端各个环节的损失情况差异，了解产后前端各个环节之间损失情况的综合信息，帮助制定粮食减损相关政策。

**表 3-19　多品种全国单环节损失指标**

| 品种层 | 区域层 | 环节层 | 损失指标 |
|---|---|---|---|
| 4 类主要农作类 | 全国 | 收获 | 全国 4 类主要农作类收获损失率 |
| | | 干燥 | 全国 4 类主要农作类干燥损失率 |
| | | 农户储藏 | 全国 4 类主要农作类农户储藏损失率 |
| 谷物类 | 全国 | 收获 | 全国谷物类收获损失率 |
| | | 干燥 | 全国谷物类干燥损失率 |
| | | 农户储藏 | 全国谷物类农户储藏损失率 |

注：4 类主要农作类包括水稻、玉米、小麦、大豆；谷物类包括水稻、玉米、小麦

8. 多品种全国综合环节指标体系

多品种全国综合环节指标体系建立在单品种单区域单环节指标体系之上，通过对单品种单区域单环节损失率进行物质流分析处理后，再予以品种和区域加权得到。多品种全国综合环节指标体系提供全国范围内多种粮食的产后前端环节损失信息，主要提供给中央政府使用。多品种全国综合环节指标体系包括如表 3-20 所示的损失指标信息，包含 2 类粮食品种(4 类主要农作类、谷物类)的信息。多品种全国综合环节指标体系可以提供 4 类主要农作类和谷物类粮食在产后前端环节的综合损失情况，便于中央政府把控全国范围内 4 类主要农作类和谷物类粮食在产后前端环节的整体损失，有利于中央政府对产后前端环节的综合损失精准把控，帮助制定粮食减损相关政策。

**表 3-20　多品种全国综合环节损失指标**

| 品种层 | 区域层 | 环节层 | 损失指标 |
|---|---|---|---|
| 4 类主要农作类 | 全国 | 产后前端环节 | 全国 4 类主要农作类产后前端环节损失率 |
| 谷物类 | 全国 | 产后前端环节 | 全国谷物类产后前端环节损失率 |

注：4 类主要农作类包括水稻、玉米、小麦、大豆；谷物类包括水稻、玉米、小麦

### 3.3.5 粮食产后前端环节损失调查指标体系的权重设置

1. 权重设置思路

粮食产后前端环节评估指标体系包括综合层、品种层、区域层、环节层、方式层、流程层六个层级。同一层次的指标，除了环节层及流程层的指标之间存在先后关系外，其他层级内部的指标呈并列关系。因此，评估指标体系的设置还需要对存在并列关系的指标设置权重。

根据图 3-1 的粮食产后前端环节调查评估指标层级示意可知，呈现并列关系的等级有品种层、区域层和方式层。方式层的平行关系仅存在于同一环节内，因此，方式层权重仅在样本层面进行考虑，对指标层的权重设置仅考虑存在并列关系的品种层和区域层。①对单品种的粮食产后前端环节损失调查指标体系而言，需要对区域层进行权重设置；②对单区域的粮食产后前端环节损失调查指标体系而言，需要对品种层进行权重设置；③对单环节的粮食损失调查指标体系而言，需要对品种层、区域层两个层级进行权重设置。

2. 单品种多区域粮食产后前端环节调查指标体系权重设置

对分品种的粮食产后前端环节损失调查指标体系而言，需要对区域层和方式层两个层级进行权重设置。区域层权重设置表现为就同一品种而言，依据不同区域的收获量、干燥量和农户储藏量进行权重设置。方式层权重设置表现为以某一流程为基准，计算同一品种、同一区域范围内的不同方式权重设置。区域权重设置方式如表 3-21 所示。

**表 3-21 单品种多区域粮食产后前端环节损失评估指标体系区域权重设置**

| 品种层 | 环节层 | 区域层权重设置依据 | 区域权重 |
|---|---|---|---|
| 品种 $i$ | 收获 | 各区域收获量 | 某区域收获量与所调查区域收获总量之比 |
| | 干燥 | 各区域干燥量 | 某区域干燥量与所调查区域干燥总量之比 |
| | 农户储藏 | 各区域农户储藏量 | 某区域农户储藏量与所调查区域农户储藏总量之比 |

注：区域层权重设置依据为各个区域的收获量、干燥量、农户储藏量，所调查区域的收获总量、干燥总量、农户储藏总量为品种 $i$ 在调查的各个区域的收获量之和、干燥量之和、农户储藏量之和

3. 单区域多品种粮食产后前端环节调查指标体系权重设置

对分区域的粮食产后前端环节损失调查指标体系而言，在指定流程下存在品种层和方式层两个平行层，因此，需要对品种层和方式层两个层级进行权重设置。品种层权重设置表现为在同一区域范围内，依据不同粮食品种的收获量、干燥量和农户储藏量进行权重设置。指定流程下的方式层权重设置表现为以某一流

程为基准，计算同一品种、同一区域范围内的不同方式的权重。品种权重设置方式如表 3-22 所示，以某区域为基准，计算特定区域范围内的不同环节的各粮食品种权重。

**表 3-22　单区域多品种粮食产后前端环节调查指标体系品种权重设置**

| 区域层 | 环节层 | 品种层权重设置依据 | 品种权重 |
| --- | --- | --- | --- |
| 区域 $j$ | 收获 | 各粮食品种的收获量 | 某品种收获量与所调查品种收获总量之比 |
| | 干燥 | 各粮食品种的干燥量 | 某品种干燥量与所调查品种干燥总量之比 |
| | 农户储藏 | 各粮食品种的农户储藏量 | 某品种储藏量与所调查品种农户储藏总量之比 |

注：品种层权重设置依据为各粮食品种的收获量、干燥量、农户储藏量，所调查品种的收获总量、干燥总量、农户储藏总量为指定区域范围内调查的各粮食品种的收获量之和、干燥量之和、农户储藏量之和。

4. 单环节多区域多品种粮食产后前端环节损失调查指标体系权重设置

单环节的粮食损失调查指标体系需要对区域层、品种层两个平行层进行权重设置，以及对某一流程下的方式层进行权重设定。在此体系下，研究的是指定环节下同一区域不同粮食品种的权重设置或者同一品种不同区域范围的权重设置。以收获环节为例，具体区域权重设置方式如表 3-23 所示，品种权重如表 3-24 所示。

**表 3-23　单环节多区域多品种粮食损失调查指标体系区域权重设置**

| 环节层 | 品种层 | 区域层权重设置依据 | 区域权重 |
| --- | --- | --- | --- |
| 收获 | 水稻 | 各区域水稻收获量 | 某区域水稻收获量与所调查区域收获总量之比 |
| | 玉米 | 各区域玉米收获量 | 某区域玉米收获量与所调查区域收获总量之比 |
| | 小麦 | 各区域小麦收获量 | 某区域小麦收获量与所调查区域收获总量之比 |
| | 大豆 | 各区域大豆收获量 | 某区域大豆收获量与所调查区域收获总量之比 |

注：区域层权重设置依据为各个区域的收获量，所调查区域的收获总量为品种 $i$ 在调查的各个区域的收获量之和

**表 3-24　单环节多区域多品种粮食损失调查指标体系品种权重设置**

| 环节层 | 区域层 | 品种层权重设置依据 | 品种权重 |
| --- | --- | --- | --- |
| 收获 | 区域 1 | 各粮食品种某区域的收获量 | 某粮食品种在区域 $j$ 的收获量与所调查品种收获总量之比 |
| | ⋮ | | |
| | 区域 $j$ | | |

注：品种层权重设置依据为各个粮食品种的收获量，所调查品种的收获总量为指定区域范围内调查的各粮食品种的收获量之和

# 3.4 我国粮食产后前端环节损失调查评估测算方法设计

## 3.4.1 样本维度的损失率测算

样本维度的损失率是指调查农户的损失率，包括作业流程损失率和环节损失率。即使种植同一品种的粮食，不同经营规模、不同地区的农户在收割方式、脱粒方式、清粮方式、储藏方式的选择上也不尽相同，进而会产生不同的产后前端环节处理工序。

### 1. 样本维度的作业流程损失率测算

根据前面对粮食产后前端环节的界定，本节围绕粮食产后前端环节的收获、干燥和农户储藏三个环节的损失展开评估测算方法的研究。其中，粮食产后前端各环节具体作业流程包括：收获环节的收割、田间运输、脱粒和清粮；干燥环节的烘干和除杂；农户储藏环节的入仓、储藏和出仓。因此，粮食产后前端环节内作业流程损失指的是粮食产后收获、干燥、农户储藏三个环节内各作业流程的粮食重量损失。

通过实验调查的方式，获得调查样本 $n$ 的粮食产后前端环节各作业流程的损失量 $L_{i,j,h,n,k}$ 和流通量 $Z_{i,j,h,n,k}$，各作业流程的损失量和流通量之比即为该调查样本的作业流程损失率 $s_{i,j,h,n,k}$，具体计算方式为

$$s_{i,j,h,n,k} = L_{i,j,h,n,k} / Z_{i,j,h,n,k} \tag{3-1}$$

其中，$s_{i,j,h,n,k}$ 表示作业流程损失率；$L_{i,j,h,n,k}$ 表示作业流程损失量；$Z_{i,j,h,n,k}$ 表示作业流程流通量；$n$ 表示各个调查样本；$j$ 表示不同省份；$i$ 表示水稻、小麦、玉米、大豆四个粮食品种，$i$ 分别取 1、2、3、4；$h$ 表示收获、干燥、农户储藏三个环节，分别取 1、2、3；$k$ 表示作业流程，取值依据调查样本各环节具体作业流程的个数。此外，作业流程损失率除此计算方式外，还可以通过问卷调查的方式，由农户根据经验估算获得。

### 2. 样本维度的环节损失率测算

粮食产后前端环节包括收获、干燥和农户储藏三个环节。三个环节内的各作业流程之间存在着先后关系，并不是并列的，因此在计算环节损失率时，不能简单地将各作业流程损失率加总。在作业流程损失率的基础上，应使用物质流方法计算环节损失率。以产后生产工序依次为收割、脱粒、清粮、烘干、除杂、入仓、储藏和出仓的某品种粮食为例，其收获环节包括收割、脱粒和清粮三个作业流程。

基于以上获得的各作业流程损失率，计算出一单位该品种粮食分别流经收获环节内三个作业流程的绝对损失量，再将这三个作业流程的绝对损失量加总即可获得该品种粮食的产后收获环节损失率。

在作业流程损失率 $s_{i,j,h,n,k}$ 的基础上，利用物质流方法计算环节损失率 $r_{i,j,h,n}$ 的具体公式为

$$r_{i,j,h,n} = 1 - \prod_{k=1}^{k}(1 - s_{i,j,h,n,k}) \tag{3-2}$$

$h$ 表示环节，$h$ 取 1，代表收获环节。不同品种粮食的收获环节具体工序数会由于调查样本操作方式的不同而有所差别，本节以曹宝明等（2022）对各粮食品种产后前端环节常见工序的研究成果为依据，不同品种粮食收获环节工序数 $k$ 的取值如表 3-25 所示。

**表 3-25　不同品种粮食收获环节工序数 $k$ 的取值**

| 环节 | 品种 | $k$ 的取值 | 代表工序 |
|---|---|---|---|
| 收获 | 水稻<br>小麦 | 1 | 联合收割机收获 |
| | | 2 | 收割→脱粒清粮一体化 |
| | | 3 | 收割→脱粒→清粮 |
| | 玉米 | 1 | 穗收 |
| | | 2 | 穗收→剥皮<br>粒收→清粮<br>穗收→脱粒清粮一体化 |
| | | 3 | 穗收→剥皮→脱粒清粮一体化<br>穗收→脱粒→清粮 |
| | | 4 | 穗收→剥皮→脱粒→清粮 |
| | 大豆 | 3 | 联合收割机→田间运输<br>收割→脱粒清粮一体化 |
| | | | 收割→脱粒→清粮 |

$h$ 取 2，代表干燥环节。不同品种粮食的干燥环节具体工序数会由于调查样本操作方式的不同而有所差别，本节以曹宝明等（2022）对各粮食品种产后前端环节常见工序的研究成果为依据，不同品种粮食干燥环节工序数 $k$ 的取值如表 3-26 所示。

$h$ 取 3，代表农户储藏环节。不同品种粮食的农户储藏环节具体工序数会由于调查样本操作方式的不同而有所差别，本节以曹宝明等（2022）对各粮食品种产后前端环节常见工序的研究成果为依据，不同品种粮食的农户储藏环节工序数 $k$ 的取值如表 3-27 所示。

**表 3-26 不同品种粮食干燥环节工序数 *k* 的取值**

| 环节 | 品种 | *k* 的取值 | 代表工序 |
| --- | --- | --- | --- |
| 干燥 | 水稻<br>小麦 | 2 | 烘干→除杂 |
| | 玉米 | 1 | 晾晒 |
| | | 2 | 烘干→除杂 |
| | 大豆 | 2 | 烘干→除杂 |

**表 3-27 不同品种粮食农户储藏环节工序数 *k* 的取值**

| 环节 | 品种 | *k* 的取值 | 代表工序 |
| --- | --- | --- | --- |
| 农户储藏 | 水稻<br>小麦 | 3 | 入仓→储藏→出仓 |
| | 玉米 | 1 | 挂储 |
| | | 3 | 入仓→储藏→出仓 |
| | 大豆 | 3 | 入仓→储藏→出仓 |

需要特别指出的是，有些调查样本在一个粮食产后前端环节内会同时采取多种操作方式，而不同操作方式的损失率会有较大差异。例如，种植小麦的某农民合作社会根据地形因素，同时选择人工收割和收获机收割两种收割方式。虽然不同操作方式的收获环节工序链长度都为 3（收割→脱粒→清粮），但计算出的收获环节损失率会有较大差异，且根据不同操作方式计算出的收获环节损失率均无法准确独立代表、衡量该农民合作社的小麦收获环节损失情况。因此，针对在一个环节内同时采取多种操作方式的调查样本，在计算其环节损失率时，需要设置方式权重，具体的权重设置方法如下。

以种植小麦的某农民合作社为例，通过调查发现，其收获环节有三种操作方式，分别为人工收割→人工脱粒→人工清粮（操作方式 1）、半机械收割→人工脱粒→人工清粮（操作方式 2）、联合收割机完成所有工序（操作方式 3），各操作方式的权重为该操作方式处理量与各操作方式处理量之和的比值。在此权重基础上，计算各操作方式收获环节损失率的加权平均值，即可得到该农民合作社的小麦收获环节损失率，具体计算公式为

$$
\begin{aligned}
Q_{i,j,h,n} &= \sum_{f=1} Q_{i,j,h,n,f} \\
w_{i,j,h,n,f} &= Q_{i,j,h,n,f} \big/ Q_{i,j,h,n} \qquad (3\text{-}3) \\
r_{i,j,h,n} &= \sum_{f=1}^{F} w_{i,j,h,n,f} \cdot r_{i,j,h,n,f}
\end{aligned}
$$

其中，$Q_{i,j,h,n,f}$ 表示操作方式 $f$ 处理量；$w_{i,j,h,n,f}$ 表示权重；$f=1,\cdots,F$，表示各种操作方式。

### 3.4.2　单品种单区域单环节的损失率测算

3.4.1 节设计了样本维度的损失率测算方法，即调查样本的单品种单环节损失率。单个区域由区域内的单个样本组成，因此，可以由样本维度的损失率计算出区域维度的损失率。同一区域内的农户，生产经营规模不同，使用的技术设备也有较大差异，进而会导致不同类型的农户粮食产后前端环节损失率也不同。农户类型主要包括普通农户、专业大户、家庭农场、农民合作社。在单区域范围内单品种不同农户类型单环节损失率 $r_{i,j,h,x}$ 的基础上，再设计农户类型权重，计算加权平均值即可获得单品种单区域单环节的损失率。

第一，计算农户类型权重，权重设置思路是首先根据样本调查中各类型样本的总粮食流通规模来确定对应类型的权重；其次，根据调查样本的粮食流通规模划分类型，再计算样本调查中各类型样本的总粮食流通规模；最后，用各类型的总粮食流通规模与区域 $j$ 内的总粮食流通规模之比表示农户类型权重，具体计算公式为

$$
\begin{gathered}
Y_{i,j,h,x}=\sum_{n\in x}Y_{i,j,h,n,x} \\
w_{i,j,h,x}=Y_{i,j,h,x}\Big/\sum_{x}Y_{i,j,h,x}
\end{gathered}
\tag{3-4}
$$

其中，$Y_{i,j,h,n,x}$ 表示归属于农户类型 $x$ 的调查样本 $n$ 的经营规模；$w_{i,j,h,x}$ 表示农户类型权重；$x$ 取 1、2、3、4，分别代表普通农户、专业大户、家庭农场和农民合作社四种农户类型。

第二，依据样本维度测算出的样本维度损失率 $r_{i,j,h,n}$，筛选出属于同一农户类型的样本，计算其损失率平均值，取该平均值作为该类型的损失率 $r_{i,j,h,x}$。具体计算方式为

$$
r_{i,j,h,x}=\overline{\sum_{n\in x}r_{i,j,h,n}} \tag{3-5}
$$

第三，在单区域范围内单品种不同农户类型单环节损失率 $r_{i,j,h,x}$ 的基础上，计算单品种单区域单环节的损失率 $r_{i,j,h}$，具体计算公式为

$$
r_{i,j,h}=\sum_{x=1}^{4}w_{i,j,h,x}\cdot r_{i,j,h,x} \tag{3-6}
$$

前面构建的单品种单区域单环节损失指标体系涵盖 4 类粮食品种的信息、31 个省级行政区的信息以及 3 个环节的信息，共计 372 个损失指标。在构建单品种单区域单环节损失指标时，已经将操作方式和生产经营规模对损失率的影响考虑在内，因此，该指标体系可以较准确地衡量某地某粮食品种在某特定环节的损失情况，便于农户、农民合作社和地方政府了解本地粮食产后前端环节损失情况，以分析微观层面的粮食产后前端环节损失影响因素。单品种单区域单环节的损失率测算方法具体如表 3-28 所示。

**表 3-28 单品种单区域单环节的损失率测算方法**

| 品种层 | 区域层 | 环节层 | 损失指标 | 测算方法 |
| --- | --- | --- | --- | --- |
| 品种 $i$ | 省级行政区 $j$ | 收获 | 省级行政区 $j$ 品种 $i$ 收获损失率 | $r_{i,j,1}=\sum_{x=1}^{X} w_{i,j,1,x}\cdot r_{i,j,1,x}$ |
| | | 干燥 | 省级行政区 $j$ 品种 $i$ 干燥损失率 | $r_{i,j,2}=\sum_{x=1}^{X} w_{i,j,2,x}\cdot r_{i,j,2,x}$ |
| | | 农户储藏 | 省级行政区 $j$ 品种 $i$ 农户储藏损失率 | $r_{i,j,3}=\sum_{x=1}^{X} w_{i,j,3,x}\cdot r_{i,j,3,x}$ |

### 3.4.3 单品种单区域综合环节的损失率测算

与利用作业流程损失率测算出环节损失率类似，单品种单区域综合环节 $r_{i,j}$ 的损失率，是在单品种单区域单环节损失率 $r_{i,j,h}$ 的基础上，通过物质流方法计算获得的。具体而言，先利用单品种单区域单环节损失率，计算出一单位粮食依次流经收获、干燥和农户储藏三个环节的绝对损失量，再将不同环节的绝对损失量加总，即获得某粮食品种产后前端环节损失率。

前面构建的单品种单区域综合环节损失指标体系涵盖 4 类粮食品种的信息和 31 个省级行政区的信息，共计 124 个损失指标。在构建单品种单区域综合环节损失指标时，已经将环节之间的先后关系和连贯性考虑在内，因此该指标体系可以较准确衡量某地某粮食品种产后前端环节的综合损失情况，便于农户、农民合作社和地方政府了解本地的水稻、小麦、玉米和大豆在产后前端环节的整体损失情况。单品种单区域综合环节的损失率测算方法具体如表 3-29 所示。

**表 3-29 单品种单区域综合环节的损失率测算方法**

| 品种层 | 区域层 | 环节层 | 损失指标 | 测算方法 |
| --- | --- | --- | --- | --- |
| 品种 $i$ | 省级行政区 $j$ | 产后前端环节 | 省级行政区 $j$ 品种 $i$ 产后前端环节损失率 | $r_{i,j}=1-\prod_{h=1}^{3}(1-r_{i,j,h})$ |

### 3.4.4　单品种全国单环节的损失率测算

由于不同地区在自然禀赋和技术水平上的差异，同一粮食品种同一环节在不同省级行政区的损失率也会有较大差异。因此在计算单品种单环节全国层面的损失率时，不能简单地将各个省级行政区的损失率加总，需要考虑到区域权重的设置。单品种全国单环节 $r_{i,h}$ 的损失率测算，在单品种单区域单环节损失率 $r_{i,j,h}$ 的基础上，利用单品种单环节损失率的区域权重，计算加权平均值得到。以全国水稻收获环节损失率的测算为例，首先按照区域权重的计算方法，先分别计算出 31 个省级行政区的区域权重，再将各省级行政区的水稻收获环节的损失率乘以各自的权重，最后将这 31 个数据加总求和，即可得到全国水稻收获环节损失率。

前面构建的单品种全国单环节损失指标体系包含 4 类粮食品种的信息和 3 个环节的信息，共计 12 个损失指标。在构建单品种全国单环节损失指标时，通过区域权重的设置，解决了各省级行政区之间损失率存在差异的问题。因此，该指标体系可以较准确地衡量全国层面上某一粮食品种产后前端各个独立环节的损失情况，便于政府对比分析各省级行政区的粮食损失情况。单品种全国单环节的损失率测算方法具体如表 3-30 所示。

**表 3-30　单品种全国单环节的损失率测算方法**

| 品种层 | 区域层 | 环节层 | 损失指标 | 测算方法 |
|---|---|---|---|---|
| 品种 $i$ | 全国 | 收获 | 全国品种 $i$ 收获损失率 | $r_{i,1}=\sum_j w_{i,j,1}\cdot r_{i,j,1}$ |
| | | 干燥 | 全国品种 $i$ 干燥损失率 | $r_{i,2}=\sum_j w_{i,j,2}\cdot r_{i,j,2}$ |
| | | 农户储藏 | 全国品种 $i$ 农户储藏损失率 | $r_{i,3}=\sum_j w_{i,j,3}\cdot r_{i,j,3}$ |

注：$w_{i,j,h}$ 表示某品种某环节的区域权重，其中，$i$ 和 $h$ 取固定值

### 3.4.5　单品种全国综合环节的损失率测算

与利用作业流程损失率测算出环节损失率类似，单品种全国综合环节 $r_i$ 的损失率，是在单品种全国单环节损失率 $r_{i,h}$ 的基础上，通过物质流方法计算得到。具体来说，先利用单品种全国单环节损失率，计算出一单位粮食依次流经收获、干燥和农户储藏三个环节的绝对损失量，再将不同环节的绝对损失量加总，即获得全国某粮食品种产后前端环节损失率。

前面构建的单品种全国综合环节损失指标体系涵盖 4 类粮食品种的信息，共计 4 个损失指标。该指标体系可以较准确地衡量全国层面某一粮食品种产后损失

的整体情况，有助于粮食减损政策制定。单品种全国综合环节的损失率测算方法具体如表 3-31 所示。

**表 3-31 单品种全国综合环节的损失率测算方法**

| 品种层 | 区域层 | 环节层 | 损失指标 | 测算方法 |
|---|---|---|---|---|
| 品种 $i$ | 全国 | 产后前端环节 | 全国品种 $i$ 产后前端环节损失率 | $r_i = 1 - \prod_{h=1}^{3}(1 - r_{i,h})$ |

### 3.4.6 多品种单区域单环节的损失率测算

由于不同品种产后各环节可采取的技术不同，同一省级行政区同一环节不同粮食品种的损失率也会有较大差异。因此，在计算多品种单区域单环节的损失率时，不能简单地将各个品种的损失率加总，需要考虑到品种权重。多品种单区域单环节的损失率，是在单品种单区域单环节损失率的基础上，使用单区域单环节损失率的品种权重，计算加权平均值得到。以省级行政区 $j$ 谷物类收获损失率的测算为例，谷物类包括水稻、玉米和小麦三种。按照品种权重的计算方法，先分别计算出这三个品种的权重，再将各品种的区域 $j$ 收获环节损失率乘以各自的权重，最后将这三个数据加总求和即可得到省级行政区 $j$ 谷物类收获损失率。

前面构建的多品种单区域单环节损失指标包含 2 类粮食品种（4 类主要农作类、谷物类）的信息，31 个省级行政区的信息，3 个环节的信息，共计 186 个损失指标。该指标体系可以提供某一地区 4 类主要农作类和谷物类粮食在某一特定环节的损失信息，便于农民合作社和地方政府了解本地的 4 类主要农作类和谷物类粮食在各环节的损失情况，以分析微观层面的粮食产后前端环节损失影响因素。多品种单区域单环节的损失率测算方法具体如表 3-32 所示。

**表 3-32 多品种单区域单环节的损失率测算方法**

| 品种层 | 区域层 | 环节层 | 损失指标 | 测算方法 |
|---|---|---|---|---|
| 4 类主要农作类 | 省级行政区 $j$ | 收获 | 省级行政区 $j$ 4 类主要农作类收获损失率 | $R_{j,1} = \sum_{i=1}^{4} w_{i,j,1} \cdot r_{i,j,1}$ |
| | | 干燥 | 省级行政区 $j$ 4 类主要农作类干燥损失率 | $R_{j,2} = \sum_{i=1}^{4} w_{i,j,2} \cdot r_{i,j,2}$ |
| | | 农户储藏 | 省级行政区 $j$ 4 类主要农作类农户储藏损失率 | $R_{j,3} = \sum_{i=1}^{4} w_{i,j,3} \cdot r_{i,j,3}$ |
| 谷物类 | 省级行政区 $j$ | 收获 | 省级行政区 $j$ 谷物类收获损失率 | $r_{j,1} = \sum_{i=1}^{3} w_{i,j,1} \cdot r_{i,j,1}$ |

续表

| 品种层 | 区域层 | 环节层 | 损失指标 | 测算方法 |
| --- | --- | --- | --- | --- |
| 谷物类 | 省级行政区 $j$ | 干燥 | 省级行政区 $j$ 谷物类干燥损失率 | $r_{j,2}=\sum_{i=1}^{3}w_{i,j,2}\cdot r_{i,j,2}$ |
| | | 农户储藏 | 省级行政区 $j$ 谷物类农户储藏损失率 | $r_{j,3}=\sum_{i=1}^{3}w_{i,j,3}\cdot r_{i,j,3}$ |

注：4类主要农作类包括水稻、玉米、小麦、大豆；谷物类包括水稻、玉米、小麦。$w_{i,j,h}$ 表示某区域某环节的品种权重，其中，$j$ 和 $h$ 取固定值

### 3.4.7　多品种单区域综合环节的损失率测算

与利用作业流程损失率测算出的环节损失率类似，多品种单区域综合环节的损失率，是在多品种单区域单环节损失率的基础上，通过物质流方法计算得到。首先利用多品种单区域单环节损失率，计算出一单位粮食依次流经收获、干燥和农户储藏三个环节的绝对损失量，再将不同环节的绝对损失量加总，即获得多品种单区域产后前端环节损失率。

前面构建的多品种单区域综合环节损失指标包含2类粮食品种(4类主要农作类、谷物类)的信息和31个省级行政区的信息，共计62个损失指标。该指标体系可以提供某一地区 4 类主要农作类和谷物类粮食在产后前端环节的综合损失信息，便于农民合作社和地方政府了解本地的四类主要农作类和谷物类粮食在产后前端环节的综合损失情况，以分析微观和中观层面的粮食产后前端环节损失影响因素。多品种单区域综合环节的损失率测算方法具体如表3-33所示。

**表3-33　多品种单区域综合环节的损失率测算方法**

| 品种层 | 区域层 | 环节层 | 损失指标 | 测算方法 |
| --- | --- | --- | --- | --- |
| 4类主要农作类 | 省级行政区 $j$ | 产后前端环节 | 省级行政区 $j$　4类主要农作类产后前端环节损失率 | $R_j=1-\prod_{h=1}^{3}(1-R_{j,h})$ |
| 谷物类 | 省级行政区 $j$ | 产后前端环节 | 省级行政区 $j$ 谷物类产后前端环节损失率 | $r_j=1-\prod_{h=1}^{3}(1-r_{j,h})$ |

### 3.4.8　多品种全国单环节的损失率测算

与利用单品种单区域单环节损失率和区域权重计算单品种全国单环节损失率类似，多品种全国单环节的损失率，是在多品种单区域单环节损失率的基础上，使用多品种单环节损失率的区域权重，计算加权平均值得到。以全国层面谷物类收获环节损失率的测算为例，按照区域权重的计算方法，先分别计算出31个省级

行政区的区域权重，再将各省级行政区的谷物类收获环节损失率乘以各自的权重，最后将这 31 个数据加总求和，即可得到全国层面谷物类收获环节损失率。

前面构建的多品种全国单环节损失指标体系包含 2 类粮食品种(4 类主要农作类、谷物类)的信息和 3 个环节的信息。在构建多品种全国单环节损失指标时，通过区域权重的设置，解决了各省级行政区之间损失率存在差异的问题。因此，该指标体系可以较准确地衡量全国层面上 4 类主要农作类和谷物类粮食在产后前端各个独立环节的整体损失情况。多品种全国单环节的损失率测算方法具体如表 3-34 所示。

**表 3-34　多品种全国单环节的损失率测算方法**

| 品种层 | 区域层 | 环节层 | 损失指标 | 测算方法 |
|---|---|---|---|---|
| 4 类主要农作类 | 全国 | 收获 | 全国 4 类主要农作类收获损失率 | $R_1 = \sum_j w_{j,1} \cdot R_{j,1}$ |
| | | 干燥 | 全国 4 类主要农作类干燥损失率 | $R_2 = \sum_j w_{j,2} \cdot R_{j,2}$ |
| | | 农户储藏 | 全国 4 类主要农作类农户储藏损失率 | $R_3 = \sum_j w_{j,3} \cdot R_{j,3}$ |
| 谷物类 | 全国 | 收获 | 全国谷物类收获损失率 | $r_1 = \sum_j w_{j,1} \cdot r_{j,1}$ |
| | | 干燥 | 全国谷物类干燥损失率 | $r_2 = \sum_j w_{j,2} \cdot r_{j,2}$ |
| | | 农户储藏 | 全国谷物类农户储藏损失率 | $r_3 = \sum_j w_{j,3} \cdot r_{j,3}$ |

注：$w_{j,h}$ 表示区域权重

### 3.4.9　多品种全国综合环节的损失率测算

与利用作业流程损失率测算出的环节损失率类似，多品种全国综合环节的损失率，是在多品种全国单环节损失率的基础上，通过物质流方法计算得到。首先利用多品种全国单环节损失率，计算出一单位粮食依次流经收获、干燥和农户储藏三个环节的绝对损失量，再将不同环节的绝对损失量加总，即可获得多品种全国产后前端环节损失率。

前面构建的多品种全国综合环节损失指标体系包含 2 类粮食品种(4 类主要农作类、谷物类)的信息。多品种全国综合环节损失指标体系可以提供 4 类主要农作类和谷物类粮食在产后前端环节的综合损失情况，便于中央政府精准把控全国范围内 4 类主要农作类和谷物类粮食在产后前端环节的整体损失，制定相关的减损措施。多品种全国综合环节的损失率测算方法具体如表 3-35 所示。

表 3-35　多品种全国综合环节的损失率测算方法

| 品种层 | 区域层 | 环节层 | 损失指标 | 测算方法 |
| --- | --- | --- | --- | --- |
| 4 类主要农作类 | 全国 | 产后前端环节 | 全国 4 类主要农作类产后前端环节损失率 | $R = 1 - \prod_{h=1}^{3}(1 - R_h)$ |
| 谷物类 | 全国 | 产后前端环节 | 全国谷物类产后前端环节损失率 | $r = 1 - \prod_{h=1}^{3}(1 - r_h)$ |

### 3.4.10　损失量测算

依据考察视角，将相应的粮食流通量与相应的损失率相乘，即可获得粮食数量损失。国家统计局负责公布分品种的全国粮食总产量和分区域的粮食产量。基于所考察的品种、地区和年份，选取相应的粮食产量和损失率进行测算，将两者相乘可求得粮食产后前端环节数量损失。

在此基础上，将热量、货币、碳排放量、水资源、耕地资源等方面的一单位粮食换算系数，与数量损失相乘，即可获得相应的热量、货币等损失量值，具体测算方法如表 3-36 所示。

表 3-36　粮食损失量的不同表达方式

| 表达方式 | 测算方法 |
| --- | --- |
| 数量损失 | 粮食流通量与损失率之积 |
| 热量损失 | 一单位粮食卡路里值与数量损失之积 |
| 货币损失 | 一单位粮食市场货币价值与数量损失之积 |
| 碳排放量 | 生产一单位粮食并将之流转至粮食产后末端环节产生的碳排放量与数量损失之积 |
| 水资源 | 生产一单位粮食所需要水资源与数量损失之积 |
| 耕地资源 | 生产一单位粮食所需要耕地资源与数量损失之积 |

注：1 卡路里=4.18 焦

具体而言，《中国食物成分表》详细收录了各类食物的能量和蛋白质、脂肪、膳食纤维、碳水化合物等营养元素含量。将测算出的粮食数量损失与一单位粮食能量值相乘即可获得热量损失值。《全国农产品成本收益资料汇编》收录了我国主要农产品(包括水稻、玉米、小麦、大豆)的生产成本和收益资料。粮食市场货币价值以此为依据，结合测算出的粮食数量损失，两者相乘即可获得包括成本损失和收益损失在内的货币损失。此外借助碳足迹、蓝水足迹和土地足迹三类环境足迹，量化分析粮食损失造成的无效碳排放、水资源浪费和耕地资源浪费。将粮食数量损失与平均环境影响因子相乘，即可获得由粮食损失造成的无效碳排放量和水资源量、耕地资源量。

## 3.5 粮食产后前端环节损失调查评估与现有全国性农户调查平台的衔接研究

### 3.5.1 界定粮食产后前端环节损失调查对象和调查内容

粮食产后前端环节损失调查是一项了解客观事物的认识活动，是直接收集社会资料和数据的过程。本节调查方法的设计遵循客观性、科学性、系统性和经济性四个原则。明确调查边界是设计具体调查方法的前提基础，粮食产后前端环节损失调查边界界定如表 3-37 所示。

**表 3-37 粮食产后前端环节损失调查边界界定**

| 界定 | 范围 | 具体内容 |
| --- | --- | --- |
| 调查对象 | 农户 | 普通农户、专业大户、家庭农场、农民合作社 |
| 调查品种 | 粮食 | 水稻、小麦、玉米、大豆 |
| 调查环节 | 产后前端环节 | 收获、干燥和农户储藏 |
| 调查区域 | 全国 | 除港澳台外的 31 个省级行政区 |
| 调查时间 | 定期 | 每年调查一次 |
| 调查内容 | 粮食产后前端环节损失状况 | 环节损失率/作业流程损失率、损失构成 |
| | 粮食产后前端环节流转规模 | 粮食收获量、干燥量、农户储藏量 |
| | 影响损失的技术因素 | 不同作业方式以及技术装备水平 |
| | 影响损失的自然因素 | 区域特征、自然气候条件等 |
| | 影响损失的经济因素 | 农产品生产成本和收益情况等 |
| | 影响损失的社会因素 | 农户家庭特征，包括人口、教育、收入、支出等 |

根据现有文献，本书将粮食损失确定为在收获、干燥、农户储藏等粮食产后环节，由技术装备、工艺流程、管理水平等因素所致的粮食数量损耗，进而引起的可进入消费领域的可食用粮食数量的减少。霉变、发芽等因素造成的粮食食用价值丧失而不能食用的情况也属于粮食数量损失的研究范畴。需要特别指出的是，由于粮食质量的测度指标较为复杂，因此，本节的粮食损失概念不包含粮食质量、品质的下降，仅涉及粮食数量的减少。

确定的调查对象为农户，具体包括普通农户、专业大户、家庭农场和农民合作社等。农民合作社是指在农村家庭承包经营基础上，由农产品生产经营者或农业生产经营服务提供者、利用者自愿联合，并民主管理的互助性经济组织。家庭农场是以农民家庭成员为主要劳动力，以农业经营收入为主要收入来源，利用家庭承包土地或流转土地，从事规模化、集约化、商品化农业生产的新型农业经营主体。专业大户是指从事单一农产品初级生产工作，在生产规模上明显大于一般农户，且初步实现规模经营的农户。

确定的调查品种包括水稻(籼稻和粳稻)、小麦、玉米、大豆等四个品种。现有研究中的粮食概念是谷物、豆类和薯类的集合，其中谷物又可分为麦、稻和粗粮。本节确定的调查品种涉及谷物和豆类两大类，水稻、小麦和玉米三大粮食品种产量占我国粮食总产量的比重超过了 90%。因此，调查品种可以较全面地反映我国粮食损失情况。

确定的调查环节包括粮食产后的收获、干燥和农户储藏环节。整个粮食经济系统包括粮食产前系统、粮食生产系统和粮食产后系统。其中，粮食产后系统以粮食生产的终点为起点，以粮食消费的终点为终点，具体包括收获、干燥、农户储藏、运输、加工、销售和消费七个环节。据前期测算，我国水稻、小麦和玉米三大主粮的综合损失率为 15.53%。分环节来看，收获环节损失份额占比达 29.49%，农户储藏和干燥环节分别占比 21.08%和 10.55%。根据国家粮食和物资储备局数据，我国农户储藏量约占全国粮食总产量的 50%，且由于装具简陋，保管技术水平低，农户储藏损失严重。因此，选定粮食产后的收获、干燥和农户储藏环节为调查环节。粮食产后收获环节包括收割、田间运输、脱粒和清粮四道工作流程；粮食产后干燥环节包括烘干、除杂两道工作流程；粮食产后农户储藏环节包括入仓、储藏、出仓三道工作流程。各样本各环节的工作流程可能会由于实际操作方式的不同而略有差异。

确定的调查区域为全国除港澳台外的 31 个省级行政区。不同地区的自然环境、资源禀赋、基础设施和技术装备各不相同，因而不同地区同一粮食品种同一产后环节的损失情况也会有较大差异。为全面评估我国粮食产后前端环节损失情况及其影响因素，调查区域为全国除港澳台外的 31 个省级行政区，涵盖粮食主产区、主销区和产销平衡区三大粮食区域。

调查内容包括粮食产后前端环节损失状况、粮食产后前端环节流转规模、影响损失的技术因素、影响损失的自然因素、影响损失的经济因素、影响损失的社会因素。具体来说，粮食产后前端环节损失状况包括各环节损失率(收获环节损失率、干燥环节损失率、农户储藏环节损失率)和各作业流程损失率(收割损失率、田间运输损失率、脱粒损失率、清粮损失率、烘干损失率、除杂损失率、入仓损失率、储藏损失率和出仓损失率）。粮食产后前端环节流转规模包括收获、干燥和农户储藏环节的流通量和损失量。粮食产后前端环节损失影响因素包括技术因素、自然因素、经济因素和社会因素。具体如表 3-38 所示。

表 3-38　各环节损失影响因素

| 环节 | 技术因素 | 自然因素 | 经济因素 | 社会因素 |
|---|---|---|---|---|
| 收获 | 收获方式<br>收获作业精细程度 | 地形、地块规模、收割时的天气和时间 | 农产品生产成本和收益情况 | 农户家庭特征 |
| 干燥 | 干燥方式 | 温度、湿度等气候条件 | 农产品生产成本和收益情况 | 农户家庭特征 |
| 农户储藏 | 储粮装具类型 | 温度、湿度等气候条件 | 农产品生产成本和收益情况 | 农户家庭特征 |

### 3.5.2　现有全国性农户调查平台兼容性分析

1. 现有全国性农户调查平台建设情况梳理

现有全国性涉农调查平台有全国农产品成本调查、全国农村固定观察点调查、中国乡村振兴综合调查、中国家庭收入调查、中国劳动力动态调查、中国家庭追踪调查。

全国农产品成本调查由农业农村部组织开展，其调查目的是及时、准确了解和掌握重要农产品的生产成本及收益情况。全国农产品成本调查的调查对象包括农产品生产、加工、流通等环节的各类参与者；调查品种是由农业农村部汇总的 13 个重要农产品，包括早籼稻、中籼稻、晚籼稻、粳稻、小麦、玉米、大豆、棉花、油菜籽、花生仁、葵花籽、甘蔗、甜菜；调查内容是以上 13 个重要农产品的生产成本、加工成本和流通成本；调查频次依各品种农产品收获上市期确定；统计范围是各品种农产品主产省区市的农产品价格调查基点县；采用问卷调查和实地调查相结合的调查方法。

全国农村固定观察点调查由农业农村部组织开展，其基本任务是通过长期追踪调查固定不变的村和户，取得连续数据，以便及时了解农村基层各种动态信息。全国农村固定观察点调查的调查对象涉及农户、新型农业经营主体等；调查频次为 1 年 1 次；统计范围为全国除港澳台外的 31 个省级行政区；采用抽样调查方法；总样本量约 2.3 万个；调查种类可分为常规调查、专题调查和快速调查。具体来说，全国农村固定观察点调查体系包括乡镇调查、村庄调查、农户调查、新型农业经营主体和一二三产业融合主体调查。农户调查内容包括家庭成员及就业情况，土地情况，固定资产情况，粮食作物生产经营情况，市场信息获取情况，大宗经济作物及园地作物生产经营情况，畜牧业、渔业生产经营情况，林业生产经营情况，农林牧渔服务业情况，乡村第二、三产业经营情况，出售农产品情况，购买生产资料情况，全年收支情况，成本收益情况，全年主要食物消费情况，主要耐用物品年末拥有量及居住情况等信息。

中国乡村振兴综合调查的调查对象为农户；调查频次为 2 年 1 次；统计范围为广东省、浙江省、山东省、安徽省、河南省、黑龙江省、贵州省、四川省、陕西省和宁夏回族自治区等东、中、西部与东北地区的 10 个省级行政区的 50 个县区；调查内容包括农村人口与劳动就业、收入及消费、土地经营、粮食生产、社区环境、社区治理等信息；2021 年共获得农户有效问卷 3833 份。

中国家庭收入调查的调查对象涉及城镇住户、农村住户和流动人口；调查频次为 5 年 1 次；统计范围为东、中、西部的 15 个省级行政区，126 个城市，234 个县区；调查内容包括住户个人层面的基本信息、就业信息，以及家庭层面的基本信息、主要收支信息和一些专题性问题。中国家庭收入调查按照东、中、西部分层，采取系统抽样方法来抽取样本，2013 年共收集到 18 948 个住户样本和 64 777 个个体样本，其中包括 7175 户城镇住户样本、11 013 户农村住户样本和 760 户外来务工住户样本。

中国劳动力动态调查是一个涉及劳动力个体、家庭和社区三个层次追踪与横截面信息的综合性调查平台，其调查对象为中国城市和农村的劳动力个体；调查频次为 2 年 1 次；统计范围覆盖中国 29 个省市，401 个村居，14 214 户家庭，23 594 个个体；采用多阶段、多层次、与劳动力规模成比例的概率抽样方法。调查内容主要包括劳动力的教育、就业、劳动权益、职业流动等信息，劳动力所在家庭的人口结构、家庭财产和消费、农村家庭生产和土地等信息，以及劳动力所在社区的政治、经济、社会等信息。

中国家庭追踪调查的对象包括个体、家庭和社区，即样本家庭中的全部家庭成员和样本家庭所在社区；调查频次为 2 年 1 次；调查内容涉及经济活动、教育成果、家庭关系、人口迁移、健康等多个主题，以反映我国社会、经济、人口、教育和健康的变迁；统计范围覆盖 25 个省区市；目标样本规模为 16 000 户；调查问卷有社区问卷、家庭问卷、成人问卷和少儿问卷四种主体问卷类型。

### 2. 全国性农户调查平台的优劣势比较

以粮食产后前端环节损失调查对象和调查内容为依据，比较分析以上全国性农户调查平台在粮食产后前端环节损失调查中的优势和劣势，具体如表 3-39 所示。

**表 3-39 全国性农户调查平台的优势和劣势比较**

| 序号 | 平台 | 优势 | 劣势 |
| --- | --- | --- | --- |
| 1 | 全国农产品成本调查 | 调查品种包含本书确定的水稻、小麦、玉米和大豆四个品种；以农业生产布局、农产品生产规模、农户生产特点和文化素质为依据，采用分层和随机抽样方法 | 调查频次依各品种农产品收获上市期确定，调查频次不定，不利于统一报送调查数据；统计范围仅涉及各品种农产品主产省区市 |
| 2 | 全国农村固定观察点调查 | 调查频次为1年1次；调查对象、调查内容、统计范围与本节确定的粮食产后前端环节损失调查极为匹配；可将粮食产后前端环节损失调查寓于其常规调查和专题调查中；此前，已有学者依托全国农村固定观察点调查开展粮食损失专题调查 | 样本村和样本户是固定不变的，将粮食产后前端环节损失调查与其衔接时，需要再抽取合适样本 |
| 3 | 中国乡村振兴综合调查 | 调查内容与本节较为匹配 | 调查频次为2年1次；统计范围仅涉及全国10个省级行政区 |
| 4 | 中国家庭收入调查 | 样本量较大；调查体系较完善 | 调查频次为5年1次；调查内容主要涉及住户的收支情况，与本节确定的粮食产后前端环节损失调查内容关联性较低 |
| 5 | 中国劳动力动态调查 | 调查内容涉及农村家庭生产和土地等信息；统计范围较广，样本量较大；调查体系较完善 | 调查频次为2年1次；调查内容主要涉及劳动力的相关信息，与本节确定的粮食产后前端环节损失调查内容关联性较低 |
| 6 | 中国家庭追踪调查 | 统计范围较广，样本规模较大；调查体系较完善 | 调查频次为2年1次；调查内容不涉及农业，与本节确定的粮食产后前端环节损失调查内容关联性较低 |

3. 粮食产后前端环节损失调查与全国性农户调查平台衔接的最优方案选择

(1)粮食产后前端环节损失调查与各全国性农户调查平台的衔接方案。针对以上六个全国性农户调查平台，围绕本节确定的粮食产后前端环节损失调查对象和内容，从调查方式、问卷设计、样本抽样、数据采集和报送、人员培训等方面提出粮食产后前端环节损失调查与各平台的衔接方案，具体如表3-40～表3-45所示。

**表 3-40 全国农产品成本调查平台衔接方案**

| 平台 | 衔接方案 | 具体方案 |
| --- | --- | --- |
| 全国农产品成本调查 | 调查方式 | 将用于调查作业流程损失率的专项调查和用于调查环节损失率、作业流程流转规模、损失影响因素的基础调查与全国农产品成本调查的常规调查结合在一起。采用发放问卷的调查方法用于调查损失的技术因素，可与全国农产品成本调查的实地调查结合 |
| | 问卷设计 | 首先，熟悉全国农产品成本调查的调查表基础表式；其次，依据粮食产后前端环节损失调查内容对其进行补充，并解释说明新引入指标的内涵 |

续表

| 平台 | 衔接方案 | 具体方案 |
| --- | --- | --- |
| 全国农产品成本调查 | 样本抽样 | 全国农产品成本调查抽样时已考虑到农业生产布局、农产品生产规模、农户生产特点和文化素质等因素。因此，可直接将全国农产品成本调查的样本作为粮食产后前端环节损失调查的样本 |
| | 数据采集和报送 | 由农调户填写相关问卷，由调查员对基础数据进行审核、检查和上报 |
| | 人员培训 | 就填表规则、新增指标内涵等问题对调查员进行培训 |

**表 3-41　全国农村固定观察点调查平台衔接方案**

| 平台 | 衔接方案 | 具体方案 |
| --- | --- | --- |
| 全国农村固定观察点调查 | 调查方式 | 将用于调查作业流程损失率的专项调查与全国农村固定观察点调查平台专题调查结合；将用于调查环节损失率、作业流程流转规模、损失影响因素的基础调查与全国农村固定观察点调查平台常规调查结合在一起，以上调查都采用发放问卷的调查方法。用于调查损失的技术因素的实验调查，可在全国农村固定观察点调查平台样本框内抽取合适地块，采用实地实验的调查方法 |
| | 问卷设计 | 首先，熟悉全国农村固定观察点调查平台常规调查的调查表基础表式；其次，依据粮食产后前端环节损失调查内容对其进行补充，并解释说明新引入指标的内涵 |
| | 样本抽样 | 以抽取种植水稻的农民合作社样本为例，在全国农村固定观察点调查的调查村内，以承包耕地面积为依据，将农民合作社的承包耕地面积从小到大排列，在上四分位数、中位数和下四分位数附近各选取适当数量的调查样本，避免极值影响 |
| | 数据采集和报送 | 依照全国农村固定观察点调查的信息采集流程，首先，由调查员向调查样本发放调查表和调查问卷并解释说明相关问题；其次，调查样本填写调查表和调查问卷；最后，调查员负责数据和信息的审核、汇总和上报 |
| | 人员培训 | 就填表规则、新增指标内涵等问题对调查员进行培训 |

**表 3-42　中国乡村振兴综合调查平台衔接方案**

| 平台 | 衔接方案 | 具体方案 |
| --- | --- | --- |
| 中国乡村振兴综合调查 | 调查方式 | 将用于调查作业流程损失率的专项调查和用于调查环节损失率、作业流程流转规模、损失影响因素的基础调查与中国乡村振兴综合调查的基础调查结合在一起，采用发放问卷的调查方法 |
| | 问卷设计 | 首先，熟悉中国乡村振兴综合调查的基础表式；其次，依据粮食产后前端环节损失调查内容对其进行补充，并解释说明新引入指标的内涵 |
| | 样本抽样 | 以抽取种植水稻的农民合作社样本为例，在中国乡村振兴综合调查的样本村内，以承包耕地面积为依据，将农民合作社的承包耕地面积从小到大排列，在上四分位数、中位数和下四分位数附近各选取适当数量的调查样本，避免极值影响 |
| | 数据采集和报送 | 由农调户填写相关问卷，由调查员对基础数据进行审核、检查和上报 |
| | 人员培训 | 就填表规则、新增指标内涵等问题对调查员进行培训 |

**表 3-43　中国家庭收入调查平台衔接方案**

| 平台 | 衔接方案 | 具体方案 |
| --- | --- | --- |
| 中国家庭收入调查 | 调查方式 | 将用于调查作业流程损失率的专项调查和用于调查环节损失率、作业流程流转规模、损失影响因素的基础调查与中国家庭收入调查的基础调查结合在一起，采用发放问卷的调查方法 |
| | 问卷设计 | 首先，熟悉中国家庭收入调查的基础表式；其次，依据粮食产后前端环节损失调查内容对其进行补充，并解释说明新引入指标的内涵 |
| | 样本抽样 | 中国家庭收入调查的样本抽样方法不满足粮食产后前端环节损失调查的要求，需要重新设计样本抽样方法。以抽取种植水稻的农民合作社样本为例，在 31 个省区市内，将各市(区)农民合作社的承包耕地面积加总，并由小到大排列，在上四分位数、中位数和下四分位数附近各选取适当数量的调查市，再以同样方法抽取调查村、调查户，避免极值影响 |
| | 数据采集和报送 | 由调查员指导调查对象填写相关问卷并对基础数据进行审核、检查和上报 |
| | 人员培训 | 就填表规则、新增指标内涵等问题对调查员进行培训 |

**表 3-44　中国劳动力动态调查平台衔接方案**

| 平台 | 衔接方案 | 具体方案 |
| --- | --- | --- |
| 中国劳动力动态调查 | 调查方式 | 将用于调查作业流程损失率的专项调查和用于调查环节损失率、作业流程流转规模、损失影响因素的基础调查与中国劳动力动态调查的基础调查结合在一起，采用发放问卷的调查方法 |
| | 问卷设计 | 首先，熟悉中国劳动力动态调查的基础表式；其次，依据粮食产后前端环节损失调查内容对其进行补充，并解释新引入指标的内涵 |
| | 样本抽样 | 中国劳动力动态调查采用与劳动力规模成比例的概率抽样方法，不满足粮食产后前端环节损失调查的调查要求，需要重新设计样本抽样方法。以抽取种植水稻的农民合作社样本为例，在 31 个省区市内，以承包耕地面积为依据，将各市(区)农民合作社的承包耕地面积加总，并由小到大排列，在上四分位数、中位数和下四分位数附近各选取适当数量的调查市，再以同样方法抽取调查村、调查户，避免极值影响 |
| | 数据采集和报送 | 由调查员指导调查对象填写相关问卷并对基础数据进行审核、检查和上报 |
| | 人员培训 | 就填表规则、新增指标内涵等问题对调查员进行培训 |

**表 3-45　中国家庭追踪调查平台衔接方案**

| 平台 | 衔接方案 | 具体方案 |
| --- | --- | --- |
| 中国家庭追踪调查 | 调查方式 | 将用于调查作业流程损失率的专项调查和用于调查环节损失率、作业流程流转规模，损失的技术、经济、社会、自然因素的基础调查与中国家庭追踪调查的基础调查结合在一起，采用发放问卷的调查方法 |
| | 问卷设计 | 首先，熟悉中国家庭追踪调查的调查问卷基础表式；其次，依据粮食产后前端环节损失调查内容，对社区问卷和家庭问卷进行补充，并解释说明新引入指标的内涵 |

续表

| 平台 | 衔接方案 | 具体方案 |
| --- | --- | --- |
| 中国家庭追踪调查 | 样本抽样 | 中国家庭追踪调查的样本抽样方法不满足粮食产后前端环节损失调查的要求，需要重新设计样本抽样方法。以抽取种植水稻的农民合作社样本为例，在 31 个省区市内，以承包耕地面积为依据，将各市(区)农民合作社的承包耕地面积加总，并由小到大排列，在上四分位数、中位数和下四分位数附近各选取适当数量的调查市，再以同样方法抽取调查村、调查户，以避免极值影响 |
| | 数据采集和报送 | 由调查员指导调查对象填写相关问卷并对基础数据进行审核、检查和上报 |
| | 人员培训 | 就填表规则、新增指标内涵等问题对调查员进行培训 |

(2)构建衔接方案评价指标体系模型。从目标完成性、可操作性和经济性三个方面评价以上各衔接方案。具体而言，目标完成性指衔接方案是否可以实现研究目标，即是否可以实现常态化地调查评估收获、干燥和农户储藏三个粮食产后前端环节的损失情况。可操作性指衔接方案的可行性，主要包括调查方式、问卷设计、样本抽样、数据采集和报送、人员培训等是否可行。经济性涉及衔接方案落地实施过程的成本问题，较高成本可能会使衔接方案无法真正落地实施，也就无法实现研究目标。因此，本节构建如表 3-46 所示的衔接方案评价体系，目标层为衔接方案可行指数 $A$；指标层为目标完成指数 $B_1$、可操作指数 $B_2$ 和成本指数 $B_3$。

**表 3-46　衔接方案评价体系表**

| 目标层 | 指标层 |
| --- | --- |
| 衔接方案可行指数 $A$ | 目标完成指数 $B_1$ |
| | 可操作指数 $B_2$ |
| | 成本指数 $B_3$ |

由粮食产后损失研究领域的专家从目标完成性角度对衔接方案进行打分得到目标完成指数 $B_1$。分数范围为 1～9 分，分数值取整数，分数值越高，代表该衔接方案越能实现本节的研究目标。由粮食产后损失研究领域的专家从可操作性角度对衔接方案进行打分得到可操作指数 $B_2$。分数范围为 1～9 分，分数值取整数，分数值越高，代表该衔接方案可操作性越好。由粮食产后损失研究领域的专家从经济性角度对衔接方案进行打分得到成本指数 $B_3$。分数范围为 1～9 分，分数值取整数，分数值越高，代表该衔接方案落地实施过程的预估成本越低。衔接方案可行指数 $A$ 为目标完成指数 $B_1$、可操作指数 $B_2$ 和成本指数 $B_3$ 的平均值，即

$$A = \frac{B_1 + B_2 + B_3}{3} \tag{3-7}$$

(3)筛选最优全国性农户调查平台和衔接方案。德尔菲法又称为专家调查法，是一种有效收集专家意见，并最终取得较一致结果的决策方法。拟选择粮食产后损失研究领域的专家 20 人，采用德尔菲法，优选出最优全国性农户调查平台和衔接方案。具体的工作流程如下。①确定调查目标，即优选出最适宜与粮食产后前端环节损失调查衔接的全国性农户调查平台和衔接方案。准备提供给专家的资料，包括但不限于现有全国性农户调查平台的建设情况梳理、各平台在粮食产后前端环节损失调查中的优势和劣势比较，以及与各平台的衔接方案。②组成专家小组，邀请 20 位粮食产后损失研究领域的专家组成专家小组。③向专家小组成员阐述本次调查目标，提供背景资料。④由专家小组成员依据资料，以书面答复的形式，匿名发表对各全国性农户调查平台和衔接方案的意见，并说明自己的理由；依据上述打分规则，各位专家从目标完成性、可操作性和经济性三个角度分别对各衔接方案进行匿名打分。

(4)汇总整理各位专家第一次的判断意见和分数，计算出各衔接方案可行指数 $A$，并分发给各位专家。由专家小组成员比较同其他专家的不同判断，并在此基础上对评价意见进行修改。重复以上收集汇总意见、修改意见的步骤，直到专家组成员不再改变自己的判断为止。此时，专家组成员评选出的全国性农户调查平台和衔接方案，即为最适宜粮食产后前端环节损失调查的调查平台和衔接方案。

按照上述工作流程，专家组最终优选出全国农村固定观察点调查平台为最适宜与粮食产后前端环节损失调查衔接的平台。从目标完成性角度，上述将粮食产后前端环节损失调查与全国农村固定观察点调查衔接的方案，有较大的潜力可以实现常态化地调查评估粮食产后前端环节损失情况的研究目标。从可操作性和经济性角度，将粮食产后前端环节损失调查的专项调查和基础调查，分别与全国农村固定观察点调查的专题调查和常规调查相结合，衔接方案的实施成本较低，可行性较高。

### 3.5.3 粮食产后前端环节损失调查方法设计

现有针对粮食产后前端环节损失的调查多采用调查样本经验估算法。经验估算法依赖于作业流程、环节的划分粗细程度和调查样本对粮食损失情况的主观判断，易产生较大误差。若能按照作业流程，对粮食产后前端各环节进行细分，则调查样本主观判断引起的误差就能尽可能得到缓解。此外，可以以实验调查法作为辅助调查方法，以便进一步校准调查样本经验估算法的结果。

对现有研究成果进行解读可知，粮食产后前端环节损失率的主要影响因素可归结为技术、经济、社会和自然等四个层面。在技术因素方面，产后前端各环节的技术装备水平和各作业流程的作业方式是造成不同地区、不同品种粮食产后前端环节损失率差异较大的主要原因。影响粮食产后前端环节损失的经济因素包括农产品成本收益情况，社会因素包括涉农劳动力在年龄、健康状况、受教育程度、务农总收入和总支出等方面的特征，自然因素包括粮食种植区域的气候条件和地理区位。

粮食产后前端环节损失率的调查内容包括各作业流程损失率、作业流程流转规模、损失的技术因素、损失的经济因素、损失的社会因素、损失的自然因素和环节损失率。调查类型包括实验调查、专项调查和基础调查三类。调查方法包括实验调查法、问卷调查法两类。全国农村固定观察点调查平台是一个集实验调查法、问卷调查法等调查方法于一体的综合调查体系。在粮食产后前端环节损失率的实践调查中，可以依据调查内容的不同特征，将其与全国农村固定观察点调查平台的不同调查方法相结合。调查内容、调查类型和调查方法的具体匹配特征如图 3-3 所示。

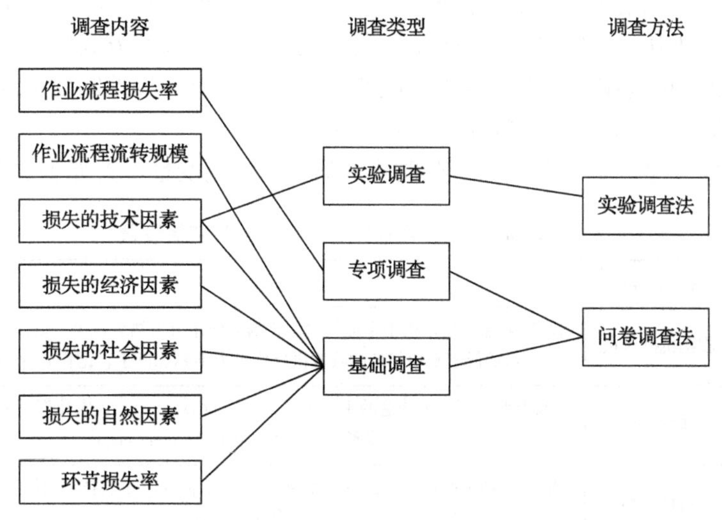


图 3-3　调查内容、调查类型和调查方法匹配示意图

### 1. 实验调查方法设计

实验调查主要用于研究影响粮食产后前端环节损失的技术因素，测定机械作业方式的损失率，约三年进行一次。很多因素对实验结果都会产生影响，对照实验是一种有效分析证明某种因素对实验结果确切影响的实验方法。对照实验的具体做法是：将实验分为两个或两个以上的组群，其他条件都相同，只有一个条件不同，其中一个是对照组，另一个或几个是实验组。

采用对照实验，测度不同技术装备水平下的作业流程损失率，并考察机械作业装备、作业环境、作业人员操作熟练程度等因素对作业流程损失率的影响。

表 3-47 以粮食产后收获环节收割作业流程为例，从人、机、料、环的分析视角，给出相应的控制变量选择。

**表 3-47　对照实验中的控制变量选择**

| 分析视角 | 控制变量 | 变量值 |
| --- | --- | --- |
| 人 | 收割机操作员 | 熟练程度 |
| 机 | 收割机 | 机器类型 |
| 料 | 粮食作物 | 作物品种 |
| 环 | 农田地形 | 农田平整度 |
| | 收割天气 | 晴好天气 |
| | 收割时间 | 大面积收割时间或农技部门建议时间 |

以粮食产后收获环节收割作业流程为例，实验调查法的具体步骤如下。

(1)确定地块。在实验省级行政区，综合考虑产量、收获方式以及收割机操作员、收割机、粮食作物、农田地形、收割天气、收割时间等控制变量的需要，选择具有代表性的市县，并选择实验农户、实验地块。

(2)确定变量设置。收获环节收割作业流程的控制变量设置如表 3-48 所示。

**表 3-48　收获环节收割作业流程的控制变量设置**

| 分析视角 | 控制变量 | 变量值 |
| --- | --- | --- |
| 人 | 收割机操作员 | 选取驾龄超过当地机手平均驾龄的收割机操作员为熟练机手，记作 $O_1$(Operator$_1$)；驾龄低于平均驾龄的收割机操作员为不熟练机手，记作 $O_2$(Operator$_2$) |
| 机 | 收割机 | 选取当地使用最为普遍的主流机型，记作 $M_1$(Machine$_1$)；农技部门推荐的收割效果最好的机型，记作 $M_2$(Machine$_2$) |
| 料 | 粮食作物 | 选取当地种植面积最广的主流品种，记作 $S_1$(Species$_1$)；农技部门推荐的优良品种，记作 $S_2$(Species$_2$) |
| 环 | 农田地形 | 选取平整地块，记作 $L_1$(Land$_1$)；不平整地块，记作 $L_2$(Land$_2$) |
| | 收割天气 | 选取晴朗天气，记作 $W_1$(Weather$_1$)；阴雨、不利于收割的天气，记作 $W_2$(Weather$_2$) |
| | 收割时间 | 选取当地大面积收割时间，记作 $T_1$(Time$_1$)；农技部门经测算后推荐的收割时间，记作 $T_2$(Time$_2$) |

(3)设置对照组和实验组。严格控制以上 6 个实验变量，选取 $A$、$B$、$C$、$D$、$E$、$F$、$G$ 等 7 块实验地块，其中，地块 $A$ 为对照组，采用主流机型 $M_1$ 和熟练机手 $O_1$ 进行收割，种植主流品种 $S_1$，选取平整地块 $L_1$，在当地大面积收割时间 $T_1$ 内、晴朗天气 $W_1$ 下收割。地块 $B$、$C$、$D$、$E$、$F$、$G$ 为实验组，每个实验组只改变一个实验条件，其他条件与对照组保持一致。相较于对照地块 $A$，实验地块 $B$

只有收割机操作员熟练程度不同，其他条件不变。与此类似，实验地块 $C$ 只有收割机不同，实验地块 $D$ 只有粮食作物不同，实验地块 $E$ 只有农田地形不同，实验地块 $F$ 只有收割天气不同，实验地块 $G$ 只有收割时间不同。对照组和实验组变量的具体设置如表 3-49 所示。

**表 3-49　对照组和实验组的变量设置**

| 组别 | 收割机操作员 | 收割机 | 粮食作物 | 农田地形 | 收割天气 | 收割时间 |
|---|---|---|---|---|---|---|
| $A$ | $O_1$ | $M_1$ | $S_1$ | $L_1$ | $W_1$ | $T_1$ |
| $B$ | $O_2$ | $M_1$ | $S_1$ | $L_1$ | $W_1$ | $T_1$ |
| $C$ | $O_1$ | $M_2$ | $S_1$ | $L_1$ | $W_1$ | $T_1$ |
| $D$ | $O_1$ | $M_1$ | $S_2$ | $L_1$ | $W_1$ | $T_1$ |
| $E$ | $O_1$ | $M_1$ | $S_1$ | $L_2$ | $W_1$ | $T_1$ |
| $F$ | $O_1$ | $M_1$ | $S_1$ | $L_1$ | $W_2$ | $T_1$ |
| $G$ | $O_1$ | $M_1$ | $S_1$ | $L_1$ | $W_1$ | $T_2$ |

(4)损失测量。以测算小麦产后收获环节收割作业流程的损失率为例，通过选点测量的方法推算收割作业流程内损失的小麦重量。收割机在行进过程中既有直线行驶，也有掉头转弯。考虑到收割机不同行进状态的粮食损失量有所不同，所以选点时把地块划分为收割机直线行驶的中间地块和收割机需要掉头转弯的边沿地块。具体的选点方法是：边沿地块按照收割机的行走路线均匀选择两个检测框 $B_1$～$B_2$，四方形的中间地块根据国家标准《农业机械 试验条件测定方法的一般规定》(GB/T 5262—2008)使用的谷物类损失率测量方法，采用五点法对损失数量进行测量。首先，在四方形的中间地块两条对角线的交点设立检测框 $Z_1$；然后在两条对角线上，距 4 个顶点约为对角线长度 1/4 处选取 4 个检测框 $Z_2$～$Z_5$，如图 3-4 所示。每个检测框均为 1 米×1 米的正方形。机械收割完后，把各检测框内的麦粒、麦穗捡拾干净脱粒后分别称重。

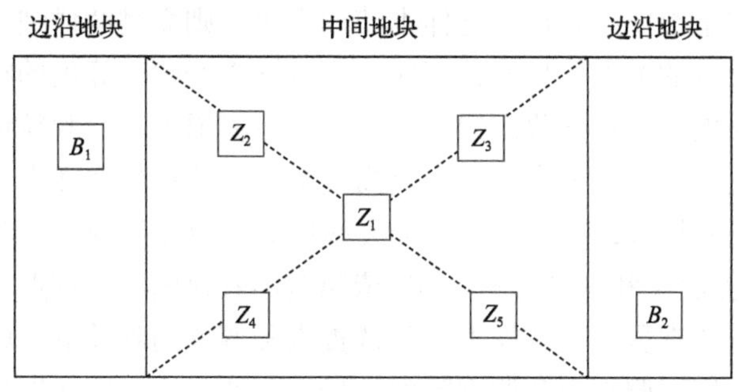


图 3-4　选点示意图

(5)损失率测算。首先，收割完成后测量第 $i$ 块地的总产量 $Q_i$ 和面积 $\text{Area}_i$；其次，分别根据中间地块和边沿地块测算收集的损失量，计算中间地块和边沿地块的平均损失量 $\text{Aver}_Z$ 和 $\text{Aver}_B$，并利用中间地块和边沿地块的面积占比 $S_Z$ 和 $S_B$，得到第 $i$ 块地的损失率 $\text{LR}_i$。

$$\text{LR}_i = \frac{\text{Aver}_Z \times S_Z + \text{Aver}_B \times S_B}{\text{Aver}_Z + \text{Aver}_B + Q_i / \text{Area}_i} \tag{3-8}$$

2. 专项调查中的问卷调查法设计

专项调查主要用于粮食产后前端环节各作业流程损失率的经验估算调查，约三年进行一次。专项调查的主要步骤如下。

(1)确定样本抽样方法。粮食产后前端环节损失的调查对象包括普通农户、专业大户、家庭农场和农民合作社，调查粮食品种包括水稻、小麦、玉米和大豆，调查环节包括收获环节、干燥环节和农户储藏环节，调查区域包括全国除港澳台外的 31 个省级行政区。以抽取种植水稻的农民合作社样本为例，样本抽样的具体方法如下：与全国农村固定观察点调查的抽样方法类似，在 31 个省级行政区内部，将农民合作社的承包耕地面积从小到大排列，在上四分位数、中位数和下四分位数附近各选取适当数量的调查样本，以避免极值的影响。此外，技术水平是粮食产后前端环节损失的重要影响因素，因此，选取调查样本时应充分考虑到样本的生产技术条件，如是否采用农机、采用何种农机。

(2)设计调查问卷。专项调查主要用于粮食产后前端环节各作业流程损失率的经验估算调查。依据粮食产后前端环节作业流程特征和调查内容，调查问卷的问题应包含以下信息：第一，填表样本的样本类型，此问题用以识别填表样本属于普通农户、专业大户、家庭农场抑或农民合作社；第二，填表样本的粮食种植品种和种植面积，若样本同时种植多品种粮食，则粮食品种和种植面积应一一对应；第三，填表样本是否使用农机，若样本使用农机，则需继续详细给出使用农机的作业流程以及农机的类别、型号；第四，调查样本经验估算出的粮食产后前端环节各作业流程损失率，包括收割损失率、田间运输损失率、脱粒损失率、清粮损失率、烘干损失率、除杂损失率、入仓损失率、储藏损失率和出仓损失率，若样本同时种植多品种粮食，则其估算的损失率也需与粮食品种一一对应。

(3)完成数据收集和处理分析工作。依照全国农村固定观察点调查的信息采集流程，首先，由调查员向调查样本发放调查表和调查问卷并解释说明相关问题；其次，调查样本填写调查表和调查问卷；最后，调查员负责数据和信息的审核、汇总与上报。

3. 基础调查中的调查表设计

基础调查主要用于粮食产后前端各环节损失率的经验估算调查、各作业流程流转规模调查以及损失影响因素调查，每年进行一次。本节拟将粮食产后前端环节损失调查与全国农村固定观察点调查平台相结合，以降低调查成本，提高调查效率，实现粮食产后前端环节损失的常态化调查目标。为实现将粮食产后前端环节损失调查集成于全国农村固定观察点调查平台的基础调查的目的，首先，需熟悉全国农村固定观察点调查平台的基础调查现有表式；其次，对照基础调查表，依据以上列出的六类调查信息，设计相关调查问题，对现有调查表进行补充并对新增部分涉及的指标内涵做好解释说明工作。

1) 全国农村固定观察点调查基础调查现有表式

根据前期分析全国农村固定观察点调查的农户调查统计年报表，调查表主要包含以下内容。

(1) 调查表基本信息：表号、制表机关、批准机关、批准文号和有效期。

(2) 地区信息：省(自治区、直辖市)、地(市、州、盟)、县(区、市、旗)，行政区划代码，综合机关名称。

(3) 调查表具体内容：调查指标、单位、代码、数值。

(4) 填表说明：指标取值、指标平衡关系。

(5) 填表人基本信息：单位负责人、统计负责人、填表人、报出日期。

2) 根据粮食产后前端环节损失调查内容，补充现有调查表

如前所述，粮食产后前端环节损失率的主要影响因素可归结到技术、经济、社会和自然等四个层面。技术因素包括技术装备水平和作业方式，经济因素包括农产品的成本收益情况，社会因素包括涉农劳动力的个体和家庭特征，自然因素包括粮食种植区域的气候条件和地理区位。因此，粮食产后前端环节损失影响因素调查的基础调查，应涉及农户基本信息、农户粮食种植信息、农户粮食收获信息、农户粮食干燥信息、农户粮食储藏信息、自然信息等六类基本信息，具体包括如下内容。

(1) 农户基本信息：主要包括受访农户个人信息和农户家庭基本情况两方面的问题。受访农户个人信息包括性别、年龄、受教育程度；农户家庭基本情况包括家庭人口数量、务农人数、家庭务农总收入、家庭务农收入占总收入的比重、家庭务农总支出等问题。

(2) 农户粮食种植信息：主要包括家庭耕地面积、粮食种植种类、各种类粮食的种植品种、各种类粮食的年产量、各种类粮食的年销售量和销售价格等问题。

(3) 农户粮食收获信息：主要针对收获环节的四个作业流程设置问题。首先，

收割方式、收割损失量；其次，田间运输方式、田间运输损失量；再次，脱粒方式、脱粒损失量；最后，清粮方式、清粮损失量等问题。此外，还需设置整个收获环节总流通量、损失量、收获环节的致损因素等问题。

(4)农户粮食干燥信息：主要针对干燥环节的两个作业流程设置问题。首先，烘干方式、烘干损失量；其次，除杂方式、除杂损失量等问题。此外，还需设置整个干燥环节总流通量、损失量、干燥环节的致损因素等问题。

(5)农户粮食储藏信息：主要针对储藏环节的三个作业流程设置问题。首先，入仓方式、入仓损失量；其次，储藏方式、储藏损失量；最后，出仓方式、出仓损失量等问题。此外，还需设置整个农户储藏环节总流通量、损失量、农户储藏环节的致损因素等问题。

(6)自然信息：主要包括农户所处地区气候条件、地理区位等问题。

全国农村固定观察点调查的农户调查统计年报中，对农户基本信息和农户粮食种植信息均有详细统计。根据粮食产后前端环节损失调查内容，需要在现有全国农村固定观察点调查表的基础上，补充添加对农户粮食收获信息、农户粮食干燥信息及农户粮食储藏信息的调查统计。依据全国农村固定观察点调查的农户调查统计年报表基本格式，设计的调查表如表 3-50～表 3-52 所示。

**表 3-50　农户粮食收获信息**

| 项目 | 粮食作物 | | | |
|---|---|---|---|---|
| | 水稻<br>NH9A1 | 小麦<br>NH9A2 | 玉米<br>NH9A3 | 大豆<br>NH9A4 |
| 1. 收割方式 | | | | |
| 2. 田间运输方式 | | | | |
| 3. 脱粒方式 | | | | |
| 4. 清粮方式 | | | | |
| 5. 收割流通量/千克 | | | | |
| 6. 收割损失量/千克 | | | | |
| 7. 田间运输流通量/千克 | | | | |
| 8. 田间运输损失量/千克 | | | | |
| 9. 脱粒流通量/千克 | | | | |
| 10. 脱粒损失量/千克 | | | | |
| 11. 清粮流通量/千克 | | | | |
| 12. 清粮损失量/千克 | | | | |
| 13. 收获环节总流通量/千克 | | | | |
| 14. 收获环节总损失量/千克 | | | | |

填表说明：

NH9A1.1/NH9A2.1/NH9A3.1/NH9A4.1 收割方式：1. 人工 2. 半机械 3. 机械；

NH9A1.2/NH9A2.2/NH9A3.2/NH9A4.2 田间运输方式：1. 人工 2. 机械；

NH9A1.3/NH9A2.3/NH9A3.3/NH9A4.3 脱粒方式：1. 人工 2. 机械；

NH9A1.4/NH9A2.4/NH9A3.4/NH9A4.4 清粮方式：1. 人工 2. 机械 3. 与脱粒结合。

指标平衡关系：

NH9A1.13=NH9A1.5+NH9A1.7+NH9A1.9+NH9A1.11；

NH9A1.14=NH9A1.6+NH9A1.8+NH9A1.10+NH9A1.12；

NH9A2.13=NH9A2.5+NH9A2.7+NH9A2.9+NH9A2.11；

NH9A2.14=NH9A2.6+NH9A2.8+NH9A2.10+NH9A2.12；

NH9A3.13=NH9A3.5+NH9A3.7+NH9A3.9+NH9A3.11；

NH9A3.14=NH9A3.6+NH9A3.8+NH9A3.10+NH9A3.12；

NH9A4.13=NH9A4.5+NH9A4.7+NH9A4.9+NH9A4.11；

NH9A4.14=NH9A4.6+NH9A4.8+NH9A4.10+NH9A4.12；

NH9A1.5 ≥ NH9A1.6, NH9A1.7 ≥ NH9A1.8, NH9A1.9 ≥ NH9A1.10, NH9A1.11 ≥ NH9A1.12；

NH9A2.5 ≥ NH9A2.6, NH9A2.7 ≥ NH9A2.8, NH9A2.9 ≥ NH9A2.10, NH9A2.11 ≥ NH9A2.12；

NH9A3.5 ≥ NH9A3.6, NH9A3.7 ≥ NH9A3.8, NH9A3.9 ≥ NH9A3.10, NH9A3.11 ≥ NH9A3.12；

NH9A4.5 ≥ NH9A4.6, NH9A4.7 ≥ NH9A4.8, NH9A4.9 ≥ NH9A4.10, NH9A4.11 ≥ NH9A4.12。

**表 3-51 农户粮食干燥信息**

| 项目 | 粮食作物 | | | |
|---|---|---|---|---|
| | 水稻 NH9B1 | 小麦 NH9B2 | 玉米 NH9B3 | 大豆 NH9B4 |
| 1. 烘干方式 | | | | |
| 2. 除杂方式 | | | | |
| 3. 烘干流通量/千克 | | | | |
| 4. 烘干损失量/千克 | | | | |
| 5. 除杂流通量/千克 | | | | |
| 6. 除杂损失量/千克 | | | | |
| 7. 干燥环节总流通量/千克 | | | | |
| 8. 干燥环节总损失量/千克 | | | | |

填表说明：

NH9B1.1/NH9B2.1/NH9B3.1/NH9B4.1 烘干方式：1. 晾晒 2. 烘干机；

NH9B1.2/NH9B2.2/NH9B3.2/NH9B4.2 除杂方式：1. 人工 2. 机械。

指标平衡关系：

NH9B1.7=NH9B1.3+NH9B1.5；

NH9B1.8=NH9B1.4+NH9B1.6；

NH9B2.7=NH9B2.3+NH9B2.5；

NH9B2.8=NH9B2.4+NH9B2.6；

NH9B3.7=NH9B3.3+NH9B3.5；

NH9B3.8=NH9B3.4+NH9B3.6；

NH9B4.7=NH9B4.3+NH9B4.5；

NH9B4.8=NH9B4.4+NH9B4.6；

NH9B1.3 ⩾ NH9B1.4， NH9B1.5 ⩾ NH9B1.6；

NH9B2.3 ⩾ NH9B2.4， NH9B2.5 ⩾ NH9B2.6；

NH9B3.3 ⩾ NH9B3.4， NH9B3.5 ⩾ NH9B3.6；

NH9B4.3 ⩾ NH9B4.4， NH9B4.5 ⩾ NH9B4.6。

**表 3-52　农户粮食储藏信息**

| 项目 | 粮食作物 | | | |
|---|---|---|---|---|
| | 水稻 NH9C1 | 小麦 NH9C2 | 玉米 NH9C3 | 大豆 NH9C4 |
| 1. 入仓方式 | | | | |
| 2. 储藏方式 | | | | |
| 3. 出仓方式 | | | | |
| 4. 入仓流通量/千克 | | | | |
| 5. 入仓损失量/千克 | | | | |
| 6. 储藏流通量/千克 | | | | |
| 7. 储藏损失量/千克 | | | | |
| 8. 出仓流通量/千克 | | | | |
| 9. 出仓损失量/千克 | | | | |
| 10. 农户储藏环节总流通量/千克 | | | | |
| 11. 农户储藏环节总损失量/千克 | | | | |

填表说明：

NH9C1.1/NH9C2.1/NH9C3.1/NH9C4.1 入仓方式：1. 人工装卸 2. 入仓机 3. 机械装卸；

NH9C1.2/NH9C2.2/NH9C3.2/NH9C4.2 储藏方式：1. 袋装储藏 2. 仓储藏 3. 自建散积堆；

NH9C1.3/NH9C2.3/NH9C3.3/NH9C4.3 出仓方式：1. 人工装卸 2. 出仓机。

指标平衡关系：

NH9C1.10=NH9C1.4+NH9C1.6+NH9C1.8；

NH9C1.11=NH9C1.5+NH9C1.7+NH9C1.9；

NH9C2.10=NH9C2.4+NH9C2.6+NH9C2.8；

NH9C2.11=NH9C2.5+NH9C2.7+NH9C2.9；

NH9C3.10=NH9C3.4+NH9C3.6+NH9C3.8；

NH9C3.11=NH9C3.5+NH9C3.7+NH9C3.9；

NH9C4.10=NH9C4.4+NH9C4.6+NH9C4.8；

NH9C4.11=NH9C4.5+NH9C4.7+NH9C4.9；

NH9C1.4 ⩾ NH9C1.5，NH9C1.6 ⩾ NH9C1.7，NH9C1.8 ⩾ NH9C1.9；

NH9C2.4 ⩾ NH9C2.5，NH9C2.6 ⩾ NH9C2.7，NH9C2.8 ⩾ NH9C2.9；

NH9C3.4 ⩾ NH9C3.5，NH9C3.6 ⩾ NH9C3.7，NH9C3.8 ⩾ NH9C3.9；

NH9C4.4 ⩾ NH9C4.5，NH9C4.6 ⩾ NH9C4.7，NH9C4.8 ⩾ NH9C4.9。

在农户粮食收获信息的调查表 3-50 中，收割方式包括人工、半机械和机械，人工是指镰刀收割，半机械是指使用人工割捆机，机械是指使用手喂入式收获机、全喂入式联合收割机、摘穗式收割机。田间运输方式包括人工和机械，人工是指手推独轮车、肩挑，机械是指使用机动车。脱粒方式包括人工和机械，人工是指脚踏打稻机或打稻桶进行人工脱粒，机械是指使用电动打稻机、玉米脱粒机、大豆脱粒机。清粮方式包括人工、机械和与脱粒结合，人工是指使用木风车、竹床、竹筛等农具，机械是指使用振动筛分机，与脱粒结合是指在脱粒机中配合风机和筛孔进行清粮和脱粒一体化操作。

在农户粮食干燥信息的调查表 3-51 中，烘干方式包括晾晒和烘干机，晾晒是指在晒场、屋顶或道路上晾晒。烘干机指以回旋式加热装置快速高温处理粮食干燥问题。除杂方式包括人工和机械，人工是指使用脚踏鼓风机、筛子、人力扬谷、风选、过筛，机械是指使用风筛清选机、比重清选机、去石机、清理除杂机、清理分级机。

在农户粮食储藏信息的调查表 3-52 中，储藏方式包括袋装储藏、仓储藏和自建散积堆，袋装储藏是指使用黄麻袋或丙烯袋储藏，仓储藏是指使用金属仓、砖混仓、示范仓储藏，自建散积堆是指在院子中堆放。

## 3.6 本章小结

本章旨在构建新时期我国粮食产后前端环节损失调查评估指标体系和测算方法体系，并搭建我国粮食产后前端环节损失调查评估与现有全国性农户调查平台的衔接平台，以为我国粮食产后前端环节损失评估和节粮减损政策的制定提供参考与支撑，主要的结论可以概括如下。

(1)农户作为粮食产后前端环节的主要参与者，是节粮减损工作中的关键部分。我国农户分布广泛且具有显著的差异性，粮食产后前端环节的损失会受到多种复杂因素的影响。要实现有效的节粮减损，关键在于科学评估粮食产后前端环节的损失情况。本章通过对现有研究文献的收集和整理，从我国粮食产后前端环节损失调查评估发展历程、技术装备作业损失研究、分品种分环节损失研究、单品种单环节损失研究、单品种综合损失研究、多品种综合损失研究和我国粮食产后前端环节损失调查方法与测算方法等方面对我国粮食产后前端环节损失调查评估历史进行了系统性梳理。

(2)科学合理的粮食产后前端环节损失指标体系是粮食产后前端环节损失评估体系的重要部分，也是设置评估测算方法的基础。本章将粮食产后前端环节损失评估指标划分为综合层、品种层、区域层、环节层、方式层和流程层等六个层级，按照品种层、区域层、环节层搭配为粮食产后前端环节损失评估的八套不同指标体系，分别用于对不同农业主体、不同地区、不同粮食品种以及不同环节的损失率的测算。此外，依托不同指标体系内平行层间的关系，筛选出品种层和区域层两个平行层级，设置相应权重，构建科学合理的粮食产后前端环节损失评估指标体系。

(3)围绕粮食产后前端环节损失调查评估目标，在粮食产后前端环节损失调查评估指标体系的基础上，设置了粮食产后前端环节损失率和损失量的测算方法体系。损失率的测算方法体系包括对样本维度、单品种单区域单环节、单品种单区域综合环节、单品种全国单环节、单品种全国综合环节、多品种单区域单环节、多品种单区域综合环节、多品种全国单环节、多品种全国综合环节等损失率的测算方法设置。此外，在粮食数量损失测算方法体系设置研究的基础上，对热量损失、经济损失、环境压力等方面的测算方法进行设计，以期为多视角、全方位、立体化评估粮食产后前端环节损失提供有效的解决方法。

(4)我国粮食产后前端环节损失规模巨大，但尚未形成对粮食产后前端环节损失情况的常态化调查评估机制。为精准把握我国粮食产后前端环节损失的特征，制定科学有效的节粮减损政策，启动粮食产后前端环节损失的常态化调查评估具有重要意义。合理的粮食产后前端环节损失调查评估方案是开展粮食产后前端环节损失常态化调查评估的关键。其中，搭建全国性粮食产后前端环节损失调查平台则是开展粮食产后前端环节损失常态化调查评估的基础，但建设专门的粮食产后前端环节损失调查平台存在耗时长、投入大等难题。本章围绕对粮食产后前端环节损失的调查对象以及调查内容的界定，结合对现有全国性农户调查平台建设情况和特点的梳理，通过对粮食产后前端环节损失调查内容和现有全国性农户调查平台特征的比较与筛选，最终确定将粮食产后前端环节损失调查与全国农村固定观察点调查衔接的匹配方案，并提出“实验调查、专项调查、基础调查”的一体化调查方法体系。调查方法体系可迅速利用现有调查平台开展损失调查评估工作，不仅能为粮食产后前端环节损失调查工作的快速有效开展提供方法依据，也能够极大降低调查成本，减少调查平台的重复建设，提高现有调查平台的利用效率，为粮食收获、干燥和农户储藏环节的粮食损失调查评估与制定节粮减损措施提供理论方法支撑，同时也为粮食产后前端环节损失的常态化调查评估制度以及节粮减损政策支撑体系的构建提供决策参考和实践依据。

## 参 考 文 献


白旭光，王若兰，周立波．2006．农户储粮损失调查统计方法评介[J]．粮食科技与经济，(1)：7-10.

白玉兴，司永芝，刘凯霞．2004．农户储粮损失试验研究[C]//中国粮油学会．中国粮油学会第三届学术年会论文选集(上册)．烟台：中国粮油学会：81-87.

白玉兴，王金水．1999．河南省粮油产后损失调查及减少损失的对策[J]．粮食储藏，(2)：47-50.

曹宝明，姜德波．1999．江苏省粮食产后损失的状况、原因及对策措施[J]．南京经济学院学报，(1)：21-27.

曹宝明，赵霞，刘婷，等．2019．我国粮食产后损失的现状、原因及对策研究[R]．南京，南京财经大学.

曹宝明，赵霞，武拉平，等．2022．粮食产后损失浪费调查及评估技术研究报告[R]．南京，南京财经大学.

曹芳芳，黄东，朱俊峰，等．2018．小麦收获损失及其主要影响因素：基于 1135 户小麦种植户的实证分析[J]．中国农村观察，(2)：75-87.

陈慧敏，陶佩君．2020．小麦收获损失主要影响因素的实证研究：基于河北省小麦主产县的分析[J]．安徽农业科学，48(8)：227-229, 233.

陈坤杰，李娟玲，刘德营，等．2001．小麦固定床深层干燥试验研究[J]．农机化研究，(4)：71-73.

池仁勇．1997．粮食产后损失行为调控模型的研究[J]．科技通报，(3)：51-54.

邓会超，董梅，苑昕，等．2009．玉米产后流通中减损降耗应关注的主要环节[J]．粮食流通技术，

(1): 7-8, 27.

董殿文, 董梅, 高树成, 等. 2014. 农户玉米穗储藏特性及其储藏损失的研究[J]. 中国粮油学报, 29(3): 74-78, 89.

付加雷, 马传汤. 2015. 鄄城县粮食干燥与储存的调研分析[J]. 农机使用与维修, (1): 92.

高利伟. 2019. 中国主要粮食作物供应链损失和浪费特征及其减损潜力研究[D]. 北京: 中国农业科学院.

高利伟, 许世卫, 李哲敏, 等. 2016. 中国主要粮食作物产后损失特征及减损潜力研究[J]. 农业工程学报, 32(23): 1-11.

高玉根, 胡敦俊, 汪遵元, 等. 1995. 小型背负式谷物摘穗联合收获机的研究[J]. 农业机械学报, (3): 137-141.

高玉根, 汪遵元, 郭超, 等. 1996. 滚筒纵置式小麦割前脱粒联合收割机[J]. 粮油加工与食品机械, (3): 14-15.

谷英楠, 孙鸿雁, 毕洪文, 等. 2020. 黑龙江水稻机械收获对产后损失的影响分析[J]. 农业展望, 16(7): 114-118.

郭超, 汪遵元, 高玉根. 1996. 4GQT-60 型小麦割前脱粒联合收割机的研究[J]. 农业机械学报, (3): 145-148.

郭焱, 张益, 占鹏, 等. 2019. 农户玉米收获环节损失影响因素分析[J]. 玉米科学, 27(1): 164-168.

郭永旺, 王登. 2015. 我国农村害鼠对储粮的危害及防治调查[J]. 中国植保导刊, 35(3): 32-35.

韩建志, 范森, 黄海. 2006. 浅析联合收割机收获损失的影响因素[J]. 现代化农业, (7): 34-35.

韩嫣, 屈雪, 黄东, 等. 2019. 甘薯收获环节损失率测算及影响因素分析[J]. 西南农业学报, 32(6): 1383-1390.

何静. 2014. 遏制现阶段中国粮食浪费措施的有效性分析[J]. 商, (5): 197-201.

黄东, 姚灵, 武拉平, 等. 2018. 中国水稻收获环节的损失有多高?——基于 5 省 6 地的实验调查[J]. 自然资源学报, 33(8): 1427-1438.

李香君, 张继双, 崔健. 2010. 农村农户储粮损失对比试验分析[J]. 农业技术与装备, (4): 66-67.

李轩复, 黄东, 屈雪, 等. 2020. 不同收获方式对粮食损失的影响: 基于全国 3251 个农户粮食收获的实地调研[J]. 自然资源学报, 35(5): 1043-1054.

李耀明, 陈树人, 张际先, 等. 2000. 4LGT-130 型稻麦联合收割机的研究[J]. 江苏理工大学学报(自然科学版), (2): 10-13.

李植芬, 夏培焜, 汪彰辉, 等. 1991. 粮食产后损失的构成分析及防止对策[J]. 浙江农业大学学报, (4): 52-58.

刘冰, 胡韬纲. 2016. 农户玉米穗储粮仓的设计研究[J]. 现代食品, (22): 126-128.

刘伟民, 陈健, 徐圣言, 等. 2003. 导向管喷动床小麦干燥工艺优化研究[J]. 农业工程学报, (6): 197-200.

吕亚荣, 王立娇. 2022. 消费前端粮食损失数量和环境足迹的评估[J]. 农业现代化研究, 43(1): 29-37.

罗屹, 黄东, 武拉平. 2020. 农户玉米储存损失与玉米储存时间的相关性研究[J]. 河南农业大学学报, 54(6): 1067-1073, 1080.

罗屹, 武拉平. 2021. 不同规模农户玉米储存损失及其主要影响因素[J]. 玉米科学, 29(1): 177-183.

罗屹, 严晓平, 吴芳, 等. 2019. 中国农户储粮损失有多高: 基于 28 省 2296 户的农户调查[J]. 干旱区资源与环境, 33(11): 55-61.

骆恒光, 李长友, 张永博. 2021. 5HP-25 型粮食干燥机设计与试验[J]. 农业工程学报, 37(1): 279-289.

乔西铭. 2007. 小型梳穗收获机收获损失的分析与试验[J]. 农机化研究, (8): 103-105.

司永芝, 刘凯霞, 李彪, 等. 2005. 农户储粮损失调查研究[J]. 粮食储藏, (1): 24-28.

宋洪远, 张恒春, 李婕, 等. 2015. 中国粮食产后损失问题研究: 以河南省小麦为例[J]. 华中农业大学学报(社会科学版), (4): 1-6.

宋淑君. 2009. 半喂入式联合收割机脱粒分离装置的试验研究与分析[D]. 镇江: 江苏大学.

王桂民, 易中懿, 陈聪, 等. 2016. 收获时期对稻麦轮作水稻机收损失构成的影响[J]. 农业工程学报, 32(2): 36-42.

王丽娟. 2017. 塔式粮食干燥机干燥不均匀度的几个影响因素[J]. 现代化农业, (12): 60-61.

王舒娟, 赵霞. 2015. 中国粮食流通环节减损节约对策研究[J]. 粮食科技与经济, 40(4): 3-4, 25.

王志民, 游培良, 曹阳, 等. 1994. 河南省农户储粮现状调查[J]. 郑州粮食学院学报, (3): 87-91.

魏祖国, 尹国彬, 邸坤. 2016. 我国粮食物流运输损失评估及减损对策[J]. 粮油仓储科技通讯, 32(2): 55-56.

吴刚, 杨大成, 高林, 等. 2015. 大喂入量自走轮式谷物联合收割机设计[J]. 农业机械, (7): 87-89.

夏朝勇, 李杰, 邸坤. 2012. HXHT1 小型粮食干燥机的简介与试验[J]. 粮食与食品工业, 19(4): 55-58.

熊芳芳. 2014. 农户用钢制长方体水稻储粮仓的设计与应用[J]. 粮油加工(电子版), (7): 56-59.

姚建民. 1987. 小麦在割拉打过程中损失率测试[J]. 山西农业科学, (6): 13-14, 44.

尹国彬. 2017. 近年我国粮食产后损失评估及减损对策[J]. 粮食与饲料工业, (3):1-3.

余志刚, 郭翔宇. 2015. 主产区农户储粮行为分析: 基于黑龙江省 409 个农户的调查[J]. 农业技术经济, (8): 35-42.

翟晓娜, 赵玉强, 娄正, 等. 2021. 冀州地区钢网式农户储粮仓玉米果穗仓储试验研究[J]. 粮油食品科技, 29(5): 197-203.

张安战, 李志汉, 郭变梅. 2012. 小麦联合收割机技术性能调查[J]. 农机科技推广, (8): 40-44.

张志军, 徐成海, 张世伟, 等. 2006. 粮食真空干燥的技术经济与环境分析[J]. 节能, (8): 10-13.

赵红雷. 2016. 我国粮食损失的发生机制与治理举措分析[J]. 中国农业资源与区划, 37(11): 92-98.

赵秋霞. 2003. 4L3A 型自走式谷物联合收割机设计研究[J]. 太原理工大学学报, (4): 415-417.

赵霞. 2021. 中国粮食产后损失研究[M]. 北京: 中国农业出版社.

赵霞, 曹宝明, 赵莲莲. 2015. 粮食产后损失浪费评价指标体系研究[J]. 粮食科技与经济, 40(3): 6-9.

赵霞, 陶亚萍, 曹宝明. 2022. 中国粮食产后损失评估分析[J]. 干旱区资源与环境, 36(6):1-7.

郑伟. 2000. 农村产后粮食损失评估及对策研究[J]. 粮油仓储科技通讯, (4): 47-51.

周浩. 2014. 便携式小麦联合收割机脱粒装置试验研究及应用[D]. 洛阳: 河南科技大学.

周益君, 林宇钢, 王琛, 等. 2004. 4L-110 型谷物联合收割机的设计研究[J]. 金华职业技术学院学报, (1): 10-12.

Abass A B, Fischler M, Schneider K, et al. 2018. On-farm comparison of different postharvest storage technologies in a maize farming system of Tanzania Central Corridor[J]. Journal of Stored Products Research, 77: 55-65.

Affognon H, Mutungi C, Sanginga P, et al. 2015. Unpacking post-harvest losses in sub-Saharan Africa: a meta-analysis[J]. World Development, 66: 49-68.

Akakpo J Y, Ramachandran A, Jaeschke H. 2020. Novel strategies for the treatment of acetaminophen hepatotoxicity[J]. Expert Opinion on Drug Metabolism & Toxicology, 16(11): 1039-1050.

Ambler K, de Brauw A, Godlonton S. 2018. Measuring postharvest losses at the farm level in Malawi[J].The Australian Journal of Agricultural and Resource Economics, 62(1): 139-160.

Amponsah S K, Addo A, Dzisi K, et al. 2018. Assessment of rice farmers' knowledge and perception of harvest and postharvest losses in Ghana[J]. Cogent Food and Agriculture, 4(1): 1471782.

Asoodar M A, Izadinia Y, Desbiolles J. 2009. Benefits of harvester front extension in reducing canola harvest losses[R]. Rosario: International Commission of Agricultural and Biological Engineers.

Bala B K. 2010. Post harvest loss and technical efficiency of rice, wheat and maize production system: assessment and measures for strengthening food security[J]. Mymensingh, Bangladesh Agricultural University, 22: 43-48.

Baributsa D, Díaz-Valderrama J R, Mughanda D, et al. 2021. Grain handling and storage in Lubero and Rutshuru territories in the North Kivu Province, the Democratic Republic of Congo[J]. Sustainability, 13(17): 9580.

Baributsa D, Njoroge A W. 2020. The use and profitability of hermetic technologies for grain storage among smallholder farmers in eastern Kenya[J]. Journal of Stored Products Research, 87:101618.

Bechoff A, Shee A, Mvumi B M, et al. 2022. Estimation of nutritional postharvest losses along food value chains: a case study of three key food security commodities in sub-Saharan Africa[J]. Food Security, 14: 571-590.

Beretta C, Stoessel F, Baier U, et al. 2013. Quantifying food losses and the potential for reduction in Switzerland[J]. Waste Management, 33(3): 764-773.

Chen X J, Wu L H, Shan L J, et al. 2018. Main factors affecting post-harvest grain loss during the sales process: a survey in nine provinces of China[J]. Sustainability, 10(3): 661.

Choudhury M L. 2006. Recent developments in reducing postharvest losses in the Asia-Pacific region[R]. Tokyo: Asian Productivity Organization.

Dhami K S. 2020. Postharvest loss reduction for sustainable food and environmental security[J]. Food and Scientific Reports, 1: 38-40.

Dryerre H, Andross M. 2007. Losses of nutrients in the preparation of foodstuffs[J]. Proceedings of the Nutrition Society, 4(2): 155-164.

Dumitru O M, Iorga S C, Vladuț N V, et al. 2020. Food losses in primary cereal production: a review[J]. INMATEH-Agricultural Engineering, 62(3): 133-146.

FAO. 1989. Prevention of post harvest food losses: fruits, vegetables and root crops: a training manual[R]. Rome: Food and Agriculture Organization of the United Nations.

FAO. 2011. Global food losses and food waste: extent, causes and prevention[R]. Rome: Food and Agriculture Organization of the United Nations.

FAO. 2013. Food wastage footprint: impacts on natural resources: summary report[R]. Rome: Food and Agriculture Organization of the United Nations.

FAO. 2019. Moving forward on food loss and waste reduction[R]. Rome: Food and Agriculture Organization of the United Nations.

Gangwar R K, Agi S T, Kumar V, et al. 2014. Food production and post harvest losses of food grains in India[J]. Food Science and Quality Management, 31: 48-52.

Hodges R J, Buzby J C, Bennett B. 2011. Postharvest losses and waste in developed and less developed countries: opportunities to improve resource use[J]. The Journal of Agricultural Science, 149: 37-45.

Hossain M A, Miah M A M. 2009. Post harvest losses and technical efficiency of potato storage systems in Bangladesh[R]. Gazipur: Bangladesh Agricultural Research Institute.

Hou L Y, Wang K R, Wang Y Z, et al. 2021. In-field harvest loss of mechanically-harvested maize grain and affecting factors in China[J]. International Journal of Agricultural and Biological Engineering, 14(1): 29-37.

Kandel P, Kharel K, Njoroge A, et al. 2021. On-farm grain storage and challenges in Bagmati province, Nepal[J]. Sustainability, 13(14): 7959.

Liu X L, Li B C, Shen D Q. 2017. Analysis of grain storage loss based on decision tree algorithm[J]. Procedia Computer Science, 122: 130-137.

Luo Y, Huang D, Li D Y, et al. 2020. On farm storage, storage losses and the effects of loss reduction in China[J]. Resources, Conservation and Recycling, 162: 105062.

Miljkovic D, Winter-Nelson A. 2021. Measuring postharvest loss inequality: method and applications[J]. Agricultural Systems, 186: 102984.

Ndegwa M K, de Groote H, Gitonga Z M, et al. 2016. Effectiveness and economics of hermetic bags for maize storage: results of a randomized controlled trial in Kenya[J]. Crop Protection, 90: 17-26.

Odjo S, Burgueño J, Rivers A, et al. 2020. Hermetic storage technologies reduce maize pest damage in smallholder farming systems in Mexico[J]. Journal of Stored Products Research, 88: 101664.

Ognakossan K E, Affognon H D, Mutungi C M, et al. 2016. On-farm maize storage systems and rodent postharvest losses in six maize growing agro-ecological zones of Kenya[J]. Food Security, 8: 1169-1189.

Parvej M R, Hurburgh C R, Hanna H M, et al. 2020. Dynamics of corn dry matter content and grain quality after physiological maturity[J]. Agronomy Journal, 112 (2) : 998-1011.

Porter S D, Reay D S. 2016. Addressing food supply chain and consumption inefficiencies: potential for climate change mitigation[J]. Regional Environmental Change, 16: 2279-2290.

Principato L, Ruini L, Guidi M, et al. 2019. Adopting the circular economy approach on food loss and waste: the case of Italian pasta production[J]. Resources, Conservation and Recycling, 144: 82-89.

Qu X, Kojima D, Wu L P, et al. 2021. The losses in the rice harvest process: a review[J]. Sustainability, 13 (17) : 9627.

Quellhorst H E, Njoroge A, Venort T, et al. 2020. Postharvest management of grains in Haiti and gender roles[J]. Sustainability, 12 (11) : 4608.

Somavat P, Huang H, Kumar S, et al. 2017. Comparison of hermetic storage of wheat with traditional storage methods in India[J]. Applied Engineering in Agriculture, 33 (1) : 121-130.

Ssebaggala G L, Kibwika P, Kyazze F B, et al. 2017. Farmers' perceptions of rice postharvest losses in eastern Uganda[J]. Journal of Agricultural Extension, 21 (2) : 30.

Stathers T, Holcroft D, Kitinoja L, et al. 2020. A scoping review of interventions for crop postharvest loss reduction in sub-Saharan Africa and South Asia[J]. Nature Sustainability, 3: 821-835.

Xue L, Liu G, Parfitt J, et al. 2017. Missing food, missing data? A critical review of global food losses and food waste data[J]. Environmental Science & Technology, 51 (12) : 6618-6633.

Xue L, Liu X J, Lu S J, et al. 2021. China's food loss and waste embodies increasing environmental impacts[J]. Nature Food, 2 (7) : 519-528.

Zhang J S, Xu Y, Hu T G, et al. 2021. Experimental study on the status of maize mycotoxin production in farmers' grain storage silos in northeastern China[J]. Toxins, 13 (11) : 741.

# 第 4 章　粮食收获环节损失评估与节粮减损政策研究

2003～2022 年，我国粮食产量实现了“十九连丰”，但在粮食产量保持持续增长的同时，也必须看到粮食产量环比增长率较低，持续增产压力较大。在我国严防死守 18 亿亩耕地红线的现实背景下，减少粮食产后损失浪费，建设无形良田，成为提高粮食安全保障水平的重要举措。收获是粮食产后系统的首个环节，收获环节的损失大小直接影响粮食产量。控制粮食田间地头收获损耗，努力实现粮食“颗粒归仓”，对减少粮食产后损失浪费意义重大。据此，本章的主要研究内容包括：①我国粮食收获环节损失测算方法及特征呈现；②我国粮食收获环节损耗严重的影响因素分析；③农业机械化对粮食收获环节的减损效果分析；④粮食安全目标下粮食收获环节节粮减损的实践路径；⑤保障国家粮食安全、推进节粮减损的政策研究。

## 4.1　引　　言

2022 年，习近平总书记在党的二十大报告中指出要“全方位夯实粮食安全根基”“确保中国人的饭碗牢牢端在自己手中”①。减少收获环节损失是增加粮食有效供给的重要途径，也是提高农民种粮收益的重要手段。近年来，我国粮食机收效率提高、农机服务组织规模扩大、耕地面积回升，但是粮食收获仍然面临农用天气预报体系不完善、机械作业水平不精细、人员技术培训不到位、耕地田块不规整等系列问题，田间地头的收获损耗现象不容忽视。

### 4.1.1　粮食收获环节损失状况

1. 不同品种粮食收获损失率差异大

长期以来，对粮食产后环节进行损失评估，是学者在粮食领域研究的重点。粮食收获环节指从粮食开始收获到入库储藏前的阶段，其损失包括收割、脱粒、清粮和田间运输等活动带来的损失。依托农业农村部 2019 年在全国范围内的全国农村固定观察点调查，经调研得到的农户数据显示，当前三大主粮（水稻、小麦、玉米）收获损失状况较为严重，均高于国家机械化生产技术指导要求。从品种来

① 《习近平：高举中国特色社会主义伟大旗帜　为全面建设社会主义现代化国家而团结奋斗——在中国共产党第二十次全国代表大会上的报告》，https://www.gov.cn/xinwen/2022-10/25/content_5721685.htm[2022-10-25]。

看，小麦收获损失率最高，达到 12.18%；其次是水稻，收获损失率为 5.13%；玉米的收获损失率最低，为 4.29%。从收获环节来看，小麦、水稻、玉米在收割环节的平均损失率为 3.51%，远高于脱粒、清粮和田间运输环节的平均收获损失率(分别为 0.22%、0.43%和 0.78%)。我国居民食用油消费的主要品种——大豆、花生、油菜籽的收获损失率分别为 5.07%、3.24%和 8.30%；马铃薯与甘薯的收获损失率分别为 3.79%与 2.52%。可见，不同品种的粮食作物在收获环节的损失率不尽相同，这种差异既与不同品种粮食作物的自然属性有关，如碾米时出现的破碎不可避免地会提高损失率；也与收获环节所采用的收获方式、机械设备有关，不同粮食作物采用的半机械、全机械农机收割装备不同，收获效果也不同。我国粮食产量基数大，粮食收获环节损失的绝对数量较大，因此收割环节的减损也是保障我国粮食产量的重要环节。

#### 2. 小规模农户粮食收获损失率偏高

由于规模差异，农户在收获方式、技术采纳、作业精细度等收获作业方面均有差异。研究发现，随着农户耕地规模的增加，机械化收粮比例随之提高，而我国小、中、大规模农户的机械化收粮比例分别为 75%、86%、92%(李轩复等，2019)，显然大规模农户粮食收获环节采用机械收割的比例较高。小规模生产经营的农户抗风险能力较弱，因而在粮食生产过程中对新技术、新设备的采用意愿较低，对新型农业机械的投入较为保守；而大规模农户采用机械化作业的意愿更强，在耕种、灌溉和收割等方面，比小规模农户更易采纳新技术、新设备，新技术和新设备的采纳有利于减少粮食收获损失。除此之外，中小规模农户的耕地细碎化程度较高，对机械化收粮技术要求更高，而大规模农户土地平整度较高，适宜采用耕地连片经营，粮食收获采用机械更为高效便捷，大规模农户的机收率相对较高。

此外，长期以来，我国粮食机收过后，种粮大户会雇用村民进行人工补捡，其余村民也会自发拾捡，这些“拾穗者”在一定程度上缓解了机械收割造成的粮食损失问题。然而，随着我国工业化、城镇化的稳步推进以及农业机械化收割技术的推广，农村劳动力得以释放，农民生活水平提高和用工成本增加，农户参与粮食收获环节减损大范围消退，农民拾穗的积极性逐渐下降。由此造成了机械化收割之后小农粮食减损参与度降低，甚至导致粮食整体性收获困难，使颗粒归仓面临不利局面，仅剩下部分农村留守妇女和老人偶尔从事拾捡粮食这项传统劳作。研究发现，44.4%的小农户由于外出务工而没有时间去捡拾小麦，38.9%的小农户认为粮食收入与成本之间存在不平衡而不愿捡拾小麦，33.3%的小农户认为机械收割的损耗小而不需要专门捡拾，剩余参与调研的小农户受土地流转、生活质量提高等因素影响而逐渐停止捡拾小麦的行为，小农户在粮食减损方面参与度降低，不利于减少粮食损失(燕艳华等，2023)。

大规模农户粮食收获环节机收损失率较低。相关数据显示，大规模农户的水稻、小麦和玉米收获环节机收损失率分别为2.76%、4.20%和3.00%；中规模农户的水稻、小麦和玉米收获环节机收损失率分别为3.59%、4.29%和3.07%；小规模农户的机收损失率最高，分别为3.97%、4.42%和3.31%。农户的种植规模越大，单个地块面积越大，农户对于粮食收获的重视程度就越高，越有利于机收粮食的精细化，从而减少机械收获环节的粮食损失。此外，相对于中小规模农户，大规模农户的农机装备更先进、接受的培训更多、农机手的技术水平更高，因此机收损失率相对较低。

3. 收获环节机械化作业水平偏低

粮食收获方式主要包括人工收获、半机械化收获和全程机械化收获，不同粮食作物宜选用不同的收获方式。以三大主粮为例，水稻的人工收获损失率为2.84%，略低于半机械化收获损失率（3.33%）和全程机械化收获损失率（3.78%）；玉米的全程机械化收获损失率（3.66%）高于半机械化收获损失率（2.64%）和人工收获损失率（3.60%）；而小麦的人工收获损失率为5.87%，高于半机械化收获损失率（4.67%）以及全程机械化收获损失率（4.11%）。据农业农村部农业机械化管理司发布的《主要农作物全程机械化生产模式》指导意见，小麦全喂入联合收割机损失率应不高于2%，水稻全喂入联合收割机损失率应不高于3%、半喂入联合收割机损失率应不高于2.5%，但我国目前水稻和小麦的机械化收获环节的损失率均超过3%，亟待进一步推进精细化机械收割。

目前我国农业机械作业水平仍有待提高，一方面，机械设备本身的先进程度、设计合理性和质量问题仍是制约粮食减损的重要因素。在农业生产中，忽视机械的日常维护和升级换代会导致收获效果明显下降。收割机械精细化程度不够，农机、农艺的不配套则容易造成“机器伤粮”现象。另一方面，机械作业水平的高低也会对粮食收获环节的损失大小产生影响。机械作业本身会对粮食收获造成一定的损失，如收割时机械碰触和自然脱落、脱粒不完全、清粮时“跑粮”等。不熟练的收割机机手会加大机械化损失风险，如遇到作物倒伏、过熟、特殊品种等情况时，若不及时进行必要的调整维护，易导致损失率偏高。有研究表明，机手缺乏经验而操作失误导致的机械化收获环节的粮食损失率高达10%。此外，随着联合收割机向大型化、智能化方向发展，对机手操作技能的要求越来越高，机手技能培训还有提升空间。例如，调查显示，江苏省的联合收割机机手参加过各类培训的不到10%，有的仅参加厂家组织的简易操作培训，针对性不强。多数机手反映，提高操作技能，全靠老机手的现场带教和自行摸索。因此，操作技术较强的机手会对收获环节的节粮减损产生积极作用。当粮食作物品种不同、地块呈细碎化且不规整分布时，接受过专业培训的机手能够因地制宜地合理选择最佳收获方式，在提高收获效率的同时还可以保证机械收获的质量，也可将粮食收获损失控制在较小范围内。

4. 粮食收获环节损失是对自然资源的无益消耗

粮食生产既需要使用土地、水、能源等资源，也会向自然界排放温室气体。粮食收获损失对自然资源和环境产生的影响，可以用土地足迹、水足迹和碳足迹三类可量化的环境足迹来反映。减少食物损失和浪费是保障粮食安全的重要途径，是实现全球可持续发展和构建人类命运共同体的重要手段。2011 年联合国粮食及农业组织发布了《全球食物损失和粮食浪费：程度、原因和预防》报告，首次明确提出，食物损失是指供应链前端环节中(不包括零售商、食品服务供应商和消费者)供人们食用的食物中可食用部分量的减少。2015 年联合国将食物损失问题纳入可持续发展目标(SDG12.3)，该目标旨在到 2030 年，将全球零售和消费者层面的人均食物浪费减半，并减少生产和供应链上的食物损失。许多国家(如英国、澳大利亚)也已开始将减少供应链环节的食物损失和浪费纳入政府议程。一些国家的政府机构和科研人员已开展相关研究，来推动社会各阶层的食物减损，如收集食物在具体阶段的损失信息、开展食物浪费基线评估以及制定食物浪费减量行动路线图等(牟若彤和吴良，2023)。

中国人民大学吕亚荣、王立娇等专家的研究表明，收获环节损失的粮食在生产过程中使用了 5.32%的总播种面积，消耗了 0.79%的农业用水量，贡献了 0.53%的碳排放量。粮食收获损失既是对人类劳动成果的不尊重，也是对自然资源的无益消耗。

### 4.1.2 问题提出

为了更好地实现“中国碗装中国粮”，建设供给保障强、科技装备强、经营体系强、产业韧性强、竞争能力强的农业强国，应切实重视粮食收获环节的节粮减损，加强顶层设计和制度安排。当前我国粮食安全面临持续增产压力大、居民膳食结构升级要求高、国际粮食供应链风险大等三方面挑战。

1. 我国粮食产量达 1.3 万亿斤[①]以上，年均增速仅为 0.48%，生产能力已经达到阶段性的峰值

一是耕地数量少，地力透支严重。自然资源部数据显示，2022 年，全国耕地面积为 19.14 亿亩，比 2019 年减少 0.04 亿亩，减幅 0.2%，比 2009 年减少 1.09 亿亩，减幅 5.4%。同时，耕地总体质量状况堪忧。《2019 年全国耕地质量

① 1 斤=0.5 千克。

等级情况公报》数据显示，我国耕地质量平均等级为 4.76(共 10 个等级)，其中一至三等级的高产田为 6.32 亿亩，仅占耕地总面积的 31.24%。中国农业科学院调研数据显示，我国 14.5%的耕地已严重酸化，盐碱耕地约 1.14 亿亩，较 20 世纪 80 年代增加 2600 万亩，增幅近 30%。二是水资源短缺，农业用水效率不高。我国干旱缺水严重，被联合国列为贫水国，但农业用水量巨大。水利部数据显示，2016～2021 年农业用水量占全国用水总量的占比均超过 61%。同时，我国水资源空间分布严重不均，作为主要粮食生产基地的北方地区，拥有全国 64.1%的耕地，水资源总量却仅占全国的 19%。此外，我国农业用水效率不高，农田灌溉水有效利用系数仅为 0.568，而发达国家为 0.7～0.8。水资源与耕地资源的不匹配，进一步加剧了农业用水压力，对粮食数量安全造成约束。

2. 居民对膳食供应结构的要求持续提档升级

目前，我国居民食物消费呈现多元化特征，消费理念向绿色、健康、安全方向升级。一是人均口粮消费数量下调。居民食物消费结构由以传统的粮食消费为主向注重营养搭配转变，肉、蛋、奶和水产品等动物性食品比例增加。国家统计局数据显示，2013～2021 年，我国人均口粮消费量从 148.7 千克下降至 144.6 千克，降幅为 2.8%；其中，2013～2018 年降幅达 14.5%。中国粮食研究培训中心的专家认为，2019～2021 年人均口粮消费量虽有所增加，但主要是受经济环境变化等影响，城市低收入群体和农村居民对谷物消费有所增加所致。与此同时，2013～2021 年居民肉、蛋、奶、水产品、瓜果、蔬菜类消费量累计分别增长 28.5%、61%、23.1%、36.5%、49.9%、12.6%。二是食物供需存在匹配错位。我国农业生产结构调整滞后于食物消费结构转变，导致部分食物品种产需缺口越来越大。比如，我国口粮产大于消，但玉米等能量饲料、豆粕等蛋白饲料外采率高。海关总署数据显示，2022 年我国农产品进口总额为 15 746 亿元，同比增长 7.4%；其中，饲料类产品(大豆、豆粕、玉米等)占 51%，畜产品占 33%，合计占 84%。中国营养学会、国家卫生健康委员会等机构数据显示，我国居民全谷物、深色蔬菜、水果、蛋奶、鱼虾类和大豆摄入量普遍不足。比如，2021 年人均水产品消费量为 14.2 千克，而《中国居民膳食指南科学研究报告》推荐标准为 14.6～27.3 千克。随着城乡居民膳食结构的转型升级，动物性产品的消费将快速增长，农业生产结构不适应食物消费结构变化的矛盾将日益突出。

3. 全球粮食不安全形势加剧我国粮食安全风险

气候变化、极端灾害叠加地缘政治冲突，加剧了粮食生产、物流等的风险，给全球粮食供应链安全稳定带来严峻挑战。一是国际市场粮食可获得性下降。

联合国粮食及农业组织 2023 年 3 月的预测数据显示，2022/2023 年度全球谷物产量 27.74 亿吨，比上年减少 3727 万吨，减幅 1.3%，产需由上年的结余 1317 万吨转为缺口 621 万吨。同时，贸易保护主义使全球粮食供需平衡状况恶化。乌克兰危机发生以来，20 多个国家实施粮食出口限制令，包括俄罗斯、乌克兰、阿根廷、哈萨克斯坦、越南、印度等国，加剧了粮食脆弱地区的恐慌。据海关总署统计，由于部分原本从俄乌进口粮食的国家转向从美国、加拿大、法国等国进口，形成了世界范围内的粮源争夺，2022 年我国自美国、加拿大、法国三国进口的粮食，分别同比减少 16.4%、35.5%、46.7%。二是国内粮食保供稳价受到挑战。2020 年 3 月起，全球粮食市场剧烈震荡，粮价呈现上涨趋势，据联合国粮食及农业组织数据，2022 年 5 月全球谷物价格指数涨至 173.5 点，创历史纪录。据海关总署统计，2022 年我国粮食进口量同比减少 10.7%，进口金额增长 13.7%，进口均价上涨 27.4%，大豆、小麦进口均价分别上涨 25.1%、25.9%，传导国内大豆、小麦价格分别上涨 9.3%、19.1%。此外，俄乌相继停止化肥出口后，引发巴西等农业大国采取紧急增储行动，进一步拉升农资价格、增加粮食生产成本，给我国粮食保供稳价带来一定压力。

习近平在中央农村工作会议上指出："保障粮食安全，要在增产和减损两端同时发力。"①减少收获环节损失是增加粮食供给的重要途径，也是提高农民种粮收益的重要手段。值得思考的是，立足新发展阶段，影响粮食在收获环节损耗的因素有哪些？收获环节的节粮减损面临哪些实际难题？为了更好地保障国家粮食安全，建设农业强国，如何才能切实减少粮食在收获环节的损耗？以上问题不仅是广大民众关注的焦点，更是政府需要重视并着力解决的难题。因此需要从加强农业机械科研攻关、强化农机作业人员技能培训、加快耕地细碎化整治进程、推动农业信息化建设等多维度入手，多措并举减少粮食收获环节的损失、损耗。

### 4.1.3 研究方法

1. 对照实验法

对照实验法是根据事物的异同点通过比较来揭示其属性的一种科学实验方法，很多因素会对实验结果产生影响，对照实验可以证明某种因素对实验结果的确切影响。具体做法是：将实验分为两个或两个以上的组群，其他条件都相同，只有一个条件不同，其中一个是对照组，另一个或几个是实验组。基于此，本章

①《习近平在中央农村工作会议上强调 锚定建设农业强国目标 切实抓好农业农村工作》，http://politics.people.com.cn/n1/2022/1224/c1024-32593022.html[2022-12-24]。

拟基于对照实验法，考察收割机机型、粮食品种、地形和收割机操作员熟练程度等因素对收获环节粮食减损水平的影响。

2. 统计分析法

统计分析法指运用数学方式，建立数学模型，对通过调查获取的各种数据及资料进行数理统计和分析，形成定量的结论。统计分析法是广泛使用的现代科学方法，是一种比较科学、精确和客观的测评方法。基于此，本章拟采用数据包络分析法、Probit 模型、三重差分法、倾向评分匹配法、聚类分析法、多元 Logistic 模型等统计分析法对调查问卷、对照实验所获得的数据进行相应的检验和分析，在统计分析基础上设计相应的模型和函数。

3. 文本挖掘

文本挖掘是指从大量文本数据中抽取事先未知的、可理解的、最终可用的知识的过程，同时运用这些知识更好地组织信息以便将来参考。文本挖掘的主要支撑技术是自然语言处理和机器学习。本章拟采用文本挖掘技术，一方面对粮食机收减损方案文本进行量化分析，另一方面对互联网查询结果数据进行关键词提取，进而构建农户对收获环节政策需求的关键词表。

4. 系统动力仿真

系统动力仿真是基于复杂系统理论创立的用于认识和解决系统问题的方法，适合分析非线性、多变量、多种反馈的复杂系统问题，可以通过参数调整模拟不同政策带来的影响，也称为政策实验室。本章采用系统动力仿真技术，对政策因素的外生冲击进行模拟，探究收获环节不同扶持政策的运行机制和调节空间，根据模拟结果进行政策评价指标值测算，分析政策执行后均衡期的状态，为粮食收获环节节粮减损政策的制定与实施提供科学依据。

## 4.2　我国粮食收获环节损失测算方法及特征呈现

### 4.2.1　损失测算方法

1. 收割环节粮食损失的测算方法

收割环节指的是粮食作物成熟后直接用手工、半机械或者机械方式进行收割的环节，其中半机械指的是收割粮食过程中部分采用机械，部分采用人工，两者并存的一种收割方式。在播种到种植环节之后，收割是保证粮食产量的重要环节。

长期以来收割环节一直都是我国粮食生产过程中较为低效的环节，中国农业机械工业协会会长陈志认为，目前我国农业收割机主要存在作物损失和损伤两大通用技术难题，部分机收总损失率和总损伤率均高达10%。然而，实际操作中的损失率比理论上还要高，理论上是按照最佳收割条件计算损失率，但现实中很难完全达到最佳收割条件，如粮食过度成熟导致更易脱落、下雨天导致谷粒黏附影响收割等。收割环节的节粮减损正在被全社会逐渐认知和重视，保障粮食安全不仅要“开源”，更要“节流”。

基于此，拟采用五点法对损失质量进行测量。

设$a_{i,j,k}$为$i$地区$j$粮食品种$k$规模农户收割环节损失量，$b_{i,j,k}$为$i$地区$j$粮食品种$k$规模农户田间运输环节损失量；$c_{i,j,k}$为$i$地区$j$粮食品种$k$规模农户脱粒环节损失量；$d_{i,j,k}$为$i$地区$j$粮食品种$k$规模农户清粮环节损失量；$h_{i,j,k}$为$i$地区$j$粮食品种$k$规模农户粮食收获产量，则$i$地区$j$粮食品种$k$规模农户收割环节损失率$\mathrm{HGR}_{i,j,k}$计算方法为

$$\mathrm{HGR}_{i,j,k}=\frac{a_{i,j,k}}{h_{i,j,k}+a_{i,j,k}+b_{i,j,k}+c_{i,j,k}+d_{i,j,k}} \tag{4-1}$$

2. 田间运输环节粮食损失的测算方法

田间运输环节指将粮食收割下来之后，利用人工、畜力车、机动车等运输工具运输到晾晒场地或储藏地之前的一个环节。在田间运输环节，标准化规范化运输程度不高、缺乏农村物流装备、运输组织方式不科学、粮食物流遗撒、冲击破碎等导致了粮食损耗。

基于此，拟在实验地区选择观察、收集、记录农户在田间运输环节损失的粮食量。

设$a_{i,j,k}$为$i$地区$j$粮食品种$k$规模农户收割环节损失量，$b_{i,j,k}$为$i$地区$j$粮食品种$k$规模农户田间运输环节损失量；$c_{i,j,k}$为$i$地区$j$粮食品种$k$规模农户脱粒环节损失量；$d_{i,j,k}$为$i$地区$j$粮食品种$k$规模农户清粮环节损失量；$h_{i,j,k}$为$i$地区$j$粮食品种$k$规模农户粮食收获产量，则$i$地区$j$粮食品种$k$规模农户田间运输环节损失率$\mathrm{HYR}_{i,j,k}$计算方法为

$$\mathrm{HYR}_{i,j,k}=\frac{b_{i,j,k}}{a_{i,j,k}+h_{i,j,k}+b_{i,j,k}+c_{i,j,k}+d_{i,j,k}} \tag{4-2}$$

### 3. 脱粒环节粮食损失的测算方法

脱粒环节指将收割后作物的谷粒从谷穗上脱下，同时尽可能地将其他的脱出物如短茎秆、颖壳、杂物与谷粒分离出来。主要方式有人力、蓄力和机械等。基于此，若是联合收割机收割，脱粒环节的损失不做考查；若是人工脱粒，拟在实验地区选择观察、收集、记录农户在脱粒环节损失的粮食量。

设 $a_{i,j,k}$ 为 $i$ 地区 $j$ 粮食品种 $k$ 规模农户收割环节损失量，$b_{i,j,k}$ 为 $i$ 地区 $j$ 粮食品种 $k$ 规模农户田间运输环节损失量；$c_{i,j,k}$ 为 $i$ 地区 $j$ 粮食品种 $k$ 规模农户脱粒环节损失量；$d_{i,j,k}$ 为 $i$ 地区 $j$ 粮食品种 $k$ 规模农户清粮环节损失量；$h_{i,j,k}$ 为 $i$ 地区 $j$ 粮食品种 $k$ 规模农户粮食收获产量，则 $i$ 地区 $j$ 粮食品种 $k$ 规模农户脱粒环节损失率 $\mathrm{HTR}_{i,j,k}$ 计算方法为

$$\mathrm{HTR}_{i,j,k} = \frac{c_{i,j,k}}{a_{i,j,k} + h_{i,j,k} + b_{i,j,k} + c_{i,j,k} + d_{i,j,k}} \tag{4-3}$$

### 4. 清粮环节粮食损失的测算方法

清粮环节指利用竹筛、排风扇和筛分机等工具将粮食中的杂质或不可食用的部分清理出来的环节。基于此，拟在实验地区选择观察、收集、记录农户在清粮环节所损失的粮食量。

设 $a_{i,j,k}$ 为 $i$ 地区 $j$ 粮食品种 $k$ 规模农户收割环节损失量，$b_{i,j,k}$ 为 $i$ 地区 $j$ 粮食品种 $k$ 规模农户田间运输环节损失量；$c_{i,j,k}$ 为 $i$ 地区 $j$ 粮食品种 $k$ 规模农户脱粒环节损失量；$d_{i,j,k}$ 为 $i$ 地区 $j$ 粮食品种 $k$ 规模农户清粮环节损失量；$h_{i,j,k}$ 为 $i$ 地区 $j$ 粮食品种 $k$ 规模农户粮食收获产量，则 $i$ 地区 $j$ 粮食品种 $k$ 规模农户清粮环节损失率 $\mathrm{HQR}_{i,j,k}$ 计算方法为

$$\mathrm{HQR}_{i,j,k} = \frac{d_{i,j,k}}{a_{i,j,k} + h_{i,j,k} + b_{i,j,k} + c_{i,j,k} + d_{i,j,k}} \tag{4-4}$$

### 5. 对照实验中控制变量的选择

从人、机、料、法、环分析视角，对不同粮食作物收获环节损失测算实验中的干扰因素进行分析，以保证除农户、粮食作物种类和收割机机型这三个研究变量外其他变量在对照组与实验组中是一致的。依据以往项目经验和已有相关研究，选择以下控制变量，见表 4-1。

**表 4-1　对照实验中的控制变量选择**

| 分析视角 | 控制变量 | 变量值 |
|---|---|---|
| 人 | 收割机操作员 | 熟练程度 |
| 机 | 脱粒机 | 机器类型 |
| 料 | 粮食作物 | 作物品种 |
| 法 | 损失测算 | 测算方法 |
| 环 | 农田地形 | 农田平整度 |
| | 收割天气 | 晴好天气 |
| | 收割时间 | 大面积收割时间 |
| | | 部门建议时间 |

从人的角度来看，实验中保证收割机操作员的收割机操作熟练程度相同，拟均选择普通操作员；从机的角度来看，应保证脱粒机机型相同；从料的角度来看，实验中保证种植的粮食作物品种相同，以水稻为例，要么都是粳米，要么都是籼米；从法的角度来看，对损失量进行测算的方法应保持一致，拟采用五点法对损失数量进行测量；从环来看，实验应在晴好天气和平原地区进行，收割时间拟在农机部门的建议时间。

### 4.2.2　损失特征呈现

现阶段，我国粮食产后环节仍然存在损失浪费现象，粮食安全问题仍需引起社会的关注和重视。本节以农户为主体，聚焦于三大主粮(水稻、小麦、玉米)在收获环节的减损降耗。粮食收获环节是粮食产后系统的首个环节，指从开始收获到入库储藏前的阶段，可以划分为收割、田间运输、脱粒和清粮四个环节。粮食收获环节的损失大小不仅会直接影响“米袋子”的供应，降低农户收入，还会间接破坏环境的韧性以及造成资源的极大浪费。

1. 不同收获环节的粮食损失状况

1) 收割环节的损失状况

在田间收获的四个子环节中，损失最大的是收割环节，从三大主粮总体情况来看，收割损失率平均为 1.97%，如果按照 2022 年全国粮食总产量 13 731 亿斤计算，那么三大主粮的收割损失总量达到 13 525 万吨。分品种来看，小麦收割损失率最高，为 2.95%，水稻收割损失率次高，为 2.05%，玉米收割损失率较低，为 1.40%。粮食作物收割环节的损失主要来自收割方式，如机械差异等，通过技术措施等是可以避免的；但部分农户在收割过程中也会遇到雨雪等极端天气，造成难以降低的损失。

农业农村部数据显示，我国粮食收获环节机收水平不断提升，2021 年小麦的机收率最高，为 97.59%，水稻次之，为 94.43%，玉米的机收率最低，仅有 78.95%。总体来看，采用机械收割不仅能够有效提升粮食的收割效率，并且能够降低粮食收割环节损失率，但目前我国农业机械化发展还相对滞后，机械化作业水平不够精细，农业收割机械仍然面临两大通用技术难题，即作物损失和损伤。在作物损失方面，玉米收割机难以精准剥离玉米的籽粒、芯轴、秸秆和苞叶，造成脱粒不彻底；水稻收割机的清选工序，长期面临黏附堵塞问题，造成水稻籽粒不能及时分离；小麦收割机运作时高速碰撞穗头，造成严重的掉粒损失；此外，收割时机械触碰导致的损失率在 3%～5%。在作物损伤方面，粮食收割的摘穗、脱粒工序中，收割机运作过程中的高速碰撞，均会造成严重的籽粒破碎，甚至导致粮食出现裂纹，会对后期的粮食储藏造成较大的负面影响。此外，当前我国对粮食收割机的损失率虽然已经制定了相应国家标准，但粮食收割过程中由碰撞造成的籽粒破碎很难进行测算，亟须建立相关国家标准。

通过对全国范围的大样本“农户问卷调研”数据进行分析，中国八大类粮油作物收获环节损失情况如下(罗屹等，2022)。

第一，中国八大类粮油作物收获环节的平均损失率为 3.47%(按照产量加权)，其中三大主粮(水稻、小麦和玉米)收获环节损失率分别为水稻 5.13%、小麦 12.18%、玉米 4.29%。在三大主粮中，小麦的收获损失最严重，其次是水稻，玉米的收获损失率最低。汇总三种谷物类产品的平均损失率(按照 2020 年产量加权，下同)为 3.32%，口粮类(小麦和水稻)的收获损失率平均为 3.88%。

第二，从薯类、油料作物的情况可以看出，油料作物和薯类的损失率相对较高，特别是大豆、油菜籽、花生和马铃薯的收获损失率分别达到 5.07%、8.30%、3.24%和 3.79%。甘薯收获损失率相对较低，平均为 2.52%。这说明，相对于主粮作物，油料作物的减损潜力巨大。

第三，在田间收获环节的四个子环节中，损失最严重的是收割环节，其中，三大主粮收割损失率平均为 1.97%。其次是脱粒环节，尤其是大豆和油菜籽，其脱粒环节损失率分别为 1.37%和 1.50%，三大主粮脱粒环节损失率平均为 0.74%。清粮和田间运输环节的损失情况较轻。

2) 田间运输环节的损失状况

在粮食产后管理中，田间运输环节是其中的关键一环。尽管在这个环节中，粮食损失率相对乐观，但仍然存在着一定的改进空间。利用人力、畜力或机动车等方式参与收获运输的农户，一般需要严格遵循有关的农作措施与加工程序，但往往也会由于遗漏、丢弃、变质等原因在一定程度上产生运输损失。这一环节粮食损失率一般在 0.20%左右，其中，玉米运输损失率最高为 0.23%，小麦运输损失率次高为 0.22%，水稻运输损失率最低为 0.20%。

田间运输损失的原因主要包括遗漏、丢弃和变质等。在运输过程中，粮食可能会由于操作不当或者环境条件变化而受到影响。在转运粮食时，装卸过程不规范或包装不当，可能导致一部分粮食的损失。此外，如果在临时存放或运输过程中没有得到适当的防护和管理，粮食容易受到湿气、虫害或者其他外界因素的影响，从而导致损失。另外，田间运输的技术和设施水平也会直接影响运输损失的大小。在一些地区，尚未普及先进的粮食运输设备或技术，农户仍然依赖传统的人力或畜力运输方式。这种方式虽然可以减少运输成本，但也增加了操作难度和损失风险。相比之下，使用机动车等现代化设备进行运输，能够更有效地减少人为损失和提高运输效率。除了技术因素外，相应管理措施的完善也对减少运输损失起到关键作用。政府部门和农业机构可以通过制定相关的运输管理政策，加强对农户的培训和指导，提高农户在运输过程中的操作水平和意识。此外，建立健全的粮食收购和运输监测系统，及时发现和解决运输损失问题，也是提高粮食运输效率的重要手段。在实际操作中，农户可以通过多种方式来减少粮食运输损失。比如，合理安排收获和运输的时间，选择干燥晴朗的天气进行操作，避免在潮湿或者降雨天气时转运粮食，以最大限度地减少损失的可能性。

3)脱粒环节的损失状况

粮食的脱粒损失是指在收获和处理过程中粮食从籽粒中分离出来的过程中损失的粮食量，通常称为“跑粮”。这种损失主要发生在联合收割机的脱粒环节，而影响脱粒损失的因素多种多样，包括作物湿度、脱粒滚筒的转速以及收割机前进的速度等，这是脱粒作业中比较普遍的现象。脱粒环节相较收割环节损失较小，三大主粮脱粒环节损失率平均为 0.74%，具体到不同的粮食作物，其脱粒损失率也有所不同。根据数据统计，水稻的脱粒损失率为 0.88%，略高于其他主要粮食作物。这可能与水稻本身在脱粒过程中的特殊性有关，如水稻籽粒较小、黏附力较强等因素导致的损失相对较大。小麦的脱粒损失率为 0.80%，玉米则相对较低，为 0.60%。

作物的湿度是影响脱粒效果的关键因素之一。如果作物过于湿润，籽粒与秸秆之间的黏附力就会增加，使得在脱粒滚筒处理时，部分籽粒仍然附着在秸秆上而未能完全脱离，导致脱粒不净。这种情况在天气潮湿或者收割时节无法完全控制作物的湿度时尤为明显。此外，脱粒滚筒的转速对脱粒效果也有显著影响。如果转速过低，脱粒滚筒无法充分地将籽粒与秸秆分离，会造成粮食的部分损失。相反，如果转速过高，可能会导致粮食的碾磨过度或者增加机械磨损，同样会影响脱粒效果和粮食的损失率。收割机前进的速度也是一个需要注意的因素。过快的前进速度会导致脱粒过程过于仓促，脱粒滚筒无法充分处理每一捆作物，从而导致部分籽粒不能完全脱离。这种情况下，即使脱粒滚筒的转速和湿度控制得当，过快的前进速度也会显著增加粮食的损失率。对此，农户可以采取一系列措施来降低脱粒损失。一是在收割前通过合理的灌浆和田间管理措施控制作物的湿度，确保在最佳条件下进行脱粒操作。二是根据不同作物的特性调整脱粒滚筒的转速和收割机的前进速度，以确保脱粒过程的高效性和完整性。此外，定期维护和检查收割机设备，确保其处于最佳工作状态，也是减少损失的重要措施之一。

4) 清粮环节的损失状况

清粮是指通过吹风和扬场等方式，去除粮食中的杂物，获得洁净的谷粒。一般来说，清粮环节的损失情况相比其他三个环节较轻，分品种来看，水稻和小麦在清粮环节的损失率均为 0.44%，而玉米在该环节的损失率为 0.35%。但在实际收获活动中，不同品种的粮食作物收获方式不一样，如小麦，比较多的是联合收割机收获后，直接成为颗粒装袋，在田间地头就会直接出售，因而对部分农户来说可能不存在清粮等环节。

诸如脱粒、清粮等将半成品粮转化成成品粮的经营活动过程，可以统称为加工环节。然而受多种因素影响，当前粮食加工环节的损失浪费较高。一是加工不当导致的损耗，有的企业粮食加工损耗率达到了 4.7%。二是市场诱导加工企业过度加工。很多消费者认为大米、面粉越白越好、越精细越好，使得粮食加工企业过度追求成品粮的精、细、白。过度加工导致粮食中的膳食纤维、蛋白质、维生素等损失严重，并不利于人体健康。一般而言，50 千克水稻去壳后会剩下 40 千克左右的糙米，糙米可以食用但口感较差，糙米磨成白米再损失 5 千克左右，此时营养素损失还不大的白米完全可供人们食用消费，但加工企业往往要再对其进行两次抛光、两次筛选，每次抛光后出米率就会降低 1%，最后成品就剩下 32.5 千克左右。小麦每道工序造成的出粉降低率为大米的 2 倍，即 2%，目前我国小麦出粉率为 75%左右，而且市场上出粉率仅为 70%的精加工面粉也越来越多。由于目前玉米主要用作饲料，且加工产品多样，其精细加工造成的原料损耗相对较小，根据调查，玉米的加工损耗率约为 1.4%。假定加工企业在作物产品达到可食用标准后继续进行精加工，则大米的损失率至少为 1%，小麦的损失率至少为 2%，据此测算，我国每年由加工导致的粮食损失在 840 万吨以上。

2. 不同收获方式的粮食收获环节损失状况

粮食收获方式包括人工收获、半机械化收获和全程机械化收获。相较于人工收获，全程机械化收获增加了粮食收获环节损失，但影响程度较小，与替代劳动力短缺的益处相比微不足道。当前，中国小麦和水稻的主要收获方式为全程机械化收获，而玉米的主要收获方式为半机械化收获，形成以“人工摘穗—机械脱粒”为主的收获方式。不同收获方式对三大主粮收获环节损失率的影响不同。从总体看，全程机械化收获损失率最高(3.88%)，人工收获损失率次之(3.51%)，半机械化收获损失率最低(3.06%)。从不同收获方式来看(表 4-2)，全程机械化收获损失率分别为小麦>水稻>玉米(4.11%>3.78%>3.66%)，半机械化收获损失率分别为小麦>水稻>玉米(4.67%>3.33%>2.64%)，人工收获损失率分别为小麦>玉米>水稻(5.87%>3.60%>2.84%)。从不同农机服务方式来看，相比于自购农机，在购买农机服务的农户中，小麦、水稻和玉米的收获环节损失率分别为 4.08%、3.52%和 2.89%，均低于未购买农机服务的损失率，即 5.28%、4.01%和 3.08%。

**表 4-2　粮食收获不同方式的损失情况**

| 粮食作物品种 | 全程机械化收获 | 半机械化收获 | 人工收获 |
|---|---|---|---|
| 水稻 | 3.78% | 3.33% | 2.84% |
| 小麦 | 4.11% | 4.67% | 5.87% |
| 玉米 | 3.66% | 2.64% | 3.60% |

### 3. 粮食收获环节的损失特征

#### 1)不同品种粮食收获损失率差异大

根据农业农村部 2019 年在全国范围内的全国农村固定观察点调查的研究成果，水稻、小麦和玉米作为我国三大主要粮食品种，在收获环节的损失率分别为 3.03%、3.24%和 3.07%。同时，针对我国居民主要消费的食用油品种，大豆、花生和油菜籽的收获损失率分别为 5.07%、3.24%和 8.30%。此外，马铃薯和甘薯在收获过程中的损失率分别为 3.79%和 2.52%。可见，不同品种的粮食收获损失率不尽相同。

粮食和食用油作为人类主要的食物来源，其生产过程中的损失直接影响我国的粮食安全。在粮食生产中，收获环节是损失率较高的关键环节之一，不仅降低了农产品的总产量，也直接影响农民的经济收益和国家粮食安全的稳定。

水稻作为我国主要的粮食作物之一，其收获损失率为 3.03%，水稻籽粒较小且易于黏附，特别是在湿润条件下，脱粒效果常常不尽如人意。针对水稻的特性，提高脱粒机的技术水平、优化收割时机和增加管理密度等措施，能够有效降低水稻的收获损失率，提高农业生产效率。小麦的收获损失率为 3.24%。小麦籽粒较大，但同样面临收割机操作不当、速度过快或过慢、机具老化等因素导致的损失问题。通过技术创新和机械设备的更新换代，可以有效地减少小麦收获环节的损失率，提高粮食的质量和产量。玉米的损失率为 3.07%。玉米的特点是籽粒较大，但同样受到收获操作技术和机械设备质量的影响。在玉米生产中，合理调节收割机的工作参数、减少机具停机时间和修理时间，是减少玉米收获损失的有效途径之一。

在食用油作物方面，大豆的收获损失率达到 5.07%，花生为 3.24%，油菜籽为 8.30%。这些作物在收获过程中的损失率相对较高，主要包括机械损坏、露天储藏条件恶劣等因素导致的损失。针对这些问题，提高收获技术水平、加强后期管理和加工过程中的控制，对于减少食用油作物的损失具有重要意义。

马铃薯和甘薯的收获损失率分别为 3.79%和 2.52%。这两种根茎类作物在收获过程中的损失主要与地下部分的碾压、挖掘技术及储藏条件相关。通过优化挖掘机具、改进储藏方法和加强农民技术培训，可以有效降低这类作物在收获环节的损失率，提升农产品的经济效益和市场竞争力。

不同品种在收获环节的损失率差异显著，但通过科技进步和创新，可以有效地降低粮食和食用油作物在生产过程中的损失率，提高资源利用效率和粮食安全水平，促进农业的可持续发展。

2) 小规模农户粮食收获损失率偏高

种植规模越大，地块面积越大，越有利于进行粮食机械化、精细化收割，从而降低粮食收获环节的损失。随着农户规模的增大，尤其是水稻、小麦和玉米等主要粮食品种，粮食收获环节的损失率呈现出显著的下降趋势。研究表明，大规模农户由于其较强的管理能力和丰富的生产经验，通常能够实现较低的粮食损失率。具体而言，水稻、小麦和玉米的损失率分别为 2.76%、4.20%和 3.00%。相比之下，小规模农户则面临更高的损失风险，其相应的损失率分别为 3.97%、4.42%和 3.31%。粮食生产中的收获环节，直接影响到粮食的总产量和质量。随着农业技术的进步和机械设备的普及，粮食机械化收割成为提高收获效率、降低损失率的重要途径之一。大规模农户由于投入较多的机械设备和技术资源，能够在适当的时间内完成收割工作，减少天气、气候不利或其他不可控因素导致的损失。

在水稻种植中，机械化收割尤为重要。水稻作为中国主要的粮食作物之一，其特殊的生长环境和收割需求决定了机械化收割的必要性。大型联合收割机能够在短时间内完成大面积的收割工作，避免了传统手工收割中容易发生的脱粒损失和地面损失。研究显示，大规模农户在水稻收获过程中的损失率显著低于小规模农户，这主要归因于其精确的机械操作和良好的管理措施。小麦和玉米的机械化收割同样取得了显著的成效。大型收割机的使用不仅提高了收割效率，还通过先进的技术减少了粮食的损失率。特别是在小麦的成熟期和玉米的收获期，合理配置和操作收割机能够最大限度地保留作物的籽粒，减少在处理和储藏过程中可能出现的损失。

此外，大规模农户由于其管理能力和资源优势，往往能够更好地应对突发情况和市场波动，提高粮食生产的稳定性和可持续性。小规模农户粮食生产过程中囿于耕地规模、人才技术、机械耕作、资金劳力等生产要素的限制，实现集约化、规模化生产的难度较大，造成其粮食收获效率、粮食质量以及粮食收益都比较低，生产成本高且缺乏相应的竞争力，与大规模农户以及大型生产企业相比处于竞争劣势。农村劳动力愿意掌握新技术的积极性不足，对新型农业机械的投入不高，在粮食作物生产及收获过程中对新技术的采用比较保守。因此，农业收获机械装备的精细化程度偏低，导致机械化收割水平较低，进而加大粮食收获环节的损失。小规模、分散化生产经营的农户，信息获取及决策水平较低，市场应变能力差，应急管理能力弱，从而在粮食收获过程中不可避免地带来损耗。农业现代化的推进不仅是技术进步的体现，还是农业生产效率和质量保障的关键所在。通过机械化和精细化的收割技术，大规模农户能够有效地降低粮食收获环节的损失率，提高农业生产的效率和经济效益。随着农业科技的不断进步和政策支持的加强，我国农业将更加注重提升种植规模，推动农业现代化进程，为粮食安全和农民收入增加做出更大贡献。

3) 收获环节机械化作业水平偏低

收获方式对粮食生产的影响不可忽视，不同的收获方式直接关系粮食损失率和生产效率。目前，主要的收获方式包括人工收获、半机械化收获和全程机械化收获。人工收获是传统的方式，依赖于人工劳动力完成收割工作。数据显示，小麦的人工收获损失率为 5.87%，而水稻的则为 2.84%。这种方式的损失率相对较高，主要受人力不足、收获时间不可控等因素影响。半机械化收获是一种过渡方式，部分依靠机械化设备完成收割工作，如使用割台收割部分面积，其余面积则依旧依赖人工。小麦和水稻的半机械化收获损失率分别为 4.67%和 3.33%。虽然相对于完全人工收获，小麦的损失率有所降低，但仍然存在较高的损失率。全程机械化收获是目前推广的现代化收获方式，利用联合收割机等机械设备完成收割全过程。这种方式的小麦和水稻的损失率分别为 4.11%和 3.78%，因此，不同的作物应采用不同的收获方式。据农业农村部农业机械化管理司发布的《主要农作物全程机械化生产模式》指导意见，小麦全喂入联合收割机损失率应不高于 2%，水稻全喂入联合收割机损失率应不高于 3%、半喂入联合收割机损失率应不高于 2.5%，但目前水稻和小麦的机械化收获损失率均超过 3%，机械收割精细化程度有待提高。

总体而言，机械收割可提升粮食收割效率、降低损失率，但我国农业机械化发展滞后、作业不够精细，农业收割机械面临作物损失与损伤两大难题。在作物损失方面，玉米收割机脱粒不彻底，水稻收割机清选存在黏附堵塞问题，小麦收割机运作掉粒损失大，且收割时机械触碰损失率在 3%～5%。在作物损伤方面，摘穗、脱粒工序中高速碰撞会致籽粒破碎、出现裂纹，影响粮食储藏。此外，我国虽有粮食收割机损失率国家标准，但碰撞致籽粒破碎的测算标准亟待建立。

机械化收获方式对粮食生产的现代化和效率提升至关重要。虽然联合机械化收获在降低损失率和提高生产效率方面已经取得显著进展，但仍然面临一些挑战。首先，农机科技创新能力不足是主要问题之一。基础研究薄弱，原创性科技成果较少，关键技术自给率较低，导致企业技术创新能力弱，产学研推用结合不够紧密，研发和成果转化率不高。这限制了农业机械性能提升和技术进步，使得在粮食收获环节中机械设备使用效率低下。其次，部分农机装备的有效供给不足，适应性、可靠性有待提高。在粮食收获的某些环节，仍然存在“无机可用”的情况，这使得粮食收获过程中无法及时有效地利用机械进行收获，从而增加了人工操作失误或机械故障导致的损失。再次，机械化作业水平不够精细。农业收割机械仍然面临两大通用技术难题，即作物损失和损伤。在作物损失方面，如玉米收割机难以对玉米的籽粒芯轴、秸秆、苞叶分别进行精准剥离；在作物损伤方面，摘穗、脱粒工序中的高速碰撞，均会造成严重的籽粒破碎。籽粒一旦出现裂纹或破碎，会对后期储藏存在较大的负面影响。最后，农机与农艺的融合不够紧密。种养方式、产后加工与机械化生产之间存在不协调问题，这制约了农机的发展、推广应用及作业效率，会进一步影响粮食收获环节的减损效果。

## 4.3　我国粮食收获环节损耗严重的影响因素分析

根据联合国粮食及农业组织的报告，粮食损失是指由自然或人为因素造成的粮食在数量、质量及经济价值等方面的损失，主要发生在粮食供应链前端环节，涵盖生产、收获、加工环节（FAO，2011）。粮食收获环节作为粮食产后系统的开端，其损失直接影响粮食供应的数量和质量。粮食收获环节的损失，主要发生在收割、脱粒、田间运输和清粮四个环节，包括机械收割损失、自然掉粒损失、收获遗漏损失、籽粒破碎变质损失等（曹芳芳等，2018）。从总体上看，中国粮食产后各环节的综合损失率为 15.28%，其中三大主粮（水稻、小麦和玉米）的综合损失率高达 15.53%（赵霞等，2022）；分环节来看，收获环节所占损失份额为总损失的 29.49%，仅次于加工环节；而从粮食品种特征来看，水稻和谷物类的粮食产后损失率，分别在不同粮食品种和粮食类别中达到最高。因此，控制粮食田间地头收获损耗，减少粮食收获环节的损失浪费，努力实现“颗粒归仓”具有重大现实意义。减少粮食收获损失的现实意义也是当前学界关注的重点。由于粮食生产需要投入大量的土地、能源、淡水等资源，粮食损失意味着投资于粮食生产、运输和储藏的资源的巨大浪费（Beretta et al.，2013）。学者对三大主粮在消费前端环节损失的环境足迹进行评价，结果表明已损失的粮食消耗了20%的总播种面积、3%的农业用水量，以及贡献了2%的碳排放量（吕亚荣和王立娇，2022）。因此，节粮减损不仅意味着更有效与可持续地利用农业资源，也意味着减轻生态环境压力，并且能够增加粮食供应数量，减少资源消耗、降低生产投入成本（武拉平，2022）。此外，不仅在发展中国家，即使在发达国家，经济上可避免的粮食收获损失对于缓解农业资源约束、消除贫困人口饥饿也具有高度重要性。因此，粮食收获环节节粮减损不仅有助于保障粮食安全，也有助于缓解农村环境危机与"营养贫困"，是促进乡村发展的重要途径。

### 4.3.1　粮食收获时机难以把控

一方面，气象条件对粮食收获环节的损失具有重要影响。首先，气象条件直接影响粮食作物的生长和发育。适宜的气象条件可以促进作物的生长和发育，提高其产量和质量。相反，不利的气象条件，如长时间的干旱或洪涝灾害可能导致作物减产或死亡，从而增加收获环节的损失。其次，气象条件还会影响收获作业的质量和效率。在收获季节，连续阴雨会导致暴雨后的田地泥泞不堪，机械收割可能受到限制，影响作业质量和效率。并且在全球气候不断变化的背景下，极端天气的发生频次与强度均在不断增加，但我国农用天气预报体系并不完善，减少粮食收获损失面临严峻挑战。中国气象局数据显示，中国是全球受天气灾害影响最严重的国家之一，天气灾害所带来的直接经济损失超过了所有自然灾害经济损失的70%。我国夏粮收获适逢雨季，恶劣天气往往引起作物倒伏，且田中积水严重、土壤泥泞，不利于人工或机器收割；同时水稻作物长期浸泡在水中，容易发生病变、鼠害和虫害，造成严重的粮食损失。粮食收获环节的节粮减损亟须增强气象为农服务的能力建设。虽然各级气象部门把农用天气预报业务作为气象为"三农"服务的主要途径之一，但由于对农用天气预报概念、内涵和内容的认识不同，目前农用天气预报业务界定不清晰，服务价值估计不足，也缺乏相应的技术和理论支撑。

另一方面，作物成熟度也是影响粮食收获环节损失的重要因素。作物成熟度不仅关系到收获时机的选择，还直接影响着收获作业的质量和效率，过熟或未熟的作物在收获时都可能导致较高的损失率。在作物成熟度不足的情况下，过早收获可能导致籽粒不饱满、质量下降，甚至出现"割青毁粮"的情况。这不仅降低了粮食的品质和价值，还增加了收获的难度和损失率。相反，过晚收获时，作物过熟可能导致籽粒易脱落、茎秆支撑力降低、植株易倒折等问题，同样增加了收获的难度、提高了粮食收获环节的损失率。并且在粮食生产过程中，粮食种植间距与粮食收获环节损失也有明显关联。以小麦为例，目前我国小麦播种的行距一般为20～23厘米，但全国各地播种行距标准不一，容易造成机械化摘穗漏摘率高，而农业发达国家粮食作物种植行距标准化统一，使用一种机械设备就能对全国各地的粮食作物进行收获作业，收获环节的损失率通常也较低。当前我国作为玉米的主要种植基地，玉米的种植模式对其总产量有重要影响，通过调整玉米种植的空间布局，如改变玉米的种植株距和行距，可达到合理的通风透光效果以及对水肥的充分利用。然而各地的玉米种植未能够根据品种的特点实施合理密度种植达到通风透光的效果，玉米产量和品质未能得到有效提高，同时收获环节减损效果也较差。此外，我国由于粮食种植规模化程度较低，农户地块普遍呈碎片化，导致作物种植行间距难以实现标准化统一，收获机械难以实现标准化作业。

### 4.3.2　粮食收获环节农户减损意识不足

农户对粮食收获损失的重视程度是影响粮食减损的重要因素之一。随着农业社会化服务的兴起，农户更多地依赖于外包或购买服务来完成粮食生产和收获，较少甚至不再直接参与收获环节的劳动。这可能导致农户对收获过程中的损失问题缺乏足够的了解和重视。但农户作为粮食收获的主体，其态度及行为直接决定着粮食收获损失的大小。一般来说，农户对粮食收获越重视，粮食的质量和价值相对越高，节粮减损的效果也就越好。因此，提高农户对粮食收获损失的重视程度对于降低粮食损失、提高粮食安全水平具有重要意义。农户的受教育水平、种植规模和非农工资性收入占比也是影响农户粮食减损态度和行为的重要因素。受教育水平较高的农户更有可能积极学习和掌握粮食收获的经验知识与专业技能，提高节粮意识。

根据农户行为理论，农户的粮食收获行为是系统化的决策过程(王建华等，2022)，是在综合考虑天气、技术、劳动投入等因素后进行的理性选择。作为理性“经济人”，农户会基于现有资源，根据自身的需求或偏好对收获行为的结果进行评估，以期实现个人或家庭收益最大化的重要目标(黄建伟和张兆亮，2022)。节粮减损作为粮食收获的重要目标，除了对农户的家庭生活具有改善作用，更重要的是对于社会而言具有一定的公共价值，因而需要农户投入一定的成本。但面对种粮成本的持续上涨(李腾飞和曾伟，2023)，在种粮农民收益面临不确定保障的现实条件下，农户参与粮食减损，需要额外增加劳动或技术投入。从农户个人层面来说，投入成本的增加会造成粮食总收益的降低，其参与粮食减损的积极性降低，会增加粮食收获环节的损失；从户主家庭层面来说，由于粮食收获效益的下降，家庭年收入水平会显著正向影响粮食收获环节的损失(张永恩等，2009)。

种植规模也会影响农户减损意识，种植规模较大的农户则更注重粮食质量和效益，因此也更倾向于采取有效措施减少收获环节的损失。此外，随着非农就业机会的增加和农业收入占比的下降，非农工资性收入占比不断提高，农户对农业生产收入的依赖性降低，许多农户不再像过去那样重视粮食收获质量，同时自身节粮减损意识不够深刻，导致粮食损失现象的发生。但农户作为粮食收获的主要参与主体，其态度与行为直接决定着粮食收获损失的大小。一般来说，农户越重视粮食收获损失，节粮减损的效果就越好，同时农户的受教育水平、种植规模等均会影响农户粮食收获时的态度。农户的受教育水平越高、种植规模越大，农户就越愿意选择优质良种，积极学习并掌握粮食收获的经验知识和专业技能，并不断提高自身节粮意识，从而能够显著降低粮食收获环节的损失(罗屹等，2020)。

不同种植规模的农户在收获环节的减损行为也会存在差异，大规模农户对现代农业技术的采纳意愿高于小规模农户，而且对于土地流动资本的投入相对更多(张忠明和钱文荣，2008)，因而对于粮食收获的损失重视程度也会更高；但也有学者认为，种植规模越大，农户在进行收获作业时就会越粗糙，从而造成粮食收获环节的损失也越多(Basavaraja et al.，2007)。

随着耕地规模的增大，机械化收粮比例逐渐提高。小规模农户由于抗风险能力较弱，较少采纳新技术和设备，而大规模农户则更倾向于采用机械化作业，新技术的应用有助于减少收获损失。大规模农户土地平整度较高，更适合机械化作业，收获效率较高，损失率较低。相关数据显示，大规模农户的水稻、小麦和玉米机收损失率分别为2.76%、4.20%和3.00%，明显低于中小规模农户的损失率。此外，大规模农户通常拥有更先进的农机装备，接受更多培训，操作技术更为熟练，因此机械收粮的损失率较低。

### 4.3.3 农业机械化发展不平衡不充分

当前农业机械化面临多方面挑战。一是农机科技创新能力不足，基础研究薄弱、技术自给率低等原因导致农机技术进步缓慢、机械设备效率低。二是部分农机装备供给不足，适应性和可靠性差，造成粮食收获环节中机械无法及时有效投入使用，从而增加损失。三是机械化作业水平精细度不够，存在作物损失和损伤问题，如玉米收割机难以精准剥离籽粒和秸秆，脱粒工序中的高速碰撞会导致籽粒破碎，影响后期储藏。四是农机与农艺的融合不紧密，种养方式、产后加工与机械化生产之间的不协调，制约了农机的推广应用与作业效率，影响粮食收获的减损效果。

我国粮食收获方式主要包括人工收获、半机械化收获和全程机械化收获。不同粮食作物的收获方式有所不同，以小麦、水稻和玉米为例，小麦和水稻的主要收获方式为全程机械化收获，而玉米则主要采用“人工摘穗—机械脱粒”的方式。研究表明，三大主粮使用全程机械化收获的损失率最高(3.88%)，而半机械化收获的损失率最低(3.06%)，人工收获损失率居中(3.51%)。具体来看，小麦的全程机械化收获损失率最高，其次是水稻和玉米；而在半机械化收获中，损失率同样是小麦最高，玉米最少；人工收获中，小麦的损失率为5.87%，玉米为3.60%，水稻为

2.84%。此外，农机服务方式对收获损失率也有影响。购买农机服务的农户比未购买的农户损失率要低，具体表现在小麦、水稻和玉米的收获损失率分别为 4.08%、3.52%和 2.89%，均低于未购买农机服务的农户损失率（5.28%、4.01%和 3.08%）。

农业农村部数据显示，我国粮食收获环节机收水平不断提升，2021 年小麦机收率达到 97.59%，水稻 94.43%，玉米 78.95%。机械化收割提升了收割效率、减少了损失，但仍面临技术滞后的问题，尤其是在作物损失和损伤方面。例如，玉米收割机难以精准剥离籽粒和秸秆，水稻收割机清选时常遇堵塞，小麦收割机则由于高速碰撞而产生掉粒损失。此外，机械碰撞导致的作物损伤，如籽粒裂纹或破碎，将影响后期储藏。虽然我国已制定了相应的损失率标准，但碰撞造成的破碎损伤难以准确测量，亟须建立相关国家标准。

### 4.3.4 耕地碎片化限制粮食机收减损的效果

首先，耕地碎片化导致机械作业效率低下。在收获过程中，由于地块不规整，大型农业机械设备需要频繁转向、循边收获、快速进退。这种不规则的作业模式不仅增加了作业时间和成本，还导致机械资源的浪费以及效率的降低。在收获季节，如果不能及时有效地进行收割和处理，粮食作物的品质和产量都可能受到影响，甚至可能造成粮食的损失和浪费。

目前我国耕地细碎化特征明显。实现农业现代化必须依靠农业水利化、机械化、信息化，而实现这一切的前提是耕地的适度规模化。耕地是粮食生产的命根子，是保障国家粮食安全的根本。第三次全国国土调查结果显示，目前我国耕地面积达到 19.18 亿亩，实现了国务院确定的 2030 年耕地保有量 18.25 亿亩的目标（杨书杰，2022）。但是我国耕地资源空间分布不均衡，总体质量不高，小规模、细碎化、分散化特征明显。自然资源部数据显示，全国人均耕地仅 1.35 亩，不到世界平均水平的 1/2。耕地细碎化、地块不规整、边角地狭小的耕地状况导致机械作业需要频繁转向、循边收获、快速进退、移动灵活，阻碍了大型农业机械设备的采用。耕地宽幅和长度的限制会使农机收割效率降低、机械使用费用增加，同时过于狭小、分散的地块可能无法利用机械收割，即使勉强使用又会造成机械过大耗损而无人愿意提供服务。

其次，耕地碎片化限制了机械设备的适用范围。为了提高作业效率和收割效果，许多大型收割机械需要形状规整且具有一定规模的土地。然而，由于耕地碎片化，很多地块面积过小、形状不规则，无法满足农机的作业要求。这导致部分地块无法使用机械收获，或者即使勉强使用也会造成机械耗损增加，进而影响粮食收获的品质和产量。

最后，耕地碎片化还增加了粮食损失的风险。由于地块不规整和机械设备的不便使用，一些粮食作物在收获过程中可能会遗漏或受损。这不仅浪费了宝贵的粮食资源，还可能影响到农民的收益。在粮食生产过程中，每一个环节的损失都可能对最终产量产生影响，而这种影响的累积效应是十分显著的。

耕地细碎化是导致当前耕作成本高、生产效益低的主要原因，对土地适度规模化经营以及农民收入提高制约严重，同时也不利于新型机械、信息技术的应用。耕地大的田块往往更适合一般机械收割作业，粮食收获每亩平均损失率整体相对较低，而碎片化的小田块由于大型收割机械不易操作或掉头等因素，每亩平均机收损失率增加。耕地细碎化造成“分界线”明显存在和每户农田面积较小，限制了部分农用机械化设备的工作，如大型机器无法驶入农田或者在农田作业时无法掉头等，造成粮食收获环节存在细碎未收割部分。由于同一户农民耕种的土地分散，农用机械化设备转移过程中也存在困难并且设备租用时间延长，农户没有从机械化耕种和收获中得到实惠，于是仍然沿用传统的耕作方法，最终导致农业生产规模和机械化之间的现实矛盾，同时存在土地资源利用率低、农业新技术的研发和使用受到阻碍等问题，增加了收获环节的粮食损失。

### 4.3.5 农机服务组织规模扩大，但人员技术培训不到位

首先，农村劳动力的科技文化素养亟待提升。根据《2020 年全国农业机械化发展统计公报》，2020 年我国农机服务组织达到 19.48 万个，其中农机专业合作社 7.5 万个，农机户 3995.44 万户、4751.78 万人，农机社会化服务队伍的不断壮大对农机教育培训工作提出了新要求。相关研究表明，农机作业人员对收割机械的熟练程度和操作经验会直接影响收割损失率，并且农民对最佳收获时间的把握也会对收割损失率产生重要影响(屈雪等，2019)。然而，当前农机教育培训存在培训生源组织困难、农机培训内容与形式单调、农民自主学习与交流平台缺乏等系列问题，导致农民在粮食收割前缺少专业指导。此外，目前仅有 15.94%的农民认为当前粮食收获环节损失严重，80.37%的农民认为粮食收获环节损失不严重，同时只有 33.19%的农户在粮食收获后进行田间捡拾，多数农民对粮食损失和浪费的重视程度远远不够，科学节粮意识淡薄，进而降低了农户参与减损行为的主动性。

其次，农户多为分散化经营，节粮减损技术推广受阻。学者通过农户粮食收获损失因素研究，指出农户改进对粮食收获的态度、购买农机服务等能够减少收获损失(陈伟和朱俊峰，2020)。小农户在粮食生产过程中面临着多重限制因素，包括耕地规模有限、人才技术短缺、机械耕作不足以及资金和劳动力匮乏等。这些因素共同导致了集约化和规模化生产的实现难度较大。结果是，粮食的收获效率、产品质量以及经济效益均相对较低，同时伴随着较高的生产成本。与大规模农户及大型生产企业相比，小农户在市场竞争中处于明显劣势。此外，农村劳动力对新技术的学习积极性不高，对新型农业机械的投入意愿不强。在粮食作物的

生产和收割过程中，技术采用较为保守，这进一步限制了农业收获机械装备的精细化水平，导致机械化收割效率低下，并增加了粮食收获环节中的损耗。由于小规模、分散化的生产经营模式，农户在信息获取和决策能力方面存在不足，市场应变能力和应急管理能力较弱。这些因素在粮食收获过程中不可避免地带来了更多的损耗，进一步加剧了小农户在粮食生产中的不利局面。

最后，小农户参与粮食捡拾的行为整体呈消退趋势。随着我国农业机械化的推进和工业化、城镇化的不断发展，传统的粮食收割后的“拾穗”作业逐渐减少。过去，种粮大户雇用村民进行人工补捡，以弥补机械化收割带来的粮食损失，但由于农民生活水平提高、用工成本上升，农村劳动力大量流向城市，农民参与粮食收获减损的积极性逐步下降。研究发现，44.4%的小农户由于外出务工而无法拾麦，38.9%的小农户认为粮食收入与成本不平衡，不愿捡拾麦子，33.3%的小农户认为机械收割损失较小，不需要捡拾。此外，土地流转和生活质量的提高也使得小农户的拾穗行为减少，导致粮食减损参与度下降，进而加剧了粮食损失问题。

## 4.4 农业机械化对粮食收获环节的减损效果分析

### 4.4.1 农业机械化收获总体状况

根据联合国粮食及农业组织统计，全球每年有 1/3 的粮食遭到损失或浪费，从收获后到零售前的供应链环节内的损失约占世界粮食总产量的 14%。耕好节粮减损这块“无形粮田”成为巩固粮食安全屏障的重要抓手。其中，收获是产后首个环节，也是损失较为严重的环节之一。收获环节的粮食损失不仅直接造成了农户粮食产量的减少和收入降低，还引起资源的极大浪费。不同规模农户在作业方式、技术采用、种植决策等生产收获特征方面均存在差异，评估不同规模农户的粮食机收损失率，对减少粮食收获环节的机收损失、耕好“无形良田”具有重要意义。

各种粮食收获方法对三大主要粮食作物的损失程度存在差异。当前，我国主要粮食作物收获方法包括人工收获、半机械化收获和全程机械化收获。水稻和小麦的收获大多采用全程机械化收获，而玉米则采取“人工摘穗—机械脱粒”结合的方式。不同收获方式的损失率差异明显。水稻的人工收获损失率为 2.84%，低于半机械化收获（3.33%）和全程机械化收获（3.78%）；玉米全程机械化收获损失率（3.66%）高于半机械化收获（2.64%）和人工收获（3.60%）；小麦的人工收获损失率（5.87%）高于半机械化收获（4.67%）和全程机械化收获（4.11%）。根据农业农村部的指导意见，小麦和水稻的机械化收获损失率应分别控制在 2%和 3%以内，但目前这些作物的机械化收获损失率普遍超过 3%。因此，进一步提升机械化收割技术来减少粮食损失成为迫切需求。

种粮农户的规模千差万别，不同规模的农户机收损失率也有所区别。根据种植面积的差异，可以将农户分为小规模农户（耕地面积<3.8 亩）、中规模农户（耕地面积介于 3.8～9.0 亩）和大规模农户（耕地面积>9.0 亩），然后对不同规模农户的粮食机收损失率进行测算（主要考虑水稻、玉米、小麦三大主粮）。

大规模农户粮食收获环节机收率最高。相关数据显示，机械化收粮比例随农户耕地规模的增加而提高，小、中、大规模农户的机械化收粮比例分别为 75%、86%、92%，显然，大规模农户机械化收粮的占比最高。同时，中小规模农户的耕地细碎化程度较高，不太适合机械化收粮，而大规模农户采用耕地连片经营，土地平整度较高，粮食收获采用机械更为高效便捷。

### 4.4.2 农业机械化收获的减损效果——以江苏省为例

党的二十大报告强调，要"以中国式现代化全面推进中华民族伟大复兴"，同时提出要"全方位夯实粮食安全根基""确保中国人的饭碗牢牢端在自己手中"①。2023 年中央一号文件对如何"强化藏粮于地、藏粮于技的物质基础"做出了制度安排。结合上述政策信号，作为粮食生产大省，江苏立足本省农业图景和中国式农业现代化发展要求，将农业现代化元素融入粮食安全治理体系中，对于确保江苏省粮食"颗粒入仓"和迈向农业强省具有重要意义。近年来，江苏省大力推动国家节粮减损方针政策落地实施，机收减损行动成效突出，为提高机收减损效率和减少主粮作物田间地头收获损耗做出了积极贡献。

1. 农业机械化收粮加快推进

农业机械化收粮不仅比人工收粮更为高效，而且损失率更低。在"十三五"时期，江苏省的粮食生产全程机械化水平显著提升，从 69%增加到 82%。特别是主粮的耕种收综合机械化率，达到了 93%，位居全国前列，显示出该省在农业机械化方面的领先地位。2021 年，江苏省的联合收割机保有量达到了 16.9 万台，其中稻麦联合收割机占绝大多数，为 15.75 万台，玉米联合收割机则为 1.15 万台。这些数据表明，江苏省在收割机的保有量上总体充足，能够满足大规模的粮食收获需求。

进入"十四五"时期，江苏省计划在农机化"两大行动"政策上投入的资金总量将超过 20 亿元。自 2021 年以来，全省已经对 1.65 万台联合收割机进行了补贴，使用补贴资金达到 4.96 亿元。平均每台收割机的补贴额为 3 万元，这不仅减轻了农户的经济负担，也进一步推动了农业机械化的发展。江苏省在机收粮食方

① 《习近平：高举中国特色社会主义伟大旗帜 为全面建设社会主义现代化国家而团结奋斗——在中国共产党第二十次全国代表大会上的报告》，https://www.gov.cn/xinwen/2022-10/25/content_5721685.htm[2022-10-25]。

面的机械保有量、机械化率以及相关政策扶持的优势非常明显。这不仅提高了粮食收获的效率，降低了损失率，而且有助于提升农业的整体竞争力，促进了农业现代化进程。随着政策的进一步实施和资金的持续投入，预计江苏省的农业机械化水平将得到进一步的提升，为保障粮食安全和推动农业高质量发展做出重大贡献。

2. 主粮收获环节机收减损政策先试先行

2020 年 1 月，江苏省颁布了《江苏省粮食流通条例》，这一具有里程碑意义的法规针对粮食生产过程中可能出现的抛洒、滴漏和损耗问题，提出了明确的节粮减损要求。《江苏省粮食流通条例》强调“粮食经营主体和用粮单位应当运用新设施、新技术和新装备，节约粮食、减少损耗，提高粮食综合利用率”。

2022 年 5 月，江苏省进一步出台了《推进粮食节约减损意见》，这一意见在《江苏省粮食流通条例》的基础上，提出了更为具体和详细的措施。意见中明确指出，“修订完善主要农作物机收减损技术规范并加强宣贯推广，强化机手操作技能培训，科学确定机收时间、适宜机械、收获方式，降低损失率、破损率，提高机收作业精度、质量和效率”。意见设定了一个明确的目标，“到 2025 年，水稻、小麦、玉米机收损失率要低于国家规定标准”。

这些政策的出台，不仅具有鲜明的指导意义，而且充分体现了江苏省在节粮减损、保障粮食安全方面的法治化和科学性。通过这些政策的实施，江苏省将能够更有效地减少粮食生产和流通过程中的损失，提高粮食资源的利用效率，为保障国家粮食安全和推动农业可持续发展做出积极贡献。

3. 主粮收获环节机收减损宣传成效显著

在相同的作业条件下，熟练机手由于对农机操作的熟练掌握和对收获时机的精准把握，通常能够将收割作业的损失率控制在比不熟练机手低一个百分点以上。这种微小的差异在大规模的粮食收获中累积起来，可以显著减少粮食的损失。

2021 年，为了进一步推动主粮机收减损工作，江苏省采取了一系列措施，旨在引导广大农户在机收环节实现标准化作业，从而降低主粮收获环节的损失。在全省各市范围内，江苏省开展了大规模的机收减损宣传活动、专业培训和技能比武，这些活动取得了显著的成效。许多机手受到启发，开始更加自觉地进行精细操作，将机收作业视为自己土地的收获，这种态度的转变直接反映在了作业效果上。结果显示，小麦和水稻的平均损失率较往年下降了近 1 个百分点，挽回的粮食损失超过了 6 亿斤。淮安市在这一过程中发挥了引领作用，建立了全国首个以节粮减损为主题的特色专题网站——节粮减损在行动网。该网站致力于树立“减损就是增产、降耗就是增收”的理念，推广全国各地在机收减损方面的先进做法，宣传主粮机收减损的相关知识。通过这一平台，淮安市有效地引起了相关部门和种粮主体的重视，提高了社会对节粮减损重要性的认识。

这些措施和活动的实施，不仅提高了机手的操作技能和作业效率，而且增强了农户对节粮减损重要性的认识，促进了农业的可持续发展。通过减少粮食收获过程中的损失，江苏省在保障国家粮食安全和提高农业综合竞争力方面迈出了坚实的步伐。

### 4.4.3 农业机械化收获存在的主要问题

江苏省主粮收获环节机收减损行动在技术支撑、政策制定和宣传落地方面稳步推进，但也存在作业精细程度一般、培训力度不够、耕地碎片化治理重视不足、补贴政策缺位等问题。近年来，江苏省逐步推进主粮收获环节机收减损各项措施的有效落地，但江苏省水稻、小麦、玉米三大粮食品种在收获环节损失率仍分别高达 2.64%、2.49%和 5.65%，加之江苏省粮食消费量年均增加 9 亿斤，每年主粮收获环节损失的粮食数量巨大。现阶段，粮食收获主要靠机械，相比于人工收获，联合收割机一次性完成作物收割、脱粒、清选多道工作，是一种高效率、低损失的收获方式。但当前江苏省粮食机械化收获仍存在一些突出问题，增加了粮食损失风险。

1. 农业机械化水平发展不平衡

当前，江苏省农业机械化全程全面发展的短板弱项比较明显，不同粮食作物收获环节的农业机械化水平发展不均衡，除水稻、小麦、玉米等主要粮食作物收获环节的机械化水平较高之外，大豆、马铃薯、花生、油菜等其他薯类、豆类、油料作物收获环节的机械化水平平均不到 65%，大大拉低了粮食收获机械化总体水平，严重制约了粮食收获环节节粮减损效率的提高。数据显示，江苏省小麦、水稻收获环节的损失率分别约为 2.49%、2.64%，而大豆、马铃薯、花生、油菜等的损失率分别为 3.35%、3.94%、3.31%、6.70%，机械化收获水平较低致使粮食损失风险显著上升。

2. 机收作业精细程度一般

收获者机收作业越精细，越能够降低主粮作物的收获损失，但江苏省机械化水平精细化程度依然不高，主粮收割机造成作物损失或损伤的技术难题尚未解决。从客观上看，江苏省农业机械化收割水平相对滞后，如收割机的拨禾轮与分禾器对水稻的摇晃造成谷粒或稻穗掉落田间。收割机缺乏辅助驾驶系统，降低了驾驶直线度，增加了对两侧作物的碾压和夹带。从主观上看，农户在收获环节机收减损的观念意识不强。相关数据显示，只有 15.94%的农民认为粮食收获环节损失严重，同时只有 33.19%的农户在粮食收获后进行田间捡拾，显然农户对机收减损的重视程度不够，导致机械化收割的精细化程度较低。

2022 年，江苏省联合收割机保有量约为 16.9 万台，其中，稻麦联合收割机 15.75 万台，玉米联合收割机 1.15 万台，保有数量较为充足，但先进机型占比不足，精细化作业水平不高的问题较为突出。部分收割机高效、优质处理水平不高，如不能对玉米的籽粒、芯轴、秸秆、苞叶分别进行精准剥离；水稻收割机的清选工序，长期存在严重的黏附堵塞问题；小麦收割机的割台高速碰撞穗头，产生严重的掉粒损失。同时，由于省内粮食品种、农艺、气候等存在多样性，加之天然多变的农业工况，收割机难以得到标准化应用，难以具有普适性。

江苏省的国产联合收割机质量性能与进口或合资品牌产品存在差距，技术工艺还有待提升。例如，农机装备中重要的传动变速系统齿轮，国内一些产品磨齿精度相对较低，啮合紧密性较差，导致在换挡、变速、转弯的实际作业中容易发生卡死、操作延迟等问题，影响作业质量和操作安全性。调查发现，国产联合收割机一般在作业 1000 小时以后，故障率会明显增大，影响作业效率和质量，但多数农户囿于自身经济条件选择了价格较低的国产联合收割机。

#### 3. 机收减损培训力度不够

当前主粮收获环节农机减损教育培训存在专业实操类师资短缺、培训生源组织难度较大、培训内容相对滞后、农户参与积极性低等问题，导致农户在机收减损的知识获取和实际操作中缺乏系统指导。具体表现在以下方面。

一是农户应对气候能力较弱，增加了机收损失率。江苏省夏粮收获期间正逢梅雨季节，“烂麦场”现象时有发生。夏季是我国农作物收获的关键时期，但往往也是雨季的高峰期。连绵不断的雨水和恶劣的天气条件，常常给农作物的收获带来重重困难。当夏粮收获期遭遇雨季，作物倒伏现象频繁发生，这不仅影响了作物的完整性，也增加了收获的难度。由于雨水的长期冲刷和浸泡，田间积水问题严重，土壤变得泥泞不堪，这对于人工收割来说是一个巨大的挑战，同时也限制了机械化收割设备的运行效率。泥泞的土壤条件使得收割机难以稳定作业，甚至可能陷入泥潭，导致机器损坏或作业中断。此外，水稻等作物在长期浸泡于水中的情况下，更容易受到病害、鼠害和虫害的侵袭。这些病虫害不仅会直接损害作物的生长，还可能通过减少作物的产量和品质，间接造成粮食损失。例如，稻瘟病、稻飞虱等病虫害在湿润的环境下繁殖迅速，对水稻作物构成严重威胁。

根据中国气象局发布的统计数据，中国在全世界范围内是遭受天气灾害影响最为严重的国家之一。这些灾害不仅对农业、工业、交通等多个领域造成了深远的影响，而且它们造成的直接经济损失占据了所有自然灾害经济损失的绝大部分，比例高达 70%以上。尽管气象部门高度重视农业气象服务，并将农用天气预报作为支持农业、农村发展和农民增收的关键手段，但在实际操作中仍存在一些挑战影响着农户的机收过程。

二是农户对主粮作物收割时机把握不准，增加机收浪费率。除异常天气、虫害等自然因素外，收获时间对粮食损失率具有重要影响，过晚收获会导致籽粒更容易脱落，过早收获会导致产量下降而增大损失率。不同种植时间、土壤环境、种子质量等因素造成粮食最优收获时间有所差异，尤其受自然因素影响，农户对收获时机的决策存在偏差。例如，当过早收割时，水稻机收夹带清选损失率高达0.59%～0.82%；当过晚收割时，水稻植株活性降低，果柄连接强度变低，谷粒掉落所需的外力较小，田间掉粒损失增大。

三是农机作业人员对收割机操作熟练程度较低或操作经验不足，直接增加机收损失率。不熟练的收割机机手会加大机械化损失风险，如遇到作物倒伏、过熟、特殊品种等情况时，若不及时进行必要的调整维护，易导致损失率偏高。例如，割茬过高会造成收获不彻底，地头转弯过急容易使振动筛中的粮食抛撒出来。机手收获时如遇劳动力短缺而加快收割机的作业速度，也会导致损失率增高。机手对机具的维修保养也会影响收获作业质量，但部分缺乏经验的机手容易忽略机具的定期维修保养，尤其是遇到异常作业情况时，会加大机具损坏程度和粮食损失水平。此外，粮食机械收割主要依靠农户购买农机服务，而农机服务提供者可能为扩大收入而加快收获速度，导致粮食损失增加。随着联合收割机向大型化、智能化方向的发展，对机手技能要求提高，但技能培训仍有不足。调查显示，江苏省仅有10%的机手参加过培训，且大多是厂家简易培训，缺乏针对性，许多机手依靠老机手带教和自学提升技能。机手经验不足导致的操作失误，使机械化收获环节的粮食损失率高达10%。

#### 4. 耕地碎片化治理重视程度不够

农业现代化是确保国家粮食安全和推动农业持续发展的关键。然而，这一进程的实现，离不开农业水利化、机械化和信息化的深度融合。这些现代化要素的集成应用，为提高农业生产效率、降低劳动强度、提升作物产量和品质提供了有力支撑。然而，所有这些进步的基石，是耕地的适度规模化经营。耕地作为粮食生产的核心资源，其重要性不言而喻。它是国家粮食安全的基石，也是实现农业可持续发展的前提条件。根据第三次全国国土调查的数据，我国的耕地面积已经达到了19.18亿亩，这一数字不仅超出了国务院设定的2030年耕地保有量目标，也显示出我国在耕地保护方面取得的积极成果。然而，尽管耕地总量可观，我国耕地资源的分布并不均衡，且整体质量有待提升。小规模、细碎化和分散化的特点在耕地利用中十分明显，这在一定程度上制约了农业现代化的进程。自然资源部的数据显示，全国人均耕地面积仅为1.35亩，这一数字远低于世界平均水平，反映出我国耕地资源的紧张状况。

近年来，农业适度规模经营势头向好，但现行耕地保护项目未将耕地碎片化治理列为项目建设重点，使得许多地区耕地碎片化治理长期处于摇摆或停滞状态，进而造成部分耕地抛荒或粗糙种植的情况发生，不仅浪费了耕地资源，也极大制约了农机收割效率，造成了严重的粮食浪费。耕地的尺寸和布局对农业机械化作业的效率和成本有着直接影响。对于那些过于狭小或分散的耕地，机械化收割可能面临更多的挑战。这些地块可能因为空间限制而无法充分利用机械化设备，或者即使勉强使用，也可能导致农机的过度磨损和损坏。农机的过度耗损不仅增加了维修成本，还可能缩短设备的使用寿命，从而降低农机服务提供者的收益和积极性。

由于土地分散，同一户农民所耕种的地块可能分布于不同的地理位置，这给农用机械化设备带来了转移上的挑战。设备在不同地块间的移动不仅耗时耗力，还可能导致设备租用时间的延长，增加农户的生产成本。由于这些因素，农户可能无法充分体验到机械化耕种和收获带来的便利与效益，反而倾向于继续使用传统的耕作方法。这种依赖传统耕作方式的现象，实际上加剧了农业生产规模与机械化之间的矛盾。一方面，土地分散限制了机械化作业的效率和效益；另一方面，传统耕作方法的低效率和高劳动强度又难以满足现代农业规模化生产的需求。此外，土地资源的利用率低下，农业新技术的研发和应用也受到了限制，这些因素共同制约了农业生产的现代化进程。根据《人民政协报》2022 年 4 月 11 日的报道，扬州市江都区的土地流转率达到 73%，但耕地碎片化一直是机收减损的“瓶颈”，其中一位种田大户流转了 630 亩土地，最大地块为 3 亩，最小的仅有 0.4 亩，这些形状不规则且面积较小的地块不利于大中型机械在田间作业，自然也制约了收获环节机收减损的推广。

5. 机收减损补贴政策缺位

在传统的农业社会中，粮食的收获是一个复杂且辛苦的过程。随着农业机械化的普及，粮食机收大大提高了收获效率，但同时也带来了一些新的问题，如机收过程中的粮食损失。以前，粮食机收过后种粮大户会雇用村民进行人工补捡，其余农民也会自发拾捡，这些“拾穗者”在一定程度上缓解了机收损失造成的粮食浪费问题，但随着农民生活水平的提高和用工成本的增加，农户拾穗的积极性逐渐式微。因此，只有制定合理的机收减损补贴给种粮农户，他们才更愿意且有条件雇用他人来补捡粮食。补贴政策的实施不仅可以减轻农户的经济负担，还能提高他们对粮食减损的重视程度，从而更有效地减少粮食损失。然而，已出台的相关扶持政策，更多地集中于购机补贴政策、农机作业补助政策和烘干中心建设奖补政策，还未制定、出台机收减损补贴政策，亟须解决政策缺位造成的粮食收获阶段的浪费问题。

6. 粮食机收服务模式和效率亟待加强

购买农机服务现已成为采用机械收获方式的农户的常规选择。但农机服务时间较为集中时，农机作业不及时、田地收割转换效率低等情况均容易错过粮食应收最佳时期，造成粮食损失率提高。2022 年，江苏省率先构建省市县村四级农机应急作业服务体系，成立了 489 支农机作业服务队。但机收服务模式有待完善，运作效率有待加强。种植规模越大，收获越粗糙，损失率越高；而种植规模越小、越分散，粮食收获田地边界和农机运作路线越繁复，农机作业效率越低，尤其是小地块采用大型收割机作业时，收不净田边地角，会造成粮食损失。

7. 机械收割的损失和损伤双重风险较高

在作物损失方面，收割机拔禾轮的滚动，容易造成稻穗末端水稻的脱落，损失率在 3%至 5%不等。脱粒过程中，滚筒与凹板的间隙和滚筒转速调整不当等易造成脱粒不完全损失。调查显示，江苏省玉米收获环节损失率达到 5.65%，玉米粒比较脆，收割玉米棒时容易掉下玉米粒，如果玉米倒伏，损失会进一步增加。在作物损伤方面，摘穗、脱粒工序中的高速碰撞，均会造成严重的籽粒破碎，尤其是出现裂纹会影响后期储藏。此外，籽粒裂纹和破碎很难测定，长期缺乏相关标准，致使机收带来的损伤风险长期被忽略。

## 4.5 粮食安全目标下粮食收获环节节粮减损的实践路径

### 4.5.1 多措并举护航节粮减损，全方位夯实粮食安全根基

截至 2022 年，全国粮食产量稳中有增，连续 8 年稳定在 1.3 万亿斤以上，实现了“十九连丰”，“中国仓”盛满“中国粮”。我国粮食综合生产能力的不断提高，为加快建设农业强国提供了发展机遇，为全面推进乡村振兴创造了有利条件，为经济社会大局稳定提供了有力支撑。

中国粮食安全形势持续向好，但粮食增产来之不易。由于地缘政治冲突加剧、世界经济形势动荡，加之极端自然灾害频发，导致全球粮食安全形势不容乐观，并对中国粮食安全产生传导效应。同时，粮食损失浪费现象在全世界范围内普遍存在，联合国粮食及农业组织发布的报告《2019 年粮食及农业状况》显示，全球粮食从收获后到零售前的供应链环节的损失，约占到总产量的 14%，并据其估计，中国每年在粮食产后环节中造成的损失浪费超过 6%。加之当前中国国内资源环境

约束趋紧、粮食增产难度加大的现实条件，节粮减损等同于增产，因而，耕好节粮减损的“无形良田”，成为攻克粮食安全难题的重要突破口。

减少粮食收获损失的现实意义也是当前学界关注的重点。由于粮食生产需要投入大量的土地、能源、淡水等资源，粮食损失意味着投资于粮食生产、运输和储藏的资源的巨大浪费（Beretta et al.，2013）。粮食收获环节的节粮减损对缓解农业资源约束和消除贫困具有重要意义。无论是在发达国家还是在发展中国家，减少粮食损失有助于保障粮食安全、缓解农村环境危机和“营养贫困”。因此，减少粮食收获损失是促进乡村发展的关键途径。

粮安天下，农稳社稷。党的二十大报告提出，“全方位夯实粮食安全根基，全面落实粮食安全党政同责，牢牢守住十八亿亩耕地红线”①。节粮减损是坚决守牢粮食安全的重要路径，稳产保供是抓紧抓好粮食保障的重要手段。收获环节是粮食产后系统的首个环节，该环节的损失不仅会直接影响“米袋子”的供应，降低农户收入，还会间接破坏环境的韧性以及造成资源的极大浪费。因此，为稳固粮食安全，依靠自己的力量端牢饭碗，现阶段亟须重视粮食收获环节的损耗问题，深入开展节粮减损行动，设计规划有助于贯彻落实粮食收获环节稳产保供的政策体系，多措并举为落实节粮减损护航。

### 4.5.2　种源攻关有力保障粮食收获环节节粮减损

粮食安全是国家安全的重要保障。种子作为农业“芯片”，其种业发展水平关乎农业生产和粮食安全的命脉。当前，全球自然环境的变化、自然灾害频发带来的各种不确定性风险及影响，迫切要求加快实施种业攻坚工程，逐步降低种子对外依存度，全面推动现代种业高质量发展。

要聚焦种质资源“卡脖子”问题。种质资源是不亚于石油的战略资源，世界各国都在不遗余力地展开对优异种质资源的收集、储备和争夺。中国科学院院士种康认为，加快研发高产优质牧草品种是保证我国草牧业可持续发展的关键。比如，我国进口的大豆主要用作饲料，其重要特征是蛋白质含量高，可以通过种植紫花苜蓿等高蛋白含量的牧草部分替代大豆，而目前我国紫花苜蓿用种量的 80% 以上依赖进口。建议建立大食物种质资源库，培育更多具有自主知识产权的优良品种，用中国种子保障中国粮食安全。并且需要加快农业关键核心技术攻关和农机装备创制。重庆市林业局产业处副处长蔡颖表示，依托科研院校和龙头企业组建攻关团队，支持企业以市场需求为导向，进行生产工艺、特色产品开发等创新。建议由国家有关部门牵头搭建科企对接合作平台、成果交易平台，促进科技成果

① 《习近平：高举中国特色社会主义伟大旗帜 为全面建设社会主义现代化国家而团结奋斗——在中国共产党第二十次全国代表大会上的报告》，https://www.gov.cn/xinwen/2022-10/25/content_5721685.htm[2022-10-25]。

转化和资源共享。同时，加强技术服务，依托国家现代农业产业技术体系、农业科技创新联盟，加快推进科研成果落地。应当将农业政策支持从农业生产环节向全产业链延伸。建议继续完善传统粮食综合支持政策体系，形成包括价格支持、农业投入、直接补贴、灾害救助、金融保险等在内的政策体系，研究出台支持森林食物、饲草食物及水海湖食物生产发展的政策及具体举措。比如，中国水产科学研究院渔业发展战略研究中心主任徐乐俊建议，建立国民鱼名单，参考种粮补贴做法，对国民鱼生产进行补贴，通过减免海域使用基金，用电、用水费用优惠等方式加以扶持。

种源攻关作为一项重要的农业技术研究和实践活动，其目标是通过改良作物品种和优化种植技术，提高农作物的产量和品质，从源头上保障粮食收获环节的节粮减损。种源攻关对于粮食生产的可持续发展以及粮食安全均具有重要意义。

首先，种源攻关可以实现粮食作物的增产提质。通过培育抗病虫害、耐逆性强的作物品种，提升农作物品质，农作物的产量能够得到有效增加；同时，可以减少作物在生长过程中受到的自然灾害或病虫害影响，降低粮食生产过程中的损耗，提高收获效率，从而降低整个收获环节的粮食损耗。其次，种源攻关可以有效减少粮食的损失。农作物在种植、生长和收获过程中会受到各种自然因素与人为因素的影响，导致粮食的损失。选育具有较强抗倒伏、抗脱粒等特性的作物品种，能够减少收获过程中的机械损失。同时，研究和应用先进的种植技术，能够改善农作物的生长环境，减少气候灾害等因素引起的损失，从而提高粮食的保收率，有效减少粮食损失。最后，种源攻关能够提升粮食的质量和营养价值。通过选育优良作物品种，提升粮食作物的营养价值，不仅能够满足公众对于高品质粮食的需求，还可以提高人民的生活水平和健康状况；与此同时，还能够增加优质粮食的供应量，保障粮食的有效供给。

综上所述，种源攻关不仅能够提升粮食的质量和营养价值，满足优质粮食需求，而且通过培育优良作物品种，能有效减少粮食收获损失，增加粮食作物的产量，进而提升粮食的保收率。因此，在粮食生产中，大力推进种源攻关是实现节粮减损的有效途径，也是确保粮食安全的重要举措，应明确种业发展问题成因，从机制体制上破解“卡脖子”问题：①增加财政资金“精准”投入，打牢种质基础关；②强化种子企业市场主体培育，促进企业集群化；③创建特色高效种业创新体系，做好良种联合攻关；④加大引进国外种质资源力度，完善种业支持政策。

### 4.5.3 农业科技攻关赋能粮食收获环节节粮减损

科技发展惠及社会各领域、各方面，对于农业也不例外。现代农业是在现代化社会发展下形成和发展起来的，其本质就是利用现代化的科学技术帮助农业高质量发展(王玉彩，2024)。通过相关科学技术推动农业机械化、信息化、智能化，农业在产业结构、生产效率、运作成本等各个方面得到了显著的优化。细化到粮食安全这一领域，农业科技的作用也显然不可忽视。

农业科技攻关是促进粮食产业稳定发展的重要实践路径，通过进行农业基础科学研究，应用先进的科学技术和创新方法，提高农业生产效率，解决关键技术“卡脖子”问题，对于减少粮食收获损失、保障粮食安全至关重要。

首先，农业科技攻关能够提高农业机械化水平，降低粮食收获过程中的损失。传统的人工收割方式存在劳动强度大、效率低下等问题，容易导致粮食损失。而引进和研发农业机械化设备，可以实现精准、高效的收割作业，减少粮食的机械损失和人为损失。其次，农业科技攻关通过应用先进的传感技术和数据分析方法，可以实现精准农业。利用无人机、卫星遥感等技术，可以对农田进行精确监测和诊断，及时发现病虫害和营养不良等问题，降低粮食生产及收获环节的损耗。再次，农业科技攻关实现粮食收获向机械化、精准化、智能化方向纵深推进。结合农业大数据和人工智能技术，可以制定个性化的施肥、农药使用方案，实现精准用药、用肥，增强粮食作物的环境适应性，提升粮食作物的品质及产量。最后，农业科技攻关可以推动农业生产管理的现代化和智能化。通过应用物联网、云计算等技术，可以实现对农田、农作物生长环境的实时监测和远程控制，精确调控灌溉、施肥、病虫害防治等关键环节，从而最大限度地减少资源浪费和粮食损失，有效提升粮食的供给水平。

当前，我国农业科技的发展仍然面临多方面的问题，以如下几方面为例。

一方面，农村劳动力在科技文化素养方面的提升需求迫切。根据《2020 年全国农业机械化发展统计公报》数据，我国农机服务组织数量在 2020 年实现了显著增长，总量达到 19.48 万个，其中包含 7.5 万个农机专业合作社以及 3995.44 万户（涉及 4751.78 万人）的农机户。这一数据反映了农机社会化服务队伍的持续发展壮大，同时也对农机教育培训提出了更高的要求。研究发现，农机操作人员的专业技能水平和实际收割经验是影响粮食收获损失率的重要因素，而农民对最佳收获时机的判断能力同样具有关键作用（屈雪等，2019）。然而，当前农机教育培训工作面临多重挑战：一是生源组织难度较大；二是培训内容和形式较为单一；三是缺乏有效的农民自主学习与交流平台。这些问题导致农民在作物收获前难以获得充分的专业指导。此外，尽管仅有 15.94%的农民认为粮食收获环节损失严重，但高达 80.37%的农民低估了这一问题的实际影响。同时，仅 33.19%的农户在收获后进行田间捡拾，这表明农民对粮食损失和浪费的认识不足，科学节粮意识较为薄弱，从而降低了他们参与减损行动的积极性。

另一方面，农户经营模式的分散化特征明显，这在一定程度上阻碍了节粮减损技术的有效推广。学者针对农户粮食收获损失因素的研究揭示，农户若能转变对粮食收获的态度，积极寻求并购买农机服务，将显著有助于降低收获过程中的损失(陈伟和朱俊峰，2020)。小农户在粮食生产过程中，受限于耕地规模狭小、人才技术匮乏、机械化程度不足、资金与劳动力紧张等多重生产要素的制约，难以实现集约化与规模化生产，进而影响了粮食收获的效率、质量及经济收益，使得生产成本居高不下，市场竞争力相对薄弱，与大规模农户及大型企业相较，明显处于不利地位。此外，农村劳动力对于新技术的接纳意愿不强，对新型农业机械的投资热情不高，且在粮食作物的种植与收获过程中对技术革新的态度趋于保守。这一现状直接导致了农业收获机械装备的精细化水平不高，机械化收割效率低下，增加了粮食收获过程中的损失。同时，小规模、分散经营的模式限制了农户的信息获取与决策能力，削弱了他们的市场适应性和应急管理能力，进一步加剧了粮食收获环节的损耗问题。

由此可见，农业科技攻关对于农业发展具有全方位的重要意义，特别是在节粮减损方面发挥着不可替代的关键作用。通过提升农业机械装备的现代化水平、推广先进适用的农业技术以及推动农业生产管理向智能化和精细化方向发展，不仅能够显著提高粮食产量和产品品质，更能有效降低各环节的损失率，从而最大限度地保障国家粮食安全，为实现农业可持续发展提供坚实的技术支撑。然而农业科技的研究与应用仍然面临各方面问题，因此，需要加大对农业科技的重视程度，针对相关问题制定合理的策略。加大农业科技攻关的投入和支持是促进节粮减损的关键举措。

### 4.5.4　理念攻关：以大食物观破解粮食安全难题

习近平在 2022 年中央农村工作会议上强调，“解决吃饭问题，不能光盯着有限的耕地，要把思路打开，树立大食物观”[①]。大食物观紧密契合我国新时期粮食安全目标，以营养健康需求为导向引导粮食供给体系建设，为保障粮食供给提供了新思路，为破解如何利用国内有限的资源养活十四亿多人口的难题提供了新方案。

首先，大食物观强调要强化粮食生产能力，持续提升粮食产能。大食物观的基础是粮食，要始终绷紧粮食安全这根弦，把提高粮食综合生产能力摆在突出位置，确保中国人的饭碗牢牢端在自己的手中。在实现这一目标的过程中，需要注重多元化和可持续性。一方面，应优化种植结构，推动绿色农业发展，提升单位面积产出效益；另一方面，要合理利用土地、水资源等自然资源，避免过度开发，

①《习近平：加快建设农业强国 推进农业农村现代化》，http://www.moa.gov.cn/ztzl/xjpgysngzzyls/zyll/202303/t20230317_6423398.htm[2023-03-17]。

确保粮食生产与生态保护相协调。此外，建立健全粮食储备体系和市场调控机制也至关重要，通过科学的储备管理和灵活的市场调节，有效应对粮食丰歉波动，保障供应稳定。同时，加强粮食产后减损和节约利用，减少浪费，提升资源利用效率，也是实现大食物观的重要举措。

其次，大食物观强调，在确保口粮绝对安全的前提下，构建多元化食物供给体系。当前国内面临着“供给紧平衡，资源紧约束”的形势，粮食等重要农产品需求仍呈刚性增长态势，我国居民食物消费呈现多元化特征，消费理念向绿色、健康、安全方向升级。但大食物观拓展了传统的粮食边界，既向耕地要粮食，又向设施农业要产出，推动食物供给由单一生产向多元供给转变。习近平在广东考察时指出，“中国是一个有着 14 亿多人口的大国，解决好吃饭问题、保障粮食安全，要树立大食物观，既向陆地要食物，也向海洋要食物，耕海牧渔，建设海上牧场、‘蓝色粮仓’”①。我国农业资源禀赋较为有限，耕地质量总体不高，气候条件年际变化大，粮食生产的不确定性较高，随着居民生活水平和饮食需求的提高，食物供应面临较大压力。建设现代海洋牧场，构筑“蓝色粮仓”对于保障重要农产品供给、缓解农业生产资源约束、减轻陆域农业生产环境压力具有重要作用。

最后，大食物观强调粮食供应链的整合和优化。粮食供应链包括农业生产、加工、储藏、运输、销售等多个环节，每一个环节都需要高效运作才能保证粮食的安全和稳定供应。理念攻关倡导整合各个环节的资源和力量，提高供应链的协同性，从而减少粮食在供应链环节中的损耗和浪费，保障粮食的安全供应。

综上所述，大食物观为破解粮食减损问题，提升粮食安全保障能力提供了一种全新的思路和方法。通过提升粮食生产能力，构建多元化食物供给体系，整合并优化粮食供应链，以一个综合性、可持续性的解决方案，为实现粮食安全奠定坚实的基础。

## 4.6　保障国家粮食安全、推进节粮减损的政策研究

### 4.6.1　粮食安全风险下构建节粮减损政策体系的必要性

粮食安全是国家安全的重要基础，是中华民族伟大复兴的根本支撑。在反华势力试图阻拦我国复兴的当下，粮食安全更是具有极端重要性。近年来，我国粮食需求快速攀升，但国内粮食生产供给不足，因而粮食进口急剧增加。当前我国

①《习近平在广东考察时强调：坚定不移全面深化改革扩大高水平对外开放 在推进中国式现代化建设中走在前列》，https://www.gov.cn/yaowen/2023-04/13/content_5751308.htm[2023-04-13]。

粮食安全主要存在四大风险。

一是反华势力可能会使用“粮食武器”遏制我国复兴。一方面，我国粮食进口高度依赖美国，且日趋严重。2021 年 1～11 月，从美国进口的玉米，占我国玉米进口量的 72.5%;从美国进口的大豆和小麦,占我国大豆和小麦进口量的 30.0%;来自美国及其盟友加拿大、澳大利亚、法国的小麦，占我国小麦进口量的 96.7%。上述三个比例,分别比 2020 年提高了 34.1 个百分点、4.6 个百分点和 4 个百分点。而且，垄断全球 80%粮食贸易的四大国际粮商中，其中体量较大的三家是美国公司，还有一家是法国公司。可见，全球粮食贸易基本掌握在美国人手中。一些美国政客认为我国复兴会影响美国的霸主地位，因而刻意制造中美冲突。美国前总统拜登多次表示,中国要想成为世界第一大国的目标“不会发生在我的任期之内”。美国不仅妄图利用芯片限制中国发展，还在 2021 年 4 月提出了以对抗中国为核心的《2021 年战略竞争法案》。受美国鼓动，2021 年 6 月的 G7 集团峰会公报就涉港、涉台等问题肆意对中国“泼脏水”，粗暴干涉我国内政。美国农业部原部长布洛克 1974 年曾直言：“粮食是一件武器。”一旦中美冲突加剧，不排除美国及其盟友对中国实施粮食禁运的可能性。

二是洪涝等极端天气让国内粮食稳定供给面临很大压力。粮食生产供给容易受洪涝、寒潮等极端天气影响。应急管理部的公告表明，2021 年 10 月，我国黄河中下游、海河南系等多个流域发生罕见秋汛，部分秋汛受灾区域与前期洪涝灾区重叠，加重了灾害影响。华北地区 9～10 月的降水量，比往年多 2.1 倍，为 50 年间同期最多。2021 年，冀、鲁、豫、陕、晋五省有 1.1 亿亩小麦受罕见秋汛影响。受连续强降水灾害影响，山东、河北、河南等省一些地方的小麦播种时间推迟了 2 个月。据农户估计，播种误了农时，小麦产量会损失 20%左右。11 月，山西、河南等地区遭受风雹灾害，又损毁不少农作物。

极端天气灾害增多，对我国粮食生产供给有长期不利影响。2021 年 8 月，政府间气候变化专门委员会(Intergovernmental Panel on Climate Change，IPCC)第六次评估报告《气候变化 2021：自然科学基础》指出，受气候变化影响，全球进入暴雨、洪涝、干旱、台风、寒潮、高温热浪等极端天气事件频发期。过去“百年一遇”的极端天气，会越来越常见。然而，之前我国的农田水利建设强调抗旱救灾，防洪涝、寒潮等气候灾害的设施相对欠缺。极端天气灾害，增加了国内粮食生产供给的压力。

三是成本大幅上涨损害农民种粮收益与种粮积极性。首先，农资价格飞速上涨。国家发展和改革委员会的数据显示，2021 年 7 月，尿素和草甘膦(农药重要原材料)的价格，分别比上年同期上涨 66.6%和 78.8%。其次，土地租金快速攀升。江苏省农业委员会的公开数据显示，2021 年第二季度，全省耕地流转均价为每年

908 元/亩，比 2019 年同期增长了 10%。最后，农机作业、人工费用大幅增加。受强降雨和暴风影响，2021 年秋收，水稻大面积倒伏，玉米则由于洪涝水灾机器不能进入农田而只能人工收获，导致农机收割费用、农业雇工工资成倍增加。

尽管粮食价格有所上涨，但赶不上成本的涨幅。因此，近期农业生产成本大幅上涨，挤占了本就不高的种粮收益，甚至“种地赔钱”，严重损害了农民的种粮积极性。2021 年，苏南地区唯一的产粮大县——丹阳市 20 多个种粮大户“联名上书”，向市长反映“地租太高、农资太贵、种地不赚钱”问题。不少种粮大户退出了规模经营。在江苏省泰州市的一些村，土地流转合同到期后，种粮大户续签率不足 1/5。

四是耕地面积减少、经济作物争地威胁粮食生产供给。增加耕地面积，是保障粮食安全最简单有效的方式。从理论上看，由于城市的人口密度远高于农村，城镇化实现了农村人口转移，这应该可以使耕地面积增加。然而，随着城镇化率的提高，我国耕地面积不仅没有增加，反而大量减少。《第三次全国国土调查主要数据公报》显示，2019 年全国耕地为 19.18 亿亩，比 2009 年减少 1.1 亿亩。在粮食需求大幅增加的情况下，耕地面积大量减少，损害了国家粮食安全。由于经济作物的收益远高于粮食，受经济作物“争地”的影响，近几年粮食种植面积减少、占比降低的趋势非常明显。国家统计局数据显示，2016 年之前，茶园、果园面积占农作物总播种面积的比例在 8.2%左右，但 2017 年后，其面积连年增加，2020 年占比已达 9.5%。由于耕地有限，茶园、果园面积增加是以粮食种植面积减少为代价的。2016 年，粮食作物播种面积占农作物总播种面积的 71.4%，此后连年减少，截至 2020 年已经只占 69.7%。短短 4 年，2500 万亩种粮耕地被转化为茶园、果园。“非粮化”加大了保障粮食安全的潜在风险。

正是由于粮食安全处在国际关系、自然环境、经济环境等多方面的风险下，基于应对多方面风险，确保粮食安全进而保障国家安全的目的，有效构建相应的节粮减损政策体系显现出了它的必要性与必然性。针对于此，本节在节粮减损政策体系建立方面开展研究并提供相应政策建议。

### 4.6.2　建立节粮减损政策体系的措施

1. 强化粮食综合生产能力，持续发力提高粮食产能

一是实施“藏粮于地”战略，激发农户种粮积极性。落实最严格的耕地保护制度，落实“长牙齿”的耕地保护措施。突出适度规模引导和资金整合，对规模生产经营主体进行直补，对散户采取提供粮食生产组织服务“以奖代补”等方式给予补助，进一步提升农民种粮积极性。完善粮食生产奖励机制和财政奖补机制，增加对粮食主产区的财政转移支付力度。

二是实施“藏粮于技”战略，带动粮食增产增收。推进以种源为核心的粮食生产关键技术攻关，加强土壤保护技术、数字化生产、实用高效粮食机械设备创新。稳步推进高标准农田建设和中低产田有机质提升工程，坚持新建与提升并重，完善管护机制。建立健全重要粮食作物重大病虫害、气象灾害风险预警与信息化服务机制，提升粮食生产的防灾减灾能力，减少粮食损耗。

2. 挖掘国土资源潜力，拓展食物资源来源渠道

一是向森林要食物。我国现有林地 42.6 亿亩，森林面积 33 亿亩，其中生态公益林 18.6 亿亩、商品林 14.4 亿亩，森林食物市场发展潜力巨大。建议扩大油茶、核桃、油橄榄等木本油料生产，拓展食用植物油来源；积极发展木本粮食，建设优势产业带，因地制宜推广林药、林菌、林果、林菜等复合经营模式，发展林禽、林畜和林蜂等养殖业。

二是向草原要食物。在大食物观下，种饲草就是种粮食，应加快发展饲草产业，减少牛羊养殖消耗精饲料用量，实现化草为粮的效果，并保障国家粮食安全。建议积极改良水热条件较好的退化草原和南方草山草坡，发展青贮玉米、苜蓿等优质饲草，建设现代饲草料产业体系，缓解饲料粮短缺压力。

三是向江河湖海要食物。我国宜渔的湖泊、水库、江河面积近 400 万公顷，海洋面积约为 300 万平方公里。江河湖库的网箱养殖以及深远海集约化养殖是未来水产品供给的重要增长点。建议积极利用湖泊、水库等资源大力发展生态渔业，规范发展近海养殖，推广生态环保网箱养殖，依托新型海洋渔业装备稳步推进深远海鱼类养殖，加强海洋牧场示范区建设，获取海洋优质蛋白食物。应当明确发展规划，构建可持续发展模式；优化空间布局，促进产业结构升级；推进科技创新，推动高质量发展；强化财政扶持机制，完善支撑保障体系，夯实国家粮食安全根基。

针对这一点，本节对向江河湖海要食物，建立“蓝色粮仓”这一点进行分析。

构筑“蓝色粮仓”对于保障国家粮食安全具有重要意义。这有利于丰富食物来源渠道，满足居民食品消费升级需要。一方面，海水产品是重要的食物来源。《2022 年世界渔业和水产养殖状况》报告称，全球渔业和水产养殖产量创下历史新高，水产食品对保障 21 世纪的粮食安全和营养做出了日益重要的贡献。国家统计局数据显示，2013～2022 年，我国水产品产量从 5744 万吨增长至 6869 万吨，增长率为 19.6%，高于同期粮食增长率 10.7 个百分点。中国海洋大学海洋发展研究院副院长韩立民表示，目前我国海洋资源利用率不足 20%，若利用率提高到 50%，单产可达到 1800 公斤/公顷，水产品年产量可增加 1000 多万吨。随着海洋渔业转型升级的深入推进，智能、绿色和深远海养殖稳步发展，海水产品稳产保供水平将进一步提升，能有效缓解其他农产品供给压力。另一方面，海水产品是

优质蛋白的重要来源。根据海洋管理委员会(Marine Stewardship Council，MSC)的数据，全世界超过 33 亿人每天至少 20%的动物蛋白摄入量来自鱼类。近 30 年来，海洋生态系统提供的动物源性蛋白质数量从相当于陆地生态系统产出总量的 1/20 增长到 1/4，提供的热量从 1/400 增长到 1/50，海洋水产品生产对国民营养的贡献持续加大。

构筑“蓝色粮仓”有利于缓解水土资源约束，满足粮食产业高质量发展需要。一是有效节约土地、淡水等生产要素。随着消费结构的改变，居民口粮消费逐渐降低，玉米等谷物被大量作为饲料加工原料用于禽畜养殖业，等同于将部分耕地资源与水资源用于动物性产品的生产。根据农产品成本收益资料数据，主要畜产品饲料转化率依次为牛肉 8.0∶1、羊肉 6.2∶1、猪肉 3.0∶1、鸡肉 2.6∶1、水产品 1.5∶1。水产品是饲料消耗量最少的动物性农产品，水产品在居民食物消费中对禽畜肉类的替代作用，实质上减小了饲料用作物的种植，提高了耕地、淡水资源的利用效率。韩立民等(2018)测算，以 2016 年为例，海洋食物生态体系能够替代猪肉约 2297 万吨，约相当于替代原粮 9188 万吨，节约耕地 2.53 亿亩、淡水 758 亿吨。二是减轻陆域农业生产环境压力。我国是化肥消费大国，国家统计局数据显示，2021 年我国农用氮肥、磷肥、钾肥、复合肥施用量分别达 1745.3 万吨、627.1 万吨、524.8 万吨、2294 万吨。相关资料显示，我国农作物每公顷化肥施用量远高于世界发达国家，为英美等国的 2～3 倍，化肥(尤其是氮肥)的低利用率和高环境风险已经对我国生态环境保护造成了巨大压力。海水产品占居民食物消费比重提高，通过替代陆地动物性蛋白的消费减少饲料作物的种植，进而减少化肥的使用。此外，水产养殖是重要的生物固碳途径之一，海洋食物生产体系的发展对维系自然界物质循环、净化环境、涵养水源、缓解温室效应等发挥着重要作用。

当前我国“蓝色粮仓”建设也面临着三方面的矛盾。

一是海水产品养殖面积下降与不断增长的消费需求之间的矛盾。社会经济的快速发展给海洋带来了较大的生态环境压力，导致海域富营养化程度高、滨海湿地面积萎缩、自然岸线保有率不足、渔业资源衰退、外来物种入侵、典型生态系统长期亚健康等系列问题，海水产品养殖空间呈下降趋势。以辽宁省为例，自然海岸线长度在总海岸线中的占比已经从 20 世纪 80 年代的约 75%下降为目前的约 25%。《中国自然资源统计公报》数据显示，渔业用海面积已经由 2013 年的 32.4 万公顷下降至 2022 年的 15.8 万公顷，占批准用海面积的比例从 91.9%下降至 83.5%。《全国渔业经济统计公报》数据显示，我国海水养殖面积由 2015 年的 2317.8 千公顷下降至 2021 年的 2025.5 千公顷，降幅为 12.6%。同时，海水产品需求呈上涨趋势。国家统计局数据显示，我国人均水产品消费量从 2013 年的 10.4 千克增长至 2021 年的 14.2 千克，增长率为 36.5%，占食物消费的比例从 2.9%提高到 3.4%，比同期肉类消费量增幅高 8 个百分点。近年来，我国消费者对中高端水产品的需求扩大，2015～2022 年，海水产品进口量从 217 万吨增加到 454 万吨，增幅达 109.2%。较高的海水产品消费需求将对海洋环境造成更大的压力。

二是低效的产品供给模式与高品质的消费需求之间的矛盾。当前，消费者对海水产品的绿色化和生态化更为关注，而海水产品的生产与供给尚不能满足人民的消费需求，主要原因在于：第一，水产养殖市场“小、散、乱”。家庭式、规模小、技术层次低的个体养殖户是水产养殖的主体，养殖方式仍为传统的“靠经验、靠体力、靠天气”，养殖技术和工具较为落后，养殖污水、残饵、排泄物等造成养殖海域富营养化和环境污染，产品质量控制和溯源难度大，进而影响了消费者对最终产品的心理评价。第二，冷链物流较为低效。海洋水产品具有易腐烂变质的特点，对配送效率和运输技术标准要求较高。目前我国海上冷藏运输船、陆地冷藏运输车、水产加工冷库等冷链物流配套设施设备总量不足，跨季节跨区域调节供需能力不高，“海链、陆链”等冷链产销衔接不畅，难以满足广域多元的水产品消费需求。

三是滞后的海洋科技实力与粮食安全保障目标之间的矛盾。我国海洋面积近 300 万平方公里，约为陆地面积的 1/3，海水产品生产是国家粮食安全的重要保障。国家食物与营养咨询委员会主任陈萌山认为，以大食物观开辟保障粮食安全的全新战略路径，要放眼整个国土资源，特别是潜力巨大的海洋食物和森林食物等，丰富多样化食物品种。然而，我国海洋科技实力相比于发达国家仍比较落后。第一，水产种业国际竞争力不强。2021 年水产养殖种质资源普查结果显示，我国共有水产苗种繁育生产企业 1.9 万余家，水产苗种产值约 692 亿元，水产种业总规模较高，但与国际化的大种业公司相比，核心竞争力和行业优势尚未形成。比如，美国种虾公司（API）、美国对虾改良系统选育公司（SIS）、美国科纳湾特定抗原耐受亲虾养殖基地（KBS）等美国对虾企业选育的良种几乎垄断了全球种虾市场，市场集中度达 80%；挪威政府主导的大西洋鲑商业化育种体系已支持其年产量达 120 余万吨，约占全球总产量的 55%，在育种创新能力、产业集中度等方面形成了较强的技术壁垒。第二，海洋科技研发力量薄弱。目前，我国对深远海养殖规划、养殖技术、产业特性等方面的研究大多处于借用技术和集成创新阶段，核心技术和原始创新较少，科技成果转化和产业化程度低，难以为深远海养殖发展提供强有力的支撑。对标国际先进水平，海水养殖装备和配套设施存在体积大、维护成本高、生产效率低、灾害应对能力低等问题，不利于进行大规模的推广应用。

在构筑“蓝色粮仓”过程中关于政策方面应当注意以下方面。

第一，出台海洋食物生产体系发展规划，构建“蓝色粮仓”可持续发展模式。一是加强“蓝色粮仓”建设规划引领。立足海洋和陆地两大生态系统，根据不同的资源禀赋、生产模式及市场需求等特征，统筹规划设计海陆食物生产体系，将海洋食物生产体系建设纳入我国粮食安全总体战略，使“蓝色粮仓”成为我国粮食安全的战略保障。二是建立多元“蓝色粮仓”资源保育体系。中共中央党校公共管理教研部研究员吕洪业建议，加强立法工作，参考基本农田保护制度的做法，利用养殖水域滩涂规划结果和遥感监测技术，以县为单位划定各类水域的基本养殖水域空间范围。同时，严格遵守海洋渔船“双控”管理、海洋渔业资源总量管理和伏季休渔等一系列渔业管理政策，深入开展清理取缔涉渔“三无”船舶和“绝户网”专项执法等整治行动，制定捕捞渔具准用目录；积极推广配合饲料，引导养殖环节减少冰鲜幼杂鱼的使用，减少对幼鱼的危害，构建绿色可持续发展模式。

第二，优化海洋食物生产的空间布局，促进“蓝色粮仓”产业结构升级。一是优化拓展“蓝色粮仓”空间布局。探讨建立海洋和陆地优势互补、分工协作的粮食安全保障新格局，遵循海陆统筹原则，对海洋食物生产的空间布局进行优化完善。积极推动海水养殖从近海领域向深远海领域发展，通过产业结构升级提高海域空间资源使用效率，拓宽海洋食物生产体系发展空间。全国人大代表宁凌建议，从国家层面，根据不同海域的自然属性和经济社会基础，统筹海洋牧场的规划布局、建设选址、建设规模及建设类型。二是加强“蓝色粮仓”产业链建设。在现代渔业体系下融入第一、第二、第三产业，引导海洋渔业纵向融合制造、储运、贸易、加工、休闲等渔业产业，构建海洋牧场建设、管护和产业高质量发展的长效机制，完善“海洋牧场+深水网箱”“海洋牧场+海上风电”“海洋牧场+休闲渔业”等多产融合的发展模式，促进产业结构升级，为海洋渔业长期可持续发展开辟新路径。

第三，推进科技和经营模式创新，推动“蓝色粮仓”高质量发展。一是强化科学技术攻关。加强水产种质资源保护、新品种研发、良种繁育推广力度，开展关键功能物种技术攻关；鼓励种业龙头企业在开发优质多抗新品种的基础上，研发相配套的养殖技术模式，提升养殖效益。中国科学院院士桂建芳建议，民营企业家与育种家要加强合作，打造科研实力强、产业规模大的种业集团公司。加大对新型设施养殖技术、新资源开发技术研发的支持力度，大力发展深海养殖装备和智慧渔业；基于大数据构建具有冷链资源要素高度聚集、数字供应链引领的冷链物流中心，用数字化、智慧化、智能化的现代化技术提升冷链物流运输，实现全程温控、全程质监、全程溯源。二是探索新型经营模式。鼓励各冷链物流企业之间，冷链物流企业与大中型水产品企业之间建立战略合作关系，实现资源共建、共享、共用；建立渔民教育培训体系，推动从业劳动者从传统农民向产业工人转变，打造职业化、专业化的现代海洋水产技术服务队伍；加快网络平台建设，鼓励市场经营者开展现代交易模式和结算方式，提高交易的规模、效率。

第四，强化财政扶持与制度保障，完善“蓝色粮仓”支撑体系。一是加强财政支持力度。借鉴国际渔业补贴协定，中央渔业发展补助资金重点用于支持国家级海洋牧场、渔港基础公共设施、近海外海渔业资源调查等项目，大力扶持重点企业、重大海洋科技项目、科技创投和技术研发中心等。中国水产科学研究院渔业发展战略研究中心主任徐乐俊建议，建立国民鱼名单，参考种粮补贴做法，对国民鱼生产进行补贴，通过减免海域使用基金，用电、用水费用优惠等方式加以扶持。二是拓宽融资渠道。针对海洋渔业发展实际，加大对渔业的信贷扶持力度，通过开展海域承包权和海产品订单质押、渔船联保等方式，解决贷款难问题。拓展投融资形式，引导和鼓励社会资本参与“蓝色粮仓”建设，构建“以政府投入为引导、企业和渔民投入为主体”的资金多元化投融资机制。三是健全渔业保险体系。针对海水养殖业高风险与高收益不匹配的问题，鼓励商业保险公司设计专门针对海水养殖业的险种。

第五，向设施农业要食物。设施农业能有效避免与粮争地，克服传统农业靠天吃饭、抗自然风险能力差的短板。建议推进设施蔬菜、设施果树、设施食用菌、设施水产等的种植养殖，多学科交叉融合、协同推进设施农业、植物工厂相关的装备、技术和品种创新研发。

3. *加强科研创新投入，构建政策保障与技术支撑体系*

一是聚焦种质资源“卡脖子”问题。紫花苜蓿等高蛋白牧草作为潜在的大豆替代品，对于我国草牧业的可持续发展具有重大意义。然而，当前我国紫花苜蓿的用种量超过 80%依赖进口，这凸显了高产优质牧草品种研发的紧迫性。为破解这一难题，建议加快构建大食物种质资源库，集中力量培育具有自主知识产权的优良品种，以确保中国的粮食安全牢牢掌握在自己手中。

二是加快农业关键核心技术攻关。为加快科技成果的转化与资源共享，建议由国家相关部委主导，搭建起科研机构与企业之间的对接合作桥梁及成果交易平台。同时，应充分利用国家现代农业产业技术体系和农业科技创新联盟的资源优势，强化技术服务支持，加速推动科研成果向实际应用转化。

三是实施全产业链的农业支持政策。建议进一步完善粮食综合支持政策，涵盖价格支持、农业投入、直接补贴、灾害救助及金融保险等关键领域。同时，应着重研究并制定新政策，以促进森林食物、饲草食物以及水海湖食物的生产与发展。比如，中国水产科学研究院渔业发展战略研究中心主任徐乐俊建议，以鱼类为主、兼顾虾类和贝类，以产量、营养价值、资源消耗率、市场接受度等为主要标准，选择若干品种，建立国民鱼名单。建议参照种粮补贴的模式，对从事国民鱼养殖的主体实施专项补贴政策。具体措施可以包括减免海域使用费用，以及提供水电费用的优惠政策，从而给予实质性的扶持与激励。

4. 开展国际食物贸易合作，增强农产品供应链韧性

一是完善重要农产品风险监测预警体系。建立全球农产品供求和市场数据平台，密切监测国际国内重要农产品生产、消费、进出口、价格等权威信息，科学评估和应对农业自然灾害、公共卫生事件、贸易冲突等多重风险，通过灵活调配库存、避免重要农产品挤兑等措施，稳定我国重要农产品市场与价格。

二是优化重要农产品国内外供给比例。利用好国际国内两个市场、两种资源，实施农产品进口多元化，稳定与现有粮食及重要农产品贸易伙伴的关系，积极拓展新的贸易伙伴，如拉丁美洲国家与共建“一带一路”国家，拓展我国农产品贸易与供给腾挪空间，防范国际粮食及重要农产品供给缺口和价格飙升造成的订单交割延迟或受阻。

三是积极参与全球粮农治理。加强我国与联合国粮食及农业组织、世界粮食计划署等相关涉农组织的交流与合作，深度参与全球农业贸易与投资规则的改革和完善，维护国际市场与贸易秩序，避免农产品贸易问题的政治化对我国进口食物供给造成的冲击。

5. 引导居民形成合理膳食结构，坚持绿色发展理念

一是引导居民健康膳食。广泛利用报纸、广播、电视、手机短信、微信、平台短视频等方式加强健康膳食宣传，普及健康膳食知识；充分利用世界粮食日、中国学生营养日、全民营养周、科普中国等活动，推动大食物观深入人心，提高居民健康饮食素养、优化膳食结构。大力倡导勤俭节约、理性消费、适度消费，引导居民减少食物浪费，践行光盘行动，推动生活方式向绿色低碳转型。

二是增强绿色优质农产品持续供应能力。统筹协调产量、质量关系，聚焦品种培优、品质提升，推动农产品产业发展标准化、规范化、品牌化，打好“绿色”牌、“生态”牌。加快构建与大食物观相适应的标准体系，用标准引领新技术新模式发展，保障农产品品质。大力发展农产品加工业，引进和培育产业链长、附加值高、带动作用大的绿色食品产业项目。进一步完善农产品生产主体监管名录，落实质量安全主体责任，建立完善大食物质量安全信用体系。

### 4.6.3 粮食收获环节节粮减损的政策建议

1. 加强粮食收割环节基础科学研究，实现农业机械科研攻关

一是加强粮食收割环节基础性科学技术研究。为实现收获环节的节粮减损，应积极整合科研力量，构建集粮食基础科学研究、新型技术及装备应用与推广、战略性技术储备于一体的粮食全产业链技术研发、推广及应用体系，突破一批关

键性重大技术，积极研发多抗品种，如抗倒伏、抗旱或抗涝等，以减少粮食收获损失，提高粮食生产的质量和效益。研发先进收获机械并大力发展机械化收割。探明作物在不同机械作用下的黏附、断裂等规律，精准构建作物与机械互作模型，开发能够表征上述模型的新算法、新传感器，形成对多种作业工况的调控技术，实现作物收割降损、增效。

二是加快建设一批技术研发集成平台。鼓励科研机构和生产企业自主研发新型粮食收割机械，结合农机农艺融合原理，加快设计制造出能够适应农艺特征的收割机械，着力解决倒伏粮食和碎片化土地、地块角落的粮食收割问题。全面梳理粮食收获环节机械技术面临的难点，加大力度支持农机装备工程化协同攻关，加快大马力机械及高端智能机械的研发制造，实现“因地制宜”收获作业。突破地形匹配技术，加快研发与丘陵山区农业生产模式相匹配的先进粮食收获技术装备，抓好粮食收获机械关键零部件精密制造，减少丘陵山区的粮食机械收获损耗。加强对倒伏等受灾作物收获机械的研发，引导企业开展粮食高效低损收获机械攻关，优化粮食收获机械割台、脱粒、分离、清选能力，切实提升粮食收获环节机收减损性能。

三是推进先进农业机械设备应用。《农业农村部办公厅关于做好 2021 年全程机械化有关工作促进粮食稳产增产的通知》提出，推动扩大农机作业补助范围，积极支持重点区域水稻机械化移栽、插秧同步侧深施肥、玉米籽粒直收及产地烘干、小麦免耕播种等关键薄弱环节作业服务，加快绿色高效机械化生产方式应用，促进粮食生产高质量发展。推动新生产农机排放标准升级，开展农机研发制造推广应用一体化试点，全面推进农机报废更新，加快淘汰老旧收获机械，促进智能绿色高效收获机械应用。进一步推进农机社会化服务，提高联合机械化收获率，为资金不足的农民提供更高效的粮食收割机械服务。完善农机性能评价机制，推进补贴机械有进有出、优机优补，重点支持粮食烘干、履带式作业、玉米大豆带状复合种植、油菜籽收获等农机，推广大型复合智能农机，进一步减少粮食收获环节损失。

### 2. 开展农机作业人员专业技能培训，提高农机服务水平

一是加大专业技能培训力度。要加强省、市、县等各级政府部门的农机培训网络体系建设，建立资源共享的网络服务平台，形成完善的农机职业技能培训信息服务体系。加强农机手的技术培训，将农机手培训纳入高素质农民培育工程，提高农机手的规范操作能力，包括粮食收割机械的相关操作细则、维护保养方法，特别是面对干旱、台风、洪涝等极端气象灾害时，确保其能科学选择收获方法。积极创新培训模式和内容，采取集中培训、进村入户培训、依托农机服务组织培

训等多种形式，对农机作业人员进行农机新技术和先进农机具使用、维修、保养的知识教育，进一步提高农机作业人员的职业素养和技能水平。统筹利用农机职业院校、骨干农机企业以及农机合作社等社会化服务组织、农机使用一线“土专家”等专业化力量，形成培训合力，提高培训质量，切实提高规范作业能力。

二是加强爱粮节粮教育。应当加强对农机作业人员和广大农民的爱粮节粮教育，增强其节粮爱粮意识，同时提高粮食拾遗率，对收割机械遗漏的粮食进行回收和循环利用。针对农机服务组织的所有者、经营者和农机驾驶员等开展定期培训，提高其收获环节节粮减损意识。将不同农业经营主体通过粮食减损平台联系并联合起来，整合各方资源，充分发挥各类主体对粮食减损工作的积极作用。加强节粮爱粮文化宣传，通过多种传播渠道进行宣传，包括广播电视、报纸网站以及短视频、微信群等，大力开展粮食收获环节机收减损知识宣传、效果宣传、典型宣传，营造全社会关注支持机收减损的浓厚氛围，推动相关人员按标按规作业。同时提高农户作业精细度和节粮意识，在收获损失较严重的地区，村集体可组织安排人力在收获后进行粮食捡拾，争取做到“颗粒归仓”。

三是完善农机社会化服务。需要健全农机社会化服务体系，促进小农户与机械化有机衔接，同时加强农机技术推广、质量监督、信息宣传等农机化公共服务体系建设，将粮食收获环节损失率等纳入服务条款，重视管理水平的提升。扶持多种社会化服务组织的发展，如粮食机械化设备专业合作社、维修厂等，增强粮食收获环节机械化设备的社会化服务能力。加大对农机社会化服务组织的财政扶持力度，优先支持安装机械作业监测传感器的服务主体，集中连片开展专业化、标准化、机械化服务。建立健全覆盖全程、综合配套、便捷高效的粮食收获社会化服务体系，各县、市、区、乡镇、街道可通过设置农机综合服务站，成立村级农机服务点，统一调配镇域内农机、农资等各类资源，规范管理辖区农机合作社、粮食合作社或其他服务组织，实现小农户与现代农业发展的有机衔接。

3. 加快耕地细碎化整治进程，推进“小田并大田”

一是推进耕地细碎化整治。耕地是粮食安全的约束底线之一，降低土地细碎程度，应加快高标准农田建设，加快在深山区和丘陵区推进“小田并大田”。随着土地的集中连片，农户耕作的机械化水平会随之提高，使用机械作业的成本也会降低，为此，应以提升土地平整度为根本，整村推进、综合配套，实现土地平整大格田、渠系布局大框架、道路建设大网络，有效改变田块碎片化格局，加快土地适度规模流转，实现集约化经营。创新农地整治模式，提高农地流转和农地整治的耦合度，降低耕地细碎化程度，提高耕地利用效率。注重农户地权的整合和地块的调整，扩大农民单位耕作面积的规模，有效改善耕地细碎化状况，充分发挥土地整治的应有作用，实现“粮田”变“良田”。

二是充分挖掘土地潜力。以现代农业高质量发展为目标，结合自然资源特点、农业产业构成和区位优势，高质量发展现代农业，积极推进管理和规模运营。在“大国小农、人多地少”的现实国情中，应从“田、水、路、林、村”层面进行土地综合整治，坚持“宜农则农，宜林则林，宜牧则牧，宜渔则渔”原则，挖掘土地生产潜力，增加农户耕地面积，促进耕地规模化经营，使其能够更好地匹配农业机械化投入的增加。当粮食生产过程中能够充分发挥农业机械设备的潜力、释放耕地价值、实现“地尽其利”时，能够增加粮食单产，农户在粮食收获环节的收益增加，使其能够主动参与到粮食收获环节的节粮减损工作中，因此在粮食增产的同时推进节粮减损，真正实现“仓廪实”。

三是健全土地流转机制。立足土地流转本质，优化土地资源配置，将市场机制、行政机制、自组织机制有机融合，构建“五位一体”机制，严格规范土地流转行为，合理规划土地经营规模，努力发展多种形式的适度规模经营。加快搭建土地承包经营权流转市场和信息化管理平台，健全市乡村三级土地服务网络，为流转双方提供信息沟通、政策咨询、合同签订、价格评估等服务，不断健全土地流转制度。建立区域性的农地流转服务平台，进一步规范农地流转市场，促使耕地更多地流向新型农业经营主体，包括种粮大户、家庭农场、农民合作社、农业企业等，满足规模经营主体的需求，提高耕地利用效率，更好地解决农业规模经营与粮食收割机械化之间的矛盾。

4. *建设智慧农业大数据管理平台，推动农业信息化建设*

一是搭建智慧农业大数据管理平台。从虫害监测到智能收割再到农资信息集合，智慧农业为粮食安全保驾护航。构建基于 5G 和物联网的智慧农业大数据管理平台，推动农业信息化建设，可以为智慧农场、智慧农机等应用场景赋能。利用物联网、云计算、人工智能等新一代数字技术，加大融合绿色科技储粮技术和数字化技术，实现粮食收割环节监测和粮食产业链数据整合共享，促进气象、病虫害、产量等相关农业生产领域的数据共享共用。大力支持节粮减损技术和装备研发推广应用，推进粮食贸易信息化，提升全国粮食电子商务平台功能，建立统一的粮食物流平台，打通粮食全链条贸易流程，实现物流、金融、信息服务全过程数据通道，加快粮食产业数字化转型。中共中央办公厅、国务院办公厅印发的《乡村建设行动实施方案》要求实施数字乡村建设发展工程。构建基于 5G 和物联网的智慧农业大数据管理平台，推动农业信息化建设，可以为智慧农场、智慧农机等应用场景赋能。

二是建立健全基本农田动态监控预警体系。建设农业农村遥感卫星等天基设施，完善自然资源遥感监测“一张图”和综合监管平台，对基本农田实行动态监测。有效采集视频监控、天气监测、水氧含量、酸碱度、重金属含量等信息，进行数据的汇集和分析处理，提供智慧农业服务。

三是健全农业气象服务体系和农村气象灾害防御体系。构建农业气象大数据共享平台，实现农业气象业务数据资源的共享和交汇。全面提高气象为农服务的质量和水平，重点做好对倒春寒、低温连阴雨和春旱等重大气象灾害的监测预报预警与影响评估，提高预警信息的针对性，更好地发挥气象防灾减灾第一道防线作用，为综合防灾减灾救灾提供更有力的支撑。

## 4.7　本章小结

中国粮食安全状况持续向好，这一成就来之不易。然而，全球粮食安全形势却由于地缘政治冲突升级、世界经济波动以及极端自然灾害的频发而蒙上阴影，这些因素间接地对中国的粮食安全构成了挑战。更令人忧虑的是，粮食损失与浪费已成为全球性问题。联合国粮食及农业组织在其《2019年粮食及农业状况》报告中指出，全球范围内，从收获到零售前的供应链中，粮食损失占比高达总产量的14%。据此估算，中国每年在粮食产后环节中的损失与浪费比例也超过了6%，这是一个不容忽视的数字。考虑到国内资源环境约束日益严格，以及粮食增产面临的诸多困难，节粮减损显得尤为迫切，其意义不亚于直接的粮食增产。

粮食种植业的基础性和弱质性特征决定了节粮减损急需政策扶持。政策体系的完善需要基于“需求—供给”框架，且政策供给应当针对政策需求。遗憾的是，目前的相关研究主要以粮食产后损失作为研究对象，鲜有研究关注粮食收获环节的损失浪费，并且少有研究关注节粮减损政策的需求与供给水平。由此，一个创新的解题思路是，将粮食产后环节进行解构，聚焦于粮食收获环节，分析粮食收获环节的损失水平与特征，识别收获环节粮食减损的影响因素，尤其是粮食作物机收的减损潜力，在此基础上，构建节粮减损政策的分析框架，基于政策需求完善节粮减损的政策体系。这对于推动粮食产业可持续发展、保障国家粮食安全具有深刻的意义。本章通过对现有文献资料的整理总结，明晰了我国粮食收获环节的损失状况，并提出我国粮食安全所面临的现实问题，进一步提出本章所运用的主要研究方法，为保障我国粮食安全提供重要参考。

研究结果显示，当前收获环节可以划分为收割、田间运输、脱粒和清粮四个小环节，本章综合考虑粮食收获四个不同环节的损失特征，结合五点法、观察法等方法，提出了分环节粮食损失的测算方法。在此基础上，进一步刻画了不同收获环节、不同收获方式的粮食损失现状及特征。

此外，研究发现当前影响粮食收获环节损失的因素主要集中在两个方面。首先粮食收获环节的作业时机对其损失有较大影响，一方面，粮食收获期间的气象条件会直接影响收获环节的损失。暴雨或大风等恶劣天气会导致粮食作物谷粒散落或倒伏，不利于机械或人工收割；暴雨后泥泞的田地会影响收获作业的质量与效率，进而加大粮食收获环节的损失；农业害虫的发生期与危害程度也与气象条件有着密切的联系，气象条件往往成为决定病虫害发生和流行的关键因素，虫害程度越严重，收获损失相应越大。另一方面，对于作物成熟度的把控也是间接影响收获环节损失率的重要因素。过早收获时，作物籽粒不饱满、质量下降，甚至出现“割青毁粮”的情况；过晚收获时，作物过熟会导致籽粒易脱落、茎秆的支撑力降低、植株易倒折等问题，进而带来更多损失。以上研究为有针对性地提出粮食收获环节的减损策略提供依据。

此外，研究发现粮食收获损失受多因素影响，包括气象条件、作物成熟度和生产经营特征。暴雨、大风等恶劣天气直接影响收获损失，成熟度把控不当也会增加损失。农户在收获过程中的行为因种植规模不同而异。大规模农户更倾向于现代农业技术，但也可能由于粗心而增加损失。机械化程度对减损影响显著，农机设备的先进程度、设计合理性和质量至关重要。土地细碎化也影响收获效率，需要更多劳动投入。根据农户行为理论，农户在收获行为上的决策过程综合考虑了天气、技术、劳动投入等因素。节粮减损不仅对农户家庭生活有改善作用，对社会也具有公共价值。然而，面对种粮成本持续上涨，农户参与减损需要增加投入，降低了其积极性。减少粮食收获损失不仅有助于保障粮食安全，还能减轻环境压力，提高资源利用效率。节粮减损对于发展中国家尤为重要，有助于缓解农业资源约束，增加粮食供应。

在面临诸多风险的情况下，为确保粮食安全的良好形势，应当积极推进节粮减损的政策研究，建立起完善的节粮减损政策体系，以确保粮食安全进而保障国家安全。在这一背景下，本章首先提出了节粮减损的措施和政策建议，强调了加强粮食收割环节科学研究的重要性，提倡实现农业机械化科研攻关。同时，应开展农机作业人员的专业技能培训，提高粮食收获的效率。加快耕地细碎化的整治进程，推进“小田并大田”的政策也是提高粮食收获效率的有效途径。此外，建设智慧农业大数据管理平台，推动农业信息化建设，将有助于精准管理和决策，进一步优化粮食收获与分配过程。

综上所述，本章依据前期研究，分析当前粮食安全与减损的形势和挑战，基于此提出一系列创新的政策建议和实践路径，继续深化这些政策的应用与效果评估，不断优化和调整，以适应不断变化的国内外粮食安全形势，旨在为我国粮食安全提供坚实的保障，为全球粮食安全贡献中国智慧和中国方案。

## 参 考 文 献


曹芳芳, 黄东, 朱俊峰, 等. 2018. 小麦收获损失及其主要影响因素: 基于 1135 户小麦种植户的实证分析[J]. 中国农村观察, (2): 75-87.

陈伟, 朱俊峰. 2020. 农户粮食收获损失影响因素的分解分析[J]. 中国农业资源与区划, 41(12): 120-128.

韩立民. 2018. 我国海洋事业发展中的蓝色粮仓战略研究[M]. 北京: 经济科学出版社.

黄东, 姚灵, 武拉平, 等. 2018. 中国水稻收获环节的损失有多高?——基于 5 省 6 地的实验调查[J]. 自然资源学报, 33(8): 1427-1438.

黄建伟, 张兆亮. 2022. 农户行为理论分析框架下宅基地流转主体特征与影响因素的实证研究[J]. 农村经济, (1): 39-51.

李腾飞, 曾伟. 2023. 农业强国背景下新一轮粮食产能提升潜力与实施路径研究[J]. 经济纵横, (9): 48-55.

李轩复, 黄东, 武拉平. 2019. 不同规模农户粮食收获环节损失研究: 基于全国 28 省份 3251 个农户的实证分析[J]. 中国软科学, (8): 184-192.

罗屹, 黄东, 黄汉权, 等. 2022. 中国粮食产后损失及其隐性成本解密[J]. 农业经济, (11): 17-19.

罗屹, 李轩复, 黄东, 等. 2020. 粮食损失研究进展和展望[J]. 自然资源学报, 35(5): 1030-1042.

吕亚荣, 王立娇. 2022. 消费前端粮食损失数量和环境足迹的评估[J]. 农业现代化研究, 43(1): 29-37.

牟若彤, 吴良. 2023. 全球粮食产后收获损失研究综述[J]. 资源科学, 45(9): 1789-1800.

屈雪, 黄东, 曹芳芳, 等. 2019. 农业机械减少水稻收获损失了吗?[J]. 中国农业大学学报, 24(3): 165-172.

王建华, 钭露露, 王缘. 2022. 环境规制政策情境下农业市场化对畜禽养殖废弃物资源化处理行为的影响分析[J]. 中国农村经济, (1): 93-111.

王嫚嫚, 刘颖, 蒯昊, 等. 2017. 土地细碎化、耕地地力对粮食生产效率的影响: 基于江汉平原 354 个水稻种植户的研究[J]. 资源科学, 39(8): 1488-1496.

王玉彩. 2024. 乡村振兴战略中农业科技创新与农业经济发展关系的研究[J]. 新农民, (14): 16-18.

武拉平. 2022. 我国粮食损失浪费现状与节粮减损潜力研究[J]. 农业经济问题, (11): 34-41.

燕艳华, 云振宇, 席兴军. 2023. 中国粮食减损的小农参与: 回顾、反思与展望: 以河南省 A 县捡麦人为例[J]. 西北农林科技大学学报(社会科学版), 23(4): 115-124.

杨书杰. 2022. 牢牢守住耕地红线 我国耕地面积达 19.18 亿亩[EB/OL]. [2022-06-25]. https://news.cctv.com/2022/06/25/ARTI9ixv83wfyeibhnIPzjgB220625.shtml.

张永恩, 褚庆全, 王宏广. 2009. 城镇化进程中的中国粮食安全形势和对策[J]. 农业现代化研究, 30(3): 270-274.

张忠明, 钱文荣. 2008. 不同土地规模下的农户生产行为分析: 基于长江中下游区域的实地调查[J]. 四川大学学报(哲学社会科学版), (1): 87-93.

赵霞, 陶亚萍, 曹宝明. 2022. 中国粮食产后损失评估分析[J]. 干旱区资源与环境, 36(6): 1-7.

Basavaraja H, Mahajanashetti S B, Udagatti N C. 2007. Economic analysis of post-harvest losses in food grains in India: a case study of Karnataka[J]. Agricultural Economics Research Review, 20(1): 117-126.

Beretta C, Stoessel F, Baier U, et al. 2013. Quantifying food losses and the potential for reduction in Switzerland[J]. Waste Management, 33(3): 764-773.

FAO. 2011. Global food losses and food waste: extent, causes and prevention[R]. Rome: Food and Agriculture Organization of the United Nations.

# 第 5 章　干燥和农户储藏环节粮食损失评估与节粮减损对策研究

干燥是保障粮食质量和数量的关键环节，农户储藏是国家粮食储备体系的重要组成部分，是粮食市场的“蓄水池”和“稳定器”。只有实现高质量干燥和储藏，才能减少后续环节的损失，更好地保障国家粮食安全。据此，本章的主要研究内容包括：①干燥和农户储藏环节损失评估方法；②干燥和农户储藏环节损失状况；③干燥和农户储藏环节的损耗特点与影响因素；④粮食烘干服务、科学储粮装备的减损效果；⑤干燥和农户储藏环节节粮减损措施与建议。

## 5.1　引　　言

粮食干燥和农户储藏是保障粮食质量与数量的关键环节，对国家粮食安全具有重要意义。在粮食生产过程中，干燥环节决定着粮食的品质，而农户储藏则是国家粮食储备体系的重要组成部分，发挥着“蓄水池”和“稳定器”的作用。高质量的干燥和农户储藏不仅能够减少粮食在后续环节中的损失，还能更好地保障粮食市场的稳定与安全。因此，深入研究粮食干燥和农户储藏环节的减损措施，对于提高粮食安全水平和促进农业可持续发展具有重要意义。

首先，粮食干燥环节是确保粮食安全储藏的基础。干燥过程能够有效降低粮食的水分含量，防止霉变和虫害的发生，从而延长粮食的储藏期。然而，不同地区的气候条件和干燥技术的差异，导致粮食干燥效果存在显著差异。通过科学的调查评估，分析不同地区的干燥损失情况，揭示影响干燥效果的关键因素，是提高干燥质量、减少粮食损失的关键。

其次，农户储藏作为粮食储备体系的重要一环，对粮食市场的稳定起着重要作用。在农户储藏环节，由于储藏设施和技术的差异，粮食损失率较高。通过系统的调查评估，了解不同农户的储藏损失情况，分析影响储藏效果的因素，可以为改进储藏设施和技术、减少粮食损失提供科学依据。

本章的主要研究内容包括以下几个方面：首先，对粮食干燥和农户储藏环节的损失进行详细调查评估，分析粮食损失的特点及其影响因素。这将包括对不同地区、不同品种的粮食在干燥和农户储藏过程中的损失情况进行全面的统计和分析，揭示各环节的损失机制和关键影响因素。其次，评估不同地区粮食烘干服务和科学储粮装备的减损效果，并提出相应的政策优化建议。通过对比分析不同地区的烘干服务和储粮装备的减损效果，可以发现各地在技术应用和管理上的差异，为政策制定提供实证依据。最后，提出推动粮食干燥和农户储藏环节节粮减损的政策措施。结合前两部分的研究成果，提出切实可行的政策建议，包括技术推广、财政支持、培训教育等方面，以全面提升粮食干燥和农户储藏环节的减损效果。

在粮食干燥环节，通过科学的调查评估，可以系统地了解当前各地在粮食干燥过程中的损失情况。这不仅有助于发现干燥环节中的关键问题，还能为改进干燥技术、优化干燥工艺提供数据支持。在农户储藏环节，通过对不同农户储藏设施和技术的调查评估，可以系统地分析农户储藏环节中的粮食损失特点和影响因素，发现农户储藏环节中的薄弱环节，提出改进储藏设施和技术的建议，提高农户储藏的质量和安全性。

评估不同地区粮食烘干服务和科学储粮装备的减损效果，是本章研究的重要内容之一。通过对比分析不同地区的烘干服务和储粮装备的使用情况，可以发现各地在技术应用和管理上的优势与不足。结合实际情况，提出相应的政策优化建议，包括技术推广、财政支持、培训教育等方面，以提高各地粮食干燥和农户储藏环节的减损效果。

综上所述，粮食干燥和农户储藏环节的减损对于保障粮食安全与提高农业生产效率具有重要意义。本章通过系统的调查评估和分析研究，揭示粮食干燥和农户储藏环节的损失特点与影响因素，评估不同地区的烘干服务和储粮装备的减损效果，并提出切实可行的政策措施，旨在全面提升我国粮食干燥和农户储藏环节的减损水平，保障国家粮食安全，实现农业的可持续发展。

## 5.2　干燥和农户储藏环节损失评估方法

### 5.2.1　干燥环节损失测算方法

1. 调查样本损失率的测算方法

通过调查或实验测定如下参数：粮食总产量/收购粮食量$v$（千克），干燥后粮食总量$w$（千克），损失率$g$，初始含水率$a$，最终含水率$b$，霉变率$c$，碎粒率$d$。

分别采用式(5-1)和式(5-2)计算理论损失率和实际损失率：

$$g_{理论} = (v - w) / v \tag{5-1}$$

$$g_{实际} = \left[v \times (1 - a) - w(1 - b)\right] / \left[v \times (1 - a)\right] \tag{5-2}$$

理论损失率含水分损失、霉变、丢失等，实际损失率含除水分以外的其他损失。对数据进行核实与评估，确保满足如下原则。

原则一：$v > w$，若不满足，则进行补充调查或测定。原则二：$a > b$，若不满足，则进行补充调查或测定。原则三：$c + d < g_{实际}$，若不满足，则以 $g_{实际}$ 为准。

2. 干燥环节地区层次分品种损失率的测算方法

按照地区进行分品种损失率测算，主要依据以下方法。

首先，计算调查样本所在省（自治区、直辖市）干燥环节分品种损失率：

该省（自治区、直辖市）调查点 1 损失率为 $g_1$，调查点 2 损失率为 $g_2$，调查点 3 损失率为 $g_3$，调查点 $n$ 损失率为 $g_n$，设该省（自治区、直辖市）1 损失率为 $g_{省（自治区、直辖市）1}$。按照式（5-3）计算省（自治区、直辖市）1 的损失率：

$$g_{省（自治区、直辖市）1} = (g_1 + g_2 + \cdots + g_n) / n \tag{5-3}$$

分别计算理论损失率和实际损失率。

其次，计算未开展调查的省（自治区、直辖市）干燥环节分品种损失率。

设上述某一地区中样本点所在省（自治区、直辖市）1 平均损失率为基准损失率 $g_{基准1}$，设上述某一地区中样本点所在省（自治区、直辖市）2 平均损失率为基准损失率 $g_{基准2}$，设上述某一地区中样本点所在省（自治区、直辖市）$n$ 平均损失率为基准损失率 $g_{基准n}$，未选择样本点的省（自治区、直辖市）的损失率采用式（5-4）计算：

$$g_{\times省（自治区、直辖市）} = (g_{基准1} + g_{基准2} + \cdots + g_{基准n}) / n \tag{5-4}$$

最后，计算五大地区干燥环节分品种损失率：东北与内蒙古地区以水稻、玉米、大豆为主；华北地区以小麦、玉米、花生、薯类为主；长江流域地区以水稻、油菜为主；华南及西南地区以水稻、玉米为主；西北地区以小麦、薯类为主。

3. 各个地区的干燥环节分品种损失率测算方法

（1）查询当年度该地区分省（自治区、直辖市）分品种粮食总产量，设省（自治区、直辖市）1 分品种粮食总产量为 $S_1$，省（自治区、直辖市）2 分品种粮食总产量为 $S_2$，省（自治区、直辖市）$n$ 分品种粮食总产量为 $S_n$。

（2）计算当年度该地区分品种粮食总产量：

$$S_{总} = S_1 + S_2 + \cdots + S_n \tag{5-5}$$

（3）依据式（5-3）计算各个省（自治区、直辖市）的损失率，并按照式（5-6）计算该地区干燥环节分品种损失率：

$$\begin{aligned} g_{地区} = {} & g_{省（自治区、直辖市）1} \times S_1 / S_{总} + g_{省（自治区、直辖市）2} \times S_2 / S_{总} \\ & + \cdots + g_{省（自治区、直辖市）n} \times S_n / S_{总} \end{aligned} \tag{5-6}$$

4. 干燥环节全国层次分品种损失率的测算方法

查询当年度全国粮食总产量，设为$Q_{总}$，各省(自治区、直辖市)分品种粮食总产量，设省(自治区、直辖市)1 分品种粮食总产量为$S_1$，省(自治区、直辖市)2 分品种粮食总产量为$S_2$，省(自治区、直辖市)$n$分品种粮食总产量为$S_n$。

按照$S_n / Q_{总}$的权重设置进行测算，依据式(5-7)得到干燥环节全国层次分品种损失率：

$$\begin{aligned} g_{全国} = & g_{省(自治区、直辖市)1} \times S_1 / Q_{总} + g_{省(自治区、直辖市)2} \times S_2 / Q_{总} \\ & + \cdots + g_{省(自治区、直辖市)n} \times S_n / Q_{总} \end{aligned} \tag{5-7}$$

### 5.2.2 农户储藏环节损失测算方法

农户储藏环节的损失主要包括虫害损失、霉变损失、鼠害损失。按照表 5-1 的变量，作如下计算。

表 5-1 农户储藏损失公式变量表

| 变量 | 代表含义 |
| --- | --- |
| $\overline{M}$ | 农户全年平均储粮量 |
| $M_0, M_1, M_2, M_3, M_4$ | 起初、3 个月后、6 个月后、9 个月后、12 个月后的储粮量 |
| $S_1, S_2, S_3, S_4$ | 3 个月、4～6 个月、7～9 个月、10～12 个月内出售的粮食 |
| $\overline{C}$ | 粮食的季度平均正常消费(口粮和饲料粮消耗) |
| $T, W, B, R$ | 一年内农户储藏总损失、虫蚀损失、霉变损失、鼠害损失 |
| Tr, Wr, Br, Rr | 一年内农户储藏总损失率、虫损失率、霉损失率、鼠损失率 |

农户储粮量是一个时点指标，和储粮损失的时期指标是不同的，因此计算损失率需要计算农户平均储粮量。平均储粮量计算公式为

$$\overline{M} = \frac{\frac{M_0 + M_1}{2} + \frac{M_1 + M_2}{2} + \frac{M_2 + M_3}{2} + \frac{M_3 + M_4}{2}}{4} = \frac{\frac{M_0}{2} + M_1 + M_2 + M_3 + \frac{M_4}{2}}{4} \tag{5-8}$$

其中：

$$M_i = \max\{M_{i-1} - S_i - \overline{C}, 0\}, \quad i = 1,2,3,4 \tag{5-9}$$

$M_0$为起初储粮量，已知，而$\overline{C}$为平均季度粮食消耗，计算方法为自留口粮

和自留饲料粮之和减去第 12 个月剩余储粮量再除以 4。式(5-9)中取最大值表示，当某季度粮食全部卖完或消耗完后，储粮量就为 0。计算好平均储粮量后，损失率按式(5-10)进行计算：

$$\mathrm{Tr} = T / \overline{M}, \mathrm{Wr} = W / \overline{M}, \mathrm{Br} = B / \overline{M}, \mathrm{Rr} = R / \overline{M} \tag{5-10}$$

因为$T = W + B + R$，由式(5-10)可得有 $\mathrm{Tr} = \mathrm{Wr} + \mathrm{Br} + \mathrm{Rr}$。

## 5.3 干燥和农户储藏环节损失状况

### 5.3.1 干燥环节损失状况

基于农户调研，全国各省(自治区、直辖市)农户粮食干燥环节损失率情况如表 5-2 所示。

**表 5-2 全国各省(自治区、直辖市)农户粮食干燥环节损失率情况**

| 省(自治区、直辖市) | 水稻 | 小麦 | 玉米 | 大豆 | 花生 | 油菜 | 马铃薯 | 甘薯 |
|---|---|---|---|---|---|---|---|---|
| 河北省 | 3.25% | 4.23% | 3.12% | 4.22% | 4.37% | 6.26% | 5.40% | 4.76% |
| 内蒙古自治区 | 4.17% | 2.75% | 2.54% | 3.75% | 3.03% | 7.26% | 5.36% | 4.21% |
| 辽宁省 | 1.03% | 3.16% | 3.74% | 3.68% | 3.21% | 5.32% | 4.97% | 4.32% |
| 吉林省 | 3.71% | 3.28% | 7.59% | 3.98% | 3.53% | 5.36% | 4.35% | 4.25% |
| 黑龙江省 | 4.74% | 3.66% | 8.28% | 4.05% | 3.81% | 5.86% | 4.63% | 5.02% |
| 江苏省 | 4.86% | 5.72% | 4.07% | 4.15% | 3.39% | 6.55% | 5.26% | 8.76% |
| 安徽省 | 5.40% | 6.71% | 8.23% | 4.18% | 3.25% | 4.63% | 5.96% | 6.25% |
| 江西省 | 4.17% | 5.84% | 7.52% | 4.23% | 4.52% | 18.09% | 6.33% | 7.25% |
| 山东省 | 8.53% | 5.32% | 8.06% | 4.36% | 4.16% | 7.62% | 4.78% | 7.36% |
| 河南省 | 8.26% | 5.66% | 7.85% | 4.65% | 4.62% | 8.03% | 5.13% | 7.69% |
| 湖北省 | 6.03% | 5.69% | 4.39% | 5.03% | 4.51% | 8.75% | 4.98% | 5.29% |
| 湖南省 | 3.45% | 5.46% | 4.61% | 4.75% | 4.63% | 7.93% | 5.36% | 5.34% |
| 四川省 | 3.61% | 4.31% | 4.37% | 2.69% | 2.63% | 6.91% | 4.75% | 4.66% |
| 北京市 | 2.26% | 3.65% | 1.32% | 3.88% | 3.06% | 6.26% | 2.39% | 4.75% |
| 天津市 | 2.09% | 3.82% | 1.53% | 3.96% | 3.18% | 6.31% | 3.14% | 4.73% |
| 上海市 | 4.82% | 4.62% | 4.05% | 4.26% | 4.15% | 6.56% | 4.63% | 5.75% |
| 浙江省 | 4.79% | 4.75% | 4.13% | 4.22% | 4.18% | 7.12% | 4.58% | 5.69% |
| 福建省 | 11.45% | 4.27% | 4.36% | 2.32% | 4.10% | 6.25% | 7.36% | 6.24% |

续表

| 省（自治区、直辖市） | 水稻 | 小麦 | 玉米 | 大豆 | 花生 | 油菜 | 马铃薯 | 甘薯 |
|---|---|---|---|---|---|---|---|---|
| 广东省 | 2.86% | 4.35% | 4.19% | 5.32% | 4.22% | 6.03% | 6.98% | 6.56% |
| 海南省 | 10.69% | 4.21% | 4.34% | 5.48% | 2.02% | 7.92% | 5.21% | 6.74% |
| 重庆市 | 3.43% | 4.29% | 4.53% | 3.70% | 2.75% | 6.86% | 4.66% | 4.56% |
| 山西省 | 4.28% | 3.18% | 0.93% | 4.13% | 3.20% | 6.11% | 3.62% | 4.23% |
| 广西壮族自治区 | 4.74% | 2.96% | 4.28% | 5.03% | 4.16% | 8.58% | 6.58% | 8.23% |
| 贵州省 | 5.12% | 4.88% | 4.39% | 4.82% | 4.35% | 12.3% | 7.32% | 3.29% |
| 云南省 | 4.44% | 4.97% | 4.67% | 5.21% | 4.69% | 8.34% | 4.22% | 6.29% |
| 西藏自治区 | 4.00% |  | 5.06% | 3.77% |  | 3.58% | 4.69% | 4.11% |
| 陕西省 | 5.78% | 6.02% | 4.13% | 4.26% | 4.36% | 4.25% | 4.36% | 3.23% |
| 甘肃省 | 4.98% | 5.93% | 4.26% | 5.62% | 4.35% | 4.39% | 4.72% | 3.33% |
| 青海省 | 5.36% | 5.76% | 5.13% | 5.13% | 4.28% | 5.02% | 5.12% | 4.15% |
| 宁夏回族自治区 | 4.93% | 4.86% | 5.31% | 4.51% | 4.62% | 4.68% | 5.21% | 6.52% |
| 新疆维吾尔自治区 | 5.69% | 5.34% | 5.86% | 5.93% | 4.39% | 6.21% | 3.36% | 3.25% |

基于全国农户调研和实地测算，结合农业生产区域的特点，依据干燥环节损失率测算方法，各粮食的平均损失率如图 5-1 所示。其中，水稻的损失率最高，为 5.54%；其次是玉米，为 5.36%；最低的是马铃薯，为 2.68%。在三大主粮中，小麦的损失率最低，为 3.89%。

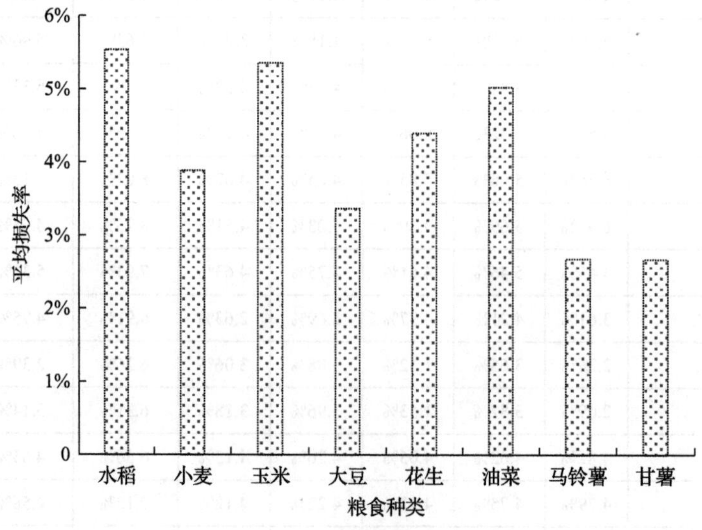


图 5-1　全国农户调研与实地测试粮食干燥环节平均损失率

粮食的综合平均损失率为 3.25%，根据 2019～2021 年我国粮食产量，我国粮食干燥环节损失量如表 5-3 所示。

**表 5-3　2019～2021 年我国粮食干燥环节损失量**　　单位：万吨

| 粮食种类 | 2019 年 | | 2020 年 | | 2021 年 | |
|---|---|---|---|---|---|---|
| | 产量 | 损失量 | 产量 | 损失量 | 产量 | 损失量 |
| 水稻 | 20 961.4 | 681.3 | 21 186.0 | 688.5 | 21 284.2 | 691.7 |
| 小麦 | 13 359.6 | 434.2 | 13 425.4 | 436.3 | 13 694.4 | 445.1 |
| 玉米 | 26 077.9 | 847.5 | 26 066.5 | 847.2 | 27 255.1 | 885.8 |
| 大豆 | 1 809.2 | 58.8 | 1 960.2 | 63.7 | 1 639.5 | 53.3 |
| 花生 | 1 752.0 | 56.9 | 1 799.3 | 58.5 | 1 830.8 | 59.5 |
| 油菜 | 1 348.5 | 43.8 | 1 404.9 | 45.7 | 1 471.4 | 47.8 |
| 马铃薯 | 2 882.7 | 93.7 | 2 987.4 | 97.1 | 3 043.5 | 98.9 |
| 甘薯 | 5 199.2 | 169.0 | 4 920.0 | 159.9 | 4 783.5 | 155.5 |
| 总计 | 73 390.5 | 2 385.2 | 73 749.7 | 2 396.9 | 75 002.4 | 2 437.6 |

由表 5-3 可知，干燥环节粮食的损失量高达 2000 多万吨，我国在干燥环节的减损潜力依然很大。

### 5.3.2　农户储藏损失状况

1. 我国农户储藏状况

“手中有粮，心中不慌”，这是几代领导人经常挂在嘴边的话题。农户是粮食的生产者，农田的经营者，粮食储藏的主导者，其储藏数量占全国粮食储备的比重依然很大，这种现象将会长期存在。作为国家粮食储备体系的重要补充，农户储粮量占全国粮食年产量的 50%左右，对保障国家粮食安全起到了“蓄水池”、“稳定器”和“减压阀”的作用。

在中国传统的小农体制下，粮食生产和消费对于农户来说是密不可分的，农户往往沿袭家庭储粮的传统来保证粮食安全。一方面，20 世纪 80 年代国家实施粮食流通市场化改革后，粮食市场价格变化很大，粮食出现短缺和价格上涨，地方政府会实施垄断经营；另一方面，农户是粮食的主要消费群体，数量庞大，农户自己储藏粮食的成本比购买粮食的成本低，并且食用安全可靠，有些农村地区交通极为不便，农户向外购买粮食比较困难。此外，农户储藏规模小，数量多，分散在农村，出于国家安全考虑，政府也希望农户多储藏粮食，现在国际环境相当复杂，一旦出现危机，也能从容应对。同时，农村土地广阔，家庭空余空间多，农户可以储藏一定的粮食，为国家粮库节省空间和成本，减少国家财政支出。

根据2015年全国农村固定观察点调查数据，全国农户户均储粮量为830千克，粮食主销区农户户均储粮量646千克，粮食主产区农户户均储粮量为810千克，粮食产销平衡区农户储粮量为934千克；其中农户户均储粮量最高的地区是重庆，为1885千克，最低的地区是北京，为149千克。

随着农业供给侧结构性改革的深入推进，土地流转比较普遍，家庭农场、农民合作社和种植大户等新型经营主体增多，农民消费升级、买粮便捷、散养畜禽减少，由过去以一家一户、自种自收自卖的模式向粮食经纪人田间地头收粮转变，农户储藏从自管自存向新型经营主体规模化储藏保管转变，全国农户存粮规模明显下降。

2. *我国农户储藏损失状况*

根据调查，我国农户储藏的总损失率为 6.9%，低于国家粮食和物资储备局以前估计的8%的水平，甚至也略低于7%的水平。其中虫损失率0.9%，霉损失率1.3%，鼠损失率4.7%。鼠害造成的损失占到总损失的近七成，可见在粮食的储藏过程中，鼠害造成的粮食损失最为严重，霉变其次，虫害最轻(图 5-2)。

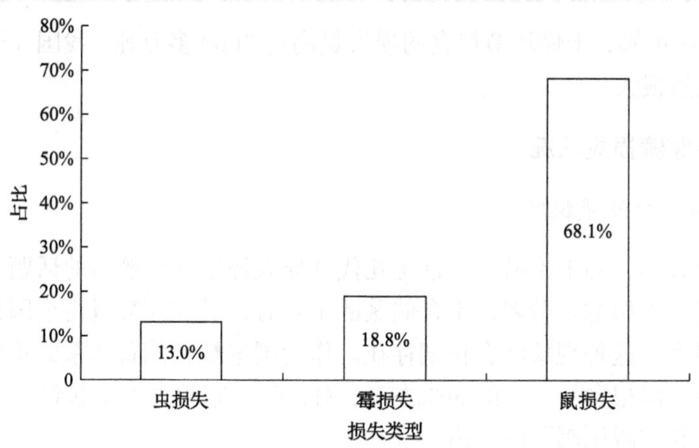


图 5-2　农户储藏虫、霉、鼠损失占比图

根据气候条件、积温、干燥度、耕作制度及害虫种类等因素进行综合考虑，我国分为七个储粮生态区域，分别是高寒干燥储粮生态区(第一区)、低温干燥储粮生态区(第二区)、低温高湿储粮生态区(第三区)、中温干燥储粮生态区(第四区)、中温高湿储粮生态区(第五区)、中温低湿储粮生态区(第六区)、高温高湿储粮生态区(第七区)。各储粮生态区在作物种类、气候特征和储粮损失的影响因素上，都表现出了较大的差异性，总损失率从3.8%到11.1%。

七个储粮生态区的总损失、虫损失、霉损失和鼠损失如表5-4所示。由表5-4可知我国储粮生态区的粮食总体损耗程度从大到小为第五区(11.1%)、第七区

(11.1%)、第六区(9.6%)、第四区(8.8%)、第一区(8.4%)、第二区(7.6%)、第三区(3.8%)。从七个储粮生态区的总损失率的比例情况可知，储粮区的粮食损失率占比从大到小分别为第五区 18.4%、第七区 18.4%、第六区 15.9%、第四区 14.6%、第一区 14.1%、第二区 12.6%、第三区 6.1%。

**表 5-4　各生态储粮区损失率**

| 储粮生态区 | 总损失 | | 虫损失 | | 霉损失 | | 鼠损失 | |
|---|---|---|---|---|---|---|---|---|
| | 损失率 | 损失率占比 | 损失率 | 损失率占比 | 损失率 | 损失率占比 | 损失率 | 损失率占比 |
| 第一区 | 8.4% | 14.1% | 0.4% | 4.8% | 7.2% | 37.3% | 0.8% | 2.4% |
| 第二区 | 7.6% | 12.6% | 1.0% | 11.9% | 0.9% | 4.7% | 5.7% | 17.4% |
| 第三区 | 3.8% | 6.1% | 0.2% | 2.4% | 0.5% | 2.6% | 3.1% | 9.5% |
| 第四区 | 8.8% | 14.6% | 1.1% | 13.1% | 1.5% | 7.8% | 6.2% | 19.0% |
| 第五区 | 11.1% | 18.4% | 2.3% | 27.4% | 2.2% | 11.4% | 6.6% | 20.2% |
| 第六区 | 9.6% | 15.9% | 1.4% | 16.7% | 3.5% | 18.1% | 4.7% | 14.4% |
| 第七区 | 11.1% | 18.4% | 2.0% | 23.8% | 3.5% | 18.1% | 5.6% | 17.1% |

我国储粮生态区的粮食虫害损耗程度从大到小为第五区(2.3%)、第七区(2.0%)、第六区(1.4%)、第四区(1.1%)、第二区(1.0%)、第一区(0.4%)、第三区(0.2%)。根据七个储粮生态区的虫损失率的比例情况可知，储粮区的粮食虫损失率占比从大到小分别为第五区(27.4%)、第七区(23.8%)、第六区(16.7%)、第四区(13.1%)、第二区(11.9%)、第一区(4.8%)、第三区(2.4%)。

我国储粮生态区的粮食霉变损耗程度从大到小为第一区(7.2%)、第六区(3.5%)、第七区(3.5%)、第五区(2.2%)、第四区(1.5%)、第二区(0.9%)、第三区(0.5%)。由七个储粮生态区的霉损失率的比例情况可知，储粮区的粮食霉损失率占比从大到小分别为第一区(37.3%)、第六区(18.1%)、第七区(18.1%)、第五区(11.4%)、第四区(7.8%)、第二区(4.7%)、第三区(2.6%)。

我国储粮生态区的粮食鼠害损耗程度从大到小为第五区(6.6%)、第四区(6.2%)、第二区(5.7%)、第七区(5.6%)、第六区(4.7%)、第三区(3.1%)、第一区(0.8%)。由七个储粮生态区的鼠损失率情况，可知储粮区的粮食鼠害损失率占比从大到小分别为第五区(20.2%)、第四区(19.0%)、第二区(17.4%)、第七区(17.1%)、第六区(14.4%)、第三区(9.5%)、第一区(2.4%)。

可以看出，我国七个储粮生态区中，损失率最高的是第五区和第七区，都是 11.1%，最低损失率出现在第三区，为 3.8%，最高损失率是最低损失率的 3 倍，说明我国农户储藏损失方面还很不均衡。造成粮食储藏损失的三个因素中，虫害损失较为严重的区域为第五区、第七区；霉变损失较为严重的区域为第一区、第六区、第七区；鼠害损失除第三区和第一区外，均较为严重。表 5-5 是不同作物粮种的损失率(其中，粮食作物包括水稻、小麦、玉米、甘薯、马铃薯；油料作物包括大豆、油菜、花生)。

**表 5-5　不同作物粮种的损失率**

| 作物 | | 总损失率 | 鼠损失率 | 霉损失率 | 虫损失率 |
|---|---|---|---|---|---|
| 油料作物 | 大豆 | 41.0% | 29.0% | 6.2% | 5.8% |
| | 油菜 | 19.0% | 3.7% | 7.8% | 7.5% |
| | 花生 | 16.6% | 6.9% | 5.0% | 4.7% |
| 粮食作物 | 水稻 | 7.2% | 5.3% | 0.9% | 1.0% |
| | 小麦 | 9.7% | 7.1% | 1.2% | 1.3% |
| | 玉米 | 5.0% | 3.6% | 0.9% | 0.5% |
| | 甘薯 | 15.8% | 5.4% | 6.1% | 4.3% |
| | 马铃薯 | 14.9% | 5.5% | 8.4% | 1.0% |

由表 5-5 可知，在总的储粮损耗上，油料作物的总损失率大于粮食作物，大豆的储藏总损耗明显高于其他作物；在虫害造成的储粮损耗上，油菜的损失率最大，其次为大豆、花生和甘薯；在霉变造成的储粮损耗上，马铃薯的损失率最大，其次为油菜、大豆、甘薯和花生；在鼠害造成的储粮损耗上，大豆的损失率明显高于其他作物。

## 5.4　干燥和农户储藏环节的损耗特点与影响因素

### 5.4.1　粮食干燥环节的损耗特点

1. 干燥不及时，粮食损失较大

我国每年由晾晒不及时、晾晒不当等因素造成的粮食虫害、鼠害、霉变、发芽的损失很大。特别是公路晾晒粮食，存在着天气、人工、晾晒场地等许多难以掌控的因素，轻则造成粮食成色品质下降，重则发生霉变、腐烂，带来较大损失。这不仅会直接导致道路交通事故频发，而且还容易造成粮食二次污染。

2. 重视程度不高，地区之间发展不平衡

长期以来，围绕“多打粮、打好粮”，很多地区把工作重心和项目资金都放在了粮食的产前、产中环节，普遍忽视粮食的产后处理，特别是粮食的烘干问题。

缺乏对粮食烘干环节的重视、研究、扶持和指导，缺乏相应的推进措施。由于经济发展程度不同，不同地区之间在推广烘干机械设备方面也很不平衡。经济基础较好的地区在推进粮食烘干机械化、建设现代仓储设施方面起步早、力度大、发展快，有的已建成区域性的粮食烘干服务中心；而经济发展落后地区在粮食烘干与仓储方面，发展比较迟缓，有的机械烘干还是空白，抵御气象灾害、抗击自然风险能力薄弱，制约了土地的规模化种植和粮食生产。

3. 机械化自动程度不高

目前，我国干燥设备生产企业的创新能力较低，能够推出拥有自主知识产权的新技术、新产品的企业很少，这是我国干燥技术发展缓慢的重要原因。目前，我国有几十所高校、科研单位从事干燥技术的开发研究，但大部分知识成果没有有效地转化为现实生产力。企业要成为技术创新的主体，应直接与这些高校和科研单位以多种形式联合，使资源得到合理的配置与利用，有效地培育和发展企业的创新能力。

### 5.4.2　粮食干燥损失的影响因素

粮食在干燥环节的总损失率为霉变率、破碎率、丢损率和发芽率的总和。影响粮食干燥环节损失的因素主要包括以下几个方面。

1. 干燥工艺

粮食的干燥方式分为人工晾晒和机械烘干，个体农户多采用人工晾晒的方式干燥，其成本低廉，但由于受到环境影响较大，且晾晒场地有限，这种干燥方式往往导致较大的损失。影响晾晒损失的因素包括晾晒初始含水率(超过安全水分)、晾晒时的天气(阴雨天气)、晾晒的厚度(堆叠过高)、晾晒的地面(马路、泥土)。初始含水率过高、晾晒时阴雨天气、晾晒厚度过高易造成发霉、晾晒的场所若为马路或人行道易产生碎粒或丢损，从而导致干燥环节损失浪费。通常，影响因素的次序为晾晒平均厚度>晾晒前初始含水率>晾晒平均温度。需要强调的是，经过晾晒后的粮食水分含量不一定能达到储藏的要求(由于未测定水分或干燥不均匀)，这会导致后续储藏和加工过程中的粮食损失。晾晒过程恶劣的环境也可能导致粮食受到微生物侵入、混入杂质。

机械烘干方式可以极大地降低粮食干燥的损耗。例如，江苏地区粮库大部分采用老式烘干塔和连续式烘干机两种，烘干效率从 10 吨/组到 50 吨/组不等。辽宁、黑龙江地区国有粮库多采用循环式烘干塔和连续式烘干塔两种，烘干效率在 300 吨/天到 1000 吨/天，且燃料分为煤炭和稻壳两种。一般来说，在烘干过程中水稻损失量较小，采用连续式烘干机的效果最好，相比较循环式烘干塔损失率较小，烘干后粮食质量较佳；以煤炭为原料的锅炉利用率和费用均较高，而以稻壳为原料的锅炉利用率和费用均较低。影响机械烘干效果的因素包括烘干温度、粮层厚度、缓苏时间、粮食初始水分含量、干燥技术。其中，粮食烘干温度对粮食的品质影响很大，粮食中蛋白质的热敏感性较强，在高温作用下易发生蛋白质变性，其变性的速率与加热的温度、时间及粮食的含水量有关。温度越高，加热时间越长，则变性的速率越快。粮食的含水量越高，其蛋白质发生变性的温度就越低。粮食干燥中的高温还可能导致裂纹产生，对水稻而言会降低研磨的整米率，从而影响其销售。此外，裂纹的产生也进一步增加了微生物污染的可能性。因此，优化粮食烘干工艺、开发新型粮食烘干技术(如微波干燥、热泵干燥等)有望降低干燥环节的损耗。

2. 粮食内在因素

粮食在干燥的过程中，其表面的水汽气压大小与粮食的品种、含水量以及粮食自身的温度有关，一般情况下，粮粒小、表皮薄、淀粉含量高的粮食比粮粒大、表皮坚硬厚实、淀粉含量低的粮食容易干燥；含水量高、自身温度高的粮食相比含水量低、自身温度低的粮食，其内部水分容易汽化。粮食自身的特性对其干燥特性和储藏特性都有较大的影响。通常，需要将粮食干燥至安全储藏水分(14%)以下，以减少后续储藏过程中的损失。

3. 环境因素和人为因素

环境因素主要包括湿度和通风等条件。我国幅员辽阔，南北气候差异大。收获和晾晒时的损耗受天气影响较大。例如，在华南地区，粮食经过 10～15 天左右的晾晒，水分含量可以下降到安全储藏值以下。但华南地区水稻霉变损失较高，主要原因是收获时遇下雨天气，被雨水淋湿。华南地区多雨，而中午气温较高，高温高湿条件下，粮食在晾晒过程中容易受潮发霉。然而，东北地区的气候干燥，水稻收获后会及时干燥，其霉变率较低。此外，农户由于缺乏减损意识或由于条件的限制和管理缺陷，没有及时干燥或相关的干燥技术没有严格按照规定实施，会导致粮食损失。

### 5.4.3 粮食农户储藏环节的损耗特点

1. 各生态储粮区农户储藏损失差异大

根据调查，各生态储粮区虫、霉、鼠的损害率有较大差异，体现出区域特征。损失率最高的是第五区和第七区，都是 11.1%，最低损失率出现在第三区，为 3.8%，我国亟须解决南方湿热地区农户储藏损失高的问题。对于不同生态储粮区，其虫、霉、鼠损失率体现出不同特点，如第一区的霉损失率偏高，第五区和第四区的鼠损失率偏高，并且第五区的虫损失率也偏高。总的来说，在寒冷地区，储粮损失鼠害比例较大，农户储藏要更加重视防鼠；而在潮湿温暖地区，虫蚀和霉变比例较高，农户储藏要注重通风和杀虫。

### 2. 农户重产轻储，减损意识薄弱

农户注重在生产种植方面的投入，更愿意将精力和资金大量投入种子、农药、化肥、农技等方面，以提高粮食产量，往往忽视了粮食在储藏环节的损失浪费，对储藏损失带来的亏损没有引起足够的重视，减损意识薄弱。同时，农村劳动力渐渐趋于老龄化，认为现在的混凝土房屋已经比之前的砖瓦房环境更好，防风防潮能力更强，能一定程度上减少储藏损耗，导致农户更加不重视科学储粮。另外，农户把收获的粮食晾晒到公路上，粮食经常受到车辆碾压、路面沥青和砂石污染，造成严重损失。此外，农户对储粮的水分把握仅仅依靠手摸、牙咬等感官检验和经验判断，粮食水分判断误差较大，影响粮食的安全储藏。为了不影响住房的整体功能，现在许多农民把粮食堆放在屋外搭建的简易小屋中，不仅低矮潮湿、漏雨通风，且多与猪圈鸡舍相邻，卫生和保存条件都很差。

### 3. 储粮管理粗放，防治手段薄弱

粮食入库储藏后，只有很少一部分的农户能定期检查家庭存粮的品质状况，并进行一些基本的处理，超过 90%的农户对家中存放的粮食采取放任的态度，只有在动用粮食时才对储藏的粮食进行检查，即便是能够进行粮情检查和处理的农户，所做的也仅限于更换套封粮食的塑料薄膜，对鼠咬粮袋进行换包处理，查看存粮的色泽、气味，剔除霉坏粮食。粮食储藏管理的粗放，使得粮食的产后损失非常严重，造成了田间增产、家中储粮减产的状况。同时，由于缺乏有效的指导和管理，农户基本上都是靠自己的经验进行粮食鼠、虫害的防治。常用的保护手段有以下几种：一是采用物理防治方法，即存放前对粮食进行晾晒，尽量减少水分、驱赶害虫、杀灭部分虫卵；二是采用天敌防治方法，即在存粮房间中饲养猫、狗等驱赶鼠类；三是采取香辛植物混合防治方法，如将八角、花椒等香辛植物混放在粮堆中防止虫害；四是采用较为普遍的化学防治方法，但不科学地使用储粮药剂会造成粮食污染而减损。

### 4. 储粮器具陈旧，科学储粮仓利用率低

目前农户储藏主要使用编织袋、麻袋、木仓、水泥仓、铁丝网等器具，甚至有部分农户还采用地面散装储藏的方式，很少有农户采用科学储粮装具，如金属仓、钢板仓等。究其原因：一方面农户认为科学储粮仓成本较高，减损回收成本周期较长，不能即刻获得收益回报；另一方面，虽然国家实施了粮食丰产科技工

程和农户科学储粮专项工程，为农户提供科学储粮仓，但普及程度依旧很低，因此农户大多数还是采用传统方式进行粮食储藏。

5. 农户储藏缺乏规模化管理

我国农户数目庞大且非常分散，储藏管理技术落后，管理难以实施，相关部门进行技术指导和管理比较困难，成本非常高，影响储粮规模化管理。此外，对农户缺乏储藏方面的技术性指导，偏重产前计划，忽略了产后管理，产中长势和产后收获，各级有关部门对粮食产后管理没有引起足够的重视。

### 5.4.4 粮食农户储藏环节损失的影响因素

1. 区域自然生态因素

即不同区域的气候、生态等形成的农户储藏的自然环境，包括非生物因子、生物因子和人为环境因子。我国幅员辽阔，南北气候差异很大，总体来说，北方地区气候寒冷干燥，比较利于粮食储藏，南方地区气候温暖湿润，不利于粮食储藏。

2. 粮食储藏方式和装具

不同的储藏方式和装具对粮食防止虫、霉、鼠害的作用不同，因此，对储粮损失的影响也不相同；粮食入仓方式、储藏技术应用、仓房性能、储粮害虫的发生、粮食发热均影响储粮的损失率。据调查，采用传统储粮方式如木柜、石柜、地窖、灌装和袋装等，储粮损失率一般都在10%左右或以上；采用新型科学储粮方式如塑料仓、钢板仓或钢骨架仓、仓房等，储粮损失率都在5%以下；而传统的玉米栈子和篓子的损失率低，可能和储藏地气候有关。

3. 社会经济因素

主要包括粮食市场价格、粮食生产状况、地区所处地理位置、地区粮食产量状况、城市化发展水平和农户家庭结构特征，这些因素都一定程度上影响到农户储藏的时长、结构和意愿等。研究结果表明现今农户数量依然庞大，但是个体规模小，布局非常分散，农户储藏积极性下降，储粮数量正在减少，粮食储藏时间也在缩短，农户储藏损失依然严重。农户储藏销售的主要时期在当年的9月至12月，即收获后的3个月内，约85%的农户会选择在此时间段将粮食抛售。农户自储余粮，主要考虑两个要素，一是住房条件较好，有场地存粮，此类一般以袋装为主；二是部分农户经济宽裕，存粮待价销售。约10%的农户会选择在12月至春节来临时将粮食抛售，即收获后的4～6个月，只有少数的农户会将粮食储藏到来年的春天。

# 5.5 粮食烘干服务、科学储粮装备的减损效果

## 5.5.1 粮食烘干服务的减损效果

1. 粮食机械化烘干总体情况

日本、美国等发达国家的粮食烘干机械化水平在 95%以上，而我国机械烘干的比例不足 3%，主要涉及水稻、小麦、玉米等谷物，且绝大多数为种植大户或农民合作社，普通农户基本没有采用机械烘干。农户对机械烘干的需求比例也不高，仅为 10%～15%，主要需求为间歇式热风烘干机或连续式热风干燥塔两类，处理量小于 500 千克/小时，且主要关心烘干机的价格。最能接受的推广方式为试用，最认可干燥机的作用为避免霉变，对于烘干机械所能承受的最大成本较低，而目前农村地区油料和薯类尚无机械烘干，其推广与宣传还非常欠缺。

近年来，随着新型农业经营主体发展和农业生产“全托管”服务推行，粮食烘干机械化发展进程加快，谷物烘干机增长势头强劲。谷物烘干机主要烘干的是水稻、小麦、玉米三大主粮作物。自 2006 年开始纳入农机购置补贴目录后，其市场保有量逐年增加。尤其是 2016 年和 2017 年，南方普遍遭遇了收获时节连续阴雨天气，谷物烘干机销量激增，全国年增长量达到了 2.45 万台和 2.55 万台。截至 2019 年底，我国谷物烘干机保有量达到 12.79 万台，较 2018 年增加了 0.82 万台。其中，30 吨以上的 1.85 万台。保有量最多的是江苏省，共有 2.87 万台，图 5-3 为 2018～2021 年我国粮食烘干机保有量情况。

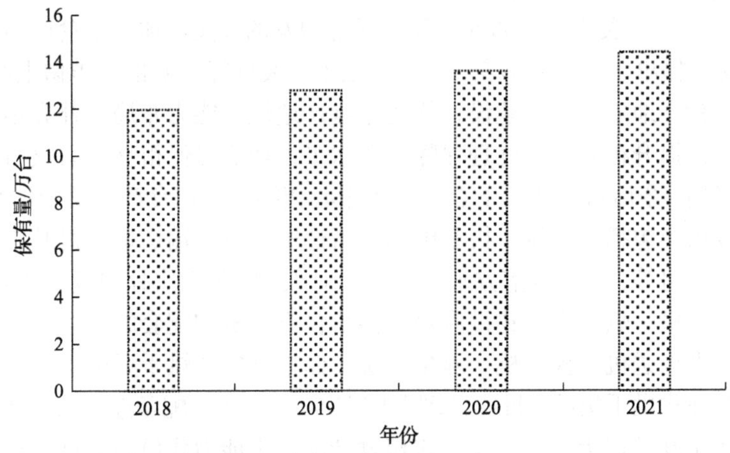


图 5-3　2018～2021 年我国粮食烘干机保有量情况

目前，我国粮食烘干机在区域、烘干类别、主体上均呈现分布不均匀的现象。

在区域分布上，南多北少现象突出，南方省份谷物烘干机保有量达到了 10.17 万台，约占全国总量的近八成。拥有万台以上的省份共有 5 个，全部为南方省份，分别是江苏、安徽、江西、浙江、湖南。

在烘干种类上，主要以水稻为主，小麦基本上不烘干，玉米烘干也占少数。水稻方面，水稻产地烘干能力逐步提升，如江苏超过了 60%，湖南超过了 50%，江西达到了 45%。当然也有烘干能力相对较为落后的，如广东 33%，广西 26%，四川 18%，贵州 28%。小麦方面，近几年全国小麦收获后含水量均偏低，水分含量普遍在 14%～17%，有的在安全水分以内，因此基本不用烘干，只需简单晾晒即可入库。小麦主产区中仅有江苏、安徽、湖北、四川等南方省份的个别地区小麦收获后需要烘干，北方省份几乎不对小麦烘干。玉米方面，基本上处于“穗收靠风干，粒收要烘干”的状况。籽粒收玉米由于籽粒含水率较大，基本超过了 30%，因此必须经过烘干处理，但目前籽粒收还没有很好地解决收获破碎率的问题，机收面积不足总面积的 4%；穗收玉米普遍采取堆放自然风干的方式。在黑龙江等东北地区，由于气温偏低，收获后玉米水分相对偏高，有 10%左右的玉米采取的是收获后适当晾晒再脱粒烘干的方式，但均为种植大户。

总体来看，我国目前谷物烘干机主要是为规模以上经营主体种植的水稻提供烘干服务，这占了绝大多数比例。其他作物如玉米、小麦等，目前还没有形成收获后烘干的习惯，农民倾向于将其自然晾晒后入库，或者销售给粮库、粮贩进行晾晒或烘干处理。针对农户长期面临的“晒粮难”“储粮难”等难题，有关部门强化粮食产后服务体系建设，在全国产粮大县建设了 5500 多个粮食产后服务中心，为农户提供代清理、代烘干、代储藏、代销售、代加工等专业化服务，一站式解决种粮农户丰收后的烦恼。

2023 年 5 月，农业农村部等六部门联合印发的《关于加快粮食产地烘干能力建设的意见》提出，“聚焦小麦、水稻、玉米、大豆等主要粮食作物生产的需要，全力推进粮食产地烘干能力建设，优化粮食产地烘干能力布局，补齐粮食烘干设施装备短板，提升粮食产后处理保障服务水平，切实降低粮食产后灾后损失”。根据政策规划，今后将构建烘干点与烘干中心相结合的粮食产地烘干体系。其中，烘干点建设内容包括粮食烘干机和配套的清选机、皮带输送机、提升机、除尘系统以及烘干厂房等，主要以南方水稻为烘干对象，配备批次处理量 50 吨以下的单套循环式烘干机。烘干中心建设内容包括粮食烘干机和配套的清选机、烘前仓、烘后仓、皮带输送机、提升机、除尘系统、储粮设施及烘干厂区房等，其中，配备组合式循环式烘干机的，批次处理量应在 50 吨以上；配备连续式烘干机的，日处理量应在 100 吨以上。《关于加快粮食产地烘干能力建设的意见》根据不同粮食品种生产情况和补足粮食产地烘干能力的需要，对东北地区、黄淮海地区、长江中下游地区、西南地区、西北地区、华南地区等六大地区的粮食烘干中心（点）

进行差异化布局，在充分满足各地需求的同时有助于进一步提升烘干设备利用效能。

2. 粮食机械化烘干的减损效果

机械化烘干可以摆脱对自然条件的依赖，提高劳动生产率。目前我国大多数农户采取的干燥方式是传统的自然晾晒方式，一般是利用农场场院或道路进行晒场，在天气晴好时对粮食进行翻晒，这种干燥方式受天气影响较大，干燥效果和效率较差。同时，为等待符合自然晾晒条件的天气而延迟粮食收获或通过延迟收获以便利用霜后粮食水分自然降低的方式达到粮食干燥的目的，严重影响下茬作物的生产。然而，采用机械化烘干的方式，受天气影响限制小，干燥效果好且效率高，可以解决粮食茬口问题，提高粮食品质，增加农民收入。粮食收购时，对水分、杂质、破损率等影响粮食品质的因素都有严格要求。据调查，2020 年秋季，中粮建三江米业有限公司收购新产粳稻（圆粒）稻谷按照 14.5%的含水率基准（14.5%～19.0%）。含水率每超出 0.1 个百分点，扣价 0.004 元/千克；含水率>19.0%，超出部分按照 0.10∶0.15 进行扣量；含水率>22%则拒收。杂质以 1.0%为标准，每超出 0.5 个百分点，扣价 0.002 元/千克，>2%则拒收。使用传统的自然晾晒方式容易混入场地的杂质，造成粮食污染，影响收购价格。而且自然晾晒时间长，干燥不均匀，不能保证安全含水率，破碎率高。农民交粮由于含水率高、杂质超标而减级、减价的现象十分普遍。研究表明，收获后的水稻在 1 小时内立即干燥，与放置 5 小时、10 小时、20 小时甚至数日再进行干燥，米质会大不一样。在日本，含水率 24%的水稻放置 10 小时以后再进行干燥，只能作为饲料粮。优质才有优价，日本“不落地大米”的价格高于我国米价近 10 倍。粮食产后烘干能够确保粮食及时达到收购含水率标准，提高品质，价格可提高 5%～20%，从而增加农民收入。与晾晒相比，机械烘干可大幅减小粮食损失。通过对辽宁、黑龙江、安徽、江苏等地水稻产后粮库干燥环节损失情况进行调研，结果表明：国有粮库均具备连续式烘干设备，有的同时兼备烘干塔和烘干房。但是大部分的烘干房设备陈旧，烘干效率低，效果差。但被调查人员一致认为，相对于农户自行晾晒的粮食品质，采用连续式烘干机进行烘干的效率高，损失小，且烘干后粮食质量最佳，实际损失可忽略不计。

3. 我国粮食机械化烘干存在的主要问题

1）烘干设施用地矛盾仍然突出

由于烘干机具有机型庞大、需建立仓储周转库的特点，一组烘干机，普遍需要占地 1000 平方米左右。虽然国家烘干机械用地已经纳入了农业设施用地范畴，但其转化手续过于繁杂，同时对于用地的比例指标也有特别的限制，这就使得烘干机械设施用地难以落到实处。特别是部分不从事规模化粮食生产、仅提供粮食烘干服务的农户，很难按照规定获批设施农业用地。用地难成为制约烘干机械化发展的“第一关卡”。

2)烘干热源不利于环保

由于燃煤使用成本低，过去烘干机热源多以燃煤为主。随着环保的从严要求，很多地区禁止使用燃煤，烘干成本大大增加。一方面，以前购置的烘干设备需要进行热源改造，而按照环保要求设计的新设备，其制造及安装费用普遍增加。另一方面，符合环保要求的能源如天然气、电力、生物质成本偏高。目前，在不考虑人工等其他成本时，仅仅按照燃料所提供的热值成本来比较，相同条件下烘干成本最高的是使用燃油，达到 6.6 分/斤，往后依次是电加热、天然气、生物质，成本分别为 6.1 分/斤、4.2 分/斤、2.4 分/斤，最低的是燃煤和空气源热泵，成本分别为 1.9 分/斤和 1.7 分/斤。同时，使用天然气、电力需要高额开户费，部分地区的烘干用电还是按照工业用电计费，这些都客观上增加了烘干成本，影响了谷物烘干机的推广使用。

3)烘干中心投入成本高

有两大成本问题值得关注，一是初期成本，建设一个日烘干能力 60 吨的普通烘干中心(约可满足 3000 亩粮食种植面积的烘干需要)，包括购机、用地、地面硬化、配套库房设施、电力改造等成本，共计 130 余万元，前期投入较大。二是后期运行成本，粮食烘干主要集中在夏收和秋收两季，如使用天然气为燃料，烘干 1 吨粮食的各项成本高达 100 多元；若采用电作为能源，办理用电增容也较困难。

4)烘干机利用率低，回本时间长

目前，南方的双季稻区和稻麦轮作区烘干机使用情况较为良好，在收获季节基本上能够满负荷运转，如江西、湖南等省的双季稻区的年烘干时间能达到 50 天左右。江苏、安徽的部分稻麦轮作区的年烘干时间也能达到 40 天左右。但北方省份普遍存在烘干机使用率偏低的问题，由于农民烘干需求不大，烘干还需额外增加成本支出，导致烘干机的年烘干量偏少。以山东东明县某农民合作社为例，该农民合作社购买的 30 吨烘干机 2019 年仅烘干了 120 吨玉米，刨去成本每吨净利润 120 元，总共收益不到 1.5 万元，收回成本遥遥无期。

### 4. 发展趋势

2023 年 5 月，农业农村部等六部门联合印发《关于加快粮食产地烘干能力建设的意见》，提出“力争通过三年左右时间，补上粮食产地烘干设施装备短板，建成布局合理、体系完善的粮食产地烘干体系，烘干能力基本满足全国粮食产地烘干需求”，这为我国加快建立科学烘干服务提供了指导。

1) 发展绿色高效烘干装备

发展节能高效的绿色技术与装备，因地制宜采用热泵、电加热、生物质燃料、天然气和太阳能等热源，推进粮食烘干燃煤热源更新改造。加快研制新型热源和清洁能源机型，提高机具热能转化效率。推进对现有粮食烘干机进行环保节能升级改造，确保达标排放。开发创新利用自然空气、太阳能的新型粮食烘储一体化技术，降低烘干作业成本，提高设备使用率和粮食储藏保质增值能力。加快与烘干储粮设施配套的环保型清理、输送、除尘设备和多功能粮情测控装置的研发推广应用，促进粮食烘干仓储适配技术绿色发展。

2) 提高烘干设备智能化水平

加快信息化技术与烘干储粮设施装备相融合，推广粮食烘干作业量自动计量、水分在线测量、烘干机作业情况和储藏粮情信息化监测等技术，实现作业服务信息在线感知、生产精细管控、运维高效管理，提高烘干设施装备智能化水平。

3) 增强烘干作业服务能力

引导新型农业服务主体和经营主体建设粮食产后烘干及仓储服务设施，创新服务机制，提升设备共享与服务能力。培育发展“全程机械化+综合农事服务”“农机企业＋合作社＋农户”“合作社购买＋农民租用”等粮食产地烘干社会化服务新模式、新业态。加强对烘干服务组织规范化建设的指导，引导其完善管理制度，健全运行机制，拓展服务范围，提高服务标准。将具备条件的烘干服务组织列入农机应急作业服务体系，鼓励其按照平时和应急结合的原则积极承担应急救灾任务，探索灾害性天气下的烘干服务模式，提高烘干应急保障能力。引导粮食烘干作业服务向油菜等经济作物扩展，增强服务能力，提高设施装备的利用率和经营效益。

### 5.5.2　科学储粮装备的减损效果

1. 农户科学储粮装具总体情况

我国高度重视农户储藏环节的减损技术。“十五”期间，国家通过科技攻关计划支持有关单位研究适合不同区域的农户粮仓、储粮装具、技术提升改造方案等，促进农户储藏装备水平的提升。“十一五”期间，农户科学储粮装具的设计标准、建设标准和技术标准得到全面构建，形成了农户科学储粮仓的技术体系。“十二五”期间，针对农户储藏的干燥设备、通风技术和规模化粮仓已经形成，农户储藏损失明显减少。到“十三五”期间，与农户储藏相关的新型物流仓，包括钢网折叠式方箱、蜂窝板折叠箱式和圆形柔性袋式物流仓均得到不同程度的推广应用。同时，不同主粮品种的储粮仓也得到了进一步分类和细化，部分地区可以将农户储藏损失控制在 2%以内。

目前我国农户储藏损失数量大幅下降，国有粮库储粮损耗率控制在正常合理水平，粮食储藏环节节约减损取得显著成效。在收购环节，国家粮食和物资储备局安排建设了 5500 多个专业化粮食产后服务中心，实现产粮大县全覆盖，及时为农民提供粮食烘干和清理等服务。推广使用近 1000 万套农户科学储粮装具，正确使用装具的农户储藏损失由平均 8%降至 2%以内。在仓房升级改造上，大量储粮新技术的应用，促使目前国有粮食储备企业粮食储藏周期综合损失率已降至 1%以内。未来将进一步支持建设绿色低温仓储设施，提高仓房的气密性、隔热性，推动分类、分仓储藏。

2021 年粮食储运国家工程实验室等四家粮食产后领域创新平台纳入国家工程技术中心序列管理，与各类粮食创新平台一起，初步构建成涵盖粮食储藏烘干、粮食加工、粮食物流、质量安全、信息化等技术领域的粮食科技创新平台体系。目前，我国储粮技术总体达到世界较先进水平。国有粮食储备库已基本普及应用了“四合一”储粮技术，即粮情测控、机械通风、环流熏蒸、谷物冷却技术，并结合气调储粮、控温储粮等技术，将国有粮库储藏周期粮食综合损失率降至 1%以内。在此基础上，国家有关部门正大力推动实施“粮食绿色仓储提升行动”，升级粮仓气密、隔热等性能，因地制宜推广应用绿色储粮技术，构建粮食仓储“控温控湿保质保鲜，长储长新提质增效”的新发展格局。

2. *农户科学储粮装具减损效果*

为推进科学储粮工程，国家粮食和物资储备局采取了一系列措施，并于 2007 年启动了农户科学储粮专项，为农户配置标准化储粮装具，截至 2010 年“十一五”期间共建设 200 万套，可储藏粮食约 79 亿斤，按平均减损 6.5%测算，每年减少储粮损失 5.1 亿斤，可为农户增收 4.8 亿元，东北地区农户购置装具投入资金两年即可通过减损收回成本，其他地区农户三年可收回成本，减损增收效果十分显著，取得了良好的社会和经济效益，深受农民和各级政府的欢迎。例如，采用玉米篓子进行储粮，损耗可降至 5%左右，减少 3%的损失。按每户年平均收获玉米 40 000 斤计算，采用科学储粮技术，每户每年可减少粮食损失 1200 斤。按中等品玉米每斤 0.7 元计算，农户因此增收约 840 元。

同时，引导企业加大为农服务力度，加强对农户储藏装具使用技术指导，加强农户科学储粮知识的培训，加大绿色环保储粮新技术、新装具的研发推广，推广干燥、清理、防虫、防霉等技术应用。建立以国家级专业科研机构为依托，以省级科研机构为支撑，以基层粮库(站)为基础的农户储藏技术服务体系，从源头保障粮食质量安全和食品安全。

从 2011 年起开始实施全国农户科学储粮专项建设，由中储粮成都储藏研究院担任专项全国总体技术指导单位，按照“农户自愿申请、共同出资”的原则(中央投资和地方财政补助 60%，农户出资 40%)，在全国推广小农户粮情减损技术，截至 2017 年底，已经在全国 26 个省区建设了 950 多万套小农户储藏新仓，每年可减少农户储藏损失约 97.6 万吨，减损增收效果非常显著，为保障国家粮食安全提供了强有力的技术支撑。2015 年的调查显示，储粮装备对粮食损失率有明显影响，表 5-6 比较了不同储藏设施和减损措施的差异。第一区主要采取袋装和缸(罐)装的储藏方式，偏好化学药剂减损，其中袋装的减损效果明显，但缸(罐)装的减损效果一般。第二区主要采取袋装、地窖和散装的方式。对于袋装，采用养猫减损措施，效果较好；对于地窖，农户偏向不采取任何措施；对于散装，农户偏向采取其他措施，减损效果好。第三区主要采用金属仓、袋装、框装、散装、仓房、玉米篓子等和金属网仓等七种方式。其中金属仓采用化学药剂减损效果较好；袋装若采取养猫措施的农户，减损效果好；框装的农户偏好化学药剂减损，减损效果较好；散装的农户偏好化学药剂减损，减损效果一般；80%以上仓房方式储藏的农户偏向采用化学药剂减损，减损效果好；玉米篓子等采用养猫减损效果好；无论采取任何措施进行减损，金属网仓损失率均较低。

**表 5-6　不同储藏设施和减损措施的差异比较**

| 序号 | 储粮生态区 | 主要储藏设施 | 减损措施 | 减损效果 | 备注 |
|---|---|---|---|---|---|
| 1 | 第一区 | 袋装 | 化学药剂 | 好 | 0 |
| 2 | 第一区 | 缸(罐)装 | 化学药剂 | 一般 | 1 |
| 3 | 第二区 | 袋装 | 养猫 | 较好 | 0 |
| 4 | 第二区 | 地窖 | 无措施 | 较好 | 1 |
| 5 | 第二区 | 散装 | 其他措施 | 好 | 1 |
| 6 | 第三区 | 金属仓 | 化学药剂 | 较好 | 0 |
| 7 | 第三区 | 袋装 | 养猫 | 好 | 0 |
| 8 | 第三区 | 框装 | 化学药剂 | 较好 | 1 |
| 9 | 第三区 | 散装 | 化学药剂 | 一般 | 1 |
| 10 | 第三区 | 仓房 | 化学药剂 | 好 | 1 |
| 11 | 第三区 | 玉米篓子等 | 养猫 | 好 | 0 |
| 12 | 第三区 | 金属网仓 | 任何措施 | 好 | 0 |
| 13 | 第四区 | 金属仓 | 养猫 | 较好 | 0 |
| 14 | 第四区 | 木柜 | 化学药剂 | 较好 | 1 |
| 15 | 第四区 | 袋装 | 养猫 | 好 | 0 |
| 16 | 第四区 | 缸(罐)装 | 化学药剂 | 一般 | 1 |

续表

| 序号 | 储粮生态区 | 主要储藏设施 | 减损措施 | 减损效果 | 备注 |
|---|---|---|---|---|---|
| 17 | 第四区 | 散装 | 养猫 | 一般 | 0 |
| 18 | 第四区 | 仓房 | 养猫 | 好 | 0 |
| 19 | 第四区 | 地窖 | 养猫 | 较差 | 0 |
| 20 | 第四区 | 玉米篓子等 | 化学药剂 | 好 | 0 |
| 21 | 第四区 | 金属网仓 | 养猫 | 较好 | 0 |
| 22 | 第五区 | 金属仓 | 养猫 | 较好 | 0 |
| 23 | 第五区 | 砖混仓 | 养猫 | 较好 | 0 |
| 24 | 第五区 | 木柜 | 养猫 | 较好 | 0 |
| 25 | 第五区 | 袋装 | 化学药剂 | 一般 | 0 |
| 26 | 第五区 | 散装 | 化学药剂 | 较好 | 0 |
| 27 | 第五区 | 仓房 | 养猫 | 较好 | 0 |
| 28 | 第六区 | 袋装 | 养猫 | 好 | 0 |
| 29 | 第六区 | 散装 | 养猫 | 较好 | 0 |
| 30 | 第六区 | 仓房 | 化学药剂 | 较好 | 1 |
| 31 | 第七区 | 金属仓 | 养猫 | 较好 | 0 |
| 32 | 第七区 | 袋装 | 养猫 | 较好 | 0 |
| 33 | 第七区 | 玉米篓子等 | 化学药剂 | 较好 | 0 |

注：1 表示农户偏好的减损方式，0 表示农户中最佳的减损方式。当农户采用的减损方式大于 70%，才称为偏好的减损方式

第四区主要采取金属仓、木柜、袋装、缸(罐)装、散装、仓房、地窖、玉米篓子等和金属网仓九种方式。其中，金属仓和金属网仓采用养猫的减损效果较好；木柜采用化学药剂的减损效果较好；采取缸(罐)装的农户热衷于使用化学药剂，但减损效果一般；袋装和仓房的养猫减损效果好，散装的养猫减损效果一般；地窖的养猫减损效果较差。第五区主要采取金属仓、砖混仓、木柜、袋装、散装和仓房六种方式。金属仓、砖混仓、木柜和仓房采用养猫的减损效果较好；散装采用化学药剂的减损效果较好；袋装采用化学试剂的减损效果一般。第六区主要采用袋装、散装和仓房的方式。袋装采用养猫的减损效果好，散装采用养猫的减损效果较好；仓房的化学药剂减损效果较好。第七区主要采取金属仓、袋装和玉米篓子等方式。金属仓和袋装采用养猫的减损效果较好；玉米篓子等采用化学药剂的减损效果较好。

### 3. 储粮装备存在的主要问题

#### 1) 检验技术落后

粮食入库前必须经过严格的质量检验，只有检验合格才允许入库储藏。粮食检验可以筛选出符合储藏标准的粮食入库储藏，在粮食入库以后还应加强管理，提供有利于粮食长期储藏的良好环境，在减少粮食浪费的同时，切实保障粮食安全、提高粮食使用价值。

粮食的检验要在采购、入库两个关键环节前进行，不符合标准的粮食不采购，不符合标准的粮食不入库，检验合格后才能够入库进行储藏，符合储藏标准、达到食用标准的粮食，要通过市场消费、市场加工，尽早将其转化为消耗品。但在粮食检验过程中，针对粮食数量大、检验设备落后、人员素质不足等问题，并没有明确的处理对策。地方的粮食检验工作难以达到标准，导致后续的粮食检验任务无法开展，对于含水量、杂质量偏高的粮食，也无法及时制定有效的检验对策。部分收购单位虽然建立了抽样检测等检测制度，但负责运送粮食的车辆多为大型卡车，载重量大，检验难度大，且由于存在“分层装粮”的问题，粮食检测工作无法取得应有的效果。

#### 2) 储粮技术和装备落后

我国农村储粮的现状是“一多、一少、一差、一大”，即虫、霉、鼠害多，防护措施少，仓储技术条件差，储粮损失大。虽然通过“十五”“十一五”国家粮食丰产工程的实施，我国在减少农村储粮损失方面取得了很大的成绩，但是我国幅员辽阔，农村储粮新技术的推广力度和范围还十分有限。另外，农村储粮是我国食品安全的源头，由保管不善而带来虫、霉、鼠害的污染和真菌毒素的污染将传递给下游的食品加工，其危害也不容忽视。在我国广大农村，储粮设施极其简陋。我国粮食主产区农民普遍采用简易的储粮装具，在华北平原和长江中下游平原，农户储藏主要使用编织袋、麻袋、木柜、陶瓷罐、围席囤等储粮装具；在东北平原，农户储藏主要采用地面散堆或简易玉米栈子。这些装具大多十分简陋，缺少防护措施，加之多数装具的防潮、防鼠、密闭性不好，时常造成粮食霉变、鼠耗啃食、害虫侵蚀等现象。

#### 3) 绿色储粮技术推进缓慢、智能化程度低

先进绿色储粮技术的实施需要配备良好的仓储设施，才能达到安全储粮的效果。比如，气调储藏对仓房的气密性要求很高，而我国绝大部分仓房的气密性都很差，达不到气调储粮的要求，而低温储藏也要求仓房具有很好的隔热性和气密性。因此，如果采用气调储藏和低温储藏，就必须改造仓房或密闭粮堆，达到气密性、隔热性的要求，这会造成绿色储粮技术成本的增加，而目前的粮食市场还未进入优质优价的良性循环状态，这在一定程度上制约了绿色储粮技术的发展。

同时，常规储藏仍然是稻谷的主要储藏方式，管理也是常规化管理，一些设施和设备还无法实现自动化，更达不到智能化和数字化要求，稻谷储藏管理离精细化和智能化还有很大距离。

4) 管理能力落后

基层粮库仓储保管力量薄弱，专业能力与经验不足。目前，受职工待遇等因素影响，粮油保管人员文化水平偏低，人才断档、人员老化、晋升不畅问题较为突出，导致多数仓储企业招不来、留不住人才。同时，部分仓储企业由于专业技术人员缺乏，仓储管理精细化、规范化水平程度不高，作业过程中的粗放操作造成不合理的储粮损失或虫霉发生，一定程度上影响了储粮效果。

## 5.6 干燥和农户储藏环节节粮减损措施与建议

### 5.6.1 干燥环节

干燥是粮食流通的基础性环节，是确保储粮安全的第一道关，重要性不言而喻。发展烘干产业是农业适度规模经营发展的需要。随着我国农业生产集约化和全程机械化的发展，粮食收获进度不断加快，短时间内粮食大量堆积，需要配套高效的烘干设备，确保粮食得到及时处理、达到安全水分，才能入库保管、安全储藏。发展烘干产业是补齐粮食干燥和农户储藏环节短板的需要。大力发展粮食烘干产业，使粮食及时烘干，将有利于减少粮食产后损失，促进农民增收、企业增效。为有效解决粮食干燥损耗问题，现提出如下减损措施与建议。

措施一：有效解决农民粮食晾晒问题。

农户调查发现，虽然近年来国家出台了很好的政策，把粮食的晾晒、干燥用地列入农业附属设施用地范围，并确定了用地规模。但是在基层，受用地指标和用地规划的限制，农民合作社和种粮大户的粮食晾晒场地难以解决，因此，建议引导普通农户利用自家院落、房顶等进行晾晒。还可充分利用乡村现有已经硬化的厂房大院、空置场地等，规划出一片区域专门用于晒粮、囤粮，非常时期也可动员学校、企业、机关提供空闲场地给附近农民晒粮。

措施二：积极开展烘干设备示范推广。

通过调研，我们发现，长期以来，围绕“多打粮，打好粮”，很多地区把工作重心和项目资金都放在了粮食的产前、产中环节，普遍忽视粮食的产后处理问题，特别是烘干问题，缺乏对粮食干燥环节的重视、研究、扶持和指导，缺乏相应的推进措施。由于经济发展程度不同，不同地区之间在推广烘干机械设备方面也很不平衡。因此，建议通过集中培训、现场参观以及编写简明实用手册、明白纸等方式，针对现有的烘干机型，搞好选型和示范，推广适合粮食干燥需求的装备设施，努力提高粮食生产全程机械化水平。

措施三：全面提高烘干设备购置和作业补贴。

调研结果表明，农民合作社和种粮大户资本积累十分有限，加上前期在流转土地、购买农资等方面的生产性投资较多，所以在粮食干燥方面的筹资更加困难，而且目前农村金融业务发展相对滞后，农民贷款难的问题没有得到根本性解决，直接制约了烘干机械等大型农业机械产品的发展。因此，建议按规定、按程序将粮食烘干成套设施装备纳入农机新产品补贴试点范围，提升烘干能力。鼓励融资担保机构按市场化原则对新型农业服务主体和经营主体投资建设烘干中心(点)提供信贷担保支持。

措施四：进一步加大烘干设备研发力度。

通过调研，我们发现粮食干燥机械的基本原理和生产技术含量较低，加之当前市场的巨大潜力，造成生产企业一哄而上、相互抄袭仿造现象严重，同时机型庞杂，制造质量差，机械化和自动控制水平低，自主创新、研发能力不强，不利于整个行业的健康发展。因此，建议进一步加大烘干设备研发力度，加快信息化技术与烘干设施装备相融合，提高烘干设施装备智能化水平。推广粮食烘干作业量自动计量、水分在线测量、烘干机作业情况信息化监测等技术，实现作业服务信息在线感知、生产精细管控、运维高效管理。

措施五：进一步提高机械使用效率和农民减损意识。

在调研过程中，我们发现烘干机适用性不强，具有固定性，仅能用于大批量粮食作物的干燥，辐射范围限于周边地区，且绝大多数时间处于闲置状态。然而，粮食远距离运输造成成本过高，可操作性不强。烘干机批次干燥吨位一般在 15 吨以上，除粮食大户外，一般农户所产的粮食通常不够一仓，需要和其他农户的粮食掺在一起。因此，建议加强对烘干服务组织规范化建设的指导，引导其完善管理制度，健全运行机制，拓展服务范围，提高服务标准，引导粮食烘干作业服务经济作物扩展，增强服务能力，提高设施装备的利用率和经营效益。此外，应加大减损宣传，为农民提供技术指导，增强减损意识。

### 5.6.2　农户储藏环节

措施一：宣传和推广科学储粮，增强农户科学储粮意识。

科学储粮是减少农户储藏损失和保障粮食质量安全的有效途径，农户储藏是我国粮食储备的重要组成部分，农户是粮食的守护者，增强农户科学储粮意识不仅能减少储粮损失和保障粮食质量安全，还可以增加农户储藏收益。做好科学储粮，首先要加强宣传和推广，增强农户储藏质量安全意识和科学储粮意识，向农户宣传科学储粮的意义和重要性，向农户推广科学储粮技术。在地方各级建立农村工作服务站或农技服务中心，为农户提供技术服务，不定期开展粮食储藏技术培训，以提高农村储粮技术水平。另外，再依托农村工作服务站或农技服务中心（如科技小院），与高校建立战略合作，成立“三农”实习基地，让高校人才了解农村实际状况，以便更好地为“三农”服务。

措施二：加强农户科学储粮技术培训，引导农民科学储粮。

农户科学储粮技术培训及技术服务体系建设相对薄弱，储粮装具使用不科学、不规范，影响使用效果，有些地方维护、保养跟不上，影响装具的使用寿命。我国大部分农民只重视粮食生产技术而忽视粮食储藏技术。粮食装具和药剂的好坏直接影响粮食的储藏安全。由于习惯于旧的储粮技术以及对新技术的不确定，新的储粮技术不容易被农民接受。新的技术从理论转化为实践的过程需要技术人员建立示范点，亲自操作，使农民看到它的可行性与先进性。以储粮技术服务体系作为转化平台可以让储粮新技术得到快速推广。

措施三：加强粮食储藏信息化技术建设。

以数字真实性为基础，实时分析粮食储藏现状及地方发展趋势，对管理模式进行全面优化，根据地区实际情况、地方管理需求制定具体目标与步骤。粮食储藏过程中，由于外部环境变化和内部微生物活动影响，粮食温度、湿度及品质的变化成为粮食储藏面临的主要问题，依托神经网络技术构建全新粮食储藏模式，对粮食储藏中存在的问题进行预警，实现对粮食干燥、储粮害虫的精准识别与检测，解决传统粮食储藏信息化程度不高的问题。

措施四：推广农户储藏新模式，发展“粮食银行”。

我国农户数目庞大且非常分散，农户认为科学储粮成本较高，减损回收成本周期较长，规模化管理难以实施。推广“粮食银行”，在一定程度上可以解决农民储粮难、损耗大的问题。“粮食银行”是农户集中储粮的方式，是国家储粮的有力补充。同时，“粮食银行”运作粮食的基础是粮食加工企业，因此，应支持当地发展一定数量的有实力的粮食加工企业。“粮食银行”利用现代金融手段为农民和涉农企业规避风险，保护其收益和积极性，是粮食流通体制改革的重要探索和必然选择，是一种利益多赢和风险分担的可持续发展的科学长效机制。

措施五：实施优惠政策，加大政府补贴比例。

国家应大力推广农户科学储粮，推进国家粮食增产目标的实现，制定具体的扶持政策，调动各方面积极性。落实农户科学储粮专项地方配套资金，尽可能减少农民出资，减轻农民负担，在省财政预算允许的情况下，力争建立省农户储藏装具补贴资金专项，每年投入一定数量的补贴资金，引导广大农户购置科学储粮装具，推广科学储粮技术，减少农户储藏损失。同时，地方政府主动联系、沟通，发放相关技术资料，加强对农户科学储粮的技术服务，逐步建立健全农户科学储粮技术服务体系，对科学储粮设备安装进行专业指导，组织农户代表到已购买储粮设施的农户家中实地考察，亲身体验科学储粮带来的好处。

## 5.7 本章小结

干燥是粮食流通的基础性环节，是确保储粮安全的第一道关，重要性不言而喻。发展烘干产业是农业适度规模经营发展的需要。随着我国农业生产集约化和全程机械化的发展，粮食收获进度不断加快，短时间内粮食大量堆积，需要配套高效的烘干设备，确保粮食得到及时处理、达到安全水分标准，从而入库保管、安全储藏。发展烘干产业是补齐粮食干燥和农户储藏环节短板的需要。大力发展粮食烘干产业，使粮食及时烘干，将有利于减少粮食产后损失，促进农民增收、企业增效。本章基于对粮食干燥和农户储藏环节损失的调查评估，分析了干燥和农户储藏环节的损失特点及影响因素，并进一步针对不同地区的粮食烘干服务、科学储粮装备减损效果进行了评估。

据此，提出了推动粮食干燥和农户储藏环节节粮减损的措施与建议：干燥环节，有效解决农民粮食晾晒问题；积极开展烘干设备示范推广；全面提高烘干设备购置和作业补贴；进一步加大烘干设备研发力度；进一步提高机械使用效率和农民减损意识。农户储藏环节，宣传和推广科学储粮，提高农户科学储粮意识；加强农户科学储粮技术培训，引导农民科学储粮；加强粮食储藏信息化技术建设；推广农户储藏新模式，发展“粮食银行”；实施优惠政策，加大政府补贴比例。

### 参考文献


曹宝明. 1997. 粮食产后损失的测定与评价方法[J]. 南京经济学院学报, (1): 31-35.

高丹桂. 2023. 健全粮食产后损失评估体系的思考与政策建议[J]. 粮食问题研究, (3): 4-7.

高利伟, 许世卫, 李哲敏, 等. 2016. 中国主要粮食作物产后损失特征及减损潜力研究[J]. 农业工程学报, 32(23): 1-11.

胡建国. 2017. 我国农户储粮损失的现状、问题及对策研究[D]. 武汉: 武汉轻工大学.

兰盛斌, 何学超, 丁建武, 等. 2008. 我国农户储粮损失调查抽样方法的研究[J]. 粮食储藏, (5): 17-19.

武拉平, 张昆扬. 2023. 建立粮食产后前端常态化损失调查制度的思路与方案[J]. 中州学刊, (6): 58-64.

杨月锋. 2015. 福建省农户粮食储备行为的影响因素研究: 基于种粮农户调查数据的实证[D]. 福州: 福建农林大学.

赵霞, 陶亚萍, 曹宝明. 2022. 中国粮食产后损失评估分析[J]. 干旱区资源与环境, 36(6): 1-7.

Bala B K. 2016. Drying and Storage of Cereal Grains[M]. Hoboken: John Wiley & Sons.

Bradford K J, Dahal P, van Asbrouck J, et al. 2018. The dry chain: Reducing postharvest losses and improving food safety in humid climates[J]. Trends in Food Science & Technology, 71: 84-93.

# 第6章　粮食产后前端环节损失的常态化调查评估制度和节粮减损政策支撑体系研究

节粮减损是一项长期工作，建立“常态化”调查评估制度可以为节粮减损政策的设计、执行及优化提供决策支持，也是统筹全国节粮减损工作，实现联合国可持续发展目标的重要基础。据此，本章的主要研究内容包括：①粮食产后前端环节常态化损失调查评估制度；②粮食产后前端环节节粮减损政策支撑体系。

## 6.1　引　言

节粮减损是一项长期而复杂的工作，关乎国家粮食安全和可持续发展。为了有效推进节粮减损工作，建立“常态化”调查评估制度显得尤为重要。该制度不仅能够为节粮减损政策的设计、执行及优化提供科学的决策支持，也为统筹全国节粮减损工作、实现联合国可持续发展目标奠定了坚实基础。通过持续的调查评估，我们可以全面了解粮食产后前端环节的损失状况，发现存在的问题和改进空间，从而制定更有效的政策和措施，确保粮食供应链的高效和安全。

首先，本章将明确粮食产后前端环节常态化损失调查评估制度的调查目的、调查范围、调查组织、调查内容以及样本选取、数据采集、数据处理、数据发布、质量控制、评估分析等各个环节、流程的处理，以为建立全面、动态的评估体系，实时监控和分析各环节的粮食损失情况提供依据。在此基础上，本章将详细阐述粮食产后前端环节常态化调查评估制度的构建方法及主要内容。其次，本章将探讨我国粮食产后前端环节常态化减损政策的衔接与优化。当前，我国在粮食减损政策方面存在系统性不足、执行效果不佳的问题。要解决这些问题，需要通过科学的制度设计和政策衔接，有效平衡节粮行动产生的社会效益和市场主体付出的节粮成本大于收益之间的矛盾冲突。

通过以上系统的研究和分析，本章旨在为我国粮食产后前端环节的节粮减损工作提供科学的理论基础和实践指导。构建常态化调查评估制度，不仅可以全面了解和掌握粮食损失的动态变化，还能为政府和社会各界提供决策支持，制定更加有效的减损政策和措施，确保粮食供应链的稳定和高效运行。通过持续的努力和创新，逐步实现粮食减损的长期目标，为保障国家粮食安全和实现可持续发展做出贡献。

# 6.2　粮食产后前端环节常态化损失调查评估制度

## 6.2.1　总体说明

1. 调查目的

本制度主要是对我国水稻、小麦、玉米和大豆四类粮食品种产后前端环节损失开展常态化调查评估。目的是按照国家《节粮减损行动方案》的要求，全面系统地调查四类粮食品种在产后前端环节(收获、干燥、农户储藏三个环节称为粮食产后前端环节)损失的数据，通过建立粮食产后前端环节损失常态化监测数据库，定期开展损失数据的汇总、分析和评估，为准确研判我国粮食产后前端环节损失状况，科学制订节粮减损行动方案提供数据支撑。

2. 调查范围

本制度调查的对象为普通农户、家庭农场、农民合作社、农业企业等种粮农户和新型经营主体。

本制度调查的环节为粮食产后前端环节，具体包括粮食产后的收获、干燥、农户储藏三个环节。

本制度调查的品种为水稻、小麦、玉米和大豆四类粮食作物在粮食产后前端环节的损失数据。

3. 调查组织

本制度建议由各级发展改革部门与农业农村部门负责组织实施，各级发展改革部门、农业农村部门指导本辖区内的调查任务，以及本地区调查工作的培训指导，确保监测调查按统一方法规范开展。建议由县级农业农村部门和发展改革部门组成联合损失监测调查工作队，明确损失监测调查工作队人员，工作队可由 2～3 人组成，建议当地财政对监测调查工作所需经费予以保障。调查还可以充分利用和依托已有的国家发展和改革委员会农产品价格调查中心的全国农产品成本调查平台开展实地调查工作。

4. 调查内容

(1)粮食收获损失调查内容：调查点要求随机选取收获样本，每个调查小组由 2～3 人组成，按照《粮食收获损失调查测定方法》(详见收获损失调查填写说明)要求进行测量，填写《粮食收获损失监测调查记录表》(表号：SH101、SH102、SH103、SH104)，调查小组每位成员在记录表签字确认。记录表等原始资料应妥善保存备查。

(2)粮食干燥损失调查内容：调查点要求随机选取干燥样本，每个调查小组由2～3人组成，按照《粮食干燥损失调查测定方法》(详见干燥损失调查填写说明)要求进行测量，填写《粮食干燥损失监测调查记录表》(表号：GZ201、GZ202、GZ203、GZ204)，调查小组每位成员在记录表签字确认。记录表等原始资料应妥善保存备查。

(3)粮食储藏损失调查内容：调查点要求随机选取储藏样本，每个调查小组由2～3人组成，按照《农户储藏损失调查测定方法》(详见储藏损失调查填写说明)要求进行测量，填写《农户储藏损失监测调查记录表》(表号：CC301、CC302、CC303、CC304)，调查小组每位成员在记录表签字确认。记录表等原始资料应妥善保存备查。

### 5. 样本选取

本调查样本选取参考农业农村部农村经济研究中心固定观察点国家、省(自治区、直辖市)、县(市、区)、村四级调查管理体系和覆盖全国的样本体系作为调查样本，该样本具有全国范围的代表性。样本以31个省(自治区、直辖市)的368个县、375个行政村，23 000家农户和1600多个新型经营主体作为调查监测样本。

### 6. 数据采集

数据采集包括现场监测调查记录表填写、数据系统录入和数据审核。

(1)本调查数据采集由各县级农业农村部门会同发展改革部门成立的监测调查工作队成员负责，主要包括粮食损失监测调查记录表的现场填写，现场调查过程中的影像(拍照或录像)资料整理记录，调查数据的审核签字确认，记录表等原始资料妥善保存。此外，还包括调查监测记录表数据的系统录入，现场调查过程中的影像资料系统上传。

(2)各县(市、区)分别在调查结束7天内将县级损失监测调查记录表和汇总表(附件3)，经当地农业农村部门、发展改革部门盖章后，由农业农村部门向省级农业农村部门报送，同时抄送省级发展改革部门。

(3)省级农业农村部门、发展改革部门于每年12月31日前将省级损失监测调查记录表和汇总表，本省域损失监测调查数据分析报告(水稻、小麦、玉米、大豆分品种)报送农业农村部(司)、发展改革委(司)。

### 7. 数据处理

数据处理包括数据测算和数据审核。本调查的省域、县域数据分别由省级、县级农业农村部门会同发展改革部门负责数据测算和数据审核。

8. 数据发布

全国和分省数据由国家发展和改革委员会、农业农村部、国家统计局联合发布。县域数据发布时间不得早于国家发布数据时间，按自上而下的顺序依次发布国家、省、市、县数据。

9. 质量控制

为了确保调查数据质量，各地发展改革部门、农业农村部门要认真组织培训，严格调查流程管理，调查资料的汇总整理，加强监督检查。采取随机抽取调查户进行数据填报资料核实，对基础数据进行审核分析。

10. 评估分析

建议由国家发展和改革委员会会同农业农村部负责全国调查损失数据的评估分析，完成专项报告。各省、县、市农业农村部门会同发展改革部门完成本地区损失数据的评估分析，完成专项报告。并建议邀请粮食生产相关部门(农业、发展改革、粮食、统计等)的领导和专家召开专题研讨会，对损失监测调查数据进行分析评估，及时发现问题并提出相关节粮减损工作措施和意见，为起草年度全国粮食产后前端环节损失情况调查报告提供学科支撑。

### 6.2.2　报表目录

报表目录见表 6-1。

**表 6-1　报表目录**

| 表号 | 表名 | 报告期别 | 统计范围 | 报送单位 | 报送日期 |
|---|---|---|---|---|---|
| 一、收获环节损失调查表 | | | | | |
| SH101 | 水稻收获损失监测调查记录表 | 年报 | 农业农村部农村经济研究中心固定观察点国家、省(自治区、直辖市)、县(市、区)、村四级调查监测样本点，包括 31 个省(自治区、直辖市)的 368 个县、375 个行政村，23 000 家农户和 1600 多个新型经营主体 | 省(自治区、直辖市)、县(市、区)农业农村部门、发展改革部门 | 夏粮：当年 10 月 31 日前 秋粮：当年 12 月 31 日前 |
| SH102 | 小麦收获损失监测调查记录表 | | 同上 | | |
| SH103 | 玉米收获损失监测调查记录表 | | 同上 | | |
| SH104 | 大豆收获损失监测调查记录表 | | 同上 | | |

续表

| 表号 | 表名 | 报告期别 | 统计范围 | 报送单位 | 报送日期 |
|---|---|---|---|---|---|
| 二、干燥环节损失调查表 | | | | | |
| GZ201 | 水稻干燥损失监测调查记录表 | 年报 | 农业农村部农村经济研究中心固定观察点国家、省(自治区、直辖市)、县(市、区)、村四级调查监测样本点,包括31个省区市的368个县、375个行政村,23 000家农户和1600多个新型经营主体 | 省(自治区、直辖市)、县(市、区)农业农村部门、发展改革部门 | 夏粮：当年10月31日前 秋粮：当年12月31日前 |
| GZ202 | 小麦干燥损失监测调查记录表 | | 同上 | | |
| GZ203 | 玉米干燥损失监测调查记录表 | | 同上 | | |
| GZ204 | 大豆干燥损失监测调查记录表 | | 同上 | | |
| 三、农户储藏环节损失调查表 | | | | | |
| CC301 | 水稻农户储藏损失监测调查记录表 | 年报 | 农业农村部农村经济研究中心固定观察点国家、省(自治区、直辖市)、县(市、区)、村四级调查监测样本点,包括31个省区市的368个县、375个行政村,23 000家农户和1600多个新型经营主体 | 省(自治区、直辖市)、县(市、区)农业农村部门、发展改革部门 | 夏粮：当年10月31日前 秋粮：当年12月31日前 |
| CC302 | 小麦农户储藏损失监测调查记录表 | | 同上 | | |
| CC303 | 玉米农户储藏损失监测调查记录表 | | 同上 | | |
| CC304 | 大豆农户储藏损失监测调查记录表 | | 同上 | | |

### 6.2.3 调查表式与填写说明

1. 粮食收获损失监测调查记录表

各粮食收获损失监测调查记录表见表6-2～表6-5。

**表 6-2　水稻收获损失监测调查记录表**

被调查农户姓名:　　　　　　联系电话:

农户代码: 省码□□市码□□县码□□乡(镇)码□□□村码□□□户码□□□□　　　　表号: SH101

一、基础数据

<table>
<tr><td rowspan="2">农户信息</td><td>农户类别</td><td colspan="2">农户种粮规模/亩</td><td>农户文化程度</td><td>农户年龄/岁</td><td>农户性别</td></tr>
<tr><td>□普通农户<br>□家庭农场<br>□农民合作社<br>□农业企业</td><td colspan="2">□<10<br>□10～<20<br>□20～<50<br>□50～<100<br>□100～<500<br>□≥500</td><td>□小学<br>□初中<br>□高中<br>□大学以上</td><td>□<30<br>□30～<50<br>□50～<60<br>□≥60</td><td>□男<br>□女</td></tr>
<tr><td rowspan="2">作物信息</td><td>作物品种</td><td colspan="2">作物播种期</td><td>作物倒伏程度</td><td>作物收获期</td><td>作物病虫害</td></tr>
<tr><td>□籼稻<br>□粳稻<br>□糯稻</td><td colspan="2">□早<br>□中<br>□晚</td><td>□不倒伏<br>□中等倒伏<br>□严重倒伏</td><td>□乳熟期<br>□蜡熟期<br>□完熟期<br>□枯熟期</td><td>□有<br>□没有</td></tr>
<tr><td rowspan="2">机具信息(选择手工收获不用填写)</td><td>收获减损技术标准</td><td>机具机型</td><td>损失在线监测装置</td><td>收割扶倒器</td><td>机具年限/年</td><td>机具机手驾龄/年</td></tr>
<tr><td>□按照技术标准作业<br>□未按照技术标准作业</td><td>品牌<br>型号</td><td>□有安装<br>□未安装</td><td>□有安装<br>□未安装</td><td>□0～<1<br>□1～<3<br>□3～<5<br>□≥5</td><td>□0～<1<br>□1～<3<br>□3～<5<br>□≥5</td></tr>
<tr><td rowspan="2">环境信息</td><td>收获期天气条件</td><td colspan="2">收获地块地形</td><td>收获期风力</td><td>收获田间积水</td><td>收获地泥泞程度</td></tr>
<tr><td>□晴好 □阴天<br>□雨雪 □雨天<br>□寒潮 □其他</td><td colspan="2">□平地 □坡地□洼地</td><td>□0～1 级<br>□2～3 级<br>□4～5 级<br>□≥6 级</td><td>□有<br>□没有</td><td>□有陷脚<br>□没有陷脚</td></tr>
</table>

二、损失数据

| 收获方式 | 收获前自然掉落量/(千克/米²) | 收获后掉落量/(千克/米²) | 收获实际损失量/(千克/米²) | 理论收获数量/(千克/米²) | 实际收获数量/(千克/米²) | 收获损失率 |
|---|---|---|---|---|---|---|
| □人工收获 | | | | | | |
| □机械收获 | | | | | | |

调查组成员签字:　　　　　　　　填表人:　　　　　　　　调查时间:　　年　　月　　日

## 表 6-3 小麦收获损失监测调查记录表

被调查农户姓名：　　　　　　联系电话：

农户代码：省码□□市码□□县码□□乡（镇）码□□□村码□□□户码□□□□　　　表号：SH102

一、基础数据

| | 农户类别 | 农户种粮规模/亩 | 农户文化程度 | 农户年龄/岁 | 农户性别 |
|---|---|---|---|---|---|
| 农户信息 | □普通农户<br>□家庭农场<br>□农民合作社<br>□农业企业 | □<10<br>□10～<20<br>□20～<50<br>□50～<100<br>□100～<500<br>□≥500 | □小学<br>□初中<br>□高中<br>□大学以上 | □<30<br>□30～<50<br>□50～<60<br>□≥60 | □男<br>□女 |
| | 作物品种 | 作物播种期 | 作物倒伏程度 | 作物收获期 | 作物病虫害 |
| 作物信息 | □硬质白小麦<br>□软质白小麦<br>□硬质红小麦<br>□软质红小麦<br>□混合小麦 | □春播小麦<br>□冬播小麦 | □不倒伏<br>□中等倒伏<br>□严重倒伏 | □乳熟期<br>□蜡熟期<br>□完熟期<br>□枯熟期 | □有<br>□没有 |

| | 机具作业减损技术标准 | 机具机型 | 损失在线监测装置 | 收割防扶倒器 | 机具年限/年 | 机具机手驾龄/年 |
|---|---|---|---|---|---|---|
| 机具信息（选择手工收获不用填写） | □按照作业标准规程<br>□未按照作业标准规程 | 品牌<br>型号 | □有安装<br>□未安装 | □有安装<br>□未安装 | □0～<1<br>□1～<3<br>□3～<5<br>□≥5 | □0～<1<br>□1～<3<br>□3～<5<br>□≥5 |

| | 收获期天气条件 | 收获地块地形 | 收获期风力 | 收获田间积水 | 收获地泥泞程度 |
|---|---|---|---|---|---|
| 环境信息 | □晴好 □阴天<br>□雨雪 □雨天<br>□寒潮 □其他 | □平地<br>□坡地<br>□洼地 | □0～1 级<br>□2～3 级<br>□4～5 级<br>□≥6 级 | □有<br>□没有 | □有陷脚<br>□没有陷脚 |

二、损失数据

| 收获方式 | 收获前自然掉落量/(千克/米²) | 收获后掉落量/(千克/米²) | 收获实际损失量/(千克/米²) | 理论收获数量/(千克/米²) | 实际收获数量/(千克/米²) | 收获损失率 |
|---|---|---|---|---|---|---|
| □手工收获 | | | | | | |
| □机械收获 | | | | | | |

调查组成员签字：　　　　　　填表人：　　　　　　调查时间：　　年　　月　　日

**表 6-4　玉米收获损失监测调查记录表**

被调查农户姓名：　　　　　　　联系电话：

农户代码：省码□□市码□□县码□□乡（镇）码□□□村码□□□户码□□□□　　　表号：SH103

一、基础数据

| | | | | | | | |
|---|---|---|---|---|---|---|---|
| 农户信息 | 农户类别 | 农户种粮规模/亩 | | 农户文化程度 | 农户年龄/岁 | 农户性别 | |
| | □普通农户<br>□家庭农场<br>□农民合作社<br>□农业企业 | □<10<br>□10～<20<br>□20～<50<br>□50～<100<br>□100～<500<br>□≥500 | | □小学<br>□初中<br>□高中<br>□大学以上 | □<30<br>□30～<50<br>□50～<60<br>□≥60 | □男<br>□女 | |
| 作物信息 | 作物品种 | 作物播种期 | | 作物倒伏程度 | 作物收获期 | 作物病虫害 | |
| | □普通玉米<br>□甜玉米<br>□糯玉米<br>□黑玉米<br>□高油玉米 | □春播玉米<br>□夏播玉米<br>□秋播玉米 | | □不倒伏<br>□中等倒伏<br>□严重倒伏 | □乳熟期<br>□蜡熟期<br>□完熟期<br>□枯熟期 | □有<br>□没有 | |
| 机具信息（选择手工收获不用填写） | 机具作业减损技术标准 | 机具机型 | 损失在线监测装置 | 收割防扶倒器 | 机具年限/年 | 机具机手驾龄 | |
| | □按照作业标准规程<br>□未按照作业标准规程 | 品牌<br>型号 | □有安装<br>□未安装 | □有安装<br>□未安装 | □0～<1 年<br>□1～<3 年<br>□3～<5 年<br>□≥5 年 | □0～<1 年<br>□1～<3 年<br>□3～<5 年<br>□≥5 年 | |
| 环境信息 | 收获期天气条件 | 收获地块地形 | | 收获期风力 | 收获田间积水 | 收获地泥泞程度 | |
| | □晴好　□阴天<br>□雨雪　□雨天<br>□寒潮　□其他 | □平地<br>□坡地<br>□洼地 | | □0～1 级<br>□2～3 级<br>□4～5 级<br>□≥6 级 | □有<br>□没有 | □有陷脚<br>□没有陷脚 | |

二、损失数据

| 收获方式 | 收获前自然掉落量/(千克/米²) | 收获后掉落量/(千克/米²) | 收获实际损失量/(千克/米²) | 理论收获数量/(千克/米²) | 实际收获数量/(千克/米²) | 收获损失率 |
|---|---|---|---|---|---|---|
| □人工收获 | | | | | | |
| □机械收获 | | | | | | |

调查组成员签字：　　　　　　填表人：　　　　　　调查时间：　　年　　月　　日

## 表 6-5 大豆收获损失监测调查记录表

被调查农户姓名： 联系电话：

农户代码：省码□□市码□□县码□□乡(镇)码□□□村码□□□户码□□□□ 表号：SH104

一、基础数据

| | 农户类别 | 农户种粮规模/亩 | 农户文化程度 | 农户年龄/岁 | 农户性别 |
|---|---|---|---|---|---|
| 农户信息 | □普通农户<br>□家庭农场<br>□农民合作社<br>□农业企业 | □<10<br>□10～<20<br>□20～<50<br>□50～<100<br>□100～<500<br>□≥500 | □小学<br>□初中<br>□高中<br>□大学以上 | □<30<br>□30～<50<br>□50～<60<br>□≥60 | □男<br>□女 |
| | 作物品种 | 作物播种期 | 作物倒伏程度 | 作物收获期 | 作物病虫害 |
| 作物信息 | □黄大豆<br>□青大豆<br>□黑大豆<br>□饲料豆<br>□其他大豆 | □春播大豆<br>□夏播大豆<br>□秋播大豆<br>□冬播大豆 | □不倒伏<br>□中等倒伏<br>□严重倒伏 | □乳熟期<br>□蜡熟期<br>□完熟期<br>□枯熟期 | □有<br>□没有 |

| | 收获减损技术标准 | 机具机型 | 损失在线监测装置 | 收割扶倒器 | 机具年限/年 | 机具机手驾龄/年 |
|---|---|---|---|---|---|---|
| 机具信息<br>(选择手工收获不用填写) | □按照技术标准作业<br>□未按照技术标准作业 | 品牌<br>型号 | □有安装<br>□未安装 | □有安装<br>□未安装 | □0～<1 年<br>□1～<3 年<br>□3～<5 年<br>□≥5 年 | □0～<1 年<br>□1～<3 年<br>□3～<5 年<br>□≥5 年 |
| | 收获期天气条件 | 田间粮食捡拾 | 收获地块地形 | 收获期风力 | 收获田间积水 | 收获地泥泞程度 |
| 环境信息 | □晴好 □阴天<br>□雨雪 □雨天<br>□寒潮 □其他 | □有<br>□没有 | □平地<br>□坡地<br>□洼地 | □0～1 级<br>□2～3 级<br>□4～5 级<br>□≥6 级 | □有<br>□没有 | □有陷脚<br>□没有陷脚 |

二、损失数据

| 收获方式 | 收获前自然掉落量/(千克/米 $^2$) | 收获后掉落量/(千克/米 $^2$) | 收获实际损失量/(千克/米 $^2$) | 理论收获量/(千克/米 $^2$) | 实际收获量/(千克/米 $^2$) | 收获损失率 |
|---|---|---|---|---|---|---|
| □人工收获 | | | | | | |
| □机械收获 | | | | | | |

调查组成员签字： 填表人： 调查时间： 年 月

2. 收获损失监测调查记录表填报说明

1) 基础数据

(1) 农户代码。根据《中华人民共和国行政区划代码》采用国家统一行政区划代码表，对我国县以上行政区划的代码做了规定，用六位阿拉伯数字分层次代表我国的省(自治区、直辖市)、地区(市、州、盟)、县(区、市、旗)的名称，如湖北省荆州市监利市 421088。县以下行政区划代码(乡镇、村/居委会层级)由国家统计局的《统计用区划代码和城乡划分代码编制规则》进行规范。

(2) 农户类别。本调查所指的农户为广义范畴的农户概念，是指以农户为主体的从事粮食生产经营的市场主体。农户类型包括了普通农户、家庭农场、农民合作社及农业企业。普通农户是指实行家庭联产承包责任制所产生的承包农民，其主体是自给自足的小农，主要依靠家庭劳动力从事农业生产，其特点是农业生产规模较小，以家庭为主，没有雇佣工人，没有独立法人资格。家庭农场是指以家庭成员为主要劳动力，从事农业商品化、规模化、集约化的生产经营活动，并以农业收入为家庭主要收入来源的新型农业经营主体。农民合作社是指农户之间通过土地、劳动力、资金、技术或者其他生产资料采取一定合作方式的经营联合体。农民合作社是指农户自愿联合起来进行合作生产、合作经营所建立的一种合作组织形式，以其社员为主要服务对象，提供农业生产资料的购买，农产品的销售、加工、运输、储藏以及与农业生产经营有关的技术、信息等服务。农业企业是指从事粮食种植与加工、仓储、物流、销售、科研的专业经营管理组织，雇工较多、管理较为规范、以营利为日的，具有明晰的资本收益率的新型农业经营主体。

(3) 粮食收获环节。粮食收获环节是指粮食成熟后从收割、田间运输、脱粒到清粮收获粮食的过程。

(4) 粮食人工收获。粮食人工收获是指采用人工收割的方式根据水稻的成熟度确定收割的时间，再将水稻收割后经过晾晒、打捆、码垛、脱粒，完成收获的过程。

(5) 粮食机械收获。粮食机械收获是指在水稻收获过程中使用联合收割机使收割机与脱粒机结合在一个整件中，通过单一机械化的操作去完成收割和脱粒全过程。

(6) 收获减损技术标准。收获减损技术标准是指在粮食收获过程中是否严格按照 2022 年 5 月农业农村部农业机械化管理司修订发布的《水稻机械化收获减损技术指导意见》《小麦机械化收获减损技术指导意见》《玉米机械化收获减损技术指导意见》和 2021 年 9 月农业农村部农业机械化管理司修订发布的《大豆机械化收获减损技术指导意见》要求作业前做好机具准备、试割、试割后调试机具、机械作业速度等，严格按照意见要求的作业质量标准和操作规程进行收获作业。

(7)收割扶倒器。收割扶倒器是指在收割机上加装扶倒器作业时将倒伏茎秆挑起扶直，扶倒器可以把倒伏的粮食扶起到切割器上，便于切割，减少拨禾轮扶禾阻力，提高扶禾效果，达到减少收获损失的作用。

(8)损失在线监测装置。损失在线监测装置是指收获机械上安装有损失率、含杂率、破碎率在线监测装置，驾驶者可根据在线监测装置提示的相关监测数据，适时调整作业速度、角度、高度等作业参数，达到保持损失率、含杂率、破碎率较低的理想状态。

(9)粮食拾遗籽粒数量。粮食拾遗籽粒数量是指粮食收获后通过田间收获环节拾遗减少的粮食损失数量，度量单位为千克。

2)取样与损失测算方法

A. 取样方法

收获损失调查过程中需要科学选点，在粮食收割过程中考虑收割机要掉头或转弯，在此过程中的粮食损失数量可能与直线行驶时的损失量有所不同，所以在选点时把地块划分为边沿地块和中间地块，边沿地块的长度为收割机长度的两倍。边沿地块沿着收割行进方向均匀选取两个点(图 6-1 中边沿地块一或边沿地块二均匀取两点)，中间地块根据国家标准《农业机械试验条件 测定方法的一般规定》(GB/T 5262—2008)所使用的方法。本调查方案采用五点法对损失质量进行测量。五点法就是在四方形的调查区域内找对角线，两条对角线的交点作为一个取样点位，另外，在两对角线上，距离四个顶点距离约为对角线长的 1/4 处取另外四个点作为取样

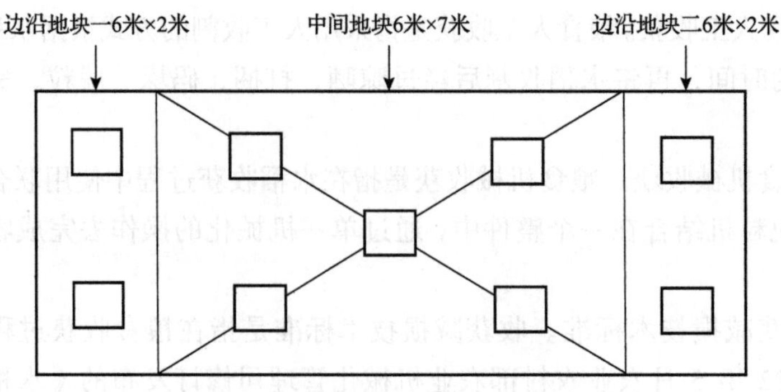


图 6-1 水稻损失调查选点示意图

点进行取样或测量(选点如图 6-1 所示)。每个调查点的面积为 1 平方米。收割完后，把选点框内的粮食捡拾干净并脱粒后分别称重，最后根据边沿地块(选择边沿地块一或边沿地块二)和中间地块的面积分别测算收获总体的损失数量。总取样数量为 5+2 个，共计 7 个取样点。

B. 测算方法

收获前自然掉落量( $S_q$ )。收获前自然掉落量是指在粮食收获之前单位面积内自然掉落的粮食数量(千克/米$^2$)。测算方法：在粮食收获之前，按照五点法，选取 5 个取样点，每个点 1 平方米，计算 5 个取样点的自然掉落籽粒数量，分别记为 $S_{q,i}$ $(i = 1,2,3,4,5)$，再计算自然掉落粮食数量的平均值，记为( $S_Z$ )。则单位面积内收获前自然掉落量计算公式为

$$S_q = \frac{1}{5}(S_{q,1} + S_{q,2} + S_{q,3} + S_{q,4} + S_{q,5}) \tag{6-1}$$

收获后掉落量( $S_h$ )。收获后掉落量是指在粮食收获之后单位面积内自然掉落的粮食数量(千克/米$^2$)。测算方法：在粮食收获之后，按照五点法，选取 5 个取样点，每个点 1 平方米，计算 5 个取样点的掉落数量，分别记为 $S_{h,i} (i = 1,2, 3,4,5)$，再计算掉落粮食数量的平均值，记为( $S_h$ )。则单位面积内收获后掉落量计算公式为

$$S_h = \frac{1}{5}(S_{h,1} + S_{h,2} + S_{h,3} + S_{h,4} + S_{h,5}) \tag{6-2}$$

收获实际损失量( $S_s$ )。收获实际损失量是指单位面积内除去收获前自然掉落的损失数量外，由人工或机械收割不当导致的在粮食收获过程中粮食掉落损失的数量(千克/米$^2$)。由于自然掉落损失难以避免，其损失的数量包括自然掉落的损失数量。因此单位面积实际损失量为收获后掉落量减去收获前自然掉落量，测算方法为

$$S_s = S_h - S_q \tag{6-3}$$

理论收获量( $Q_L$ )。理论收获量是指单位面积内理论上可以收获的粮食数量(千克/米$^2$)。测算方法：在粮食收获之前，按照五点法，选取 5 个取样点，每个点 1 平方米，计算 5 个取样点的粮食数量，分别记为 $Q_{L,i}$ $(i = 1,2,3,4,5)$，再计算粮食理论收获数量的平均值，记为( $Q_L$ )。则单位面积内理论收获量计算公式为

$$Q_{\mathrm{L}} = \frac{1}{5}(Q_{\mathrm{L},1} + Q_{\mathrm{L},2} + Q_{\mathrm{L},3} + Q_{\mathrm{L},4} + Q_{\mathrm{L},5}) \tag{6-4}$$

实际收获量（$Q_{\mathrm{s}}$）。实际收获量是指单位面积内除去在收获过程中掉落损失数量后的实际收获的粮食数量（千克/米$^2$）。测算方法：单位面积内实际粮食收获量=理论收获量–收获实际损失量，计算公式为

$$Q_{\mathrm{s}} = Q_{\mathrm{L}} - S_{\mathrm{s}} \tag{6-5}$$

收获损失率（$S_{\mathrm{sh}}$）。收获损失率是指粮食在除去自然掉落损失后，在实际收获过程中损失的粮食比例。采用计算方法：收获损失率=收获实际损失量/理论收获量，计算公式为

$$S_{\mathrm{sh}} = S_{\mathrm{s}} / Q_{\mathrm{L}} \tag{6-6}$$

3）分段收获损失率的测算方法

分段收获损失率的测算方法包括两个部分，第一部分是手工收割的损失率（计算方法同上），第二部分是田间脱粒的损失率，将选取的 5 个取样点，每个点 1 平方米的水稻脱粒完成后，水稻植株上未完成脱落的水稻和散落的水稻，即是脱粒环节的损失量，记作 $S_{\mathrm{T}}$，那么两部分加总得到分段收获的损失率：

$$S_{\mathrm{T}} = \frac{1}{5}(S_{\mathrm{T},1} + S_{\mathrm{T},2} + S_{\mathrm{T},3} + S_{\mathrm{T},4} + S_{\mathrm{T},5}) \tag{6-7}$$

$$S_{\mathrm{FD}} = (S_{\mathrm{s}} + S_{\mathrm{T}}) / Q_{\mathrm{L}} \tag{6-8}$$

其中，$S_{\mathrm{FD}}$ 表示分段收获损失率。

4）综合损失率的测算方法

根据各地手工收割、联合机械化收获、分段半机械化收获比例，以此为权重计算本地区的综合损失率。

5）其他说明

本表（表 6-2～表 6-5）由调查组成员填写并签字，并提供现场收获地块、品种、机械照片。

3. 粮食干燥损失监测调查记录表

各粮食干燥损失监测调查记录表见表 6-6～表 6-9。

**表 6-6　水稻干燥损失监测调查记录表**

被调查农户姓名：　　　　　　联系电话：

农户代码：省码□□县码□□乡（镇）码□□□村码□□□户码□□　　　　表号：GZ201

一、基础数据

| | | | | | |
|---|---|---|---|---|---|
| 农户信息 | 农户类别 | 农户种植规模/亩 | 农户文化程度 | 农户年龄/岁 | 农户性别 |
| | □普通农户<br>□家庭农场<br>□农民合作社<br>□农业企业 | □<10<br>□10～<20<br>□20～<50<br>□50～<100<br>□100～<500<br>□≥500 | □小学<br>□初中<br>□高中<br>□大学以上 | □<30<br>□30～<50<br>□50～<60<br>□≥60 | □男<br>□女 |
| 作物信息 | 作物品种 | 作物播种期 | 作物干燥前含水率 | 作物收获期 | 作物病虫害 |
| | □籼稻<br>□粳稻<br>□糯稻 | □早<br>□中<br>□晚 | □<15%<br>□15%～<20%<br>□20%～<25%<br>□≥25% | □乳熟期<br>□蜡熟期<br>□完熟期<br>□枯熟期 | □有<br>□没有 |
| 机具信息（选择机械烘干填写） | 干燥方式 | 干燥能力/（小时/吨） | 干燥时间/（吨/小时） | 干燥成本/（元/吨） | 干燥机龄/年 |
| | □低温通风干燥<br>□高温快速干燥<br>□连续式<br>□循环式<br>□批量式 | □0～1（小型）<br>□2～4（中型）<br>□≥5（大型） | □<1<br>□1～<2<br>□2～<3<br>□≥3 | □<8<br>□8～<10<br>□10～<12<br>□≥12 | □0～<1<br>□1～<3<br>□3～<5<br>□≥5 |
| 环境信息（选择人工晾晒填写） | 晾晒天气（可多选） | 晾晒场地 | 晾晒时间/（吨/天） | 晾晒成本/（元/吨） | 晒场期间平均气温/℃ |
| | □晴好<br>□阴天<br>□雨雪<br>□雨天<br>□寒潮<br>□其他 | □马路<br>□泥土晒场<br>□自建硬化晒场<br>□其他 | □1～2<br>□3～4<br>□5～7<br>□≥8 | □<8<br>□8～<10<br>□10～<12<br>□≥12 | □<−10<br>□−10～<0<br>□0～<10<br>□10～<15<br>□15～<20<br>□20～<25<br>□25～<30<br>□≥30 |

二、损失数据

| 干燥方式 | 遗漏损失量/（千克/米 $^2$） | 霉变损失量/（千克/米 $^2$） | 品质损失量/（千克/米 $^2$） | 干燥水分损失量/（千克/米 $^2$） | 干燥损失率 |
|---|---|---|---|---|---|
| □自然晾晒 | | | | | |
| □低温通风干燥 | | | | | |
| □高温快速干燥 | | | | | |

调查组成员签字：　　　　　　填表人：　　　　　　调查时间：　　年　　月　　日

## 表 6-7 小麦干燥损失监测调查记录表

被调查农户姓名： 联系电话：

农户代码：省码□□县码□□□乡（镇）码□□□村码□□□户码□□ 表号：GZ202

一、基础数据

| | 农户类别 | 农户种粮规模/亩 | 农户文化程度 | 农户年龄/岁 | 农户性别 |
|---|---|---|---|---|---|
| 农户信息 | □普通农户<br>□家庭农场<br>□农民合作社<br>□农业企业 | □<10<br>□10～<20<br>□20～<50<br>□50～<100<br>□100～<500<br>□≥500 | □小学<br>□初中<br>□高中<br>□大学以上 | □<30<br>□30～<50<br>□50～<60<br>□≥60 | □男<br>□女 |
| | 作物品种 | 作物播种期 | 作物干燥前含水率 | 作物收获期 | 作物病虫害 |
| 作物信息 | □硬质白小麦<br>□软质白小麦<br>□硬质红小麦<br>□软质红小麦<br>□混合小麦 | □春播小麦<br>□冬播小麦 | □<15%<br>□15%～<20%<br>□20%～<25%<br>□≥25% | □乳熟期<br>□蜡熟期<br>□完熟期<br>□枯熟期 | □有<br>□没有 |
| 机具信息（选择机械烘干填写） | 干燥方式 | 干燥能力/（小时/吨） | 干燥时间/（吨/小时） | 干燥成本/（元/吨） | 干燥机龄/年 |
| | □低温通风干燥<br>□高温快速干燥<br>□连续式<br>□循环式<br>□批量式 | □0～1（小型）<br>□2～4（中型）<br>□≥5（大型） | □<1<br>□1～<2<br>□2～<3<br>□≥3 | □<8<br>□8～<10<br>□10～<12<br>□≥12 | □0～<1<br>□1～<3<br>□3～<5<br>□≥5 |
| 环境信息（选择人工晾晒填写） | 晾晒天气 | 晾晒场地类型 | 晾晒时间/（吨/天） | 晾晒成本/（元/吨） | 晒场期间平均气温/℃ |
| | □晴好<br>□阴天<br>□有雨<br>□其他 | □马路<br>□黄土晒场<br>□自建硬化晒场<br>□其他 | □1～2<br>□3～4<br>□5～7<br>□≥8 | □<8<br>□8～<10<br>□10～<12<br>□≥12 | □<-10<br>□-10～<0<br>□0～<10<br>□10～<15<br>□15～<20<br>□20～<25<br>□25～<30<br>□≥30 |

二、损失数据

| 干燥方式 | 遗漏损失量/（千克/米²） | 霉变损失量/（千克/米²） | 品质损失量/（千克/米²） | 干燥水分损失量/（千克/米²） | 干燥损失率 |
|---|---|---|---|---|---|
| □自然晾晒 | | | | | |
| □低温通风干燥 | | | | | |
| □高温快速干燥 | | | | | |

调查组成员签字： 填表人： 调查时间： 年 月 日

**表 6-8　玉米干燥损失监测调查记录表**

被调查农户姓名：　　　　　　　联系电话：

农户代码：省码□□县码□□□乡(镇)码□□□村码□□□户码□□　　　　　　表号：GZ203

一、基础数据

| | | | | | |
|---|---|---|---|---|---|
| 农户信息 | 农户类别 | 农户种粮规模/亩 | 农户文化程度 | 农户年龄/岁 | 农户性别 |
| | □普通农户<br>□家庭农场<br>□农民合作社<br>□农业企业 | □<10<br>□10～<20<br>□20～<50<br>□50～<100<br>□100～<500<br>□≥500 | □小学<br>□初中<br>□高中<br>□大学以上 | □<30<br>□30～<50<br>□50～<60<br>□≥60 | □男<br>□女 |
| 作物信息 | 作物品种 | 作物播种期 | 作物干燥前含水率 | 作物收获期 | 作物病虫害 |
| | □普通玉米<br>□甜玉米<br>□糯玉米<br>□黑玉米<br>□高油玉米 | □春播玉米<br>□夏播玉米<br>□秋播玉米 | □<15%<br>□15%～<20%<br>□20%～<25%<br>□≥25% | □乳熟期<br>□蜡熟期<br>□完熟期<br>□枯熟期 | □有<br>□没有 |
| 机具信息（选择机械烘干填写） | 干燥方式 | 干燥能力/(小时/吨) | 干燥时间/(吨/小时) | 干燥成本/(元/吨) | 干燥机龄/年 |
| | □低温通风干燥<br>□高温快速干燥<br>□连续式<br>□循环式 □批量式 | □0～1(小型)<br>□2～4(中型)<br>□≥5(大型) | □<1<br>□1～<2<br>□2～<3<br>□≥3 | □<8<br>□8～<10<br>□10～<12<br>□≥12 | □0～<1<br>□1～<3<br>□3～<5<br>□≥5 |
| 环境信息（选择人工晾晒填写） | 晾晒天气 | 晾晒场地类型 | 晾晒时间/(吨/天) | 晾晒成本/(元/吨) | 晒场期间平均气温/℃ |
| | □晴好<br>□阴天<br>□有雨<br>□其他 | □马路<br>□黄土晒场<br>□自建硬化晒场<br>□其他 | □1～2<br>□3～4<br>□5～7<br>□≥8 | □<8<br>□8～<10<br>□10～<12<br>□≥12 | □<–10<br>□–10～<0<br>□0～<10<br>□10～<15<br>□15～<20<br>□20～<25<br>□25～<30<br>□≥30 |

二、损失数据

| 干燥方式 | 遗漏损失量/(千克/米²) | 霉变损失量/(千克/米²) | 品质损失量/(千克/米²) | 干燥水分损失量/(千克/米²) | 干燥损失率 |
|---|---|---|---|---|---|
| □自然晾晒 | | | | | |
| □低温通风干燥 | | | | | |
| □高温快速干燥 | | | | | |

调查组成员签字：　　　　　　填表人：　　　　　　　　　　调查时间：　　年　　月　　日

**表 6-9 大豆干燥损失监测调查记录表**

被调查农户姓名： 联系电话：

农户代码：省码□□县码□□□乡（镇）码□□□村码□□□户码□□ 表号：GZ204

一、基础数据

| | 农户类别 | 农户种粮规模/亩 | 农户文化程度 | 农户年龄/岁 | 农户性别 |
|---|---|---|---|---|---|
| 农户信息 | □普通农户<br>□家庭农场<br>□农民合作社<br>□农业企业 | □<10<br>□10～<20<br>□20～<50<br>□50～<100<br>□100～<500<br>□≥500 | □小学<br>□初中<br>□高中<br>□大学以上 | □<30<br>□30～<50<br>□50～<60<br>□≥60 | □男<br>□女 |
| | 作物品种 | 作物播种期 | 作物干燥前含水率 | 作物收获期 | 作物病虫害 |
| 作物信息 | □黄大豆<br>□青大豆<br>□黑大豆<br>□饲料豆<br>□其他大豆 | □春播大豆<br>□夏播大豆<br>□秋播大豆<br>□冬播大豆 | □<15%<br>□15%～<20%<br>□20%～<25%<br>□≥25% | □乳熟期<br>□蜡熟期<br>□完熟期<br>□枯熟期 | □有<br>□没有 |
| | 干燥方式 | 机械烘干能力（小时/吨） | 干燥时间/（吨/小时） | 干燥成本/（元/吨） | 干燥机龄/年 |
| 机具信息（选择机械烘干填写） | □低温通风干燥<br>□高温快速干燥<br>□连续式<br>□循环式<br>□批量式 | □0～1（小型）<br>□2～4（中型）<br>□≥5（大型） | □<1<br>□1～<2<br>□2～<3<br>□≥3 | □<8<br>□8～<10<br>□10～<12<br>□≥12 | □0～<1<br>□1～<3<br>□3～<5<br>□≥5 |
| | 晾晒天气 | 晾晒场地类型 | 晾晒时间/（吨/天） | 人工晾晒成本/（元/吨） | 晒场期间平均气温/℃ |
| 环境信息（选择人工晾晒填写） | □晴好<br>□阴天<br>□有雨<br>□其他 | □马路<br>□黄土晒场<br>□自建硬化晒场<br>□其他 | □1～2<br>□3～4<br>□5～7<br>□≥8 | □<8<br>□8～<10<br>□10～<12<br>□≥12 | □<-10<br>□-10～<0<br>□0～<10<br>□10～<15<br>□15～<20<br>□20～<25<br>□25～<30<br>□≥30 |

二、损失数据

| 干燥方式 | 遗漏损失量/（千克/米$^2$） | 霉变损失量/（千克/米$^2$） | 品质损失量/（千克/米$^2$） | 干燥水分损失量/（千克/米$^2$） | 干燥损失率 |
|---|---|---|---|---|---|
| □自然晾晒 | | | | | |
| □低温通风干燥 | | | | | |
| □高温快速干燥 | | | | | |

调查组成员签字： 填表人： 调查时间： 年 月 日

4. 干燥损失监测调查记录表填报说明

1）基础数据

(1)农户代码。根据《中华人民共和国行政区划代码》采用国家统一行政区划代码表，对我国县以上行政区划的代码做了规定，用六位阿拉伯数字分层次代表我国的省(自治区、直辖市)、地区(市、州、盟)、县(区、市、旗)的名称。县以下行政区划代码(乡镇、村/居委会层级)由国家统计局的《统计用区划代码和城乡划分代码编制规则》进行规范。

(2)农户类别。本调查所指的农户为广义范畴的农户概念，是指以农户为主体的从事粮食生产经营的市场主体。农户类型包括了普通农户、家庭农场、农民合作社及农业企业。普通农户是指实行家庭联产承包责任制所产生的承包农民，其主体是自给自足的小农，主要依靠家庭劳动力从事农业生产，其特点是农业生产规模较小，以家庭为主，没有雇佣工人，没有独立法人资格。家庭农场是指以家庭成员为主要劳动力，从事农业商品化、规模化、集约化的生产经营活动，并以农业收入为家庭主要收入来源的新型农业经营主体。农民合作社是指农户之间通过土地、劳动力、资金、技术或者其他生产资料采取一定合作方式的经营联合体。农民合作社是指农户自愿联合起来进行合作生产、合作经营所建立的一种合作组织形式，以其社员为主要服务对象，提供农业生产资料的购买，农产品的销售、加工、运输、储藏以及与农业生产经营有关的技术、信息等服务。农业企业是指从事粮食种植与加工、仓储、物流、销售、科研的专业经营管理组织，雇工较多、管理较为规范、以营利为目的，具有明晰的资本收益率的新型农业经营主体。

(3)粮食干燥环节。粮食干燥环节是指给予粮食一定形式的能量(日光、火热、电热)，使粮食中的一部分水分汽化逸出，达到储藏(农户和粮库)所需的含水率的过程。

(4)粮食自然晾晒。粮食自然晾晒是在晴朗的天气，利用太阳光进行粮食干燥或杀虫处理的方法。干燥是根据粮食在一定温湿度条件下进行解吸平衡的原理，降低粮食水分，是广大农村粮食干燥的主要方法。不同的粮种曝晒的要求不同，如水稻要注意防止爆腰。日光曝晒杀虫是根据高温杀虫的原理，基层粮库和农户使用较多，主要用于小麦的入仓压盖储藏。其优点是操作简单，能耗低，对粮食品质影响小，但受气候条件的限制较大。

(5)粮食低温通风干燥。机械烘干相对于通风干燥设备一次性投资较大，干燥成本较高，干燥速度较快，对环境的依赖性低。机械烘干时，应选择适宜的干燥温度，保持粮食的品质。

(6)粮食高温快速干燥。粮食高温快速干燥是利用机械烘干设备将各种形式的能转换成热能，被粮食吸收，使粮食中的部分水分汽化，被干燥介质带走，降低粮食水分含量的方法。

⑺粮食自然晾晒成本。粮食自然晾晒成本是指粮食在自然晾晒过程中每吨粮食的晾晒成本，主要包括人工费。

以 1 吨/天的粮食自然晾晒为例。

人工费：人工翻晒的成本主要是人工翻晒、包收、包装袋等成本，按照当地工人外出务工收入，每人每天工资 150 元，天气晴好条件下，水稻一般晒两天，平均晾晒水稻 500 千克/天。人工成本：150 元×2 人=600 元，600 元/2000 斤=0.3 元/斤。

⑻粮食机械烘干成本。粮食机械烘干成本是指粮食机械烘干每吨粮食的干燥成本，粮食烘干机的烘干成本主要包括电费、燃料费、人工费。

以 100 吨/天的粮食(水稻)烘干机为例。

电费：每一天耗电费用为 70.4 千瓦时×1 元/千瓦时×24 小时=1690 元。

燃料费：耗煤量 5 吨，每吨煤按 500 元计算，每天燃料费 2500 元。

人工费：一套设备需要三人，按三班制，按照当地工人每人每天工资 150 元标准计算。人工成本：150 元×3 人×3 班=1350 元。

1690+2500+1350=5540 元，烘干一吨的成本为 55.4 元，烘干一斤粮食的成本为 55.4÷2000=0.027 元/斤。

以该农民合作社 5HXG-100 烘干机为例，烘干机扣除国家补贴后价格为 6.87 万元/台套，折旧年限为 5 年，预计净残值率为 5%，大修提存费为 6%，日常维修费为 2%，年平均最低烘干量为 50 万千克计算，则烘干机的单位固定使用成本为 $\{[6.87\times(1-5\%)\div 5]+6.87\times(6\%+2\%)\}\div 50$ =0.04 元/千克

烘干机烘干粮食(水稻)的单位总成本：单位固定成本+单位烘干费用成本=0.04+0.054=0.094 元/千克。

⑼晾晒期间平均气温。晾晒期间平均气温是指粮食从开始人工晾晒到晾晒完成期间的当地平均气温。以两天内完成晾晒为例，第一天晾晒期间平均气温为20℃，第二天晾晒期间平均气温为 22℃，则晾晒期间平均气温为 21℃。

⑽粮食晾晒时间。粮食晾晒时间是指自然晾晒时粮食从初始高水分状态降低达到安全储藏标准的水分所花费的时间。

⑾粮食干燥时间。粮食干燥时间是指粮食干燥从开始到结束达到适合安全储藏含水量所花费的时间。

2)取样与损失测算方法

A. 取样方法

随机选取一定比例(1 万千克以下取 5%，1 万千克以上取 1%)收获后的粮食

或取固定值 100 千克粮食作为初始粮食干燥量，初始粮食干燥量是指粮食在干燥前的总重量。对比其干燥前与干燥后粮食遗漏损失率、霉变损失率、干燥水分损失率、品质损失率、干燥损失率等。

B. 测算方法

初始粮食量（$W_0$）。初始粮食量是指粮食在干燥前的总重量。

初始含水率（$V_0$）。初始含水率是指粮食进入干燥环节前的水分含量，或是从田间收获后到干燥环节前的粮食含水率。粮食初始含水率数据通过粮食水分仪得到。

遗漏损失率。遗漏损失率是指粮食在晾晒过程中收集遗漏或干燥过程中产生的遗漏造成的损失数量，其与晾晒或烘干过程中的粮食量的比值称为遗漏损失率。遗漏损失率的计算方法为

$$\text{遗漏损失率} = \text{粮食遗漏量} / \text{初始粮食干燥量} \times 100\%$$

霉变损失率。霉变损失率是指粮食干燥过程中受场地和天气的影响，晾晒或烘干不及时和不充分使粮食霉变导致的损失数量，其与干燥过程中的粮食量的比值称为霉变损失率。霉变损失率的计算方法为

$$\text{霉变损失率} = \text{粮食霉变量} / \text{初始粮食干燥量} \times 100\%$$

干燥水分损失率（$P_T$）。干燥水分损失率是指粮食在干燥过程中由水分减少造成的重量下降的损失重量。粮食在晾晒或烘干条件下，从初始含水率降低到干燥后含水量（一般为储藏所需含水率）所散失的水分质量与粮食初始质量的比值。计算公式如式(6-9)所示：

$$P_T = \frac{W_0 \times V_0 - W_0 \dfrac{(1 - V_0) \times V_T}{(1 - V_T)}}{W_0} \times 100\% \tag{6-9}$$

其中，$P_T$ 表示干燥水分损失率；$W_0$ 表示初始粮食质量（千克）；$V_0$ 表示初始含水率；$V_T$ 表示干燥后含水率。

品质损失率。品质损失率是指粮食在干燥过程中导致的粮食爆腰和破碎的粮食数量，是一种粮食的相对损失量，其与晾晒或烘干过程中的粮食量的比值称为品质损失率。不完善粒监测方法采用《粮油检验 粮食、油料的杂质、不完善粒检验》(GB/T 5494—2019)。品质损失率是一种相对损失，主要作为调查质量损失情况指标，由于并未造成粮食绝对数量损失，在本调查中不计入总损失率计算。计算公式如下：

$$\text{品质损失率} = \text{品质损失量(爆腰和破碎量)} / \text{初始粮食干燥量} \times 100\%$$

干燥损失率（$P_s$）：干燥损失是指刨除理论损失质量（采用干燥水分损失率计

算)之后，由干燥不及时或干燥方式导致的粮食经过干燥后出现丢损、碎粒、发霉、发芽等问题而无法进入储藏或加工环节的质量占初始粮食质量的百分比，采用公式(6-10)计算：

$$P_{\mathrm{s}} = \frac{(W_0 - W_0 \times P_{\mathrm{T}} - W_1)}{W_0} \times 100\% \tag{6-10}$$

其中，$P_{\mathrm{s}}$ 表示干燥损失率；$W_0$ 表示初始粮食质量(千克)；$P_{\mathrm{T}}$ 表示干燥水分损失率；$W_1$ 表示干燥后粮食质量。

3)其他说明

本表(表 6-6～表 6-9)由调查组成员填写并签字，并提供现场干燥、品种、机械照片。

#### 5. 农户储藏损失监测调查记录表

农户储藏损失监测调查记录表见表 6-10～表 6-13。

**表 6-10 水稻农户储藏损失监测调查记录表**

被调查农户姓名： 联系电话：

农户代码：省码□□县码□□□乡(镇)码□□□村码□□□户码□□ 表号：CC301

一、基础数据

| | 农户类别 | 农户种粮规模/亩 | 农户文化程度 | 农户年龄/岁 | 农户性别 |
|---|---|---|---|---|---|
| 农户信息 | □普通农户<br>□家庭农场<br>□农民合作社<br>□农业企业 | □<10<br>□10～<20<br>□20～<50<br>□50～<100<br>□100～<500<br>□≥500 | □小学<br>□初中<br>□高中<br>□大学以上 | □<30<br>□30～<50<br>□50～<60<br>□≥60 | □男<br>□女 |
| | 作物品种 | 作物播种期 | 作物储藏前含水率 | 作物收获期 | 作物病虫害 |
| 作物信息 | □籼稻<br>□粳稻<br>□糯稻 | □早<br>□中<br>□晚 | □<15%<br>□15%～<20%<br>□20%～<25%<br>□≥25% | □乳熟期<br>□蜡熟期<br>□完熟期<br>□枯熟期 | □有<br>□没有 |
| | 储粮装具 | 储粮前干燥方式 | 储粮仓内环境温度/℃ | 储粮时间/年 | 储粮装具年限/年 |
| 机具信息 | □简易装具 □砖混(缸)仓<br>□袋装 □木仓<br>□金属板仓 □金属网仓<br>□围(席)屯 □其他<br>□标准粮仓 □平房仓<br>□立筒仓 □楼房仓<br>□准低温粮仓 □其他 | □自然晾晒<br>□低温通风干燥<br>□高温快速干燥 | □<8<br>□8～<15<br>□15～<25<br>□≥25 | □0～<0.5<br>□0.5～<1<br>□1～<2<br>□≥2 | □0～<1<br>□1～<3<br>□3～<5<br>□≥5 |

续表

| 一、基础数据 | | | | | |
|---|---|---|---|---|---|
| | 储粮知识技术 | 防治虫害措施 | 防治鼠害措施 | 防治霉变措施 | 储粮生态区 |
| 环境信息 | □了解<br>再选择：□自学<br>□科普活动<br>□培训<br>□不了解 | □四合一技术<br>□药剂熏蒸<br>□无措施<br>□其他 | □物理防治<br>□化学防治<br>□养猫<br>□无措施<br>□其他 | □翻晒<br>□驱虫<br>□通风<br>□无措施<br>□其他 | □高寒干燥区<br>□低温干燥区<br>□低温高湿区<br>□中温干燥区<br>□中温高湿区<br>□中温低湿区<br>□高温高湿区 |
| 二、损失数据 | | | | | |
| 农户储藏 | 虫害损失量/(千克/米 $^2$) | 鼠害损失量/(千克/米 $^2$) | 霉变损失量/(千克/米 $^2$) | 总损失量/(千克/米 $^2$) | 储粮损失率 |
| □简易装具 | | | | | |
| □标准粮仓 | | | | | |

调查组成员签字：　　　　填表人：　　　　调查时间：　年　月　日

**表 6-11　小麦农户储藏损失监测调查记录表**

被调查农户姓名：　　　　联系电话：

农户代码：省码□□县码□□□乡(镇)码□□□村码□□□户码□□　　　　表号：CC302

| 一、基础数据 | | | | | |
|---|---|---|---|---|---|
| | 农户类别 | 农户种粮规模/亩 | 农户文化程度 | 农户年龄/岁 | 农户性别 |
| 农户信息 | □普通农户<br>□家庭农场<br>□农民合作社<br>□农业企业 | □<10<br>□10～<20<br>□20～<50<br>□50～<100<br>□100～<500<br>□≥500 | □小学<br>□初中<br>□高中<br>□大学以上 | □<30<br>□30～<50<br>□50～<60<br>□≥60 | □男<br>□女 |
| | 作物品种 | 作物播种期 | 作物储藏前含水率 | 作物收获期 | 作物病虫害 |
| 作物信息 | □硬质白小麦<br>□软质白小麦<br>□硬质红小麦<br>□软质红小麦<br>□混合小麦 | □春播小麦<br>□冬播小麦 | □<15%<br>□15%～<20%<br>□20%～<25%<br>□≥25% | □乳熟期<br>□蜡熟期<br>□完熟期<br>□枯熟期 | □有<br>□没有 |

续表

一、基础数据

| | 储粮装具 | 储粮前干燥方式 | 储粮仓内环境温度/℃ | 储粮时间/年 | 储粮装具年限/年 |
|---|---|---|---|---|---|
| 机具信息（选择手工收获不用填写） | □简易装具<br>□砖混（缸）仓<br>□袋装 □木仓<br>□金属板仓 □金属网仓<br>□围（席）屯 □其他<br>□标准粮仓 □平房仓<br>□立筒仓 □楼房仓<br>□准低温粮仓 □其他 | □自然晾晒<br>□低温通风干燥<br>□高温快速干燥 | □<8<br>□8～<15<br>□15～<25<br>□≥25 | □0～<0.5<br>□0.5～<1<br>□1～<2<br>□≥2 | □0～<1<br>□1～<3<br>□3～<5<br>□≥5 |
| | 储粮知识技术 | 防治虫害措施 | 防治鼠害措施 | 防治霉变措施 | 储粮生态区 |
| 环境信息 | □了解<br>再选择：□自学<br>□科普活动<br>□培训<br>□不了解 | □四合一技术<br>□药剂熏蒸<br>□无措施<br>□其他 | □物理防治<br>□化学防治<br>□养猫<br>□无措施<br>□其他 | □翻晒<br>□驱虫<br>□通风<br>□无措施<br>□其他 | □高寒干燥区<br>□低温干燥区<br>□低温高湿区<br>□中温干燥区<br>□中温高湿区<br>□中温低湿区<br>□高温高湿区 |

二、损失数据

| 农户储藏 | 虫害损失量/(千克/米²) | 鼠害损失量/(千克/米²) | 霉变损失量/(千克/米²) | 总损失量/(千克/米²) | 储粮损失率 |
|---|---|---|---|---|---|
| □简易装具 | | | | | |
| □标准粮仓 | | | | | |

调查组成员签字： 填表人： 调查时间： 年 月 日

**表 6-12 玉米农户储藏损失监测调查记录表**

被调查农户姓名： 联系电话：

农户代码：省码□□县码□□□乡（镇）码□□□村码□□□户码□□ 表号：CC303

一、基础数据

| | 农户类别 | 农户种粮规模/亩 | 农户文化程度 | 农户年龄/岁 | 农户性别 |
|---|---|---|---|---|---|
| 农户信息 | □普通农户<br>□家庭农场<br>□农民合作社<br>□农业企业 | □<10<br>□10～<20<br>□20～<50<br>□50～<100<br>□100～<500<br>□≥500 | □小学<br>□初中<br>□高中<br>□大学以上 | □<30<br>□30～<50<br>□50～<60<br>□≥60 | □男<br>□女 |

续表

| 一、基础数据 | | | | | |
|---|---|---|---|---|---|
| 作物信息 | 作物品种 | 作物播种期 | 作物储藏前含水率 | 作物收获期 | 作物病虫害 |
| | □普通玉米<br>□甜玉米<br>□糯玉米<br>□黑玉米<br>□高油玉米 | □春播玉米<br>□夏播玉米<br>□秋播玉米 | □<15%<br>□15%～<20%<br>□20%～<25%<br>□≥25% | □乳熟期<br>□蜡熟期<br>□完熟期<br>□枯熟期 | □有<br>□没有 |
| 机具信息<br>（选择<br>手工收获<br>不用填写） | 储粮装具 | 储粮前干燥方式 | 储粮仓内环境<br>温度/℃ | 储粮时间/年 | 储粮装具<br>年限/年 |
| | □简易装具<br>□砖混(缸)仓<br>□袋装　□木仓<br>□金属板仓　□金属网仓<br>□围(席)屯　□其他<br>□标准粮仓　□平房仓<br>□立筒仓　□楼房仓<br>□准低温粮仓　□其他 | □自然晾晒<br>□低温通风干燥<br>□高温快速干燥 | □<8<br>□8～<15<br>□15～<25<br>□≥25 | □0～<0.5<br>□0.5～<1<br>□1～<2<br>□≥2 | □0～<1<br>□1～<3<br>□3～<5<br>□≥5 |
| 环境信息 | 储粮知识技术 | 防治虫害措施 | 防治鼠害措施 | 防治霉变措施 | 储粮生态区 |
| | □了解<br>再选择：□自学<br>□科普活动<br>□培训<br>□不了解 | □四合一技术<br>□药剂熏蒸<br>□无措施<br>□其他 | □物理防治<br>□化学防治<br>□养猫<br>□无措施<br>□其他 | □翻晒<br>□驱虫<br>□通风<br>□无措施<br>□其他 | □高寒干燥区<br>□低温干燥区<br>□低温高湿区<br>□中温干燥区<br>□中温高湿区<br>□中温低湿区<br>□高温高湿区 |
| 二、损失数据 | | | | | |
| 农户储藏 | 虫害损失量<br>/(千克/米²) | 鼠害损失量<br>/(千克/米²) | 霉变损失量<br>/(千克/米²) | 总损失量<br>/(千克/米²) | 储粮损失率 |
| □简易装具 | | | | | |
| □标准粮仓 | | | | | |

调查组成员签字：　　　　填表人：　　　　调查时间：　　年　　月　　日

**表 6-13 大豆农户储藏损失监测调查记录表**

被调查农户姓名： 联系电话：

农户代码：省码□□县码□□□乡（镇）码□□□村码□□□户码□□ 表号：CC304

一、基础数据

| | | | | | |
|---|---|---|---|---|---|
| 农户信息 | 农户类别 | 农户种粮规模/亩 | 农户文化程度 | 农户年龄/岁 | 农户性别 |
| | □普通农户<br>□家庭农场<br>□农民合作社<br>□农业企业 | □<10<br>□10～<20<br>□20～<50<br>□50～<100<br>□100～<500<br>□>500 | □小学<br>□初中<br>□高中<br>□大学以上 | □<30<br>□30～<50<br>□50～<60<br>□>60 | □男<br>□女 |
| 作物信息 | 作物品种 | 作物播种期 | 作物储藏前含水率 | 作物收获期 | 作物病虫害 |
| | □黄大豆<br>□青大豆<br>□黑大豆<br>□饲料豆<br>□其他大豆 | □春播大豆<br>□夏播大豆<br>□秋播大豆<br>□冬播大豆 | □<15%<br>□15%～<20%<br>□20%～<25%<br>□>25% | □乳熟期<br>□蜡熟期<br>□完熟期<br>□枯熟期 | □有<br>□没有 |
| 机具信息（选择手工收获不用填写） | 储粮装具 | 储粮前干燥方式 | 储粮仓内环境温度/℃ | 储粮时间/年 | 储粮装具年限/年 |
| | □简易装具<br>□砖混（缸）仓<br>□袋装 □木仓<br>□金属板仓 □金属网仓<br>□围（席）屯 □其他<br>□标准粮仓 □平房仓<br>□立筒仓 □楼房仓<br>□准低温粮仓 □其他 | □自然晾晒<br>□低温通风干燥<br>□高温快速干燥 | □<8<br>□8～<15<br>□15～<25<br>□>25 | □0～<0.5<br>□0.5～<1<br>□1～<2<br>□>2 | □0～<1<br>□1～<3<br>□3～<5<br>□>5 |
| 环境信息 | 储粮知识技术 | 防治虫害措施 | 防治鼠害措施 | 防治霉变措施 | 储粮生态区 |
| | □了解<br>再选择：□自学 □科普活动<br>□培训<br>□不了解 | □四合一技术<br>□药剂熏蒸<br>□无措施<br>□其他 | □物理防治<br>□化学防治<br>□养猫<br>□无措施<br>□其他 | □翻晒<br>□驱虫<br>□通风<br>□无措施<br>□其他 | □高寒干燥区<br>□低温干燥区<br>□低温高湿区<br>□中温干燥区<br>□中温高湿区<br>□中温低湿区<br>□高温高湿区 |

二、损失数据

| 农户储藏 | 虫鼠害损失量/（千克/米$^2$） | 霉变发芽损失量/（千克/米$^2$） | 水分减量损失量/（千克/米$^2$） | 品质损失量/（千克/米$^2$） | 储粮总损失率 |
|---|---|---|---|---|---|
| □简易装具 | | | | | |
| □标准粮仓 | | | | | |

调查组成员签字： 填表人： 调查时间： 年 月 日

### 6. 农户储藏损失监测调查记录表填报说明

#### 1) 基础数据

(1) 农户代码。根据《中华人民共和国行政区划代码》采用国家统一行政区划代码表，对我国县以上行政区划的代码做了规定，用六位阿拉伯数字分层次代表我国的省(自治区、直辖市)、地区(市、州、盟)、县(区、市、旗)的名称。县以下行政区划代码(乡镇、村/居委会层级)由国家统计局的《统计用区划代码和城乡划分代码编制规则》进行规范。

(2) 农户类别。本调查所指的农户为广义范畴的农户概念，是指以农户为主体的从事粮食生产经营的市场主体。农户类型包括了普通农户、家庭农场、农民合作社及农业企业。普通农户是指实行家庭联产承包责任制所产生的承包农民，其主体是自给自足的小农，主要依靠家庭劳动力从事农业生产，其特点是农业生产规模较小，以家庭为主，没有雇佣工人，没有独立法人资格。家庭农场是指以家庭成员为主要劳动力，从事农业商品化、规模化、集约化的生产经营活动，并以农业收入为家庭主要收入来源的新型农业经营主体。农民合作社是指农户之间通过土地、劳动力、资金、技术或者其他生产资料采取一定合作方式的经营联合体。农民合作社是指农户自愿联合起来进行合作生产、合作经营所建立的一种合作组织形式，以其社员为主要服务对象，提供农业生产资料的购买，农产品的销售、加工、运输、储藏以及与农业生产经营有关的技术、信息等服务。农业企业是指从事粮食种植与加工、仓储、物流、销售、科研的专业经营管理组织，雇工较多、管理较为规范、以营利为目的，具有明晰的资本收益率的新型农业经营主体。

(3) 农户储藏环节。农户储藏环节是指农户为自留口粮、等待更好买粮时机或开展粮食经营等进行粮食储藏的过程。

(4) 储粮生态区。根据中国储粮生态区划分为 7 个储粮生态区，分别是高寒干燥区、低温干燥区、低温高湿区、中温干燥区、中温高湿区、中温低湿区、高温高湿区。

(5) 简易储粮装具。按材料分，农户常用的储粮装具主要有金属板仓、金属网仓和砖混仓等三类。

金属板仓。以金属板为主要原材料加工成的农户小型粮仓，典型仓型包括彩钢板组合仓、双层彩钢板保温仓和热浸镀锌(铝)钢板仓等。适用于各地农户储藏安全水分的水稻、小麦、玉米等原粮。

金属网仓。以金属网为主要原材料加工成的农户小型粮仓，典型仓型包括无骨架钢网式圆仓、有骨架钢网式圆仓、钢骨架矩形仓、木骨架金属网仓等。主要适用于东北地区和内蒙古东部地区农户储藏水分低于 25%的玉米穗。

砖混(缸)仓。采用砖、混凝土或预制钢筋混凝土板为主要原料建造成的农户小型粮仓，典型仓型包括砖混普通仓、砖混地下仓、水泥板组装仓等。适用于西南地区农户储藏安全水分的水稻等原粮。

(6)标准储粮装具。平房仓是指专门用于长期储藏粮用的、平房样式的仓库，具有良好的通风、保温、气密性条件。平房仓包括拱板屋盖平房仓、折线型屋架平房仓、双T板平房仓、自然通风屋面平房仓等。立筒仓是指立体式垂直型深仓，通常由工作塔、仓筒群和接收装置三部分组成，容量较大，大多有较高的机械化和自动化装置。楼房仓是指建筑结构二层以上的多层楼房储粮仓库，它可以减少土地占用面积，进出库作业可采用机械化或半机械化。准低温粮仓是指具有隔热密闭设施、人工制冷源(包括空调、谷冷机等)，粮堆平均温度常年保持在20℃及以下，局部最高粮温不高于25℃的仓房。

(7)四合一技术。四合一技术是指通过粮情检测、机械通风、环流熏蒸和谷物冷却的四合一储粮的技术。

(8)储粮仓内环境温度。储粮仓内环境温度是指粮食在储藏过程中仓房内温度(简称仓温)的平均环境温度，农户可采取每周记录一次仓房内温度，再计算储藏周期内平均仓房内温度。

2)取样与损失测算方法

A. 取样方法

随机选取一定比例(1000粒)储藏的粮食或取固定值100千克储藏粮食，采用计数称重法。对比其储藏前含水量与储藏后含水量，粮食储藏前含水量是指粮食进入储藏环节前的含水量，是粮食储备安全性的最主要质量指标。作物储藏的安全含水量，水稻12%～13.5%，小麦12%～13.5%，玉米14%～16%，大豆10%～12%。以及粮食虫害损失量、霉变损失量、鼠害损失量、品种损失量、干燥损失率等。

B. 测算方法

在实际农户储藏损失调查中，农户储藏损失主要包括四个部分，即虫鼠害、霉变、品质下降的损失。其中虫鼠害、霉变为直接损失，品质下降损失是间接损失。

虫鼠害损失率。采用计数称重法，方法描述：计数称重法是从粮堆的角度来考虑虫鼠蚀损失数量。随机抽取一定量的样本(1000粒)，重复随机抽样三次，其中的完整粒和虫蚀粒应分别计数，称重，并用式(6-11)计算虫鼠害损失率：

$$\text{虫鼠害损失率}=\frac{\text{完整粮粒平均重量}-\text{虫鼠蚀粮粒平均重量}}{\text{完整粮粒平均重量}}\times 100\% \tag{6-11}$$

$$\text{虫鼠害损失总量}=\text{粮堆总数}\times\text{虫鼠害损失量}$$

虫鼠害损失要求记录的数据：完整粮粒数、完整粮粒重、虫鼠蚀粮粒数、虫鼠蚀粮粒重、虫鼠害损失率、粮堆总重量、虫鼠害损失量。具体如表6-14所示。

**表 6-14　虫鼠害损失记录表**

| 重复 | 完整粮粒数 | 完整粮粒重 | 虫鼠蚀粮粒数 | 虫鼠蚀粮粒重 | 虫鼠害损失率 |
|---|---|---|---|---|---|
| 1 | | | | | |
| 2 | | | | | |
| 3 | | | | | |
| 粮堆总重量(千克)= | | | | | |
| 虫鼠害损失量(千克)=平均虫害损失率(%)×粮堆总重量= | | | | | |

注：以 1000 粒计算

霉变损失率。采用计数称重法，方法描述：计数称重法是从粮堆的角度来考虑霉变损失率。随机抽取一定量的样本(1000粒)，重复随机抽样三次，检查收集粮堆中受潮而发霉的粮食，准确称重，即为储粮霉变损失量。霉变损失率的公式为

$$霉变损失率=\frac{霉变损失量}{粮堆总重量}\times 100\% \tag{6-12}$$

霉变损失要求记录的数据：完整粮粒数、完整粮粒重、霉变粮粒数、霉变粮粒重、霉变损失率。具体如表 6-15 所示。

**表 6-15　霉变损失记录表**

| 重复 | 完整粮粒数 | 完整粮粒重 | 霉变粮粒数 | 霉变粮粒重 | 霉变损失率 |
|---|---|---|---|---|---|
| 1 | | | | | |
| 2 | | | | | |
| 3 | | | | | |
| 粮堆总重量(千克)= | | | | | |
| 霉变损失量(千克)=霉变损失率×粮堆总重量= | | | | | |

注：以 1000 粒计算

稻谷品质损失。稻谷在储藏过程表现出的品质损失下降主要指标包括：脂肪酸值、不完善粒、出糙率(表 6-16)。方法描述：从粮堆的角度来考虑品质损失数量。随机抽取一定量的样本(1000 粒)，重复随机抽样三次，检查收集粮堆中粮食品质损失。脂肪酸值检测方法采用《稻谷储存品质判定规则》(GB/T 20569—2006)，不完善粒检测方法采用《粮油检验 粮食、油料的杂质、不完善粒检验》(GB/T 5494—

2019)，出糙率检测方法采用《粮油检验 稻谷出糙率检验》(GB/T 5495—2008)。

**表 6-16　稻谷品质损失记录表**

| 对比项 | 入仓指标 | 储藏期间 | 出仓指标 | 变化值 | 备注 |
|---|---|---|---|---|---|
| 脂肪酸值 (KOH/干基)/(毫克/100 克) | | | | | |
| 不完善粒 | | | | | |
| 出糙率 | | | | | |

注：以 1000 粒计算

小麦品质损失。小麦在储藏过程表现出的品质损失下降主要指标包括面筋吸水量、不完善粒、容重(表 6-17)。方法描述：从粮堆的角度来考虑品质损失数量。随机抽取一定量的样本(1000 粒)，重复随机抽样三次，检查收集粮堆中粮食品质损失。面筋吸水量检测方法采用《小麦和小麦粉 面筋含量 第 3 部分：烘箱干燥法测定干面筋》(GB/T 5506.3—2008)，不完善粒检测方法采用《粮油检验 粮食、油料的杂质、不完善粒检验》(GB/T 5494—2019)，容重检测方法采用《粮油检验 容重测定》(GB/T 5498—2013)。

**表 6-17　小麦品质损失记录表**

| 对比项 | 入仓指标 | 储藏期间 | 出仓指标 | 变化值 | 备注 |
|---|---|---|---|---|---|
| 面筋吸水量 | | | | | |
| 不完善粒 | | | | | |
| 容重/(克/升) | | | | | |

注：以 1000 粒计算

玉米品质损失。玉米在储藏过程表现出的品质损失下降主要指标包括脂肪酸值、不完善粒、容重(表 6-18)。方法描述：从粮堆的角度来考虑品质损失数量。随机抽取一定量的样本(1000 粒)，重复随机抽样三次，检查收集粮堆中粮食品质损失。脂肪酸值检测方法采用《玉米储存品质判定规则》(GB/T 20570—2015)，不完

**表 6-18　玉米品质损失记录表**

| 对比项 | 入仓指标 | 储藏期间 | 出仓指标 | 变化值 | 备注 |
|---|---|---|---|---|---|
| 脂肪酸值 (KOH/干基)/(毫克/100 克) | | | | | |
| 不完善粒 | | | | | |
| 容重/(克/升) | | | | | |

注：以 1000 粒计算

善粒检测方法采用《粮油检验 粮食、油料的杂质、不完善粒检验》(GB/T 5494—2019)，容重检测方法采用《玉米》(GB 1353—2018)国家标准。

大豆品质损失。大豆在储藏过程表现出的品质损失下降主要指标包括脂肪酸值、不完善粒、容重(表 6-19)。方法描述：从粮堆的角度来考虑品质损失数量。随机抽取一定量的样本(1000 粒)，重复随机抽样三次，检查收集粮堆中粮食品质损失。脂肪酸值检测方法采用《大豆储存品质判定规则》(GB/T 31785—2015)，不完善粒检测方法采用《粮油检验 粮食、油料的杂质、不完善粒检验》(GB/T 5494—2019)，容重检测方法采用《大豆》(GB 1352—2023)国家标准。

**表 6-19　大豆品质损失记录表**

| 对比项 | 入仓指标 | 储藏期间 | 出仓指标 | 变化值 | 备注 |
|---|---|---|---|---|---|
| 脂肪酸值<br>(KOH/干基)/(毫克/100 克) | | | | | |
| 不完善粒 | | | | | |
| 容重/(克/升) | | | | | |

注：以 1000 粒计算

3)其他说明

本表(表 6-10～表 6-13)由调查组成员填写并签字，并提供现场调查照片。

### 6.2.4　指标解释

1. 粮食损失

粮食产后损失与浪费是指由设备、设施、技术、经济行为和管理等因素造成的粮食丢弃、变质或虫害，使粮食不可再食用或转为非食用用途而引起的可食用粮食数量的减少。产后收获环节的粮食损失量的计算以实物的减少和原有使用价值的丧失为尺度。实物量的减少去除水分因素的变化；使用价值的丧失(如发芽、霉变、陈化等)以不能食用为标准。实物量的减少和使用价值的丧失皆不考虑其使用价值的转移，即不考虑下列情况：对于收获、脱粒、干燥的损失量，不考虑这些损失的谷物可能被放养的鸡、鸭、鹅等作为觅食的饲料。

2. 粮食产后前端环节

粮食产后前端环节是指以普通农户、家庭农场、农民合作社、农业企业等为主体的农户在粮食生产中的收获、干燥、农户储藏三个环节合并被称为粮食产后前端环节。

3. 粮食收获损失

粮食收获损失是指在粮食收割、脱粒、清粮、田间运输过程中或人工晾晒过程中，由自然条件、技术装备和生产行为等人为因素和非人为因素所造成的粮食损失。

4. 粮食干燥损失

粮食干燥损失是指在粮食机械烘干、人工晾晒过程中，由自然条件、技术装备和生产行为等人为因素和非人为因素所造成的粮食损失。

5. 农户储藏损失

农户储藏损失是指农户在粮食储藏过程中，由自然条件、技术装备和生产行为等人为因素和非人为因素所造成的粮食损失。

6. 水稻收获期

水稻一般在夏秋季节收割，水稻分早稻、中稻、晚稻，早稻 3 月底播种，7 月下旬收割；中稻 4～5 月播种，一般于 9 月中下旬收获；晚稻 6 月中旬播种，一般于 10 月上中旬收获。

7. 小麦收获期

小麦一般在夏季收割，小麦分春小麦、冬小麦，春小麦的生育期为 80～90 天左右，一般在每年的 3 月下旬至 4 月上旬播种，7 月中下旬收获。冬小麦的生育期为 230 天左右，一般在每年的 9 月中下旬至 10 月上旬播种，第二年的 5 月底至 6 月中下旬成熟收获。

8. 玉米收获期

玉米一般在秋季收割，玉米分春播玉米、夏播玉米，玉米的收获时间一般是在 8 月到 10 月，收获的时间根据地区的不同和播种时间的不同而有差异。夏播一般是在 9 月的中下旬到 10 月的中旬成熟，春播一般是在 9 月初到 9 月中旬成熟；北方玉米的成熟期一般是在 9 月中旬到 9 月底，南方玉米的成熟期一般是在 10 月中旬以后。

9. 大豆收获期

大豆一般在 9 月上旬到 10 月上旬收获，大豆分春播大豆和秋播大豆。春播大豆一般在清明前后种植，9 月收获；秋播大豆一般在麦收后种植，9 月下旬至 10

月中旬收获。南方由于光照热条件充足，大豆一年两熟或三熟，种植和收获期比较早。南方春播大豆一般在 2～3 月播种，6 月底到 7 月初成熟收获；南方夏播大豆一般在 5～6 月种植，9 月底到 10 月初成熟收获。北方大豆收获季节一般在 10 月上旬左右。

10. 自然落粒

在收获(割)之前掉落的籽粒和落穗。

11. 倒伏程度

用不倒伏、中等倒伏和严重倒伏表示。穗头根部和茎秆基部连线与地面垂直线间的夹角，在 0°～30°为不倒伏，30°～60°为中等倒伏，60°以上为严重倒伏。

12. 粮食综合损失率

粮食综合损失率是基于粮食分品种综合损失率的计算结果得到，关键是如何设置各粮食品种的权重。本调查采取以地区(省、市、县)粮食品种产量数据作为基础数据进行权重设置。

稻谷权重 ($r_1$) =稻谷产量/(稻谷产量+小麦产量+玉米产量+大豆产量)
小麦权重 ($r_2$) =小麦产量/(稻谷产量+小麦产量+玉米产量+大豆产量)
玉米权重 ($r_3$) =玉米产量/(稻谷产量+小麦产量+玉米产量+大豆产量)
大豆权重 ($r_4$) =大豆产量/(稻谷产量+小麦产量+玉米产量+大豆产量)

$$w = \sum_{i} r_i w_i \tag{6-13}$$

其中，$i$ 表示水稻、小麦、玉米、大豆；$r$ 表示品种权重系数；$w$ 表示综合损失率。

## 6.3　粮食产后前端环节节粮减损政策支撑体系

近年来，各地区、各部门不断加大粮食节粮减损工作力度。2021 年，中共中央办公厅、国务院办公厅专门印发了《粮食节约减损行动方案》，方案明确提出，“到 2025 年，粮食全产业链各环节节粮减损举措更加硬化实化细化，推动节粮减损取得更加明显成效，节粮减损制度体系、标准体系和监测体系基本建立，常态长效治理机制基本健全”。节粮就等于增产，节粮就是节约耕地自然资源。减少粮食产后前端环节损失是增加我国粮食有效供给和保障国家粮食安全的有效途径。

### 6.3.1 粮食产后前端环节节粮减损的重要意义

粮食损失和浪费的定义：根据联合国粮食及农业组织和联合国环境规划署等国际机构在“减少粮食损失和浪费全球倡议”中达成的共识，粮食损失指粮食数量的减少或质量的降低。粮食浪费，指任何离开粮食供应链不再被人消费的部分，主要是腐烂变质或过期。通常将发生在粮食供应链前端的(收获、干燥和农户储藏等环节)称为粮食损失，而发生在粮食供应链后端的(销售和消费等环节)称为粮食浪费。

1. 粮食产后节粮减损潜力

一是国际减损潜力巨大。长期以来，粮食产后损失现象在全世界范围内普遍存在，尤其是在2020年全球新冠疫情影响下，国际粮食供应链遭受冲击、价格上涨、供给趋紧，世界地区粮食安全状况明显恶化，减少粮食产后损失对保障世界粮食供应链安全具有重要意义。根据联合国粮食及农业组织发布的《2019年粮食及农业状况》报告，全球粮食产后供应链在收获后到零售前环节损失的粮食约占总产量的14%。以2021年世界粮食年产量28亿吨计算，世界粮食损失每减少1个百分点，相当于增加2800万吨全球粮食有效供给，可多养活约7000万人口。国际节粮减损潜力巨大，有助于解决全球营养不良和消除饥饿问题。

二是国内减损潜力还有较大空间。据测算，我国粮食在储藏、运输、加工等产后环节损失量每年在700亿斤以上，接近粮食大省吉林全年的粮食产量，粮食产后环节节粮减损大有可为。按照2022年我国粮食产量6.87亿吨计算，如果我国粮食产后减损1个百分点，就相当于减少粮食损失687万吨，以每人每年平均消费400千克粮食计算，可以养活约1700万人。由此可见，减少我国粮食损失还存在较大空间。

2. 节粮就是节约自然资源

近年来，我国粮食消费需求随人口增长和人民生活水平提高呈刚性趋势增长，国内粮食供需长期处于“紧平衡”状态，水资源、耕地等生产自然资源对粮食生产的约束日益突出。按世界平均生产1吨粮食需要3亩耕地计算，世界粮食减损1个百分点，相当于节约耕地8400万亩。据研究测算，我国每生产1千克水稻大约需要消耗2吨水，每生产1千克小麦大约需要消耗1吨水，每生产1千克玉米大约需要消耗1.2吨水。然而，我国淡水资源较为紧缺，且分布不均。此外，粮食生产还离不开氮肥、磷肥、钾肥等肥料投入，每生产100千克水稻，需投入2千克至3千克氮肥、1千克至1.5千克磷肥与2千克至3千克钾肥。因此，节粮减损就是节约水土耕地资源，减少化肥农药等投入品的消耗，促进资源的可持续利用。

3. 节粮就是增加农民收入

在收获环节，以水稻品种为例，按照国家统计局 2021 年发布的我国水稻总产量 2.13 亿吨数据计算，种植总面积 2992.1 万公顷，平均每公顷产量为 7113.4 千克，若按照减少收获损失 1%测算，每公顷可让农民增收约 184 元，能够带动全国农户增收 55.8 亿元。在干燥环节，以安徽、四川、湖北等地为例，2021 年以来安徽粮食产后服务中心共清理、干燥粮食 315 万吨，节约粮食约 10.6 万吨，带动农民增收 2.5 亿元。四川粮食产后服务中心 2021 年收购旺季为农户清理烘干的粮食 111 万吨，节粮减损 7 万吨。湖北粮食产后服务中心 2020 年烘干粮食约 445 万吨，减少潜在粮食损失 105 万吨，促进农民增收 24 亿元以上。在农户储藏环节，为了减少农户储藏损失，国家有关部门从 2007 年以来实施了农户科学储粮工程专项建设，为农户配置标准化储粮装具，并提供相关技术服务，指导农民科学储粮。至今已为 26 个省区市农户配置了 1000 万套标准化储粮装具，农户储藏损失率平均下降 6%，每年为农民减少粮食损失 23 亿斤，促进农民增收 25 亿元以上，有效促进了农民增产增收。

4. 节粮就是保护生态环境

2021 年联合国环境规划署发布的《粮食浪费指数报告》显示，全球粮食损失和浪费导致的温室气体排放量占全球温室气体排放总量的 8%至 10%，加剧了气候不稳定，导致干旱、洪涝等极端天气事件频发。从而影响作物产量，降低作物的营养质量，破坏供应链，威胁粮食安全和营养。中国科学院地理科学与资源研究所研究显示，每生产 1 千克食物意味着 5.22 千克二氧化碳、220 克氮和 40.56 克磷的排放，加上粮食生产过程中来自整个农业面源污染总氮的排放量，总量非常惊人。减少粮食损失和浪费，有助于实现减缓气候变化、保护自然、提高粮食安全水平等多项迫切需要落实的目标。开展节粮减损不仅可以节地节水、节肥节药，还能保护生态、减排降碳，助力碳达峰、碳中和，实现绿色发展、可持续发展。

5. 节粮就是保障粮食安全

2020 年以来，气候变化影响日益加剧，高温、干旱、暴雨等极端天气在世界各地频繁发生，粮食供应链遭受冲击，国际粮食价格高位运行，世界粮食安全状况不断恶化。2020 年肯尼亚等国家沙漠蝗虫暴发，叠加全球新冠疫情影响，常规灾害防控难以落实，加剧了粮食安全恐慌，个别国家甚至进入了紧急状态，截至 2022 年 5 月已有近 20 个国家采取了粮食出口限制，全球保障粮食供应链稳定难度加大。根据联合国报告，2020 年全球至少 1.55 亿人面临重度粮食不安全，创近年新高。与此同时，全球粮食损失浪费问题长期普遍存在，开展全球粮食节约减损行动，减少粮食损失浪费对保障世界粮食安全的意义凸显。

### 6.3.2　全球粮食产后前端环节的损失情况分析

1. 发达国家粮食产后损失分析

调查显示，发达国家粮食损失浪费主要集中在粮食产后的后端环节。根据联合国粮食及农业组织 2021 年粮食损失指数估算，全球约有 14%的粮食在从收获后到零售前的供应链环节内损失，这相当于每年损失价值 4000 亿美元的食物，另有 17%遭到浪费，包括家庭、餐饮服务和零售方面出现的浪费(分别占 11%、5%和 2%)。粮食损失和浪费受经济发展水平的影响较大，美国、西欧等经济发达地区的粮食损失和浪费主要是发生在粮食产后后端的消费环节，如美国每年大约有 21%的食物在家庭日常消费中被浪费。

2. 发展中国家粮食产后损失分析

调查显示，发展中国家粮食损失浪费主要集中在粮食产后的前端环节。非洲和南亚等经济落后地区的粮食损失主要是发生在粮食收获和储备环节的损失，如部分撒哈拉以南非洲地区农户储备环节的损失高达 30%。在发展中国家，许多低收入国家缺乏仓储基础设施，在仓储期间会损失大量粮食。然而，高收入国家，发达国家关注粮食浪费通常是劝说消费者不要购买过量食物，以及不要把大量未吃的食物扔掉。中国粮食产后前端环节损失总体低于世界平均水平，但节粮空间仍然很大。据联合国粮食及农业组织估计，中国每年在收割、运输、储备、加工过程中损失浪费的粮食超过 6%。虽然低于 14%的世界平均水平，但我国粮食产销量基数大。如果按 2022 年中国粮食总产量 13 730 亿斤的 6%计算，当年损失浪费的粮食总量高达 823.8 亿斤，超过粮食主产省吉林省全年 816.16 亿斤的粮食总产量。

### 6.3.3　我国粮食产后前端环节的损失调查与原因分析

1. 收获环节损失调查与原因分析

1) 收获环节机收调查

A. 损失调查说明

粮食机械化收割率。农业农村部统计数据显示(表 6-20)，2022 年我国水稻、小麦、玉米、大豆耕种收综合机械化率分别达到了 85%、97%、90%和 82%，四大粮食品种耕种收综合机械化率均已突破 80%以上，全国已基本实现了主要粮食作物的全程机械化。粮食收割的全程机械化，也使得我国粮食产后收获环节损失 90%以上出现在机械化收割环节。然而，随着农村劳动力的减少和劳动成本的上升，我国粮食人工收割的占比逐年下降，目前占比已较少，因此占粮食收获损失的总量也相对较小，很多地方人工收割的比重已不足 1%。因此，我国粮食收获环节减损调查应重点聚焦机械化收割环节。

**表 6-20　2022 年全国粮食耕种收综合机械化率**

| 序号 | 品种 | 耕种收综合机械化率 |
| --- | --- | --- |
| 1 | 水稻 | 85% |
| 2 | 小麦 | 97% |
| 3 | 玉米 | 90% |
| 4 | 大豆 | 82% |

资料来源：农业农村部

粮食损失调查方法。本节收获损失调查数据采用农业农村部办公厅、国家发展和改革委员会办公厅印发的《2022 年主粮作物机收损失监测调查方案》的测算方法。2022 年在湖北、江西、湖南、广东、广西、浙江、河北、山西、江苏、安徽、山东、河南、陕西、四川等 14 个省区开展了粮食产后机收损失调查，主要选取水稻和小麦两大主粮品种。其中，在湖北、江西、湖南、广东、广西、浙江等 6 个省区开展水稻机收损失调查；在河北、山西、江苏、安徽、山东、河南、陕西、四川等 8 个省份开展小麦机收损失调查，机收损失率测定方法如下。

(1)测量工具要求。损失籽粒质量测定选取精度不低于 0.1 克的电子天平，取样点长宽测定选用 5 米钢卷尺。

(2)收获作业后，随机选取 1 个或多个取样区，水稻、小麦籽粒收获取样区长 1 米；取样区宽均为 2 米，也可根据当地常用联合收割机工作幅宽确定。

(3)分别收集各取样区域内夹杂在秸秆和杂余内的籽粒、穗头(不含超出取样区域部分)上未脱净的籽粒和掉落在地面的籽粒，脱粒去杂后称其质量(忽略自然落粒)，对水稻、小麦籽粒收获按照式(6-14)计算每个取样区的损失率：

$$S = \frac{2W}{3M \times L} \times 100 \tag{6-14}$$

其中，$S$ 表示损失率；$W$ 表示取样区内水稻(小麦)籽粒损失质量，单位为克；$M$ 表示单位面积水稻(小麦)籽粒产量，单位为千克/亩；$L$ 取 2 米或当地常用联合收割机工作幅宽，单位为米。

由于测定时间和条件有限，本调查以 2019～2021 年该乡镇大面积种植品种的平均亩产量代替单位面积籽粒产量(应将含水率折算成与收集到的损失籽粒相同)，忽略自然落粒影响。

B. 损失调查数据

一是水稻机收损失率调查数据。2022 年通过对湖北、江西、湖南、广东、广西等 5 个省区开展水稻机收损失调查，调查涉及 116 个县(市、区)，调查样本地块达到了 889 个。调查采用农业农村部办公厅、国家发展和改革委员会办公厅印发的《2022 年主粮作物机收损失监测调查方案》测算方法。根据水稻机收损失总体测算结果，湖北、江西、湖南、广东、广西等省区水稻机收损失率分别为 1.94%、2.35%、2.39%、2.17%、2.66%(表 6-21)。按照目前国标和地标对联合收割机作业损失率的规定，国标规定水稻损失不得大于 3%。从水稻收获的损失率看，湖北、江西、湖南、广东、广西等机收全省平均损失率总体低于国家标准；但在各省区的采样县(市、区)中均有出现机收损失率高于国家标准的情况，其中湖北地区损失率最高的采样点达到了 3.2%，江西地区损失率最高的采样点达到了 4.81%，湖南地区损失率最高的采样点达到了 4.44%，广东地区损失率最高的采样点达到了 3.82%，广西地区损失率最高的采样点达到了 5.37%。

**表 6-21　2022 年调查地区水稻机收损失率**

| 地区 | 县(市、区)/个 | 样本/个 | 损失率区间 | 平均损失率 |
|---|---|---|---|---|
| 湖北 | 6 | 44 | 1.57%～3.2% | 1.94% |
| 江西 | 73 | 532 | 0.17%～4.81% | 2.35% |
| 湖南 | 15 | 201 | 0.5%～4.44% | 2.39% |
| 广东 | 21 | 103 | 0.93%～3.82% | 2.17% |
| 广西 | 1 | 9 | 1.4%～5.37% | 2.66% |
| 总计 | 116 | 889 | | |

从各调查省区的调查数据看，湖北省水稻机收损失率调查共涉及赤壁市、嘉鱼县、江陵县、京山市、麻城市、随县等 6 个县(市)，共采集样本 44 个，测算的平均机收损失率为 1.94%，调查损失率位于 1.57%～3.2%。江西省水稻机收损失率调查共针对 73 个县(市、区)开展早稻机收损失监测调查，共取采样点 532 个，测算的平均机收损失率为 2.35%，调查损失率为 0.17%～4.81%。机收损失率≤3.0%的采样点为 419 个，占所有采样点的 79%；3.0%<机收损失率≤3.5%的采样点为 108 个，占所有采样点的 20%。机收损失率大于 3.0%的采样点为 5 个，占所有采样点的 1%。湖南省水稻机收损失率调查共针对浏阳市、湘潭县、衡南县、隆回县、沅江市等 15 个县(市)开展早稻机收损失监测调查，共取采样点 201 个，平均机收损失率为 2.39%，调查损失率为 0.5%～4.44%。广东省水稻机收损失率调查共针对 21 个县(市、区)开展早稻机收损失监测调查，共取采样点 103 个，平均

机收损失率为 2.17%，调查损失率为 0.93%～3.82%；在监测中损失率低于 3.5%的采样点基本上达到了 100%，损失率低于 2%的有 51 个采样点，占比达到 49.5%。广西水稻机收损失率调查针对 1 个县(市、区)开展早稻机收损失监测调查，共取采样点 9 个，平均机收损失率为 2.66%，调查损失率为 1.4%～5.37%。

从机收损失调查数据结果看，不同省区市粮食收获损失率存在一定的差异，平均损失率最低的为湖北的 1.94%，平均损失率最高的为广西的 2.66%。通过数据对比发现，不同采样县(市、区)损失率存在较大差异，其中江西的县(市、区)最低损失率仅为 0.17%，而最高的采样点损失率却高达 4.81%，两者相差超过 27 倍。湖南、广东、广西、湖北的最低和最高损失率差距也达到了 8 倍、4 倍、3 倍和 2 倍以上。由此可以看出，不同采样点粮食机收损失率有较显著差异，数据分析结论也表明我国部分采样地区粮食机械化收割环节还存在较明显的减损空间。

二是小麦机收损失率调查数据。2022 年通过对河北、山西、江苏、安徽、山东、河南、陕西、四川等 8 个省区开展小麦机收损失调查，调查涉及 239 个县(市、区)，调查样本地块达到了 2447 个。调查采用农业农村部办公厅、国家发展和改革委员会办公厅印发的《2022 年主粮作物机收损失监测调查方案》测算方法。根据小麦实地测算结果，河北、山西、江苏、安徽、山东、河南、陕西、四川等省小麦机械化收获损失率分别为 1.05%、1.09%、0.98%、1.07%、1.07%、0.72%、0.78%、1.01%(表 6-22)。按照目前国标和地标对联合收割机作业损失率的规定，国标规定小麦损失不得大于 3%。从小麦收获的损失率看，河北、山西、江苏、安徽、山东、河南、陕西、四川等机收平均损失率总体低于国家标准，但也有江苏、四川的部分采样地区损失率高于国家标准，其中，江苏有采样地区机收损失率达到了 3.61%，四川有采样地区机收损失率达到了 4.09%，明显高于国家标准。

**表 6-22　2022 年小麦机收损失率调查**

| 地区 | 县(市、区)/个 | 样本/个 | 损失率区间 | 平均损失率 |
|---|---|---|---|---|
| 河北 | 17 | 218 | 0.37%～1.93% | 1.05% |
| 山西 | 4 | 10 | 0.66%～2.61% | 1.09% |
| 江苏 | 36 | 523 | 0.03%～3.61% | 0.98% |
| 安徽 | 24 | 256 | 0.04%～2.14% | 1.07% |
| 山东 | 59 | 466 | 0.05%～2.3% | 1.07% |
| 河南 | 85 | 556 | 0.01%～2.59% | 0.72% |
| 陕西 | 7 | 371 | 0.2%～2.17% | 0.78% |
| 四川 | 7 | 47 | 0.11%～4.09% | 1.01% |
| 总计 | 239 | 2447 | — | — |

从各调查省区调查数据看，河北省小麦机收损失率调查共计涉及石家庄市、邯郸市、邢台市、沧州市、衡水市，全省 17 个县(市、区)、209 个产粮乡镇、218 个取样点，平均机收损失率为 1.05%，调查损失率为 0.37%～1.93%。山西省调查共计涉及闻喜县、盐湖区、洪洞县、翼城县 4 个县(市、区)开展小麦机收损失监测调查，共取采样点 10 个；其中闻喜县、盐湖区、洪洞县、翼城县平均损失率分别为 0.73%、0.68%、1.52%、2.2%，调查地区平均机收损失率为 1.09%，调查损失率位于 0.66%～2.61%；损失率最高的临汾市翼城县里砦镇里砦村损失率为 2.61%，损失率最低的运城市闻喜县河底镇南王村机收损失率为 0.66%。江苏省监测调查涉及全省 36 个县(市、区)和 396 个农业乡镇，共随机选取 523 个采样点，经统计，平均损失率为 0.98%，调查损失率为 0.03%～3.61%；支塘镇损失调查点损失率最低仅为 0.03%，庄圩乡农科村调查点损失率最高为 3.61%。安徽省监测调查涉及全省 24 个县(市、区)和 68 个农业乡镇，共随机选取 256 个采样点，平均损失率为 1.07%，调查损失率为 0.04%~2.14%；其中，霍邱县城西湖乡望淮村损失率最低仅为 0.04%，萧县孙圩子镇徐双楼村最高为 2.14%。山东省监测调查涉及全省 59 个县(市、区)和 460 个农业乡镇，共随机选取 466 个采样点，经统计，平均损失率为 1.07%。调查损失率为 0.05%～2.3%，其中，龙桑寺镇张老庄损失率最低仅为 0.05%，东鲁街道赵庄最高为 2.3%。河南省监测调查涉及全省 85 个县(市、区)和 556 个采样点，平均损失率 0.72%，调查损失率为 0.01%～2.59%，最高损失率 2.59%，最低损失率 0.01%。陕西省在 7 个市 103 个乡镇共设置具有代表性、全面性、合理性的监测点 371 个，其中全省 5 个小麦 50 万亩以上主产县减损跟踪监测点实现全覆盖，平均损失率为 0.78%，调查损失率为 0.2%～2.17%。其中，长安区鸣犊街办查新村损失率最低为 0.2%，宝鸡市陇县东风镇川口河村损失率最高为 2.17%。四川调查总共涉及 6 个市、7 个县(市)、40 个乡镇、47 个采样点，平均损失率 1.01%，调查损失率为 0.11%～4.09%。其中，射洪市青岗镇文化村损失率最低为 0.11%，西充县关文镇祈嗣庵村损失率最高达 4.09%。

从机收损失调查数据结果分析看，近年来各地不断加大粮食机收减损工作力度，我国小麦的机械化收割平均损失率大多为 1%，相比 2016 年的调查结果有了明显减少(2016 年中国农业大学粮食产后损失收获环节损失调查团队的调查显示我国小麦机收损失率为 2.43%)。但从不同调查采样地区看，小麦收获损失率还存在明显差异，四川有部分地区机械收获损失率达到了 4.09%。然而，河南有地区小麦收获环节损失最低仅为 0.01%，两者损失率相差达到了 100 倍以上。根据调查数据分析结果，这也表明了我国小麦产后机械化收获环节还有较大的节粮空间和潜力。

2) 收获环节损失的原因分析

为弄清机收环节损失的具体原因，采用 2022 年 6 月山东省小麦机收损失率实验调查数据进行对比分析，实验选取了济南长清、青岛平度、淄博桓台、潍坊诸城、济宁兖州、泰安岱岳、临沂郯城、德州临邑、聊城东阿、菏泽东明等 10 个县(市、区)作为小麦机收损失调查地区，实验调查中共选取了机手 100 名，收获机械选取了潍柴雷沃、中联重工、科乐收、洛拖、山东巨明、江苏沃得、约翰迪尔等 7 个厂家的产品品牌。从 10 个地区的实验调查结果看，不同地区损失率有明显差异。损失率最高的是淄博桓台的 0.93%，最低的是菏泽东明的 0.36%，最高与最低值差值相差 1.5 倍(表 6-23)。在与农业企业、种植合作社、农业部门等座谈和调研过程中了解到，收获机械装备、收割机手、收获时机、收获地块状况等通常是影响粮食收获损失率的最重要因素，为做进一步证实，研究通过小麦收获实验数据进行了损失率差异的原因对比分析。

**表 6-23　2022 年山东省小麦机收损失率实验调查**

| 项目 | 长清 | 平度 | 桓台 | 诸城 | 兖州 |
|---|---|---|---|---|---|
| 损失率 | 0.79% | 0.74% | 0.93% | 0.64% | 0.86% |
| 项目 | 岱岳 | 郯城 | 临邑 | 东阿 | 东明 |
| 损失率 | 0.48% | 0.62% | 0.70% | 0.71% | 0.36% |

(1) 收获机械产品品牌损失率对比分析。在小麦机收损失率调查实验中，共选取了七家企业的收割机械装备，表 6-24 中品牌一、品牌二、品牌三、品牌四、品牌五、品牌六、品牌七分别代表参加机械收获调查实验的七家企业产品品牌。从实验调查结果看，七家企业产品品牌的损失率分别为 0.49%、0.23%、0.19%、0.64%、1.64%、0.43%、0.93%。

**表 6-24　七家企业产品品牌小麦机收损失率**

| 项目 | 品牌一 | 品牌二 | 品牌三 | 品牌四 | 品牌五 | 品牌六 | 品牌七 |
|---|---|---|---|---|---|---|---|
| 损失率 | 0.49% | 0.23% | 0.19% | 0.64% | 1.64% | 0.43% | 0.93% |

从实验调查结果可以看出，不同企业产品品牌机收损失率差异明显。最高的收割机械平均损失率达到了 1.64%，最低平均损失率为 0.19%，相差 7 倍以上。这说明不同企业产品品牌收割机械收获损失有较大差别。

(2) 收割机手技术经验损失率对比分析。在调研和收割实验中发现，收割机手的收割经验对减少收割损失非常关键，技术经验越丰富、态度越认真仔细的机手损失越少。根据 2022 年 6 月在山东省小麦机收机手不同驾龄结构损失率对比分析结果(表 6-25)，总体上看，驾龄越长，损失率越低，说明驾驶经验和驾驶操作水平对机收损失率影响较大。从不同机手驾龄与收割损失率数据比较看，驾龄 15 年以上的经验丰富的机手作业质量高，作业平均损失率为 0.57%，普遍低于驾龄相对较短、经验相对低一些的其他机手收割损失率。

**表 6-25　机手驾龄与机收损失率对比**

| 项目 | 1～5 年 | 6～10 年 | 11～15 年 | 15 年以上 |
|---|---|---|---|---|
| 平均损失率 | 0.75% | 0.67% | 0.70% | 0.57% |

从 100 名机手损失分布看，损失率主要集中在 0.45%～1.25%，91%的机手作业损失率在 1.25%以下，低于国家标准损失率 2.0%，说明目前小麦收割机作业质量基本上符合《全喂入联合收割机 技术条件》(JB/T 5117—2017)和《小麦机械化收获减损技术指导意见》要求。但也有一定数量的实验收割田块损失率在 2%以上，而最低的损失率仅为 0.05%，与最低损失率两者相差近 39 倍，与平均损失率也相差 1 倍，这也在一定程度上说明了机手机收减损还存在一定的完善空间。

对比研究发现，收割机手的经验影响收割损失率。在调研中发现，经验丰富的收割机手在收割过程中，会选择根据作物高度、秸秆含水率、成熟程度等情况来选择作业档位，调整机械作业参数，这都需要收割机手根据经验来做出判断。包括田间收割入口、行走的方向选择，在什么地方转弯、倒退、行进都有讲究，目的是要以最快的速度、最低的损失率完成一块田的收割，拥有不同经验的收割机手机械行进速度不同、机械前进后退转弯讲究不同、压谷程度不同导致损失率不同。

调查研究发现，收割机手的态度影响收割损失率。在调研中还发现，各地农机手作物收割大多以收割面积进行收费，收割速度越快、面积越多，单位时间内劳动报酬就越高。在利益机制驱动下，通常会有部分农机手重效率、轻节约，为了节省时间，不会选择花更多的时间去根据作物产量、成熟度、秸秆高度、倒伏程度等实际情况调整收割速度和机械性参数，由此导致了收获损失率增加。事实上，只要农机手能够认真科学地根据田地情况、作物成熟度、植株秸秆高度等调节好收割机相应参数，再适当放慢收割机速度，就可以降低粮食损耗。

(3)收割机械滚筒机型损失率对比分析。调查结果显示，在小麦损失率调查过程中小麦收割机纵轴流机型优于横轴流机型，纵轴流机型相比于之前的横轴流机型在作业效率上要高 10%～20%，粮食干净度也要高些。通过对菏泽市牡丹区 19 个采样点进行对比，同在适宜收获期，8 个采样点采用横轴流机型的机收损失率为 1.17%，11 个采样点采取纵轴流机型的损失率为 0.75%。可以看出纵轴流机型明显优于横轴流机型。

在调查实验中收获机械共有横轴流滚筒收割机 58 台，纵轴流滚筒收割机 48 台，切流+单纵轴流收割机 2 台，损失率差别比较明显。从表 6-26 可以看出，切流+单纵轴流型损失率最低，为 0.185%，充分体现出了切流+单纵轴流双滚筒脱粒分离技术脱粒能力强、物料分离彻底的优越性；单纵轴流型与横轴流型的收割机不仅作业效率高，损失率也明显低，单纵轴流型滚筒长，脱粒和分离时间均长于横轴流型，在后端横向均匀分布排草，好于横轴流型侧边集中排草，因此脱粒和分离干净，损失率低。近几年纵轴流型收割机发展逐年加快，切流+单纵轴流型的收割机也走向市场，这是今后的发展方向。

**表 6-26　不同滚筒机型损失率调查**

| 项目 | 横轴流 | 单纵轴流 | 切流+单纵轴流 |
|---|---|---|---|
| 损失率 | 0.741% | 0.606% | 0.185% |

(4) 收获时机含水天气损失率对比分析。粮食收获时机也是影响损失率的重要因素，收获时天气、作物的成熟度和作物露水含量不同通常导致损失率不同，过晚收获会导致粮食籽粒更容易脱落，过早收获会导致粮食产量下降而增大损失率。收获时含水量过高过低都会造成脱粒清选损失。调查通过在同一区域内不同时间段布点检测小麦收获过程中的机收损失率，分析机收损失率与收获时间的相关度。研究发现，在适收期内早期小麦机收损失率要明显低于后期。主要原因是小麦处于过熟状态时，小麦籽粒易脱落，小麦茎秆变得干枯，脆性增加，易引起掉穗或折断，从而造成田间小麦落粒损失。由此可见，抢抓农时、适期收获是小麦增收减损的关键。

除小麦收获以外，水稻、玉米、大豆收获损失率同样也会受到收获时机的影响。以水稻为例，2023 年 3 月在与湖北省赤壁市农机中心和水稻种植合作社对 10 年以上收割经验农机手调研的过程中，县市农机部门、合作社负责人和农机手均表示过早收割或过晚收割会使得水稻收获损失率都会增加 5%左右，认为水稻谷黄程度达到 70%～80%为最佳收获期。以玉米为例，在收割有露水的玉米时，大面积的玉米产生的露水等使收割机湿润，在粉碎秸秆的过程中容易造成收割机壁和筛子等黏附残留物，造成玉米粒的大量损失。大豆收获与水稻、小麦、玉米略有不同，要求在含水量较大时段进行收获，成熟的大豆早 8 时至 10 时由于植株含水量大，籽粒完整度高，最适宜收获，早间收获每亩损失为 3～4 斤；如果选择下午，植株含水量低，容易炸荚，每亩损失就可能超过 10 斤。调查显示，粮食收获过早籽粒不饱满，产量和品质较低，同时籽粒水分较高不易储藏；收获过晚，籽粒易掉落，秸秆易倒伏，增加了收获难度，易造成收获损失。不难看出，在粮食收获过程中收获时机中的天气、作物含水量、作物成熟度、作物倒伏程度等对收获的损失率都有比较明显的影响。

(5) 收获倒伏地块状况损失率对比分析。调查显示，田块干湿度（收割机械是否会陷入田地）和田块大小、平整度状况对收获损失有比较明显的影响。在调查中发现，大的田块更适合机械收割作业，收获每亩平均损失率整体相对较低，而碎片化的小田块往往由于收割机械不易操作或掉头等因素影响，每亩平均机收损失率增加。除此之外，收割田块的干湿程度同样会对机收损失率造成一定影响，过湿的田块通常容易造成收割机在收割过程中的压陷，增加收割的损失率。

2. 干燥环节损失调查与原因分析

1) 干燥环节损失调查

A. 损失调查说明

调查地区机械化烘干率。为调查粮食在干燥环节的损失率情况，本节选取湖北省 19 家稻谷烘干企业和 110 家农户，开展实地调查。并对粮食干燥方式进行调查，将粮食干燥方式划分为机械烘干和人工晾晒两种方式。从调查数据看，湖北省调查地区粮食机械烘干占比约为 70%，人工晾晒占比约为 30%(表 6-27)。

**表 6-27　湖北省稻谷干燥方式占比**

| 序号 | 干燥方式 | 占比 |
|---|---|---|
| 1 | 机械烘干 | 70% |
| 2 | 人工晾晒 | 30% |

对湖北地区粮食人工晾晒和机械烘干两种粮食烘干成本进行调查。调查发现，由于各地农业劳动力成本的逐年上升，人工晾晒成本也越来越高。2022 年湖北当地企业和农户粮食(稻谷)干燥成本调查数据显示，目前粮食人工晾晒的成本主要包括人工费、包装费和其他成本，平均总成本为 130～150 元/吨；粮食烘干企业调查数据显示，烘干企业收取农户的烘干费用为 100～120 元/吨(表 6-28)，调研显示实际企业烘干成本为 80～100 元/吨，烘干企业要挣取每吨 20～40 元的利润，实际人工晾晒成本每吨要高出机械烘干成本 50～70 元。调查结果表明，目前稻谷人工晾晒的成本已明显高于机械烘干的成本，人工晾晒从成本角度看，已变得越来越不经济，事实上调查地区农户采取人工晾晒的比例也日益减少。

**表 6-28　水稻干燥成本调查**

| 干燥方式 | 人工费 | 包装费 | 其他成本 | 总成本 |
|---|---|---|---|---|
| 人工晾晒 | 80 元/吨 | 20～30 元/吨 | 晒干稻谷干湿不均匀，水分不能精准把握，水分损耗比机械烘干多 30～40 元/吨 | 130～150 元/吨 |
| 机械烘干 | — | — | 烘干企业实际收取费用标准：其中优质稻谷 120 元/吨、普通稻谷 100 元/吨 | 100～120 元/吨 |

资料来源：2022 年湖北地区调查数据

B. 调查样本与方法

2022 年选取了湖北省 19 家粮食烘干企业和 110 户农户进行了调查（表 6-29），调查方法采取实地和问卷调查，调查企业依次为湖北畅健生态农业科技有限公司、湖北晨桑生态农业有限公司、赤壁市曙光生态农业科技有限公司、赤壁市源盛农产品有限公司、赤壁市复兴水稻种植专业合作社、赤壁市中成粮油种植专业合作社、赤壁市满仓粮油有限公司、江陵县金旗米业有限公司、湖北江北农工贸有限责任公司西湖晶珍米业分公司、江陵县天丰米业股份有限公司、湖北楚宏粮油发展股份有限公司、湖北天天旺农业发展股份有限公司、江陵县裕恒农产品贸易有限公司、江陵县邻兴农产品专业合作社、江陵县王丁米厂、湖北天兴神龙粮油股份有限公司、江陵县寺桥农产品专业合作社、京山绿丰农机专业合作社、京山源泉山农机专业合作社等 19 家农业企业和 110 家农户进行实地和问卷调查。

**表 6-29　稻谷干燥调查样本**

| 序号 | 调查对象 | 调查样本数/家 |
|---|---|---|
| 1 | 粮食烘干企业 | 19 |
| 2 | 种粮农户 | 110 |

资料来源：2022 年湖北地区调查数据

C. 损失率调查数据

2022 年对湖北地区粮食烘干企业和农户进行调查，调查显示：粮食干燥环节的损失主要划分为粮食数量损失和粮食质量损失两部分，粮食数量损失是指粮食在干燥过程中的遗漏或直接数量减少损失；粮食质量损失是指粮食在干燥过程中会产生一定的爆腰率，如稻谷爆腰率的增加会造成加工过程中整精米率下降，影响加工效益和口粮供应数量，造成成品粮供给的减少。从两种干燥方式损失率比较不难看出，粮食机械烘干方式的数量损失率几乎为零，而人工晾晒干燥方式仍会产生约 2%的数量损失。从粮食干燥的品质损失率对比看，机械烘干（低温干燥）的品质损失率约为 0.10%，人工晾晒的品质损失率约为 0.30%，明显高于机械烘干（表 6-30）。主要原因是机械烘干的稻谷水分含量均匀，加工过程中爆腰率和碎米率相对较低。

**表 6-30　稻谷干燥损失率**

| 干燥方式 | | 数量损失率 | 品质损失率 |
|---|---|---|---|
| 机械烘干 | 低温干燥 | 0 | 0.10% |
| | 高温干燥 | 0 | 0.25% |
| 人工晾晒 | | 2% | 0.30% |

资料来源：2022 年湖北地区调查数据

2) 干燥环节损失原因分析

研究通过在粮食烘干企业、农户、农业部门等调研过程中了解到，粮食烘干技术装备、干燥方式、干燥成本、粮食晒场等通常是影响粮食干燥损失率的重要因素。

一是烘干技术装备对损失率有明显影响。调研显示，采用不同烘干技术装备的市场主体品质损失也存在较大差异，采用低温烘干技术装备的企业比采用高温烘干技术装备的干燥损失率明显要高。其中，采用低温烘干技术装备，粮食爆腰率通常较低，导致的粮食质量损失相对较小；而采用高温烘干技术装备，粮食爆腰率相对较高，导致的粮食质量损失相对较高，如果高温烘干过程中速度过快、烘干参数选择不当、温度设置过高，爆腰率还会进一步增加。此外，烘干速度也会影响爆腰率，高速烘干要比低速烘干爆腰率要高，无论是高温烘干还是低温烘干，粮食烘干过快或是冷却过快都均易产生爆腰。爆腰通常是稻谷在粮食烘干过程中被高温烘干后，颗粒表面产生裂纹的现象，稻谷在阳光暴晒或烘干时，温度上升，米粒中的淀粉受热后急剧膨胀，就会使米粒产生裂纹。爆腰率高会导致加工过程中碎米率高，降低整精米率和稻米的品质和口感，加工效益也会大幅降低，供人食用的成品粮供给数量也会减少。调查数据显示，采用高温烘干技术装备的企业(赤壁市伟鑫粮油加工专业合作社)损失率可超过 3%，而采用低温烘干技术装备的企业(赤壁市曙光生态农业科技有限公司)损失率仅为 0.05%。在被调查的 24 家企业中，高温烘干平均损失率为 0.25%，低温烘干平均损失率为 0.1%。调查还发现，在粮食机械化烘干过程中，粮食低温高温烘干装备(如三九粮食烘干机械、谷王粮食烘干机械、金锡粮食烘干机械)性能对粮食干燥品质损失影响至关重要。

二是机械烘干与人工晾晒损失率有明显差异。调查显示，粮食机械烘干的损失率要明显低于人工晾晒损失率。从两种干燥方式损失率数据对比不难看出，机械化烘干的数量损失率为零，而人工晾晒仍会产生约 2%的数量损失。从品质损失率对比看，机械烘干(低温干燥)的品质损失率约为 0.10%，而人工晾晒的品质损失率约为 0.30%，高于机械烘干。主要原因是机械烘干的稻谷水分含量均匀，加工过程中爆腰率和碎米率相对较低。然而，农户人工晾晒过程中，稻谷含水量相对不均匀，人工翻晒或车辆碾压等造成的破碎率、漏损相应会增加，如果再遭遇异常天气，粮食极易发芽霉变，品质下降、损失会有一定增加。

三是缺乏烘干设施和成本因素是农户选择人工晾晒的主要原因。在对湖北省一家农民合作社调查过程中发现，该合作社 2022 年种植稻谷 1000 亩，产量 10 万斤，合作社稻谷干燥采取的是人工晾晒方式，损失率约为 2%。该合作社选择人工晾晒的主要原因如下：第一，合作社自身缺乏粮食烘干设施；第二，增加了运输和烘干成本，因为运输到粮食烘干中心不仅需要支付一定的烘干费用，还需要承担运输费用；第三，为了自主选择更好的售粮时机，通常合作社不愿意在新粮集中上市时期将粮食运输到企业烘干卖掉，于是选择就地人工晾晒和自建简易仓库储藏。然而，对于小规模普通农户，采取人工晾晒的主要原因除此之外，还有一部分是考虑到自留口粮。

四是缺乏晒场是农户人工晾晒损失的重要因素。小农户粮食收获后面临的第一个问题就是晾晒，大型粮库、粮食企业，通常会有自己的烘干设备、晾晒场所等。但小农户缺乏相应的装备和场所，好一点儿的在自建的场院晾晒，差一点的直接在马路上晾晒。在马路上晾晒，损失是必然的，一辆车经过，就可能碾碎、碾飞很多粮食。若遇阴雨天气，要及时地将粮食人工堆起，用塑料膜遮盖，在堆放的过程中，粮食就已经受到阴雨的刺激，变得潮湿，且人工覆盖的塑料膜不完全封闭，容易受到风的吹刮，使粮食受潮造成损失。

研究对农民粮食晾晒方式、地点等进行了调查(表 6-31)。结果表明：晒在自家房前屋后占 40%，晒在操场、运动场、公路边的占 45%，专用晒谷场几乎销声匿迹。由于缺少专门的晾晒场地，平整而干净的康庄公路成了主要晾晒的好地方，特别是一些种粮大户把稻谷晾晒在公路边上比较普遍，但这一方式存在着许多弊端。一是公路晒粮妨碍交通。车轮碾过稻谷会溅起零星谷子，容易给快速行驶车辆造成车轮打滑，尤其是在刹车时，使车辆速度很难控制，容易发生交通事故。二是公路晒粮降低粮食品质。在公路上晒粮，路面沙石很多，再加上汽车排放的尾气，使粮食混杂大量的沙尘、有毒物质，会不同程度地影响粮食品质。三是晾晒不及时导致粮食变质。由于粮食晾晒场地缺少，一旦遇到阴雨连绵，没有足够的场地和通风良好的场所，就会引起稻谷变质。

**表 6-31　农户粮食人工晾晒主要地点**

| 项目 | 自家房前屋后 | 操场、运动场、公路边 | 专用晒谷场 | 其他 |
| --- | --- | --- | --- | --- |
| 占比 | 40% | 45% | 0 | 15% |

### 3. 农户储藏环节损失调查与原因分析

#### 1) 农户储藏环节损失调查

(1) 损失率调查说明。在粮食储藏环节，储藏主体主要分为国有储备库储粮、新型经营主体储粮和普通农户储粮三类。调查主要选取了湖北省国有储备库 2 家、新型经营主体 19 家、普通农户 110 家开展实地和问卷调查。

(2) 损失率调查数据。2022 年农业农村部最新农情调度数据显示，在我国三大主粮中，普通农户和新型经营主体储藏的小麦约 5%，水稻近 50%，玉米高达 70%左右。因此水稻和玉米品种也是产后储藏损失最多的品种。在我国三种粮食储藏类型中，国有储备库储粮、新型经营主体储粮和普通农户储粮储藏损失率差异明显。课题组通过调查发现(表 6-32)，以中央和地方国有库为代表的国有储备库储粮损失最低，仅为0.1%左右；新型经营主体的储粮损失一般在0.15%～1.1%，普通农户的储粮损失率为1%～12%。根据调查结果，不难看出我国普通农户储粮损失率最高，其次是新型经营主体储粮(新型经营主体主要是短期周转储藏，一般为1～12个月不等)，普通农户储粮(普通农户储粮则主要为口粮和市场短期储藏，一般为 1～12 个月不等)要远远高于国有储备库储粮和新型经营主体储粮的损失率。调查发现，国有储备库由于储备条件较好、储备技术完善，粮食储藏环节损失率低。新型经营主体储粮损失主要取决于粮食储藏时间长短和储藏仓储设施条件，仓储条件较好的新型经营主体储藏损失率也相对较低，但也有少量仓储条件较差的新型经营主体储藏损失率高于1%。根据调查结果，目前粮食储藏损失率最高的还是集中在普通农户储粮，由于普通农户个体储藏条件和储藏经验的个体差异，在粮食储藏过程中损失率存在较大差异。储藏条件好的普通农户，一般指普通农户有单独的房间，且房间密闭、通风条件较好，并了解一定的储粮技术的农户，储粮损失率可以控制在1%左右，但也有农户储粮损失率高达10%以上。

**表 6-32 粮食储藏损失率调查**

| 序号 | 调查样本 | 调查品种 | 储藏时间 | 损失率 |
|---|---|---|---|---|
| 1 | 2家国有储备库 | 水稻 | 12～36个月不等 | 0.12% |
| 2 | 19家新型经营主体 | 水稻 | 1～12个月不等 | 0.15%～1.1% |
| 3 | 110家普通农户 | 水稻 | 1～12个月不等 | 1%～12% |

资料来源：2022年湖北地区调查数据

2)农户储藏环节损失原因分析

第一，仓储设施简陋或缺乏是农户储藏损失的重要因素。2016年南京财经大学研究团队对28个省(自治区、直辖市)的调查结果显示，我国大部分的农户都是采用传统的家庭简易器具装粮，采用传统的方式储粮，主要为编织袋、科学储粮仓、砖混仓、缸(罐)、散装、囤(席)、仓房、地窖、篓子等，而科学储粮仓，如钢板仓、钢骨架仓、金属网仓和金属仓等利用比较少，40%以上的农户采用的是编织袋进行储粮(表6-33)。2023年在湖北的调研中发现，当地75%以上的农户储藏都采用编织袋进行储藏，袋装是湖北农户最主要的储粮方式。2022年在湖北的调研还发现，目前种粮大户、农民合作社等新型经营主体大多由于资金等因素都没有建设适宜长期储藏的粮仓，大多仅建有短期周转粮仓，周转粮仓通常适用于企业进行 1～2 个月短期粮食周转或等待更好的卖粮时机，并不适宜进行长期储藏，如延长储藏期间损失率会明显上升。在对湖北复兴水稻种植专业合作社的调研中发现，合作社的仓库为一般周转仓，稻谷烘干后，在出售前堆放在周转仓，为了避免中间的稻谷“烧坏”，合作社专门购买了通风机械，尽管如此，2022年合作社储藏的 2000 吨粮食，仅仅储藏了 1～2 个月，底部大约有 5 吨粮食烂掉，如果储藏时间进一步延长损失率还会进一步增加。调查中发现，湖北农户储藏损失年度最大的时期通常在每年的 7～9 月，约占全年稻谷储藏损失的 70%，主要原因是农户储藏在 7 月后，受温度升高和高温高湿等因素影响，稻谷品质下降、重量减少和生虫。

**表 6-33　农户储藏采用的主要设施**

| 项目 | 编织袋 | 科学储粮仓 | 砖混仓 | 缸(罐) | 仓房 | 其他 |
|---|---|---|---|---|---|---|
| 全国 | 41% | 17% | 5% | 2% | 4% | 31% |
| 湖北 | 75% | 18% | — | — | — | 7% |

注：全国数据为 2016 年调查数据，湖北数据为 2022 年调查数据

调研发现，我国农户一般是把新收获的粮食趁天气晴朗、气温较高时，晒干后直接装入编织袋、竹围囤、芦苇围囤等器具中，有的甚至把晒干的粮食直接散存放在墙角处，甚至是多种粮食混放在一起，仅用塑料薄膜稍加覆盖，不注意储粮的温度、湿度等环境条件，极易被鼠雀禽畜取食、生虫霉变。虽然国家实施了“粮食丰产科技工程”和“农户科学储粮专项工程”，为农户提供科学储粮仓，减损效果明显，但是我国幅员辽阔，由于成本因素农村储粮新技术的推广力度和范围还十分有限。调研中发现，同时还存在农户科学储粮仓具装袋出仓设计不合理、不方便，储粮数量有限、成本高等原因，有部分农户弃用农户科学储粮仓具，也在一定程度上影响了农户科学储粮仓具效用的发挥。

第二，缺乏储粮科学知识是农户储藏损失的重要因素。调研发现，农民安全储粮意识不强，超过 90%的农户对家中的粮食采取放任的态度，只有很少一部分农户定期检查存粮品质状况，基本是依靠经验进行粮食的虫、霉、鼠害防治，储粮防治手段薄弱，难以达到较好的储粮效果。多数农民缺乏科学储粮知识和技术指导，一些地方对农民的技术培训集中于传授粮食生产技术，忽略了粮食储藏技术。

调研发现，目前部分农户仍普遍存在自留口粮和饲料粮的习惯，但由于缺乏必要的科学储粮器具，长时间储藏的原粮易出现霉变、虫蛀等损耗。我国广大农村储粮设施较为简陋，农户一般采用简易的储粮装具，如编织袋、砖混仓、缸(罐)等，防潮防虫、防鼠及密闭性差，时常造成粮食霉变、生虫、鼠食等现象。2022 年湖北省农户调查结果显示，造成农户储藏损失的直接原因主要是虫害、霉变、鼠害三大类，占比分别为虫害 6%、霉变 11%、鼠害 83%，其中，鼠害是农户储粮过程中损失最多的原因，占到农户全部储粮损失的 80%以上(表 6-34)。

表 6-34　农户储藏损失因素调查对比

| 项目 | 虫害 | 霉变 | 鼠害 | 总损失率 |
| --- | --- | --- | --- | --- |
| 储粮损失率 | 0.3% | 0.5% | 3.82% | 4.62% |
| 占总损失比例 | 6% | 11% | 83% | 100% |

第三，新型经营主体周转仓不适宜长期储粮。调研中发现，目前种粮大户、农民合作社等新型经营主体大多由于资金等因素都没有建设适宜长期储藏的粮仓，大多仅建有短期周转粮仓，周转粮仓通常适用于企业进行 1～2 个月短期粮食周转或等待更好的卖粮时机，并不适宜进行长期储藏，如延长储藏期间损失率会明显上升。

### 6.3.4　粮食产后前端环节节粮减损存在的主要问题分析

从收获环节看，没有适时收获、收割机械精细化作业水平不高、作业技术不熟练等问题造成一定的收获损失。从干燥环节看，产后烘干能力不足、农户缺乏专门晒谷场等问题造成粮食损失。从储藏环节看，储粮设施简陋、缺少科学储粮知识、仓储设施老化和布局不合理、标准化规范化运输程度不高、农村物流装备发展滞后等问题影响粮食损失。

1. 收获损失主要问题

一是机械化收获精细化作业水平不高。农业农村部统计数据显示，2020 年全国有农机服务组织 19.48 万个，农机户 3995.44 万个，全国乡镇农机从业人员 4966.1 万人；小麦、水稻和玉米机收率分别达到 97.49%、93.73%和 78.67%。研究表明，目前机械化收获精细化作业水平不高是造成我国粮食收获损失的主要原因。在实际调研中发现，粮食种植农户、收割机手、粮食种植专业合作社等主体普遍认为目前机械化确实提高了粮食收割效率，但作业还不够精细，导致损失不少粮食，粮食产后收获过程中机械化收获精细化作业水平不高是造成收获损失的主要原因。目前我国收割机械主要存在作物损失和损伤两大通用技术难题，部分粮食作物的机收总损失率和总损伤率偏高。例如，有收割机的清选工序存在的黏附堵塞问题，籽粒难以及时分离造成损失；也有收割机的割台高速碰撞穗头产生的掉粒损失；还有在一些烂泥田、倒伏地块收获中普通机械收获损失大等。还有收割机械在收获摘穗、脱粒工序中的高速碰撞，均会造成严重的籽粒破碎。在收获过程中，作物籽粒一旦破碎，尤其出现了裂纹，对后期安全储藏影响较大，一旦储藏环境含水率稍高，就极易造成霉变损失。目前我国还缺乏对粮食收割机械碰撞造成的籽粒破碎等损伤率的相关标准，特别是裂纹很难测定。调查还发现，大的田块更适合一般机械收割作业，粮食收获每亩平均损失率整体相对较低，而碎片化的小田块往往由于大型收割机械不易操作或掉头等因素影响，每亩平均机收损失率增加。除此之外，收割田块的干湿程度同样会对机收损失率造成一定影响，过湿的田块通常容易造成收割机在收割过程中的压陷，增加收割的损失率。

二是粮食作物种植的行距标准不统一。调查发现，在粮食生产过程中的地块规整程度、育种技术和种植间距方式等与收获环节损失也有明显关系。以小麦为例，我国小麦种植的行距在 20～23 厘米变动，各地种植行距不一，行距的不统一容易造成机械化摘穗漏摘率高，而农业发达国家粮食作物种植行距标准化统一，一种收获机械就能够对各地粮食作物进行作业，损失率通常也较低。然而，我国由于粮食种植规模化程度较低，农户地块普遍呈碎片化，作物种植行间距难以实现标准化统一，导致收获机械难以实现标准化作业。

三是农户节粮减损成本收益难以平衡。调查中还发现，农户成本考量造成的损失也不容忽略。通常接近成熟的水稻如遇倒伏严重情形，收割机械一般难以收割，而人工收割的成本高，农户往往会选择放弃收割倒伏严重的水稻，损失率有时候高达 20%～30%。随着农村劳动力成本的持续上升，农户采取节粮行动的成本效益成为减损的关键因素。在理性人的假设条件下，粮食收获损失水平是农户衡量成本效益后的“明智之举”。例如，联合收割机比手工收割粮食的亩均损失高，但收获成本明显低于手工收割，通过人工收割降低损失的边际收益很低。所以在推动收割增效，改善收割损耗的措施里，必须考虑到农户作为经营者本身的机会劳动成本。

四是粮食产后代收获服务体系尚未有效建立。目前各地虽已建立产后服务中心，但大多仅能够为农户提供代干燥、代储藏服务，收获服务体系尚不健全。在调研中还发现，目前全国各地虽已建立产后服务中心，能够为农户提供代干燥、代储藏、代加工等服务。但对农户的代收获的专业化服务还不健全，在收获环节仍缺少专业的产后收获服务体系，包括收获前准确的气象和灾害预报服务、适时收获的时机选择服务、农机操作手的收获技术服务、机械化收获服务、田间运输装卸服务、收获后干燥晾晒服务等，各地粮食产后服务中心优化建设中应将农户代收获服务纳入其中，进一步完善粮食产后服务体系。

2. 干燥损失主要问题

农户粮食干燥环节，受晾晒温度、晾晒时间、晾晒天气、晾晒厚度、翻料次数等因素影响较大，霉变、碎粒、丢损是人工晾晒过程中占 95%以上的损失来源；在采用机械烘干环节，损失主要受机械效率、烘干前粮食所含的水分比例以及烘干温度等因素影响。

一是烘干能力与实际需求仍存在结构性缺口。随着晒场资源越来越紧张，以及对占道晒粮违法行为的宣传整治力度不断加强，农户对于烘干需求日渐提升。然而，高投入成本一定程度制约了农户烘干机械的推广使用，烘干设备一般分为大中小型粮食烘干机，设备及其配套设施一次性投入较大，小型烘干机械的价格一般在 2～6 万元，中型烘干机价格一般在 4～10 万元，大型烘干机价格一般在 10 万元以上，如果没有相应政策和资金支持，大部分农户、农民合作社和种植大户难以承受一次性较大的烘干机购置费用投入。干燥设备单价普遍较高，普通农户通常无力独立购买烘干设备。此外，从成本核算的角度，中小型粮食企业和经纪人通常也不愿意花很多钱购买干燥机械，购置烘干设施成本因素限制了农户、新型经营主体烘干机械普及。烘干设备适用性不强，具有固定性，仅能用于大批量粮食作物的烘干，辐射范围限于周边地区，并且具有季节性，对于烘干设备来说，绝大多数时间处于闲置状态。粮食烘干塔每次装粮 30 吨以上，小规模农户种植的粮食无法单独烘干作业。截至 2019 年底，我国粮食烘干机保有量突破 12 万台，比 2005 年(不足 1 万台)有了大幅提升。但全国粮食烘干能力与农作物生产全程机械化目标相比，仍有缺口(夏丹萍，2022)。粮食烘干水稻多、小麦少，粒收玉米多、穗收玉米少，不同区域粮食烘干需求和能力差异较大。

二是粮食产后代干燥服务体系功能尚未有效发挥。虽然在“优质粮食工程”建设的推动下，目前很多地方已建立了粮食产后服务体系，能够为农户提供代烘干、储藏等服务功能。但调研也发现，受烘干成本、运输条件等因素影响，目前农户储藏采用机械烘干的比例不足 3%。在对农户的调研中发现，如果运送到附近的粮食产后服务中心烘干塔进行干燥，需要增加烘干及运输费，干燥和运输成本较高，农民由于顾及费用等而不愿把粮食送去烘干，大多会选择将收获粮食堆放在自家场院和田地自然晾晒，农户在自然晾晒过程中的虫鼠害、抛洒等无疑将增加粮食损失。农户通过产后服务中心进行粮食烘干的积极性不高，农户粮食烘干规模偏小，制约了产后服务中心代烘干功能的有效发挥，粮食产后服务中心代农户烘干功能尚未有效发挥。

#### 3. 农户储藏损失主要问题

在储藏环节，农户储藏损失依然存在，缺乏正规而适用的储粮装具和设施，以及适用于农村的高效低毒的防治虫、霉、鼠的药剂，缺少科学储粮的基础知识和必要技术，是农户储藏损失的主要原因。据粮食部门统计，农户储藏粮食损失达 8%左右。

一是农户科学储粮仓具难以满足大型种植户储粮需求。为了减少农户储藏损失，从 2007 年起，国家粮食和物资储备局组织实施“农户科学储粮专项”。在企业和种粮农户的调研中发现，当地推广农户科学储粮仓具时，仓具由于容量小、性能单一，农户科学储粮仓具装袋出仓设计不合理、不方便，储粮数量有限、成本高等原因，不适应大型粮食种植者的储粮需求，有部分农户弃用农户科学储粮仓具，也在一定程度上影响了农户科学储粮仓具效用的发挥。特别是在东北地区，耕地面积大，随着土地流转和经营规模的增加，大型粮食种植者种植了数百亩、数千亩和数万亩，对科学粮仓的需求量很大。目前黑龙江省推广的粮仓多为 12 立方米和 22 立方米，12 立方米的粮仓市场价格在 2000 元左右，但即使是 10 亩玉米也装不下，大型粮食种植者种植面积大，一般需要较多玉米储藏，投资成本太高，农户科学储粮仓具难以满足种粮大户的储粮需求。

二是新型经营主体储粮设施条件较差。调查发现，当前，国有粮库已基本实现智能化储藏，储藏条件较好、损失率较低。但农民自建库、农民合作社、粮食经纪人、种粮大户、中小型粮食企业等的储粮设施还普遍比较简陋，容易造成储粮损失。在我国耕地有限的情况下，改善新型经营主体粮食储藏条件，减少农户、农民合作社、粮食经纪人、种粮大户、中小型粮食企业等储粮环节损失，对于节约粮食资源、保障国家粮食安全具有重要意义。调研发现，粮食种植合作社、粮食经纪人、小型粮食企业储粮条件普遍较差，导致粮食虫害、鼠害、品质损失等问题严重。

三是粮食产后代储藏服务体系功能尚未有效发挥。虽然在“优质粮食工程”建设的推动下，目前很多地方已建立了粮食产后服务体系，能够为农户提供代烘干、储藏等服务功能。但调研也发现，由于受到储粮习惯、储粮成本费用、运输条件等因素影响，目前农户通过产后服务中心进行粮食代储藏的积极性不高，农户代储粮的规模整体偏小，制约了粮食产后服务中心代储粮功能的有效发挥。

### 6.3.5　粮食产后前端环节节粮减损政策和保障措施

粮食产后前端环节节粮减损是一项系统工程，必须坚持系统思维、综合施策，促进粮食产后前端“收获、干燥、农户储藏”全链条节粮减损协同联动。

#### 1. 粮食产后前端环节节粮减损政策

##### 1) 收获环节节粮减损政策

收获环节作为粮食产后的重要开端，是决定粮食产后减损的关键步骤。研究显示，我国粮食产后前端收获环节损失仍然比较突出，收获环节从品种选育、种植规模化、机械收割、田间运输等方面，还有较大减损提升空间。

一是加强节粮优质品种的选育。全链条节粮减损，加强产前种子环节的源头管控是关键，把住节粮减损的第一道关口。研究发现，不同粮食品种收获籽粒田间掉落损失存在明显差异。因此，在粮食收获前，选育具有抗倒伏、不易脱落等优良品质的粮食品种对于减少田间收割损失都具有重要意义。要根据不同地域、气候条件、地形特征，重点加强高产、优质、抗倒伏、抗籽粒脱落、宜机械化收割等新品种创新繁育，加强科学精准育种，从源头上促进粮食全链条节粮减损。

二是加快推进适度化规模种植。加快推进农户粮食适度规模化种植，能更好实现大规模机械化生产作业，有利于降低机械化收获损失，还能够有效降低生产成本。坚持依法自愿有偿，鼓励农户通过流转、租赁合作、转租、股份合作等多种方式探索开展土地适度规模经营，降低粮食种植细碎化程度，鼓励新型经营主体与农户采取土地股份合作、土地托管、半托管等多种方式发展粮食规模化生产，有序开展土地经营权向家庭农场、农民合作社、农业企业等新型经营主体流转，推进粮食适度规模化生产。

三是加快实施高标准农田建设。各级地方政府要积极统筹整合资源，推进耕地平整和高标准农田建设，降低农户耕地细碎化程度，加大高标准农田建设投入力度，整齐、系统的高标准农田有利于作物种植的行距标准统一，有利于粮食收割机械的标准化作业，降低产后收获环节损失。

四是定期开展农机手技术培训。研究表明，收割机机手熟练程度、作业态度明显影响收获损失率。在收获减损环节，将农机手全部纳入高素质农民培育对象范围，依托县(市、区)农业与农村部门农技服务站对农机驾驶员、农机服务组织、粮食经营者进行常态化技术培训、经验交流，包括职业技能和职业道德培训，是一种行之有效的减损方法。通过培训更好地落实农业农村部门粮食机收减损技术规范，通过组织开展机收现场观摩、技术大比武等活动，通过奖励优秀，营造比学赶超减损氛围，切实提高农机手规范操作能力，同时通过完善机收社会化服务合同的内容，将损失率等纳入服务具体条款。

五是开展常态化机收减损监测。分区域分作物修订完善机械化收获减损技术指导意见，引导农户和机手因地制宜地选择收获时机与机收方式，千方百计减少粮食损失。分品种制定详细的机械收获技术指导意见和具体操作规范，根据当地农作物分布、地形特点、种植习惯等，优化技术集成，形成具有地方特色的全程机械化解决方案。加强对农机作业人员的培训和技术指导，将损失率等纳入机收社会化服务条款，切实减少操作造成的损失。组织宣传小麦、玉米、水稻三大主粮作物机械化收获减损技术指导意见，开展机收减损技术指导，降低收获损失。向种粮大户、农民合作社、农业企业发放《粮库储粮技术手册》，减少新型经营主体储粮损失。依托各地县(市、区)农业农村部门农机服务站(中心)，加强粮食机收损失测试、验证与监测，根据当地农作物品种分布、地形特点、种植习惯等，制订具有地方特色的常态化机收减损数据监测工作方案。不断完善修订水稻、玉米、小麦、大豆机收减损技术指导规范，加强机收减损技术指导和督查，规范机收作业质量标准和操作技术规程。

六是创新粮食机收社会化服务。建立健全覆盖全程、综合配套、便捷高效的粮食收获社会化服务体系，各县(市、区)乡镇街道可通过设置农机综合服务站，成立村级农机服务点，统一调配镇域内农机、农资等各类资源，规范管理辖区农机合作社、粮食合作社或其他服务组织，实现小农户与现代农业发展的有机衔接。

2) 干燥环节节粮减损政策

粮食烘干是提升粮食品质、减少产后损失、确保粮食安全的重要保障。目前我国在干燥新技术推广、加强干燥技术培训、提升干燥环节社会服务水平等方面，还有较大的提升空间。

一是加强粮食产后烘干能力建设。深入实施粮食烘干机购置补贴政策，将粮食烘干成套设施装备和烘干中心纳入农机新产品补贴试点范围。抢抓国家粮食烘干成套设施装备纳入农机新产品补贴试点机遇，推广使用绿色热源烘干设备和小型移动式烘干设备。围绕改善粮食产后烘干条件，在现有农机购置补贴基础上，将更多符合条件的烘干机具纳入补贴范围，进一步提升烘干能力。鼓励产粮大县推进环保烘干设施应用，加大绿色热源烘干设备推广力度。鼓励新型农业经营主体、粮食企业、粮食产后服务中心等为农户提供粮食烘干服务，烘干用地用电统一按农用标准管理。探索财政投入新模式，按用气量、用电量及其他有效方式给予烘干补贴政策，减轻烘干企业和农民群众费用支出压力。

二是科学布局建设农户粮食晒场。合理规划建设一批村级晾晒场，鼓励机关、企事业单位、学校、村委会等开放空闲场地供农户晒粮。研究推广智能粮食立体晾晒风干仓和庭院立体储粮等晾晒储粮方式。设法增加合理晾晒场地，有条件的村可以建设多功能场地，农闲时可用作文化广场，农忙时可用作晾晒场地，为村民晾晒提供方便；动员附近学校、企业机关将空闲硬化场地作为临时晾晒场地等，为粮食晾晒提供便利。种粮大户田间地头可适当放宽耕地保护政策，留出小块地块硬化用于晾晒或短期储藏。

三是推广使用数字绿色烘干技术。研究出台支持粮食绿色烘干政策措施，对传统粮食烘干燃煤热源进行环保能源改造，因地制宜加快推广绿色高效粮食烘干技术装备。组织相关科研院所、农机生产制造企业等，加强不同粮食作物机械化干燥技术研究，指导各地开展储粮烘干设备燃煤热源综合整治，促进减污降碳协同发展。鼓励开发移动式绿色环保烘干设备，因地制宜推广热泵、生物质等多种烘干新热源，最大限度地减少收获环节的粮食损失。推广节能高效绿色技术与装备，因地制宜采用热泵、电加热、生物质燃料、天然气和太阳能等热源，推进粮食烘干燃煤热源更新改造，2025 年大气污染防治重点区域基本完成粮食烘干散煤清洁能源替代。鼓励企业加快研制新型热源和清洁能源机型，提高机具热能转化效率。推进对现有粮食烘干机进行环保节能升级改造，确保达标排放。针对不同区域、不同主体、不同粮食品种和不同粮食用途，开发创新利用自然空气、太阳能的新型粮食烘储一体化技术，降低烘干作业成本，提高设备使用率和粮食储藏保质增值能力。加快与烘干储粮设施配套的环保型清理、输送、除尘设备和多功能粮情测控装置的研发推广应用，促进粮食烘干仓储适配技术绿色发展。加快信息数字化技术与烘干储粮设施装备相融合，提高烘干设施装备智能化、数字化水平。推广粮食烘干作业量自动计量、水分在线测量、烘干机作业情况和储藏粮情数字化在线监测等新技术，实现作业服务信息在线感知、生产精细管控、运维高效管理。

四是健全粮食产后烘干服务网络。目前全国各产粮大县产后服务中心已实现全覆盖，为种粮农户提供代清理、代干燥、代收储、代加工、代销售等全方位、全链条服务。充分发挥全国 5500 多家粮食产后服务中心作用，针对烘干环节造成的粮食损失，鼓励新型农业经营主体、粮食企业、粮食产后服务中心等为农户提供粮食烘干服务，助力产后烘干减损。结合实际制订粮食产地烘干能力建设规划或实施方案，做好顶层设计，科学合理布局。根据不同粮食品种生产情况和补足粮食产地烘干能力的需要，统筹已有烘干设施装备的改造提升和新增烘干能力建设，统筹各类新型农业服务主体和经营主体、粮食加工企业、粮食产后服务中心等资源，在符合国土空间规划的前提下，科学合理确定粮食烘干中心(点)建设布局和规模，构建烘干点与烘干中心相结合的粮食产地烘干体系。

3) 农户储藏环节节粮减损政策

农户储藏环节作为粮食供应链的开端，是决定粮食产后数量和质量的关键步骤。据统计，农户储藏环节也是目前我国粮食产后前端环节损失最为严重的环节。在我国耕地有限的情况下，改善粮食储藏条件，减少农户、中小企业、粮食经纪人等储粮环节损失，对于节约粮食资源、增加农民收入、保障国家粮食安全具有重要意义。目前我国在完善机械化收获财税引导政策、机械化收获新技术推广、开展精细化收获机械研发、加强机手精细化收割技术培训、提升机械化收获社会服务水平等方面，还有较大的提升空间。

一是加强农户科学储粮技术培训。各地科技、粮食等部门要加强宣传与技术辅导，增强农民安全储粮意识，引导农民安全储粮，向农户传授科学、先进、合理的家庭储粮技术。为农户提供科学储粮技术培训和服务，将科学储粮技术纳入高素质农民培育专业技能课程体系。支持引导农户科学储粮，加强农户科学储粮技术培训和服务。引导农户科学储粮，指导农户实施科学储粮项目，推广适用于农户的多型规模储粮新装具。在收获前，按照品种特性选择合适机型、按照成熟度选择收获时期、按水稻田间长势确定机收方法，大大减少了机收粮食损失。有关部门、研究机构结合各地实际情况，研究一些简便易行的储粮技术、设备等，通过发学习资料、搞技术讲座、办黑板报等多种形式，向广大农民推广。专业技术人员也应多走进农民家里，指导农民掌握科学储粮技术，尽量减少损耗。向种粮农民发放《农户科学储粮知识手册》，减少家庭储粮损失。开展储粮技术宣讲服务，在库“一站式服务大厅”循环播放中国储备粮管理集团有限公司制作的《农户科学储粮节粮减损技术服务宣传片》，库区张贴《农户储粮挂图》，质检人员为售粮群众讲解储粮知识，发放《农户科学储粮节粮减损技术宣传手册》《小麦储藏技术》等科学储粮宣传材料，增强农民科学储粮意识，提高节粮减损能力。按照中储粮河南分公司关于开展农户储粮节粮减损技术服务工作的要求，积极发挥中储粮绿色、科技储粮技术优势，组织青穗志愿者深入田间地头、种粮大户开展农户科学储粮节粮减损技术服务，宣讲质价政策，讲解储粮技术，开展上门质检，进行全方位的指导和服务，积极帮助和引导农民科学储粮、节粮减损。向农户和粮食经纪人讲述粮食晾晒、储藏技术，免费发放《农户科学储粮节粮减损技术宣传手册》《农户储粮挂图》等技术手册。根据中国储备粮管理集团有限公司文件（中储粮综〔2021〕98 号）精神和其河南分公司文件（中储粮豫办〔2021〕47 号）精神，结合行业特点，发挥中国储备粮管理集团有限公司绿色、科技储粮技术优势，引导和帮助农民科学储粮、节粮、减损，永城直属库在粮食收割前印制《农户科学储粮节粮减损技术宣传手册》100 册、节粮减损宣传挂图 60 张，带着手册、挂图和《农户科学储粮节粮减损技术服务宣传片》来到帮扶村，组织农户开展科学储粮、节粮减损知识宣传培训，赠送《农户科学储粮节粮减损技术宣传手册》、观看《农户科学储粮节粮减损技术服务宣传片》并现场回答了农民朋友关于储粮方面的问题，此次活动，增强了农户节粮减损意识和科学储粮水平，受到了农民朋友的一致好评。

二是提升农户仓储设施水平。继续加大农户科学储粮仓推广力度，根据不同区域、各类粮食具体情况，研发简便安全、适应农户需要的储粮技术和粮仓，仓型大小应以当地户均粮食产量为依据，避免出现粮仓大小不适用问题。中央、省级财政多提供匹配资金，尽量减少农民购买成本，并通过粮食部门定向监督，确保“专仓专用”。加大财政资金支持力度，根据农户实际储粮需求，支持建设简洁安全的储粮装具。对劳动力不足的农户，没有较好储藏条件的农户，鼓励利用村集体建设用地、闲置区域等，集中搭建立体储粮设施，充分利用集体建设用地建设乡村集中储粮点，避免储粮不当带来的损失。

三是提升新型经营主体储粮能力。截至 2021 年 4 月底，全国依法登记的农民合作社达到 225.9 万家；截至 2020 年底，全国家庭农场数量超过 300 万个。在种粮大户、家庭农场、农民合作社成为粮食生产主力的当下，必须加快研究推广与之需求相匹配的储藏仓具和技术，推广适宜农村新型经营主体需要的储粮装具。进一步加大科学储粮仓推广力度，中央、省级财政提高资金匹配比例，尽量减少农民对储粮仓的资金匹配。根据不同地区和各种粮食的具体情况，基于当地家庭的平均粮食产量等特点，开发简单安全适用的粮食储藏技术和粮仓，以满足农民的需求。在种粮大户、家庭农场、农民合作社等新型经营主体日益成为粮食生产主力的当下，加快研究推广与之需求相匹配的储藏仓容和技术，鼓励支持其建设高标准储粮仓库，加强对现有仓房硬件的气密性、隔热性改造，加快数字化、智能化、低温高效节能仓储技术的应用，提升储粮仓储技术装备科技水平，切实降低仓储环节粮食减损率。

四是加大科学储粮技术推广服务。积极推广科学示范仓等新型储粮装具，推广使用粮食收获源头保质、绿色虫霉防控、低温保鲜储粮、环流熏蒸、粮情监测、横向通风等绿色储粮新技术。大力推广低温储粮技术，鼓励支持有条件的种粮大户、家庭农场、农民合作社使用低温储粮技术。低温储粮不仅可以有效减少干物质损耗，抑制、延缓粮食陈化和品质劣变速度，保持粮食的新鲜度和食用品质。还能够有效控制虫霉的生长发育，减少害虫危害，防止粮食发热、结露、霉变，减少粮食储藏过程中的损失，尤其是要加强农户储藏过程中鼠害的防治技术指导和推广，减少鼠害损失。

五是加强农户储藏服务中心建设。国家应继续实施优质粮食工程，建设更多粮食产后服务中心，并积极鼓励粮食产后服务中心与农民合作社、家庭农场、种粮大户合作，不断提升农户科学储粮减损能力。充分发挥建成的全国 5000 个粮食产后服务中心的作用，适当扩大粮食产后服务中心数量和辐射面，提升粮食产后清理、干燥、仓储等服务水平，切实减少粮食产后储藏损失。针对储藏环节造成的粮食损失，产粮大县依托粮食收储企业等开展粮食产后服务，为农民合作社等提供代烘干、代储藏、代销售等粮食“五代”服务，开展产销衔接，搭建粮食产后服务平台，解决农民存粮“无地方、无设施、无技术”的困扰，努力减少粮食产后储藏环节损失，促进种粮农户增产增收。探索代农储粮模式，引导粮食储备企业、粮食生产企业、具备科学储粮条件的各类市场主体积极开展代农储粮业务，完善粮食储备条件，降低农户储藏损耗。可采取中储粮+农民合作社+农户的新型储粮模式，中储粮直属库与新型经营主体签订粮食收购协议，按照中储粮收粮标准对新型经营主体农民收获的粮食进行整理后，再统一运送到当地最近的中储库中储藏，减少农民储粮卖粮的中间环节，拓宽中储粮的收粮渠道，促进农民增收。对种粮大户、农民合作社等新型经营主体，利用现有粮库仓储设施资源开展粮食产后服务，为他们提供“即时结算、延期服务、代烘干、代储藏”等服务，推动农户储藏方式向“存粮在库”精细化管理转变。

### 2. 粮食产后前端环节节粮减损保障措施

粮食产后前端环节节粮减损是一个系统性工程，涉及经济社会、科学技术、政策法规等诸方面因素，需要政府、企业、社会共同努力，综合施策。

1) 组织保障措施

一是加强粮食产后减损工作领导。建议由国家发展和改革委员会、农业农村部相关部门联合成立粮食产后减损领导工作组。在顶层设计中，明确各部门责任，强化节粮减损的推动合力。同时，加快建立粮食损失统计监测体系和标准体系，定期开展工作评估和成效总结，推动健全我国粮食产后前端环节节粮减损体系建设。

二是开展粮食产后减损试点创建。深入开展全链条节粮减损试点县、试点镇创建工作，形成比学赶超的浓厚氛围，争取试点县、试点镇覆盖率 40%以上；2024 年，在科技支撑、体系建设等方面取得标志性成果。力争全链条节粮减损示范县、示范镇覆盖率突破 80%；打造全国领先的节粮减损示范县(市、区)，实现全链条节粮减损新突破，形成高产和节粮“双示范区”的格局。探索试点先行。鼓励支持市直部门和县(市、区)在体制机制、科技创新等方面先行先试。积极推进试点县、试点镇创建工作，在总结经验的基础上，创建示范县、示范镇，形成比学赶超的浓厚氛围。

三是强化节粮减损标准宣传解读。国家粮食和物资储备局聚焦百姓关切，多措并举强化宣传引导，突出节粮减损有利于国家粮食安全的理念，不断推进节粮减损标准落地见效。利用重要时间节点扩大宣贯影响力，通过世界标准日、世界粮食日、粮食科技活动周、食品安全宣传周 · 粮食质量安全宣传日等，广泛宣传报道节粮减损标准典型案例，向社会普及大米、面粉、食用油、杂粮等粮油产品保存方法等节粮减损知识。利用中央电视台“新闻联播”“新闻直播间”等栏目对节粮减损标准取得的成效进行集中宣传报道。利用多个媒介平台持续推进宣传工作。通过国家粮食和物资储备局政务网站、中国粮食经济、“中国粮食标准质量”公众号等平台，以及举办线上标准专题宣贯培训班等方式，广泛宣传解读新发布节粮减损标准，指导相关粮油企业、广大消费者正确理解和准确实施标准。粮食资源是经济社会平稳可持续发展必不可少的要素之一，端稳“中国饭碗”离不开节粮减损工作的不断推进，做好节粮减损标准化工作不仅是促进节粮减损的有力举措，更是服务粮食产业高质量发展的重要技术支撑。

2) 金融保障措施

一是加大节粮减损金融支持。统筹整合产粮大县、商品粮大县等奖励资金和粮食风险基金节余等资金，加大粮食产后收获、干燥、农户储藏节粮减损奖励支持力度，对机收减损等节粮减损先进县(市、区)进行奖励或补贴。积极争取上级资金，创新投融资方式，鼓励社会资本投入节粮减损领域。加强财税政策引导减少机收损失，充分发挥农机购置补贴政策的导向作用，引导生产企业技术进步和产品提档升级，加快淘汰老旧收获机械。有力实施农机报废更新补贴政策，引导农机手优先采购高性能联合收割机，对使用年数多、性能落后的老旧联合收割机鼓励报废更新，减少机具设备老旧导致的收获环节损失。强化农机实验鉴定监管和联合收割机质量调查，把不合格、不耐用、不适用的产品挡在政策支持范围之外。

二是加强节粮减损金融创新。围绕粮食全链条减损中产生的融资需求，金融机构应加强创新，为企业更新设备、改进技术、进行智能化储粮改造，提供适配性强的金融产品和服务。金融机构应对粮食种植专业合作社、供销社等新型主体购置粮食烘干设施予以更大支持。购置农机需要较大投入，金融机构可推出针对性较强的农机具贷款，满足机械化家庭农场、农机大户、农户农企缺少购置农机资金的融资服务需求。在实践中，金融机构可考虑与农机站、农机超市合作，农户以购买农机具的发票收据为用途证明材料，向涉农金融机构申请借款，农户可以先贷后买，不误农时。加大对粮食烘干机具的购置财政补贴力度，涉农金融机构亦可探索农具购置补贴收益权质押等新型抵押担保方式。发挥金融支持智能粮库建设，促进人防和技防相结合，强化粮食库存动态监管。在各地智能粮库项目建设过程中，金融机构应当靠前发力，以高质高效的金融服务和产品支持大型智能粮库项目建设。金融应深入研究粮食全链条各环节经营主体的经营特点和融资需求，创新增信方式，疏通融资渠道，全力做好节粮减损链条各涉农主体的金融服务供给，为节粮减损和粮食产业高质量发展提供助力。

3）科技保障措施

加快构建科技支撑体系，加大节粮减损科技支撑，开展粮食产后高效节粮新技术、新工艺、新装备的研发和应用。构建技术研发体系和成果推广体系，培养专业化粮食减损技术创新研发队伍，加强高技能人才培养工作。

一是加强节粮关键共性技术研发。加强低损高效收获机械研制，重点解决粮食作物收获机械基础材料、关键零部件、关键技术“卡脖子”难题。鼓励企业建立粮食行业重点实验室、技术创新中心，培育粮食领域国家和自治区级重点实验室、技术创新中心，构建多种形式粮食科技创新平台，提高粮食产业创新能力。加强对倒伏等受灾作物收获机械的研发，推动气吸排种、低损喂入、高效清选、作业监测等播种收获环节关键共性技术研发。突破地形匹配技术，研发与丘陵山区农业生产模式配套的先进适用技术装备，抓好关键零部件精密制造，减少丘陵山区粮食机械收获损耗。加快建设一批技术研发集成平台，设计制造能够适应农艺特征的收割机，提高机械结构和工况参数对作物力学的匹配；探明作物在不同机械作用下的黏附、断裂等规律，精准构建作物与机械互作模型，开发能够表征上述模型的新算法、新传感器，形成对多种作业工况的调控技术，实现作物收割降损、增效。持续加强储粮新技术、新工艺、新材料、新仓型的研发实验和适用性研究，开发农户安全储粮新技术和新装具，积极开发低温储粮技术和储粮新药剂。持续推进多参数、多功能粮情测控系统技术研究，强化粮仓气密和保温隔热等关键技术应用，积极推广粮库仓顶太阳能光伏板、新型辐射制冷材料，推进粮食清理技术和绿色环保烘干技术研究。强化节粮科技支撑，加强粮食收获机械科研攻关与创新，加强农业机械科研攻关，要积极整合科研力量，加强粮食收割环节基础性科学技术研究，突破一批关键性重大技术，交叉融合人工智能技术。加强对倒伏等受灾作物收获机械的研发。以县(市、区)为单位联合研发、引进、改良、推广适合本地的先进收获农机农具，提高绿色高效精准收获水平。加强粮食主产区基础设施和气象灾害预警系统建设，减少气候因素造成的损失。

二是完善粮食产后减损技术标准。以科技创新支撑构建节粮减损标准体系，将节粮减损理念融入标准。积极开展粮食收获、干燥、农户储藏等领域节粮减损标准涉及的技术研究开发，为相关标准制修订提供可靠数据支持。党的十八大以来，国家粮食和物资储备局组织制修订节粮减损标准 47 项，基本建立了覆盖粮食全产业链的节粮减损标准体系，为保障国家粮食安全提供了重要技术支撑。当前，我国粮食生产、储运等各环节还存在作业不规范、技术标准执行不到位、相关标准缺失、实施力度不够等问题。亟须加快推进节粮减损标准体系建设，强化节粮减损标准供给，推动标准的应用实施。制修订水稻、玉米、小麦、大豆机收减损技术指导规范，引导农户适时择机收获。鼓励有关行业协会、企业制定相关团体标准、企业标准。例如，在生产环节，重点加强种植技术、采收技术、播种机、收割机等生产环节标准制修订；在收购环节，修订后的《大豆》国家标准通过修订“损伤粒率”等质量指标，使等内大豆占比从 66%左右提高到近 90%，能有效增加收购粮源；在运输环节，着重于降低包装、装卸抛洒、散漏损失率等相关标准研制；在农户储藏环节，《二氧化碳气调储粮技术规程》《氮气气调储粮技术规程》等绿色储粮标准发布，提升了绿色储粮水平，降低了农户储藏环节粮食损耗，着重加强仓储设备建设、虫霉防治和减损降耗等相关标准研制；需要强化标准引领，不断健全符合节粮减损要求的粮食全产业链标准体系。在节粮减损技术研究中，增加标准成果考核指标，促进技术成果转化为应用标准。通过宣传引导，促进粮食流通主体应用节粮减损技术标准，推进粮食产业向绿色、高效、节约方向迈进。行业协会要制定发布全链条减损降耗的团体标准，对不执行团体标准、造成粮食过度损耗的企业和行为按规定进行严格约束。

三是加快节粮新技术的应用推广。在收获环节，针对一些烂泥田、倒伏地块，普通收割机无法进地，收获损耗大等情况，大力推广使用全喂入式水稻收割机，这种机器不仅收割速度快，还可以大大减少粮食浪费。玉米收获中大力推广使用半链轨橡胶履带收割机，安装半链轨后，可保证机械平稳行走，可控性强，不推垄，不损失粮食，与普通机械相比，可明显减少粮食损失。在收获运输过程中，大力推广使用粮食田间收割转运车。推广使用全方位封闭式的铁皮卡车作为运输车辆，这种类型的车辆有着较强的密闭性，可降低粮食在运输过程中丢失的概率。在干燥环节，鼓励开发移动式绿色环保烘干设备，因地制宜推广热泵、生物质等多种烘干新热源，最大限度减少收获环节粮食损失。科技创新为减少粮食损失提供了有效的解决手段，如持续开展农户科学储粮建设，推进适应当前农业生产变化的规模化农户储藏技术及装具。在农户储藏环节，继续加大科学储粮仓推广力度，中央、省级财政多提供匹配资金，尽量减少农民购买成本，并通过粮食部门定向监督，确保“专仓专用”。要根据不同区域、各类粮食具体情况，尽快研发出简便安全、适应农户需要的储粮技术和粮仓，仓型大小应以当地户均粮食产量为依据，避免出现粮仓大小不适用问题。推广物联网、大数据、云计算、5G 等信息技术在储粮领域的应用，加强“智慧粮库”、数字化、智能化储粮等新技术的应用，通过引入智慧粮食管理系统，扦样检测定级、过磅称重等环节全部实现数字化、智能化、规范化，推进粮食全链条节粮减损。推广应用粮食储藏霉变在线智能监测预警系统和精准防控技术，推动粮食全链条从粗放式管理向精细化管理转型，有效提高节粮减损能力。推广应用节粮减损提质增效新技术、现代粮仓建设技术和物流配套技术，以及储粮“四合一”升级新技术等储粮技术。加强新型专用散粮、成品粮集装运输装备及配套装卸设备的推广应用。深入研究粮堆温、湿、热迁移规律，开展粮堆多场耦合技术应用，强化各类规模农户储藏技术推广应用，加强高效节粮新型谷物收获机械推广应用，推广移动式绿色环保烘干设备。

4) 制度保障措施

一是完善节粮减损法律体系建设。通过立法修规，建立有利于促进粮食节约的法律机制，推动节粮减损从政策治理向法治治理转变。通过立法明晰节粮减损各类主体法律责任与义务，共同推进节粮减损。加快推进珍惜粮食、反对浪费的法治化进程，补齐法治建设短板。新颁布的《中华人民共和国粮食安全保障法》以及新修订的《粮食流通管理条例》对粮食收储、运输、加工的经营主体节粮减损做出专门规范，为依法节粮减损提供了重要的法律支撑，加快地方粮食立法修规，强化依法管粮，促进节粮减损。完善地方性法规和部门规章，各地各部门要依据《中华人民共和国粮食安全保障法》对节粮减损的明确要求及各自权限，制定并实施更加适合地方实际或行业特点的地方性法规和部门规章，对节粮减损提出具体可量化的目标，并明确切实可行的措施。

二是建立产后减损成本补偿机制。建立以农户为主体的粮食产后前端环节节粮减损成本和利益补偿机制，在通常情况下农户根据各自成本与收益原则，选择不同的粮食节约减损方式和行为。当节粮减损的社会边际成本收益与农户边际成本收益背离时，此时农户成本没有办法得到补偿，而此时节粮行动又会产生较大的环境和社会效益。这时市场机制难以发挥作用，即出现市场失灵，所以这时候就需要利用外部力量，即政府的政策干预来有效平衡节粮行动产生的社会效益和农户节粮成本大于收益之间的矛盾冲突问题。当农户节粮成本与收益不相等时，政府可以通过税收与补贴等经济干预手段降低农户投入成本，这是外部性内部化。当节粮减损的社会边际成本收益与农户边际成本收益背离时，此时农户成本没有办法得到补偿，这时市场机制难以发挥作用，即出现市场失灵，所以这时候就需要利用外部力量，即政府的政策干预来解决。然而，这种外部性内部化的制度就是制定以农户为主体的粮食产后前端环节节粮减损成本和利益补偿政策的核心目标。一般认为，粮食损失包含不可控部分和可控部分。前者主要是由于自然条件和技术原因，无论如何也难以避免的损失；而后者主要是粮食生产者的收获决策导致的损失。在理性人的假设条件下，粮食收获损失水平是农户衡量成本效益后的“明智之举”。那么如何降低节粮减损的边际成本，提升节粮减损的边际收益是解决该问题的关键。一些研究表明，农户收入的提高可能意味着更严重的粮食损失，特别是在目前可用的收获技术下，粮食损失是农户主动承受的。农户烘干成本与收益要平衡，作为农户，在他看来粮食烘干的好处要大于经济负担，因此只有在承受范围内，他才愿意选择粮食烘干。

三是建立产后损失监管奖惩制度。节粮减损是各级政府、市场经营主体、行业组织、消费者共同的责任义务。通过明确政府牵头责任部门，建立产后损失监管奖惩制度，明晰各类主体责任与义务，通过加强日常监督检查，层层压实责任，建立减少粮食损耗浪费的成效评估、通报、奖惩制度。建立部门监管、行业自律、社会监督等相结合的监管体系，综合运用自查、抽查、核查等方式，持续开展常态化监管。

四是建立常态损失调查评估制度。目前，我国粮食损失研究总体上处于起步阶段，专项研究仍是空白，尚未建立系统的监测评估体系，大部分研究是通过估算、文献引用和小样本调查等取得的，不确定因素较多，可靠性不高。探索粮食损失调查评估方法，建立粮食损失评价标准。研究建立全链条粮食损失评估指标体系，定期开展数据汇总和分析评估。

## 6.4 本章小结

本章旨在探究粮食产后前端环节损失常态化调查评估制度构建的原则、目标及思路，粮食产后前端环节常态化调查评估制度构建方法及内容，并据此提出我国粮食产后前端环节常态化减损政策衔接与优化的建议，主要结论可以概括如下。

粮食产后前端环节节粮减损存在的主要问题包括：从收获环节看，没有适时收获、收割机械精细化作业水平不高、作业技术不熟练等问题造成一定的收获损失；从干燥环节看，产后烘干能力不足、农户缺乏专门晒谷场等问题造成粮食损失；从农户储藏环节看，储粮设施简陋、缺少科学储粮知识、仓储设施老化和布局不合理、标准化规范化运输程度不高、农村物流装备发展滞后等问题影响粮食损失。

粮食产后前端环节节粮减损是一项系统工程，必须坚持系统思维、综合施策，促进粮食产后前端“收获、干燥、农户储藏”全链条节粮减损协同联动。收获环节的减损措施应从以下几方面入手：加强节粮优质品种的选育；加快推进适度化规模种植；加快实施高标准农田建设；定期开展农机手技术培训；开展常态化机收减损监测；创新粮食机收社会化服务。干燥环节的减损措施则应包括：加强粮食产后烘干能力建设；科学布局建设农户粮食晒场；推广使用数字绿色烘干技术；健全粮食产后烘干服务网络。农户储藏环节减损应关注以下几方面：加强农户科学储粮技术培训；提升农户仓储设施水平；提升新型经营主体储粮能力；加大科学储粮技术推广服务；加强农户储藏服务中心建设。

粮食产后前端环节节粮减损是一个系统性工程，涉及经济社会、科学技术、政策法规等诸方面因素，需要政府、企业、社会共同努力，从组织保障、金融保障、科技保障、制度保障等各方面综合施策。

### 参考文献


曹宝明. 1997. 粮食产后损失的测定与评价方法[J]. 南京经济学院学报，(1)：31-35.

曹芳芳，朱俊峰，郭焱，等. 2018. 中国小麦收获环节损失有多高?——基于4省5地的实验调研[J]. 干旱区资源与环境，32(7)：7-14.

陈伟，朱俊峰. 2020. 农户粮食收获损失影响因素的分解分析[J]. 中国农业资源与区划，41(12)：120-128.

丁声俊. 2022. 关于“节粮减损”行动的思考与政策建议[J]. 价格理论与实践，(2)：5-11.

樊琦，祁华清. 2014. 既要重视粮食生产 更要做好粮食产后节约减损[J]. 中国粮食经济，(7)：63.

刘慧. 2021-11-4. 增产莫忘节粮减损[N]. 经济日报，(5).

罗屹，黄东，武拉平，等. 2022. 储粮损失与农户储粮决策：基于 23 省 1199 户玉米种植户的实证分析[J]. 中国农业大学学报, 27(9): 30-42.

武拉平，李轩复，朱俊峰. 2022. 中国农户粮食田间收获损失研究[M]. 北京：经济管理出版社.

夏丹萍. 2022. 发展绿色烘干产业促进粮食节约减损[J]. 中国粮食经济, (5): 65-67.

赵霞. 2021. 中国粮食产后损失研究[M]. 北京：中国农业出版社.

赵霞，陶亚萍，曹宝明. 2022. 中国粮食产后损失评估分析[J]. 干旱区资源与环境, 36(6): 1-7.

朱满德，李成秀，程国强. 2023. 保障国家粮食安全：在增产与减损两端同时发力[J]. 农业现代化研究, 44(2): 222-232.